统计学：
原理方法与软件应用

主　编　朱帮助

副主编　王淑萍　胡敏杰

王　平　令狐大智

中国金融出版社

责任编辑：赵晨子
责任校对：李俊英
责任印制：陈晓川

图书在版编目（CIP）数据

统计学：原理方法与软件应用/朱帮助主编．—北京：中国金融出版社，2023.6
ISBN 978－7－5220－1942－0

Ⅰ．①统…　Ⅱ．①朱…　Ⅲ．①统计学②统计软件　Ⅳ．①C8②C819

中国国家版本馆CIP数据核字（2023）第047205号

统计学：原理方法与软件应用
TONGJIXUE：YUANLI FANGFA YU RUANJIAN YINGYONG
出版
发行　中国金融出版社
社址　北京市丰台区益泽路2号
市场开发部　（010）66024766，63805472，63439533（传真）
网 上 书 店　www.cfph.cn
　　　　　　（010）66024766，63372837（传真）
读者服务部　（010）66070833，62568380
邮编　100071
经销　新华书店
印刷　保利达印务有限公司
尺寸　185毫米×260毫米
印张　17.5
字数　395千
版次　2023年6月第1版
印次　2023年6月第1次印刷
定价　66.00元
ISBN 978－7－5220－1942－0

前　言

统计学是一门研究如何根据事物的随机性规律来收集、分析数据并用于进行推断的科学，是普通高等院校经济管理类专业重要的基础课程，一直被教育部列为核心课程之一。本书是为适应经济管理类专业统计学教学需要而编写的，其主要目的是培养学生能熟练运用计算机分析数据，在企事业单位和经济管理部门从事统计调查、统计信息管理、数量分析等开发、应用和管理工作的实用技能型专门人才。本书能使经济、管理类学生掌握系统的统计学基础知识，在体系及内容上规范翔实，做到由浅入深、循序渐进，注重统计学基本原理、基础知识的阐述和基本统计方法的训练，力求把社会经济统计与数理统计相结合，使学生更容易接受统计学的理论与方法，并运用计算机软件 SPSS 结合实例进行统计运算，使学生受到应用技能和使用计算机的基本训练，具有数据处理和统计分析的基本能力。通过对本书的学习，可培养学生的统计意识和能力，使学生具有应用统计学理论分析、解决该领域实际问题和综合管理的基本能力。基于以上目的，本书努力体现以下特点：

（一）科学性

作为一门认识方法论的科学，统计学可适用于自然现象和社会现象。由于统计对象都具有数量性、总体性和变异性，因此，在认识方法上具有一定的统一性，即存在通用的数据收集、整理和分析方法。本书以统计学作为一门独立科学的认识高度，建立自己的科学体系，阐明统计思想、理论背景、方法思路和发展前景。加强统计理论和方法的研究，将大大提高对客观现实特别是对不确定现象规律性的认识能力。一方面，数理统计和社会经济统计应该相互促进、相互补充，共同提高。社会经济统计应该尽可能地运用数理统计方法来解决社会经济的实际问题，把两者割裂甚至对立起来是不合适的。另一方面，由于社会经济现象的复杂性，社会经济统计除数理方法外，还有自己独特的方法。根据这一认识，本书在内容结构上作了如下安排：第一部分包括第一章绪论，第二章统计调查，第三章统计整理，第四章数据分布特征的描述和第五章 SPSS 的简单应用，主要研究统计学的一般问题。第二部分包括第六章概率统计基础，第七章参数估计，第八章假设检验，第九章相关与回归分析，研究一般统计方法尤其是数理统计方法及其在社会经济领域中的应用。第三部分包括第十章时间序列分析和第十一章统计指数，主要是讨论社会经济统计方法的特有问题，体现了全书既考虑共性也考虑个性的特点。

（二）实用性

本书是为经济管理类专业统计课程而编写的，因此，本书是以社会经济现象为主要研究对象的方法论基础教材。统计方法为认识社会经济规律服务，明显地受所研究对象的性质制约。作为社会经济统计学应该以相关的社会经济理论为指导，既要防止脱离社会经济现象实质的抽象数学化倾向，也要避免脱离数量分析的纯经济理论研究，而必须努力把两者有机地结合起来。

本书要达到以下教学目的：（1）为经济管理统计提供统计调查、资料整理汇总和统计分析的一般原则和方法。（2）为进一步学习有关统计的专门知识奠定理论和方法基础。（3）为学习其他经济管理类课程和从事经济管理研究工作提供数量分析的方法。

鉴于手工计算已不能有效解决经济管理实际问题中涌现的大量数据，本书在从总体上把握统计学原理和方法的基础上，给出运用这些原理方法处理数据的相应软件的应用，以便学生学以致用。考虑到本书主要是针对经济管理专业，所以选用了更适合于社会科学的 SPSS 软件作为处理数据的软件工具。

（三）基础性

统计学作为经济管理类专业基础核心课程，注意基础理论、基础知识和基本技能的培养和锻炼，强调课程的基础地位。首先，内容应精选属于基础的统计知识。基础知识是最重要的知识，有了牢固的基础，继续深造就不难了。其次，保持内容相对稳定和连续性。应该说基础的、比较成熟的统计方法都是长期知识的积累，是相对稳定的，应该很好地继承。教材的创新应该着重于能够应用各项基本的统计方法来研究新情况、新问题，提高学生对统计方法的应用能力。最后，注意与后继课程的衔接。统计学的后继课程有两类。一类属于经济管理类专业统计课，如企业经营统计、国民经济核算等；另一类属于统计方法的深化提高课，如多元统计分析、各种统计方法专题等。本书为这些后继课程打好基础，同时从应用的角度介绍统计理论和方法的基本知识与发展前景，使学生带着问题学习后继各门课程，以调动学习的积极性。

《统计学：原理方法与软件应用》强调统计学原理方法和软件应用并重，突出对同学动手操作能力，特别是应用计算机能力的培养，结合 SPSS 软件，每章习题配备可供上机完成的案例，以拓宽学生的思路，提高学科发展的适应能力。

本书是在《统计学：原理、方法与 SPSS 应用》基础上由广西大学和暨南大学共同编写和修订完成。广西大学朱帮助教授担任主编，广西大学王淑萍副教授、胡敏杰博士、令狐大智副教授和暨南大学王平副教授担任副主编。在此，我们向谭海鸥教授、张秋菊副教授、姜劲副教授、徐海清副教授表示感谢。本书的编写得到了广西大学教务处、工商管理学院的大力支持，在此深表感谢。同时，我们要感谢中国金融出版社肖丽敏主任和赵晨子编辑为本书的出版付出了大量的时间和精力，使本书生色不少。我们深感统计学教材建设任重道远，还需要不懈的努力。由于作者水平有限，调查研究不够，本书缺点乃至错误在所难免，殷切希望同行专家和广大读者不吝指教。作者通讯邮箱：wpzbz@ 126. com（选用本书的教师可免费获取电子课件 PPT）。

朱帮助

2022 年 12 月 16 日

目　录

第一章

绪　　论

第一节　统计、统计学和统计数据

一、统计的含义

统计作为一种社会实践活动，已有四五千年的历史。我国在原始社会末期和奴隶社会初期出现了统计的萌芽。原始社会“结绳记事”是最早记录的统计调查活动，以“结”的大小来表示“大事”和“小事”。秦穆公时期的商鞅变法，系统调查了人口、土地、粮食等治理国家的十三项基础指标。经过漫长的封建社会，统计活动的范围逐渐拓宽，内容也逐渐丰富，除人口和耕地外，财产、产量、仓储、交通运输、矿冶、物价、军费、财政等统计也得以产生和发展。古希腊、古罗马时代开始了统计实践活动。公元前3050年，埃及为建造“金字塔”在全国范围内进行人口和财产等多次调查。

统计最早源于拉丁语 status，意思是各种现象的状态和状况。在此基础上逐渐产生了 statistics（统计的、统计学的）和 statista（统计或统计学）。统计最基本的含义是人们对客观事物的数量方面（包括数量表现、数量关系和数量变化）进行描述和分析的一种计量活动。现代“统计”已有了丰富的内涵，包括三层含义，即统计工作、统计资料和统计科学。

（一）统计工作

统计是适应社会经济发展和国家管理的需要而产生和发展的。统计工作是指人们有目的地收集、整理和分析工作的总称，涉及社会、经济、文化、科技等诸多方面，是一种调查研究活动。

（二）统计资料

统计资料是指经过统计调查和统计整理，得到反映社会经济实际的统计成果，它一般包括数据资料和文字资料，以数据资料为主。统计数字、统计分析报告、统计台账、统计表、统计图等都是统计资料。

（三）统计科学

统计科学是指导人们进行收集、整理和分析实际资料的一门方法论，它是统计工作的理论概括和总结，分析数据的方法与技术。目前，统计学已经发展成了一个涉及范围广泛、内容丰富多彩的学科体系。

统计工作、统计资料和统计科学三者之间存在密切的联系。统计工作是基础，统计资料和统计科学都是在统计工作的基础上产生和发展的。统计工作与统计资料是过程与结果的关系，统计资料是统计工作的结果。统计科学与统计工作是理论与实践的关系，理论源于实践，但又反过来指导统计工作，使统计工作更科学、更有效，使获得的统计资料更符合客观实际，更具有使用价值。统计工作的不断发展，不但可以获得更加丰富多彩的统计资料，而且可以不断丰富统计科学，促进统计科学的不断发展和完善。

二、统计的特点

（一）数量性

数量性是指用数据表述客观事实和依据客观事实的逻辑归纳进行定量推断，研究现象的数量方面是统计学研究对象的重要特点。数量性包括以下三层含义。

1. 数量的多少

说明事物的规模大小与广度，如全国的总人口数、总的土地面积等。

2. 现象之间的数量关系

说明事物的内部结构、发展速度等方面，如我国第一、第二产业产值的占比，我国的经济增长速度等。

3. 质量互变的数量界限

事物的质变总是从事物的量变开始的，当量变发展到一定程度时，就会引起事物质的变化，如企业设置的盈亏平衡点。

（二）总体性

统计的目的是从整体上研究现象的数量特征，挖掘事物的内在规律性。从个体上很难取得对总体的全面认识，有时甚至会得到片面的错误结论。

统计研究和认识的是现象的整体。统计研究现象的数量，是现象整体的综合数量。因此，统计对社会经济现象的研究要求具有总体性，是基于满足统计研究的目的来考虑的。但强调总体性的要求，并不排斥统计对社会经济个体现象观察的重视。事实上，统计对总体事物的研究是从对个体的观察开始的，以大量观察为依据的综合数量特征形式来研究现象的发展过程，不可避免地趋于一般化、抽象化。统计在对现象整体进行研究的同时，有必要选择个别有代表性的典型单位进行深入调查和研究，从而对现象整体的认识更加深刻和丰富。如在人口统计中，如果没有对一个自然人各方面情况的仔细观察和记录，就得不到对人口总体的总人数、性别比例、地区分布、出生率、平均寿命等方面的数量认识。因此，统计对个体现象进行观察的目的是认识总体的数量特征。

（三）具体性

任何现象的质量都表现为一定的数量，质总是依附一定的量而存在。统计学运用到大量的数学知识，数学为统计理论和统计方法的发展提供了数学基础，但不能将统计学等同于数学。

统计学是研究具体地点、时间、条件下的社会经济现象的数量方面，是有具体实物或计量单位的数据。数学研究的是没有量纲或单位的抽象的数，研究的是抽象的数量规律。统计学与数学研究中所使用的逻辑方法不同，数学研究所使用的主要是演绎，统计学则是演绎与归纳相结合，占主导地位的是归纳。需要注意的是，统计学不是研究现象的纯数量关系，而是在质与量的辩证统一中来研究现象的数量关系。

三、统计学的研究对象

统计学是一门收集、整理和分析数据的方法科学，其目的是探索数据的内在数量规律性，以达到对客观事物的科学认识，掌握事物运动规律进而指导社会实践的目的。

按照研究对象的不同，统计学可以分为数理统计学和社会经济统计学。数理统计学主要研究纯随机现象，是数学的一个分支。社会经济统计学是以社会经济现象为研究对象，包括随机现象和非随机的社会经济现象。本书中的统计学主要是指社会经济统计学。

四、统计学的数据类型

统计数据是对研究现象进行计量的结果，不是指单个的数字，而是由多个数据构成的数据集，不仅是指数字，它既可以是数字的，也可以是文字的。统计数据通常从采用的计量尺度、统计数据的收集方法、被描述的现象与时间的关系三个角度进行分类。

（一）按照数据的计量尺度可分为定类数据、定序数据、定距数据和定比数据

1. 定类数据

对事物进行分类的结果，数据表现为类别，用文字来表述，数据的最低级计量尺度。例如，人口按户口、民族或性别分类。

2. 定序数据

对事物类别顺序的测度，数据表现为类别基础上有一定的等级关系，用文字来表述。例如，产品分为一等品、二等品、三等品、次品等。受教育程度可分为文盲、小学、初中、高中、大学、硕士、博士及其以上。

3. 定距数据

对事物的精确测度，结果表现为具体的数值，具有间距特征的变量，有单位，没有绝对零点，可以做加减运算，不能做乘除运算，例如，天气的温度为0℃是一种状态，不代表没有温度。不同地区可以用温差来比较，而不能用倍数或系数来比较。

4. 定比数据

数据的最高级，既有测量单位，也有绝对零点，可以做加减乘除运算，由比率尺度计量形成。例如，收入为零代表没有收入，不同地区的收入可以用差值来比较，也可以

用倍数来比较。

通常数据的等级越高，数学性质越多，应用范围越广泛。不同测度级别的数据，应用范围不同。等级高的数据，可以兼有等级低数据的功能，而等级低的数据，不能兼有等级高数据的功能。

（二）按照数据的收集方法可分为实验数据和观测数据

1. 实验数据

实验数据是指在实验中控制实验对象而收集到的数据，自然科学领域的数据大多是实验数据。例如，对一种新药疗效的试验、对一种新的农作物品种的试验等；要想得到不同柴油添加剂对增加轮船行程的影响，除在 1 升柴油中要使用同样剂量的不同汽油添加剂的剂量外，还应对以下实验条件实施控制：（1）不同柴油添加剂都用同一艘轮船做试验，以排除不同（型号）的轮船对行程的影响；（2）在同一条航道上行驶，以排除不同航线对轮船行程的影响；（3）选择没有风的天气做试验，以排除不同风向与风速对轮船行程的影响。此时，影响“轮船行程”的因素就比较单一，基本上是由添加剂本身的因素造成的。

2. 观测数据

观测数据是指在没有对事物人为控制的条件下，通过调查或观测而收集到的数据、有关社会经济现象的统计数据几乎都是观测数据，如调查粮食生产的情况、农民受教育情况的数据，都是观察数据。粮食生产情况是众多因素综合作用的结果，作物的品种、气候条件、自然灾害、病虫害、农民的素质等都会影响粮食产量。

（三）按照数据的时间状况可分为截面数据和时间序列数据

1. 截面数据

截面数据是指在相同或近似相同的时间点上得到的数据，这种数据通常用于描述某种现象在某一时刻的变化情况。例如，2021 年海南省各地级市财政收入总值数据是截面数据。

2. 时间序列数据

时间序列数据是指在不同时间上收集的数据，这类数据按照时间顺序收集，描述某一现象随时间变化的情况。例如，2010—2022 年我国耕地面积数据是时间序列数据。

数据的不同类型，其实也是变量的不同类型。不同测度类型的数据，在统计分析中扮演不同的角色。

（1）不同测度类型的数据可以作为统计对象直接进入统计处理。如定比数据可以计算相关系数，做回归分析；定距数据可以计算均值、标准差；定序数据可以计算等级相关系数；定类数据可以分析相应变量的独立性。当获得不同职称的顾客对不同品牌的偏爱数据后，可以对职业与品牌的相关性进行深入的定量分析。这里“职称”是定序变量，“品牌”是定类变量。

（2）定类与定序数据通常是样本分类或分组的依据，即定类与定序变量通常作为分类变量。如按职工岗位或学历分组，结合工资数据，分析职工对应不同岗位及学历工资的差异性。

第二节　统计学的主要流派和基本环节

一、统计学的主要流派

统计作为一门科学出现在 17 世纪中叶。经过较长时期的发展，统计逐渐成为一门科学，出现了一些有代表性的统计著作，形成了不同的统计学派。

（一）政治算术学派

政治算术学派产生于 17 世纪的英国，代表人物是威廉·配第，在代表作《政治算术》中指出，“政治”指政治经济学，“术”指统计方法。书中运用大量的数字资料对英、法、荷三国的国情国力进行了系统的数量对比分析，正是现代统计学广为采用的方法及内容，并为英国社会经济提出建议。马克思曾称威廉·配第为“政治经济学之父，在某种程度上也可以说是统计学的创始人”，为后来社会经济统计的发展奠定了基础。

（二）记述学派

记述学派又称国势学派，产生于 18 世纪的德国，主要代表人物是海门尔·康令和阿亨瓦尔。二人曾分别在德国大学开设“国势学”课程，主要是利用文字叙述来表述国情国力的系统知识，包括人口、财政、土地、政治、军事、科学、货币、艺术和宗教等。国势学派没有把数量分析作为统计学的基本方法，但阿亨瓦尔首次提出了“统计学”一词，因此它虽有统计学之名，而无统计学之实。

（三）图表学派

图表学派的代表人物有安彻逊和克罗姆。1741 年，安彻逊第一个编纂了欧洲十五国的比较统计表，用数字对欧洲各国的人口、财政、土地、教育、军队情况进行了比较。1782 年，克罗姆第一次用集合图形来表现统计资料。

（四）数理统计学派

这个学派产生于 19 世纪中叶，创始人是比利时的凯特勒。凯特勒把概率论引入统计学，提出用大数定律分析社会现象，使统计学的理论、内容、方法和应用进入了一个全新发展的阶段，奠定了现代统计学的基础，被称为“现代统计学之父”。凯特勒把统计方法应用到社会现象与自然现象的研究，认为自然现象和社会现象表面上存在偶然性与差异性，但其实都有规律，并通过大量观察都是可以认知的。但是他认为自然规律和社会规律都是永恒不变的，有一定的局限性。

（五）社会统计学派

社会统计学派最初也在德国出现，主要代表人物是恩格尔和梅尔等。社会统计学派既融合了记述学派和政治算术学派的观点，又吸收了凯特勒著作中的若干思想，并把政府统计与社会调查相结合，形成社会统计学。社会统计学派强调统计学主要运用大量观察法研究社会经济的数量方面及其发展规律，研究社会经济发展变化因果关系的一门科学。

二、统计研究的基本环节

（一）统计调查

统计调查是统计工作的第一阶段，根据统计研究目的与任务，采用科学的调查方法，有组织地收集各项资料的过程，是统计工作的基础环节。

（二）统计整理

统计整理是统计工作的第二阶段，根据统计研究的目的，对统计调查阶段所得到的大量原始资料进行加工汇总，使其系统化、条理化、科学化，以此得出反映事物总体综合特征资料的工作过程。在资料整理之前先将收集到的数据进行审核、筛选、排序等预处理工作，保证数据的有效性。

（三）统计分析

统计分析是统计工作的第三阶段。根据研究目的和资料的类型，运用适当的统计图表，采用描述统计和推断统计等对应的统计分析方法做深入的定量处理，得出客观的结论。

（四）统计资料积累、开发与应用

统计研究的目的在于认识和挖掘客观世界的规律。对于统计资料分析的结论需要结合相关的学科的理论知识，为各种管理预测与决策提供科学依据。

第三节　统计学的若干基本概念

一、总体和总体单位

总体是指客观存在的、在同一性质基础上结合起来的许多个别事物的整体。构成总体的这些个别事物称为总体单位，简称单位，也称个体。现象个体的同质性，性质相异的个体是不能组合成总体的。统计学中的单位可以是一个人、一家企业、一所学校、一件产品等。若“全国大学”是一个总体，则每一所大学就是总体单位。但若把“全国工业企业”作为一个总体，则每一家工业企业就是总体单位。

（一）总体的特征

1. 同质性

同质性是构成统计总体的必要条件，各总体单位至少有某一方面性质是相同的。

2. 大量性

总体应该由为数众多的总体单位构成，以避免偶然因素的影响。

3. 差异性

差异性是统计研究的前提，研究同质总体内差异产生的原因。

（二）总体的分类

总体按其构成的总体单位数目是否可数分为有限总体和无限总体。

1. 有限总体

总体中的单位数是有限的。如人口、企业、商店。

2. 无限总体

总体中的单位数是无限的。如海洋里的鱼资源、太空的星球。

（三）总体与总体单位的关系

1. 整体与个别的关系。

2. 总体和总体单位互为存在，在不同的研究目的下总体和总体单位可以相互转化。

总体和总体单位具有相对性，随着研究目的的改变而改变，即总体可能成为总体单位，总体单位也可能成为总体。例如，如果要了解全国工业企业的生产情况，那么全部工业企业就是总体，每一个工业企业就是单位。如果旨在了解某个企业员工的工资情况，则该企业就是总体，每一位员工就是总体单位了。

二、标志和变量

标志是说明总体单位特征的名称，可分为品质标志与数量标志。品质标志表示实物的质的待征，用文字表示，如人口的性别、民族、文化程度，产品的质量等级属于品质标志。数量标志：说明总体单位量的特征，用数值表示，如人的身高、体重，员工的工资、企业的产量等。

变量是可变的数量标志。变量的数值表现就是变量值。如某人的年龄是 70 岁，70 是变量值。变量从不同角度可分为以下三种。

（一）自变量和因变量

自身变化会引起其他变量变化的量，称为自变量；受其他变量影响而变化的量，称为因变量。如职工的工资与工龄之间的关系，工龄是自变量，工资是因变量。

（二）确定性变量和随机性变量

由确定性因素所形成的变量称为确定性变量，确定性因素会使变量按一定的上升趋或下降趋势变动，如施肥量对农作物产量的影响。

由随机性因素所形成的变量称为随机性变量，如自然灾害、气温、降雨量等对农业的影响。

（三）连续变量和离散变量

按照取值是否连续可分为离散变量（只能取整数）和连续变量（只能取小数）。离散变量通常采用计数方法取得变量值，如人口数、学校数、企业数。连续变量通常采用计算或测量方法取得变量值，如企业的产值、利润、劳动生产率等。

三、指标和指标体系

（一）统计指标的概念

统计指标是说明总体的综合数量特征的名称，一个完整的统计指标包括指标名称、指标数值、指标计量单位、指标所属的时间、空间范围等要素。如 2021 年全国高考报名人数为 1078 万人。但在实际工作中，统计指标通常只是一个指标名称，如农民人均纯收入、职工平均工资、产品合格率等。

（二）统计指标的分类

1. 按照说明现象的内容不同划分

（1）数量指标：反映总体绝对数量多少的指标，体现总体规模和总水平，用绝对数表示，数值随总体范围的大小而增减。如人口总数、总土地面积、粮食产量增减量。

（2）质量指标：说明总体内部数量关系的单位一般水平的指标，数值与总体范围大小无关，用相对数和平均数表示。如平均工资、发展速度、合格率。

2. 按照指标的表现形式划分

（1）总量指标：也称绝对数指标，反映现象的总规模和总水平，是数量指标的表现形式，如企业产品总量、销售总额。

（2）相对指标：反映现象之间的对比关系，如人口性别比、人口密度。

（3）平均指标：反映现象总体各总体单位的一般水平，如人口平均寿命、单位产品成本、平均价格。

3. 指标按其所反映现象范围划分

（1）总体指标：反映总体的数量特征，如总体平均数、总体成数、总体方差。

（2）样本指标：反映样本的数量特征，如样本平均数、样本成数、样本标准差。

4. 指标按其所反映现象的时间状况不同划分

（1）静态指标：反映既定时间上现象的规模、水平和数量关系，如绝对数、算术平均数。

（2）动态指标：反映现象在不同时间内发展变化情况，如增长率、发展速度。

（三）指标和标志的关系

1. 二者的区别

（1）说明对象不同：标志主体是总体单位，指标主体是总体。

（2）表示方式不同：标志用文字和数值两种表示，指标只能用数值表示。

2. 二者的联系

（1）指标数值是由数量标志汇总取得。

（2）两者存在一定的变换关系，由于总体和单位的关系是相对的，指标和标志会随着总体和单位的地位变化而变化。

（四）统计指标体系

统计指标体系是指一系列相互联系的统计指标所组成的有机整体，从多种角度反映总体特征。这种内在联系性使各个指标客观上成为一个整体，而各个指标的地位、作用不同形成指标群体的层次性、结构性和逻辑顺序性。建立指标体系需要考虑统计调查分析的可得性，把需要和可能结合起来，如通过科研经费投入额、专利产品数、论文发表数、高新技术产品销售收入、高级科研人员人数等多项指标来综合反映城市的科技竞争能力。

四、统计量和参数

（一）统计量

统计量是根据样本数据计算出来的一个量，用来描述样本特征，称为样本统计量，简称统计量。常用的统计量主要有样本平均数、样本标准差、样本比例。样本统计量通常用英文字母表示，如样本平均数用 $\bar{x}$ 表示，样本标准差用 s 表示，样本比例用 p 表示。

（二）参数

参数是描述总体特征的指标，一般是未知的，要根据样本统计量去估计总体参数。如用样本平均数 $\bar{x}$ 估计总体平均数 u，用样本标准差 s 估计总体标准差 σ，用样本比例 p 去估计总体比例 π。再如，我们抽样某校初三年级 100 名学生，测量身高，计算平均身高统计量为 1.62 米，由此来推断整个年级学生的平均身高参数为多少。

思考与练习题

一、单项选择

1. 下列属于总体的是（　　）。

A. 某县的钢材产量　　B. 某部门的全部职工人数

C. 某公司的全部商品销售额　　D. 某部门的全部产品

2. 研究某辅导班学生的学习成绩，则总体是（　　）。

A. 每一名学生的学习成绩　　B. 每一名学生

C. 全体学生　　D. 全体学生的学习成绩

3. 以某地区职工作为统计总体，则总体单位是该地区的（　　）。

A. 全部职工　　B. 每一名职工

C. 全部职工数　　D. 每名职工所在的工作单位

4. 统计总体的三个基本特征是（　　）。

A. 总体性、具体性、差异性　　B. 社会性、差异性、数量性

C. 大量性、同质性、差异性　　D. 大量性、社会性、总体性

5. 数量标志可用来说明（　　）。

A. 总体数量的特征　　B. 总体单位质的特征

C. 总体单位的变异　　D. 总体单位量的特征

6. 下列属于品质标志的是（　　）。

A. 香烟质量等级　　B. 电风扇的单位成本

C. 铸件合格率　　D. 男性人口比重

7. 一个总体单位（　　）。

A. 只能有一个标志　　B. 只能有一个指标

C. 可以有多个标志　　D. 可以有多个指标

8. 当我们研究某地区人口状况时，每个人的文化程度、年龄、性别等方面均不同，这体现了（　　）。

A. 总体的大量性　　B. 总体的差异性
C. 总体的同质性　　D. 总体的社会性

9. 某班一门课程考试的平均成绩是75分，则75分是（　　）。

A. 统计指标名称　　B. 数量标志
C. 统计指标数值　　D. 数量标志值

10. 下列属于质量指标的是（　　）。

A. 工业企业数　　B. 人口数　　C. 货物运输量　　D. 出勤率

11. 数量指标是反映（　　）。

A. 总体规模和水平的统计指标　　B. 总体内部数量关系的统计指标
C. 单位一般水平的统计指标　　D. 相对数量多少的统计指标

二、思考题

1. “统计”一词的含义是什么？统计有哪些特点？
2. 统计学的研究对象是什么？统计数据的类型有哪些？各有什么特点？
3. 统计学的主要流派有哪些？各有什么特点？
4. 什么是总体和总体单位？它们的关系如何？
5. 什么是标志？标志有哪几种？不同种类的标志有什么特点？
6. 什么是指标？指标和标志有什么区别和联系？
7. 什么是变量？变量可以分为哪几类？
8. 什么是指标体系？设计指标体系时应注意哪些问题？
9. 统计量和参数有什么异同？
10. 一项完整的统计研究工作应包括哪些环节？

第二章

统计调查

第一节　统计调查的基本问题

一、统计调查的意义

统计调查是指按照预定的研究任务和目的，采用相应的方式和方法，对某一社会经济现象进行有计划、有组织的收集资料的过程。

统计调查在整个统计工作中具有重要的地位。统计调查是统计工作的基础阶段，是收集资料获得感性认识的阶段，它既是获取现象总体的真实资料的基础工作，又是下一阶段进行资料整理和分析的基本环节。只有搞好统计调查，掌握第一手资料，才能保证统计工作达到对客观事物规律性的认识，预测未来。如果调查工作做得不好，收集到的资料残缺不全或有错误，势必影响统计整理和分析工作的进行，更不能从中得出正确的结论。统计调查和一般社会调查一样都属于调查研究活动，差别在于统计调查取得的是大量以数字资料为主体的信息。显然，为了准确、及时、完整地收集到统计资料，必须根据调查的目的和被研究对象的特点灵活地选择恰当的统计调查方式和方法。

二、统计调查的基本原则

要搞好统计调查，必须遵循下列六点基本原则。

（一）准确性

统计工作能否顺利完成，在很大程度上取决于所收集的资料是否准确。如果调查收集的资料不准确，情况失实，那么根据这样的资料进行整理和分析，必将得出错误的结论，因此，统计资料的准确性是统计的生命。必须坚持唯物主义的反映论，坚持实事求是、如实反映的原则。《中华人民共和国统计法》第八条、第七条的规定为统计调查的准确性提供了法律保障。坚决反对任何弄虚作假、篡改和伪造统计数据的现象和行为，必要时付诸法律行为。

（二）及时性

及时反映，及时预报。为了及时地发现问题和解决问题，统计调查应及时进行。按照事后反映和事前预报相结合的原则，做好及时反映和及时预报。没有及时性的统计调查是空中楼阁，雨后送伞，没有实际的使用价值。

（三）完整性

即全面性，是指调查资料不得遗漏或重复。如果统计资料残缺不全，就不可能反映所研究对象的全貌，也不能正确认识社会经济现象总体的特征，最终也就难以对社会经济现象的规律性作出准确的判断，甚至会得出错误的结论。

（四）经济性

在满足一定准确度要求的前提下，以尽量少的投入获得所需要的统计资料，即统计调查也要讲究经济效益。

（五）系统性

收集的资料要有逻辑性、条理性，便于汇总。这样有助于从不同层次、不同角度反映现象的发展过程、特征及存在的问题。

（六）数字与情况相结合

统计调查要收集统计数字，但要证明事物产生发展和变化的原因、成功的经验和失败的教训等，则必须同时了解与数字有关的其他情况。把数字与情况结合起来，才能使统计工作有血有肉、生动活泼，结果更具说服力，充分发挥其参谋作用，而不至于变成枯燥的东西。

三、数据来源的分类

从数据来源角度，统计数据最初都来源于直接的调查或试验。但从使用者角度，数据主要源于两种渠道：一是源于自己的调查和科学实验，对使用者来说，这是数据的直接来源，称为第一手数据或直接数据；二是源于别人调查或试验的数据，对使用者而言，这是数据的间接来源，称为第二手数据或间接数据。

（1）数据的直接来源。数据的直接来源主要有两个渠道：一是调查或观察，二是试验。调查是取得社会经济数据的重要手段；而试验则是取得自然科学数据的主要手段。

（2）数据的间接来源。对于大多数数据使用者而言，往往是不可能亲自去调查或试验的。通常使用的是别人调查或科学试验的二手数据。二手数据主要是公开出版或公开报道的数据。我国公开出版或报道的社会经济统计数据主要来自国家和地方的统计部门以及各种报刊媒介。政府机构编辑出版的统计资料是宏观、微观信息数据的主要来源。在我国，国家统计局是最主要的统计数据生产部门，调查统计的数据涉及经济、社会、民生的方方面面，调查的领域包括国民经济核算、农业、工业、建筑业、部分服务业、能源、投资、房地产开发、人口、劳动、就业、住户、价格、科技等。国家统计局在1983 年建立了统计新闻发布会制度，1995 年开始发布年度统计公报，经过 60 多年，已建立比较完善的统计数据定期公报制度。国家统计局通过定期刊发统计新闻稿、举办统计新闻发布会、发布统计公报、出版各类统计资料等多种形式公布统计数据。国家统计局出版的统计刊物主要有《统计信息报》《中国统计》《中国经济景气月报》等。每年国家统计局都会出版相应的统计年鉴，比如2022年出版的年鉴有《中国统计年鉴2021》《中国农村统计年鉴2021》《中国电力统计年鉴2021》《中国城市统计年鉴2021》等。

除国内出版的刊物外，也可以利用国际组织和外国组织机构公开发表的资料汇编，比如《联合国统计年鉴》《世界经济年鉴》《世界发展报告》《世界经济展望》《美国统计摘要》等。除了公开出版的统计数据外，还可以使用一些尚未公开的统计数据以及广泛分布在各种网络、报纸、杂志、图书、广播、电视传媒中的各种数据。

利用二手数据对使用者而言既方便又经济，但使用时应注意统计数据的含义、计算口径和计算方法，以避免误用或滥用。同时，使用二手数据时，一定要注明数据的来源，以尊重他人的劳动成果。

第二节　统计调查的方式和方法

一、统计调查方式

（一）普查

普查是指为收集某社会经济现象在某时某地的情况而专门组织的一次性全面调查。普查是了解国情国力基本情况的重要手段，主要用于一些重要项目的调查，如人口普查、工业普查、耕地普查等。世界各国一般都定期地进行各种普查，以便掌握有关国情国力的基本全貌，为国家制定有关政策措施提供依据。2010年5月，国务院审议通过《全国人口普查条例》中指出："人口普查的目的是全面掌握全国人口的基本情况，为研究制定人口政策和经济社会发展规划提供依据，为社会公众提供人口统计信息服务。"

作为一种特殊的数据收集方式，普查涉及面广、工作量大、时间性强、耗费较多、组织工作复杂，因此，搞好普查，必须加强领导，统一指挥，严密组织，妥善安排。普查具有以下三个特点。

1. 普查具有周期性

由于普查涉及面广、调查单位多，需要耗费大量的人力、物力、财力和时间，通常需要间隔较长的时间进行一次，一般每隔10年进行一次。同类普查尽可能按一定的周期进行，以便研究事物发展变化的规律。我国人口普查从1953年到2021年共进行了7次。我国人口普查已经规范化、制度化，即每逢年份的末尾数字为"0"的年份进行人口普查，每逢"3"的年份进行第三产业普查，每逢"5"的年份进行工业普查，每逢"7"的年份进行农业普查。

2. 普查必须规定统一的标准调查时间，以避免调查数据的重复或遗漏，保证普查结果的准确性

标准时间一般定在调查对象比较集中、相对变动较小的时间上。第七次全国人口普

查从2020年11月1日到12月10日进行入户登记，这次人口普查将采取电子化方式开展普查登记，同时倡导普查对象自主填报的方式，鼓励大家使用手机等移动终端自行申报个人和家庭信息。此次普查将采用互联网云技术、云服务和云应用部署，全流程加强对公民个人信息的保护，确保公民个人信息安全。700多万名普查人员于2020年11月1日起走入千家万户进行普查现场登记。

3. 普查数据的准确性及规范性

普查的数据一般比较准确，规范化程度也较高，因此，普查可以为抽样调查或其他调查提供基本的依据。

（二）随机抽样调查

随机抽样调查是指按随机原则（机会均等原则）从总体中抽取部分总体单位作为样本进行调查，并借此推断和认识总体的一种统计方法。它是实际应用中最广泛的一种调查方式和方法。

1. 随机抽样调查具有以下四个特点：

（1）经济性。由于调查的样本单位通常是总体单位中的很小一部分，调查的工作量小，因而可以节省大量的人力、物力、财力和时间，调查费用较低。

（2）时效性强。抽样调查可以迅速、及时地获得所需要的信息。由于工作量小，调查的准备时间、调查时间、数据处理时间等都可以大大缩减，从而提高数据的时效性。与普查等全面调查相比，抽样调查可以频繁地进行，随着事物的发生和发展及时取得有关信息，以弥补普查等全面调查的不足。

（3）适用面广。抽样调查可以获得更广泛的信息，适用于对各个领域、各种问题的调查。从适用的范围和问题角度，抽样调查既可用于调查全面调查能够调查到的现象，也可以调查全面调查不能调查到的现象，特别适合对一些特殊现象的调查，如产品质量检验、农产品实验、医药的临床试验。从调查的项目和指标角度看，抽样调查可以更详细、更深入地反映内容和指标，进而获得更全面、更广泛和更深入的数据。

（4）准确性高。抽样调查的数据质量有时比全面调查更高，因为全面调查的工作量大、环节多、调查误差往往很大，而抽样调查由于工作量小，可使各环节的工作做得更细致，误差往往很小。当然，用样本数据去推断总体时，不可避免地会有推断误差，但这种误差的大小是可以计算并加以控制的，因此，推断的结果通常是可靠的。

2. 按照抽样的组织形式，随机抽样调查可分为以下四类：

（1）简单随机抽样（又称纯随机抽样）是指从总体中完全随机地抽取总体单位，每个总体单位被抽中的概率相等，样本的每个单位完全独立，彼此间无一定的关联性和排斥性。简单随机抽样是其他各种抽样形式的基础，通常只在总体单位之间差异程度较小和数目较少时才采用这种方法。

（2）等距抽样（又称系统抽样）是指将总体各单位按一定标志或次序排列成图形或一览表，再按相等的距离或间隔抽取样本单位。其特点是抽出的总体单位在总体中是均匀分布的，且抽取的样本可少于纯随机抽样。等距抽样既可以用与调查项目相关的标志排列，也可以用与调查项目无关的标志排列。等距抽样是实际工作中应用较多的方法。

（3）类型抽样（又称分层抽样）是指将总体单位按其属性特征分成若干类型或层，再在类型或层中随机抽取样本单位。其特点是由于通过划类分层，增大了各类型中单位间的共同性，容易抽出具有代表性的调查样本。该方法适用于总体情况复杂、各总体单位之间差异较大、总体单位较多的情况。

（4）整群抽样是指从总体中成群成组地抽取总体单位，而不是一个一个地抽取总体样本。其特点是总体单位比较集中，调查工作的组织和进行比较方便。但总体单位在各总体中的分布不均匀，准确性减少了，因此，整群抽样适用于群间差异性不大或者不适宜单个地抽选调查样本情况。

（三）非随机抽样调查

非随机抽样是指调查者有意识地或随意而非随机地从总体中抽取部分单位进行调查的统计方法。非随机抽样不遵循随机原则，不能事先计算和控制抽样误差，更不能用于推算总体指标。

1. 重点调查

重点调查是指只对总体中为数不多但影响颇大（其标志值在总体标志总量中所占比重甚大）的重点单位进行研究的一种非全面调查，它适用于分布比较集中的事物。重点单位可以是重点地区、重点企业、主要产品或商品等，视具体情况而定。

重点调查的特点是以较少的人力、物力和财力，及时掌握总体的基本状况及其发展变化的基本趋势。重点调查一般通过专门组织的调查来收集资料，但也可通过定期报表的形式由重点单位定期报送有关资料。我国有些现行的统计报表是由重点企业和主要农副产品的重点产区填报。

2. 典型调查

典型调查是指根据对调查对象的初步了解，有意识地从中挑选若干有代表性的典型单位进行研究的一种非全面调查。典型调查的科学基础是唯物辩证法关于个性与共性、特殊性与普遍性的辩证关系的理论，它从研究个别到了解一般，又以一般指导个别，符合人类认识的规律，是认识事物的科学方法。典型调查灵活方便，反应迅速，省时省力，深入具体，可以把数字和情况结合起来，具有特殊作用。

搞好典型调查的重要条件是要正确地选择典型单位，使典型单位真正具有代表性。如果典型单位选择不当，就会降低典型资料的作用，甚至会从典型资料中推导出错误的结论，造成危害和损失。因此，选择典型单位时，要注意以下三个问题：

（1）根据统计调查的目的和调查对象的特点，正确划分社会现象的类型和确定所选典型的类别。因为同一事物在不同的条件下会有不同的表现形式，可以按照不同的标志进行不同的分类，不要千篇一律。

（2）注意典型单位的代表性，从事物的联系中挑选典型单位。某类事物的典型单位必须从某类事物中挑选，不能信手拈来，更不允许为了某种目的而故意选择没有代表性的总体单位作为典型。

（3）典型单位数目的多少要依总体各单位之间的差异程度而定。差异程度大时，典型单位数应多些，或采取“划类选典”的方法，从总体各类型分别选择典型。差异程度小时，典型单位数则可少些，不一定要“划类选典”。

3. 任意抽样

任意抽样又称方便抽样或随意抽样（但不是随机抽样），是指调查者随意抽取（不是有意识地挑选）调查单位进行调查的一种方法。与随机抽样不同之处在于，任意抽样不保证每个单位都有相等的中选机会。任意抽样常用于市场调查和民意调查，如柜台访客调查、街头路边拦人调查等。

4. 配额抽样

配额抽样是指在对总体作若干种分类和样本总容量既定的情况下，按配额（按一定要求给定的样本单位数）从总体各部分抽取调查单位进行调查的方法。如将职工按性别、年龄、工资水平三种标志进行分组，样本单位数为400人，抽取调查单位时，必须保证男女职工总数为400人，各年龄组的职工总数、各类工资水平的职工总数也都为400人。

（四）统计报表

1. 统计报表的概念

统计报表是指按照国家统一规定的指标体系、表格形式、报送程序和报送时间，定期地自上而下地统一布置任务、自下而上地逐级报送基本统计数据的调查方式。

统计报表是国家获取经常性的基本统计数据资料的重要手段。与普查和抽样调查一样，统计报表是统计调查的一种组织形式，它既可用于全面调查，也可用于非全面调查。统计报表花费相对较少，但它要求有较好的统计工作基础，因而不能任何事情都靠统计报表来收集资料，不能滥用统计报表，只能因事制宜。

2. 统计报表的种类

按内容的不同，统计报表可分为基本统计报表和专业统计报表。基本统计报表提供国民经济各部门各行业最基本的统计资料，作为国家和地方政府宏观决策与调控的重要依据。专业统计报表则根据部门业务特点设计，为部门和企业管理提供资料。通常，专业统计报表比基本统计报表内容要多一些、详细一些，但不得与基本统计报表相抵触。

按报告周期的不同，统计报表可分为日报、旬报、月报、季报、半年报和年报。日报、旬报一般用于报告重要统计项目或指标的进度。月报、季报和半年报则主要用于经常性的计划和合同执行情况的检查。年报则提供全面、系统的资料，用于年度总结和分析。

按调查范围不同，统计报表可分为全面统计报表与非全面统计报表。全面统计报表要求调查对象中的每个单位都要填报；非全面统计报表只要求调查对象中的一部分单位填报。非全面调查填报的报表属于非全面统计报表。

按填报单位不同，统计报表可分为基层统计报表和综合统计报表。基层统计报表是由基层企业、事业单位根据原始记录，汇总整理、编报的统计报表。编报基层统计报表的单位称为基层填报单位。综合统计报表是由各级国家统计部门和业务主管部门根据基层统计报表汇总整理、编报的统计报表，反映一个地区、一个部门或全国的基本情况。

编报综合统计报表的单位称为综合填报单位。

按报告方式的不同，统计报表可分为电讯（电话、电报、电传、计算机联网）报和表式（邮寄）报。电讯报多用于周期较短以及时间性强的项目或指标，表式报则多用于周期较长、指标较多和无须立即掌握的项目或指标。

二、统计调查方法

（一）询问调查

询问调查是指调查者与被调查者直接或间接接触以获得数据的一种方法，具体包括访问调查、邮寄调查、电话调查、计算机辅助调查、座谈会、个别深度探访等。

1. 访问调查

访问调查又称派员调查，是指调查者与被调查者通过面对面地交谈而得到所需资料的调查方法。访问调查方式有标准式访问和非标准式访问两种，标准式访问，又称结构式访问，是指按照调查人员事先设计好的、有固定的标准化问卷或表格，有顺序地依次提问，并由受访者作出回答。其优点是能够对调查过程加以控制，从而获得比较可靠的调查结果。非标准式访问，又称非结构式访问，是指事先没有统一的问卷或表格，没有统一的提问顺序，调查人员只是给一个题目或提纲，由调查人员和受访者自由交谈，以获得所需的资料。

2. 邮寄调查

邮寄调查是指通过邮寄或宣传媒体等方式将调查表或调查问卷送至被调查者手中，由被调查者填写，再将调查表寄回或投放到指定收集点的一种调查方法。邮寄调查是一种标准化调查，其特点是调查者和被调查者没有直接的语言交流，信息的传递完全依赖调查表。邮寄调查具有节省人力、财力和时间的优点，但这种方法没有强制性，回收率往往较低。

3. 电话调查

电话调查是指调查人员利用电话同受访者进行语言交流，从而获得信息的一种调查方法。电话的普及使电话调查的应用也越来越广泛，它既可以按照事先设计好的问卷进行，也可以针对某一专门问题进行电话采访。电话调查具有时效快、费用低等特点，但用于电话调查的问题要明确，问题数量不宜过多。

4. 计算机辅助调查

计算机辅助调查又称计算机辅助电话调查，是指在电话调查时，调查的问卷、答案都由计算机显示，整个调查的过程包括电话拨号、调查记录、数据处理等都借助计算机来完成的一种调查方法。随着通信技术的发展特别是计算机的应用，不仅调查数据的处理可由计算机来完成，甚至整个调查的过程，包括问卷的设计和显示、样本设计、数据处理等都可由计算机来控制和完成。计算机辅助调查使电话调查更加便利和快捷，缩短了调查时间，提高了调查效率和调查质量。

5. 座谈会

座谈会又称集体访谈法，是指将一组被调查者集中在调查现场对调查的主题（如一种产品、一项服务或其他话题等）发表意见，从而获取调查资料的一种调查方法。通过座谈会，调查者可从一组被调查者那里获得所需的定性资料。为获得此类资料，调查者通过严格的甄别程序选取少数被调查者，围绕调查主题以一种非正式、比较自由的方式进行讨论。参加座谈会的人数不宜太多，通常只需 6 ~ 10 名与所调查问题密切相关专家或人员。讨论方式主要取决于调查者的习惯和爱好，通过小组讨论能获取访问调查无法取得的资料，而且在彼此交流的环境下，各位被调查者之间相互影响、相互启发、互相补充，并在座谈过程中不断修正自己的观点，有利于取得较为广泛、深入的想法和意见。座谈会的另一个优点是不会因为问卷过长而遭到拒访。

6. 个别深度访问

个别深度访问是指一种一次只与一名被调查者面对面地交谈而得到所需资料的一种特殊的调查方法。“深访”暗示要不断深入被调查者的思想，努力发掘内在的真实动机。“深访”一般是一种无结构的个人访问，调查者运用大量的追问技巧，尽可能地让被调查者自由发挥，表达其内心真实的想法和感受。个别深度访问最宜用于研究较隐秘的问题，如个人隐私问题、较敏感问题、政治性问题。对于一些不同被调查者之间观点差异极大的问题，用座谈会讨论只会使问题更加复杂，这时也可采用个别深度访问。

座谈会和个别深度访问都属于定性方法，通常围绕一个特定的主题取得有关定性资料。定性方法和定量方法是有区别的，定量方法是从总体中按随机方式抽取样本取得资料，其研究结果或结论可以进行推论，定性方法则着重于对问题的性质和未来趋势的把握，而不是对研究总体数量特征的推断。座谈会和个别深度访问主要是用于市场调查和研究。

（二）观察与实验

1. 观察法

观察法是指就调查对象的行动和意识，调查员边观察边记录以收集信息的方法。观察法是一种可替代直接发问的方法。运用该方法，训练有素的调查者去重要地点（如超市、繁华地段的过街天桥），利用感觉器官或设置一定的仪器，观测和记录被调查者的行为和举动。观察法由于调查者不是强行介入，被调查者无须任何反应，因而常常能够在被观测者不觉察的情况下获得信息资料。

2. 实验法

实验法是一种特殊的观察调查方法，是指在所设定的特殊实验场所、特殊状态下，对调查对象进行实验以取得所需资料的一种调查方法。根据场所的不同，实验法可分为在室内进行的室内实验法和在市场上或外部进行的市场实验法。室内实验法可用于广告认知的实验等，如在同一日同一种报纸上，版面大小和位置相同，分别刊登 A、B 两种广告，然后将其散发给各位读者以测定他们的反应结果。市场实验法可用于消费者需要的调查等，如企业将一种新产品给消费者免费使用以得到消费者对新产品的看法和意见。

第三节 统计调查方案与问卷设计

一、统计调查方案的设计

统计调查方案是指关于统计调查的目的、对象、内容、方法、步骤、时间、经费和组织领导等整个工作计划，以保证统计调查有条不紊地按照统一的内容、方法、步调和期限顺利完成，它是指导统计调查的纲领性文件。

统计调查方案的基本内容包括以下五点。

（一）统计调查目的

制订统计调查方案，首先必须明确规定统计调查的目的。目的不同，调查的对象、范围、内容、方法可能会不同。明确目的便于确定向谁调查、调查什么、用什么方式方法取得资料，其结果必然会促进统计调查的顺利进行。

（二）调查对象、调查单位和报告单位

根据统计调查的目的确定统计调查对象、调查单位和报告单位。

调查对象和调查单位是统计调查中的总体和总体单位。它们都与统计调查的目的直接相关。如果是全面了解工业企业情况的工业普查，则由所有从事工业生产活动的单位所组成的工业企业作为调查对象，每一家工业企业是调查单位。如果调查目的是了解国有工业企业设备的状况，则由国有工业企业的所有设备作为调查对象，国有工业企业的每一台设备是调查单位。调查对象是由许多调查单位所组成的整体，它决定着统计调查的范围，调查单位是调查项目的承担者。每一家工业企业是工业普查中经济类型、行业性质、职工人数、产量、产值、设备数量和价值等调查项目的承担者。国有工业企业的每一台设备是设备名称、种类、能力、完好程度、工作时间等调查项目的承招者。

报告单位又称填报单位，是指按照调查方案的要求负责报送调查结果的单位。报告单位和调查单位是不同的，报告单位只能是某种机构（如机关、团体、学校、企事业单位）和人，调查单位则既可以是人或某种机构，也可以是某种事物（如设备）。所以，在有些场合，报告单位和调查单位两者相同，如工业普查中的报告单位和调查单位都是某一家工业企业。但在有些场合，报告单位和调查学位则不同，如国有工业设备普查中的调查单位是国有工业企业的某一台设备，但报告单位却是某一家国有工业企业。

（三）调查项目和调查表

调查项目是所要调查的具体内容，即总体单位所承担的基本标志。换言之，调查项目是向被调查者调查什么，需要被调查者回答什么问题。如2020年全国城市居民生活时间分配调查，目的是了解我国城市居民各种群体的生活时间分配和利用状况，研究城市居民的生活方式。根据调查项目拟定了姓名、性别、年龄、民族、文化程度、职业、婚姻状况、工作时间、生活必需时间、家务劳动时间和闲暇时间等调查项目。

确定调查项目时应注意的四个问题：（1）现实调查目的所急需的项目，可有可无和

备而不用的项目一律不要列入。(2) 调查项目应是能够取得实际资料的项目。(3) 调查项目要注意彼此衔接，避免重复和相互矛盾。(4) 列出调查项目的表格形式。调查表是指合理而有序地排列调查项目的表格。

调查表有两种格式：一览表和单一表。一览表是指在一张表上登记若干个调查单位的资料，每个单位都同时填写解答调查项目所提出的问题，但只适合在调查项目不多时使用。单一表是指在一张表上只登记一个调查单位，可以比较详细地列出各种标志，内容比较详尽，并便于整理汇总，但费时较多。但一项统计调查究竟采用何种调查表，应依调查目的与任务而定。当然，调查表的设计应遵守的一些原则：(1) 调查表形式应服从调查目的，并适合于调查对象的特点。(2) 调查表中备选的项目必须具有互斥性。(3) 调查表中应防止掺入调查者的主观意图。

(四) 确定调查时间、调查期限、调查地点、调查方式和调查方法

调查时间是指调查资料所属的时间（时期或时点）。明确规定调查的时期或时点是保证调查资料准确性的重要条件。如果所要调查的资料是某一时期的总量，则需要规定报告期的起止日期；如果调查资料是某一时点上的水平，就要规定统一的标准时点。

调查期限是指调查工作的起止期限，包括收集资料和报送资料的整个工作所需的时间。

调查地点是指调查对象所在的地点，即统计调查资料所属的空间范围。

统计调查的方式方法有许多种，各有长短，适用于不同的条件。某次统计调查究竟采用什么方式方法，应当根据该次统计调查的内容和特点，结合各种调查方式方法的优缺点来考虑，并在调查方案中加以明确地规定。

(五) 调查工作的组织实施计划

调查方法应当对本次调查的组织实施问题作出妥善安排。这些问题包括调查的组织领导机构、宣传教育、人员培训、文件印刷、经费筹措与开支办法、调查资料的报送程序与报送方式、调查结果公布的时间及调查资料的使用等。

二、调查问卷的设计

问卷又称调查表或询问表，是指以问题的形式系统地记载调查内容的一种印件。问卷可以是表格式、卡片式或簿记式。设计问卷是统计调查设计中的一项重要内容，问卷设计的好坏直接影响调查数据的质量和分析的结论。完美的问卷必须具备两个功能：能将问题传达给被调查者和使被调查者乐于回答。要完成这两个功能，问卷设计时应当遵循一定的原则和程序，运用一定的技巧。

(一) 问卷设计的原则

1. 有明确的主题

根据调查主题，从实际出发拟题，问题目的明确，重点突出，没有可有可无的问题。

2. 结构合理、逻辑性强

问题的排列应有一定的逻辑顺序，符合应答者的思维程序。一般是先易后难、先简

后繁、先具体后抽象。

3. 通俗易懂

问卷应使应答者一目了然，并愿意如实回答。问卷中语气要亲切，符合应答者的理解能力和认识能力，避免使用专业术语。对敏感性问题采取一定的技巧调查，使问卷具有合理性和可答性，避免主观性和暗示性，以免答案失真。

4. 控制问卷的长度

回答问卷的时间控制在20分钟以内，问卷中既不浪费一个问句，也不遗漏一个问句。

5. 便于资料的校验、整理和统计

（二）问卷设计的程序

1. 确定主题和资料范围

根据调查目的的要求，研究调查内容、所需收集的资料及资料来源、调查范围等，酝酿问卷的整体构思，将所需要的资料一一列出，分析哪些是主要资料，哪些是次要资料，哪些是可有可无的资料，淘汰那些不符合要求的资料，再分析哪些资料需要通过问卷取得、需要向谁调查等，并确定调查地点、时间及对象。

2. 分析样本特征

分析了解各类调查对象的社会阶层、社会环境、行为规范、观念习俗等社会特征；需求动机、潜在欲望等心理特征；理解能力、文化程度、知识水平等学识特征，以便针对其特征来拟题。

3. 拟定并编排问题

首先构想每项资料需要用什么样的句型来提问，尽量详尽地列出问题，然后对问题进行检查、筛选，看它有无多余的问题，有无遗漏的问题，有无不适当的问句，以便进行删除、替补和更换。

4. 角色互换，进行试问试答

站在调查者的立场上试行提问，看看问题是否清楚明白，是否便于资料的记录、整理；站在调查者的立场上试行回答，看看是否能答和愿答所有的问题，问题的顺序是否符合思维逻辑。估计回答时间是否合乎要求。有必要在小范围进行实地试答，以检查问卷的质量。

5. 修改并复印

根据试答情况，进行修改，再试答，再修改，直到完全合格以后再定稿复印，制成正式问卷。

（三）问题的形式

1. 开放式问题

开放式问题又称无结构问答题。在采用开放式问题时，被调查者可以用自己的语言自由地发表意见，在问卷上没有已经设定的答案。如您喜欢看哪一类型的书籍？您喝酒多久了？您如何看待食品价格上涨？您对我国政府对房地产限购政策有什么评价？

开放式问卷的优点：一是有利于进行探索式研究。显然，被调查者可以自由回答问卷上的问题，问卷上没有拟定的答案用来选择，因此被调查者可以充分地表达自己的看法和理由且比较深入，有时还可获得研究者始料未及的答案。通常问卷上的第一个问题采用自由式问题，让被调查者有机会尽量多地发表意见，这样可制造有利的调查气氛，缩短调查者与被调查者之间的距离。二是适用于问卷表上所列问题种类过多的情况。若问题过多，则易引起被调查者的厌烦而拒绝填写；若删除某些问题，又会缺少该类问题而影响调查效果。在这种情况下，就可以通过设立几个开放式问题，将所要调查的内容归纳于其中来解决。然而，开放式问题也有其缺点。如调查者有偏见，因记录回答者答案是由调查者执笔，极有可能失真，或并非被调查者原本意思。如果调查者按照个人的理解来记录，就有出现偏见的可能，但这些不足可运用录音来弥补。开放式问题的另一个缺点是资料整理与分析的困难。由于各被调查者的答案可能不同，所用字眼各异，因此在答案分类时难免出现困难，整个过程相当耗费时间，而且免不了夹杂整理者个人的偏见。因此，开放式问题有利于探索性调研，但很少应用于大规模的抽样调查。

2. 封闭式问题

封闭式问题又称有结构的问答题。封闭式问题与开放式问题相反，它规定了一组可供选择的答案和固定的回答格式。例如：

a. 您对本公司在接待、问题处置、技术支持以及售后服务承诺等方面的工作有多满意？（　　）

A. 很满意　　B. 较满意　　C. 一般满意　　D. 较不满意　　E. 很不满意

b. 您经常去华联超市购物吗？（　　）

A. 经常去　　B. 偶尔去　　C. 不去

封闭式问题的优点：①答案是标准化的，对答案进行编码和分析都比较容易；②回答者易于作答，有利于提高问卷的回收率；③问题的含义比较清楚。因为所提供的答案有助于理解题意，这样就可以避免回答者由于不理解题意而拒绝回答。但封闭式问题也存在一些缺点：①回答者对题目不正确理解的，难以觉察出来；②可能产生“顺序偏差”或“位置偏差”，即被调查者选择答案可能与该答案的排列位置有关。通常被调查者对陈述性答案趋向于选第一个或最后一个答案，特别是第一个答案；而对一组数字（数量或价格）则趋向于取中间位置的。为了减少顺序偏差，可以准备几种形式的问卷，每种形式的问卷答案排列的顺序都不同。

（四）问卷的结构

调查问卷的基本结构由开头部分、主体部分和背景部分三部分组成。

问卷的开头部分主要包括题目、问候语、填写说明、问卷编号等。设计调查问卷一般在问卷首页表明问卷题目，使被调查者能够迅速了解问卷的概况。

问候语内容一般包括：A. 称呼、问候，如“××先生、女士：您好”。B. 调查人员自我说明调查的主办单位和个人身份。C. 简要说明调查内容、目的和填写方法。D. 说明作答的意义或重要性。E. 说明所需时间。F. 保证作答对被调查者无负面作用，并替他保守秘密。G. 表示真诚的感谢，或者赠送小礼品。

问候的语气应该是亲切、诚恳而礼貌的，简明扼要，切忌啰唆。问卷的开头是十分重要的。大量的实践表明，几乎所有拒绝合作的人都是在开始接触的前几秒钟内就表示不愿参与的。如果潜在的调查对象在听取介绍调查来意的一开始愿意参与，那么绝大部分都会合作，而且一旦开始回答，几乎都会继续并完成，除非在非常特殊的情况下才会中止。填写说明是用于指导被调查者如何填写问卷。问卷的编号主要用于识别问卷、调查者、被调查者姓名和地址等，以便校对检查、更正错误。

【例 2－1】　问卷开头部分的设计

客户满意度调查问卷

____女士/先生：

亲爱的客户，您好！感谢长期以来对我们的支持和关爱。正是在您的大力支持下，我们的事业才得以迅速发展。但我们深深感觉目前服务和您的需求仍有不少差距。为了更好地为您服务，我们制作了这份《客户满意度调查表》。请将您的宝贵意见或建议告知我们，以便我们及时改进，更好地为您服务。谢谢！

一、填写要求：

1. 请您在所选择答案的题号上画√。

2. 对只许选择一个答案的问题只能画一个√；对可选择多个答案的问题，请在您认为合适的答案上画√。

3. 需填写数字的题目在留出的横线上填写。

4. 对于表格中选择答案的题目，在所选择的栏目内画√。

5. 对注明要求您自己填写的内容，请在规定的地方填写上您的意见。

问卷号码：____

二、主体部分

问卷主体部分包括调查事项的问题和选项，是调查问卷的核心内容。问卷的主体部分一般由三部分组成。

第一部分包括向被调查者了解最一般的问题。这些问题应该适用于所有的被调查者，并能被很快、很容易地回答。这一部分不应有任何难答或敏感的问题，以免影响被调查者情绪。

第二部分是主要的内容，包括涉及调查主题的实质和细节的大量题目。这一部分的结构组织安排要符合逻辑性并对被调查者而言应是有意义的。

第三部分根据调查研究的需要，涉及一些敏感性或较复杂的问题。

三、背景部分

问卷的背景部分是指有关被调查者的一些背景资料。如在问卷最后，一般应附上一个“调查情况记录”。这个记录一般包括：A. 调查人员（访问员）姓名、编号。B. 受访者的姓名、地址、电话号码等。C. 问卷编号。D. 访问时间。E. 其他。

【例 2－2】　一份关于购买理财产品调查问卷的主体与背景部分设计

购买理财产品调查问卷

1. 您的性别

A. 男　B. 女

2. 您的年龄

A. 17～24 岁　B. 25～34 岁　C. 35～44 岁　D. 45～54 岁

3. 您的文化程度

A. 小学及以下　B. 初中、高中　C. 中专、大专　D. 本科、研究生

4. 您所从事的职业

A. 学生　B. 国家机关、事业单位　C. 商贸、理财集团　D. 自主创业　E. 退休、离岗在家　F. 其他

5. 您有理财概念吗

A. 有　B. 没有

6. 您是否购买过理财产品

A. 是　B. 否

7. 您选择理财产品的理由是

A. 收益高　B. 风险低　C. 可保本

8. 您能接受的理财产品的费用在

A. 200 元以下　B. 200～500 元　C. 500～1000 元　D. 1000～2000 元　E. 2000～5000 元　F. 5000 元以上

9. 您是通过什么途径获得理财产品信息的

A. 电视　B. 报纸　C. 网络　D. 银行客户介绍　E. 朋友介绍　F. 其他

10. 你是否听过下列名词

A. 养老理财　B. 医疗理财　C. 意外伤害理财

11. 在银行理财产品的投资中，哪些问题让您困扰

A. 不知怎样挑选出适合自己的理财产品进行投资

B. 在买入时不知道买入多少才合适

C. 银行理财产品的设计太复杂，很难理解

D. 不能及时了解理财产品的相关信息

12. 您认为当今社会我们需要学会理财吗

A. 需要　B. 不需要

13. 在未来的两年中，您会购买理财产品吗

A. 会　B. 不会

幸运号码 No：0012083

感谢您的宝贵时间！　　　　　　　　　No：0012083

为了感谢您的帮助，本公司将把所有填写完整的调查问卷存入计算机抽奖系统，该系统将赠送一批高质量礼品给幸运中奖者，请保存您的回执单。祝您好运！

××公司地址：××××　　　　　　　　联系电话：××

（五）问卷设计应注意的问题

1. 问卷的开场白

问卷的开场白，必须慎重对待，要以亲切的口吻询问，措辞应精心切磋，做到言简意赅，亲切诚恳，使被调查者自愿与之合作，认真填好问卷。

2. 问卷上所列出的问题应该是必要的，可要可不要的问题不要列入。

3. 问题设计语言

问题设计中所用到的语言应尽量做到：提问内容尽可能短且明确；用词要确切、通俗；一项提问只包含一项内容，无论是单选题还是多选题，备选答案之间不能重叠；避免诱导性提问；避免否定式提问；问卷的语言要口语化，符合人们交谈的习惯，避免书面化和过于生疏的词语。

【例2-3】　某酒店想了解旅客对该酒店房租与服务是否满意，因而作以下询问：你对本酒店是否感到满意？这样的问题，显然有欠具体。由于所需资料牵涉房租与服务两个问题，故应分别询问，以免混乱，如你对本酒店的房租是否满意？你对本酒店的服务是否满意？

【例2-4】　您是否认为使用计算机数字技术制作的广告更具有吸引力？使用“计算机数字技术”这样的用词不够通俗，不如从制作后的效果提问。

【例2-5】　人们认为海尔牌彩电质量不错，您觉得怎样？这样的问题采用了诱导式。

4. 问卷中的问题应该注意回避个人隐私

涉及年龄、收入等私人生活问题，最好采用间接提问的方法，不要直接询问“您今年多大年龄”或“您每月的收入是多少”，而应给出范围，如“20～30岁”“30～40岁”等或“3000元以下”“3000～5000元”“5000～7000元”等，让读者选择。

5. 问卷版面格式设计

问卷的版面格式有时也会影响调查的质量。设计问卷版面格式时，应注意以下两点：（1）整个问卷的结构安排要合理，问卷的主体部分要突出、醒目；（2）各问题之间要留出一定的空间，不要编排过密，外表及内容的印刷要美观，让被调查者产生好感从而引起填写问卷的兴趣。

6. 问题顺序的设计

为了提高问卷的回收率，在设计问卷时，应站在被调查者的角度，顺应被调查者的思维习惯，使问题容易回答。因此，在问卷设计过程中，安排好问题的顺序也是很重要的。在设计问题的顺序时，应注意以下四点。

（1）问题的安排应具有逻辑性。在设计问卷时，问题的安排应具有逻辑性，以符合被调查者的思维习惯。否则，会影响被调查者回答问题的兴趣，不利于对问题的回答。

（2）问题的顺序应先易后难。把简单的、容易回答的问题放在前面，把复杂的、较难回答的问题放在后面，使被调查者开始时感到轻松，有能力继续回答下去。如果让被调查者一开始就感到很难回答，就会影响他们回答的情绪和积极性。

（3）能引起被调查者兴趣的问题应放在前面。把被调查者感兴趣的问题放在前面，这样可引起他们填写问卷的兴趣和注意力。把比较敏感的问题放在后面，如果一开始就遇到敏感性问题，会引起被调查者的反感，产生防卫心理，不愿意回答或拒绝回答，从而影响整个调查效果。

（4）开放式问题应放在后面。被调查者在回答开放式问题时需要一定的思考和时间，因此，一份问卷中的开放式问题不宜过多，而且开放式问题一般应放在后面，否则，会影响被调查者填写问卷的积极性，从而影响整个问卷的回答质量。

第四节　统计调查误差

一、调查误差的种类

收集统计数据是统计研究的第一步，如何保证统计数据的质量是统计调查阶段应重点解决的问题，因为统计数据质量的好坏直接影响到统计分析结论的客观性与真实性。统计调查应保证其资料准确、及时、完整、系统，但由于主观和客观原因，在统计调查过程中往往会产生误差。准确是统计调查的生命，调查误差的存在，势必影响统计资料的质量，甚至会导致人们对社会经济现象的错误认识。因此，找出产生误差的原因，克服统计误差，或者将统计误差限制在统计研究所许可的范围内，就成了统计调查的重要任务。

统计数据误差，就是指统计调查所取得的数字与统计调查总体实际数据之间的差异。例如，对某市的工业增加值进行调查的结果为1020亿元，而该市工业增加值实际为900亿元，那么统计数据误差就是120亿元。

统计误差从其产生的原因来看，可以分为以下两种。

（一）登记性误差

登记性误差又称人为误差，它是指统计调查过程中由于主观原因而产生的误差。产生登记性误差的原因主要是主观因素，包括：（1）登记、计量、计算、汇总等工作的不准确；（2）被调查者的原因，如被调查者虚报、瞒报等；（3）调查方案不科学，如调查方案中有关调查对象范围、时间界限、项目的含义等不明确。以上原因均会导致调查结果与实际情况不符。登记性误差是采用任何统计调查方法都会产生的误差。

（二）代表性误差

代表性误差是指在用部分单位的资料推断总体时，由于该部分单位对总体没有足够的代表性，而使推断的总体数值与总体的实际值之间存在误差，这种误差只有在非全面调查方式中才会产生。

此外，根据统计误差是否带有倾向性，又可将登记性误差和代表性误差分为系统性登记误差、系统性代表误差、非系统性登记误差和非系统性代表误差。前两者主要是由登记时有意识地瞒报、虚报以及在选择代表性单位时有意识地选大或选小造成的，带有明显的系统偏高或偏低倾向；后两者是由技术的原因或客观的偶然性造成的，不带有倾向性。相比较而言，系统性误差危害更大。

此外，误差的类型可以分为抽样误差和非抽样误差两类。

抽样误差是指在用样本数据进行推断总体特征时所必然产生的随机误差。所以，抽样误差只有在非全面调查中才会出现。抽样误差通常是不可避免的，也是无法完全消除的，但事先可以进行计算和控制这种误差。

非抽样误差是指调查过程中由于调查者或被调查者的人为因素所造成的误差。这种误差无论在全面调查还是在非全面调查中都可能发生。非抽样误差是人为的误差，是可以防止和避免的。

二、防止与减少调查误差的办法

（一）正确、周密地制订统计调查方案

统计调查方案是统计调查的纲领性文件，涉及统计调查的各个方面，无论内容还是文字都要准确而周密。要明确规定调查对象和调查单位，界定统计范围；要有一套科学的调查提纲和调查表，以完整地体现统计调查的内容；要准确、简明地解释调查项目的含义，包括范围和计算方法等；要统一规定调查的方式方法，以避免因调查方式与方法的不同而产生的误差。

（二）健全原始记录，完善统计台账

原始记录是基层企业经济活动的最初记载，它是业务核算、会计核算和统计核算的基础，定期统计报表和许多重要的专门调查，资料都来自原始的记录。没有健全的原始记录，经济核算就无法进行。统计台账是根据经营管理、经济核算和统计工作的要求，以原始记录为依据而设计的，并按照时间顺序整理、汇总和登记统计资料的一种账册，它是统计工作的一种特有记录。收集统计资料离不开统计台账。只有健全原始记录，完善统计台账，才能为统计工作打下坚实的基础，为减少误差、提高统计质量创造良好的条件。

（三）加强对统计人员的培训，提高统计人员的素质

完善的统计调查方案要靠广大统计人员去贯彻执行。因此，必须加强对统计人员（特别是那些临时抽调来参加某项统计调查的人员）的培训，提高他们的素质。统计人员的素质包括政治素质和业务素质两方面。既要使统计人员能够准确理解和掌握有关的统计方法制度，又要使他们有高度的政治责任感和职业道德，敢于同一切弄虚作假的违法犯罪行为作斗争。

（四）要加强对调查资料的审核

统计调查从取得原始资料到汇总上报，中间要经过许多环节，登记、转录、编码、分类汇总。可能还有计量单位的折算。每个环节都可能出现人为的差错，只要一个环节出现差错，就会产生调查误差。因此，一定要环环审核、层层把关。

（五）要科学地抽取样本和选择典型

在非全面调查中，代表性误差是必然存在的。但如果能科学地抽取样本单位或挑选

典型单位，使样本或典型的水平与结构尽可能地接近总体，可以缩小抽样误差。

（六）加强统计司法，严惩弄虚作假行为

在统计调查误差中，因故意弄虚作假而造成的占相当大的比重。对于那些无视党纪国法，为了猎取荣誉、地位和金钱而利用统计弄虚作假的人，必须根据《中华人民共和国统计法》给予应有的惩处。只有有法必依、执法必严、违法必究，才能杜绝弄虚作假的违法犯罪行为。

关于代表性误差的防止，可用重点调查和典型调查结果估计总体，调查前应从多方面加以研究，并广泛征求有关方面的意见，使选出的调查单位具有较高的代表性。如果是抽样调查，则应严格遵守随机原则，保证足够的样本容量，选择适当的抽样调查方法，以控制误差的范围。

思考与练习题

1. 统计数据的来源分类有哪些？
2. 统计调查方式有哪几种？
3. 简述普查的主要特点和应用意义。
4. 抽样调查有哪些特点和优越性？
5. 抽样调查、重点调查和典型调查有哪些异同？
6. 数据的收集方法主要有哪些？
7. 什么是统计调查方案？它包括哪些基本内容？
8. 什么是问卷？它由哪几部分组成？
9. 如何理解随机抽样调查中的随机原则？
10. 什么是统计调查误差？怎样才能防止和减少统计调查误差？

第三章

统计整理

第一节　统计整理的基本问题

一、统计整理的概念和作用

统计整理是指根据统计研究的目的和要求，将统计调查得到的大量原始资料按照一定的科学原理和实际情况进行分组和汇总，使之成为具有系统化、条理化的综合资料，并以此来反映所研究总体的数量特征。广义的统计整理还包括对原来已经加工的综合资料进行再整理。

统计调查通过运用一定的调查方式和方法来获得说明现象各个个体特征的大量原始资料。然而，由于这些资料只是一些个别、分散的资料，缺乏系统性，因而不能反映社会经济现象总体的综合数量特征，无法全面系统地了解和掌握社会经济现象的总体数量特征。某些已经加工的综合资料，往往由于资料在分组方法、总体范围、指标含义、口径、计算方法等方面不同，不能满足统计分析的要求，只有通过统计整理才能从总体上分析社会经济现象的数量表现。因此，为完成统计研究的任务，必须对个别、分散的资料运用科学的方法进行加工处理，将其转化为具有一定说服力的总体资料。

从统计工作的全过程角度看，统计整理是统计工作的第三阶段，它是从对现象的感性认识过渡到对现象理性认识的开始。通过统计整理，可以将社会经济现象的个体数量特征反映过渡到对总体的综合数量特征的认识，以便掌握所研究现象总体数量特征的初始综合指标数值。统计整理是统计调查工作的继续、统计分析的前提，它是整个统计研究工作中的重要环节，发挥着承上启下的重要作用。因此，统计整理工作的正确与否将直接影响到对现象总体数量特征描述的准确性。如果这一环节的工作做得不好，一方面会使统计调查得到的大量宝贵资料失去作用，另一方面会给统计分析提供错误的信息，得到错误的结论。

【例 3－1】　按照百分制，某班 36 名学生统计学考试成绩分别如下：

86 72 92 75 75 78 74 59 79 69
58 85 64 84 83 75 69 82 61 84
77 86 65 60 76 74 97 75 79 91
82 99 78 98 75 89 88 89 84 78

将上述资料按照数值大小排列如下：

58 59 60 61 64 65 69 72 74
74 75 75 75 75 75 76 77 78
78 79 79 82 82 83 84 84 85
86 86 88 89 89 91 97 98 99

单纯直观地审视这些数据，发现这些数据的特点是零星分散、不系统，没有体现一定的规律，无法反映学生总体的考试分数情况。如果将这些数据进行整理，把考试分数整理成表 3－1，则比较容易看出学生成绩分布的规律。由此可见，整理后的学生成绩资料跟整理前的学生成绩资料相比，更有条理，较系统化，各个成绩段的学生人数一目了然。大多数学生的成绩分布在 70～80 分，60 分以下和 90 分以上的学生人数都较少。

表 3－1　　某班学生考试成绩情况

学生按成绩分组（分）	学生人数（人）
50～60	2
60～70	5
70～80	14
80～90	11
90～100	4
合计	36

二、统计整理的基本步骤

统计整理工作主要分为以下四个步骤：

（1）制订统计整理方案。根据统计研究的要求与任务，对统计整理工作进行全面的部署与安排。

（2）原始资料的审核、筛选与排序。原始资料的审核主要是准确性审核和完整性审核。准确性审核主要是审查统计调查过程中的误差。检查方法有两种：逻辑性检查和技术性检查。逻辑性检查是检查各资料的内容是否合理、有关项目之间是否存在矛盾的方法。技术性检查包括填报有无遗漏或重复、调查项目是否填齐、内容是否合格、有无错行错栏情况、计量单位是否正确、合计与乘积等计算是否正确等。完整性审核主要是检查应调查的单位有无遗漏、应调查的内容是否齐全、是否有未按时报送的资料等。原始资料筛选是指将符合统计整理特定条件的数据保留，而将不符合条件的数据删除。原始资料排序是指将经过资料审核、筛选后的原始数据资料，按照某种方式进行排序。如对以学号为标志的数据，将学号按照从小到大的顺序排序。

(3) 进行统计分组和统计汇总，计算各组的次数、累计次数，得到反映各组和总体数量特征的各种指标。

(4) 通过编制统计图表，将整理得到的资料简洁明了、系统有序、形象地表现出来，并妥善保管以进行统计分析。

第二节　数据的预处理

一、数据审核

数据审核主要是检查统计调查取得的原始数据中是否有错误，包括完整性和准确性审核。完整性审核主要是检查应调查的单位或个体是否有遗漏、所有的调查项目或指标是否填写齐全等。准确性审核主要是检查数据是否真实反映客观实际情况、内容是否符合实际、检查数据是否有错误、计算是否正确等。常用的审核方法有两种：逻辑检查和计算检查。逻辑检查是从定性角度，审核数据是否符合逻辑，内容是否合理，各项目或数字之间有无相互矛盾的现象，主要用于对分类和顺序数据的审核。计算检查是检查调查表中的各项数据在计算结果和计算方法上有无错误，主要用于对数值型数据的审核。

对于统计调查获得的二手数据，主要是适用性审核和时效性审核。适用性审核主要是弄清楚数据的来源、数据的口径以及有关的背景材料，确定数据是否符合特定分析研究的需要，不能盲目地生搬硬套。时效性审核主要是要尽可能使用最新的数据，针对一些时效性较强的问题，如果所取得的数据过于滞后，就可能失去研究的意义。

二、数据筛选

当数据中的错误不能予以纠正，或者有些数据不符合调查的要求而又无法弥补时，需要对数据进行筛选。数据筛选是指根据需要找出符合特定条件的某类数据。数据筛选主要包括：①将某些不符合要求的数据或有明显错误的数据予以剔除。②将符合某种特定条件的数据筛选出来，将不符合特定条件的数据予以剔除。数据筛选可借助计算机自动完成。

三、数据排序

数据排序是指按一定顺序将数据排列，以便研究者通过浏览数据发现一些明显的特征或趋势，找到解决问题的线索。同时，数据排序有助于检查纠错和统计分组。甚至数据排序本身是统计分析的目的之一。数据排序可借助计算机自动完成。

不同类型的数据，排序的方法也不同。分类数据排序有两种方法：字母型数据，排序有升序降序之分，但习惯上用升序；汉字型数据，既可按汉字的首位拼音字母排列，也可按笔画排序，后者又有笔画多少的升序降序之分。数值型数据排序方法有递增和递减两种。设一组数据为 $X = (x_1, x_2, \cdots, x_n)$ 递增排序后可表示为 $X(1) < X(2) < \cdots < X(n)$；递减排序后可表示为 $X(1) > X(2) > \cdots > X(n)$。

四、数据透视表

为了从复杂的数据中提取有用的信息，可以利用 Excel 提供的［数据透视表］工具。利用数据透视表，可以对数据表的重要信息按使用者的习惯或分析要求进行汇总和绘图，形成一个符合需求的交叉表。在利用数据透视表时，数据源表中的首行必须有列标题。

第三节　品质数据的整理与展示

一、分类数据的整理和显示

分类数据本身是对事物的一种分类，因此在整理时除要列出所分的类别外，还要计算出每一类别的频数、频率或比例、比率，同时选择适当的图形进行显示，以便对数据及其特征有初步的了解。

（一）频数和频数分布

频数又称次数，是落在某一特定类别中的数据个数。把各个类别及其相应的频数全部列出来称为频数分布或次数分布。将频数分布用表格形式表示出来称为频数分布表。

比例是一个总体中各个部分的数量占总体数量的比重，通常用于反映总体的构成或结构。百分比又称百分数，用% 表示，是将对比的基数抽象化为 100 计算出来的，表示每 100 个分母中有多少个分子。比率是样本（总体）中各不同类别的数量的比值，如某班男女性别的比率是 1. 2:1。

（二）分类数据的图示

统计图的类型有很多，图形的制作都可用计算机来完成。反映分类数据的图示方法主要有条形图、帕累托图、圆形图。

1. 条形图

条形图是用宽度相同的条形的高度或长短来表示数据变动的图形，可以横置或纵置。纵置时又称为柱形图。

【例 3 -2】　已知某学校的若干个学生的学习成绩如表 3 -2 所示，试绘制班级各科平均成绩的条形图。

表 3-2　　学生成绩　　单位：分

姓名	班级	统计学	数学	英语
张三	1	62	66	78
李四	2	92	85	55
王五	3	63	96	78
张阳	2	85	85	88
安丹	3	78	76	55
张波	1	77	69	66
杨新	3	89	86	88
杨荣	2	86	78	89
马婷	1	95	61	74
赵军	2	76	88	88

解：首先按照班级对各科成绩的平均值进行统计，可得表 3-3，依据表 3-3 的数据绘制的条形如图 3-1 所示。

表 3-3　　各班的科目平均成绩　　单位：分

班级	统计学	数学	英语
1 班	78.00	65.33	72.67
2 班	82.33	83.67	88.33
3 班	76.67	86.00	73.67

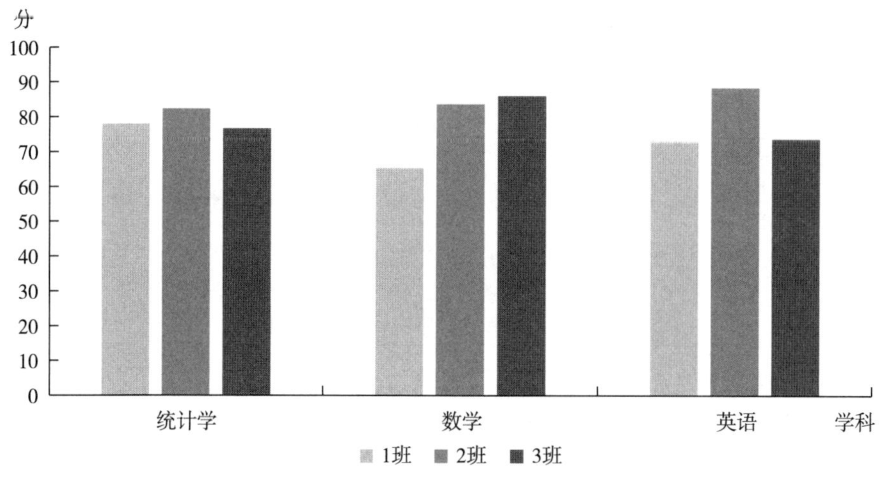

图 3-1　学习成绩条形

2. 帕累托图

帕累托图是以意大利经济学家 Pareto 的名字命名的。帕累托图是按照发生频率的高低顺序绘制的直方图，表示有多少结果是由已确认的原因所造成。通过对柱形图的排序，容易看出哪类数据出现的多，哪类出现的少。帕累托图在质量控制研究中有广泛应用，对于不同类数据的缺陷、失效方式和其他感兴趣的类，可以用帕累托图观察各个类的影响顺序。

【例 3 -3】 一家商场对最近一段时间的投诉原因进行分析，总结投诉原因分为七类，投诉的次数资料如表 3 -4 所示，试绘制帕累托图。

表 3 -4　　客户投诉原因　　单位：次，%

投诉原因	投诉次数	累计百分比	累计投诉次数
态度差	500	50.0	500
种类少	200	70.0	700
环境差	100	80.0	800
价格高	80	88.0	880
设备差	60	94.0	940
款式旧	35	97.5	975
其他	25	100.0	1000

解：根据表 3 -4 中数据绘制的帕累托图如图 3 -2 所示。

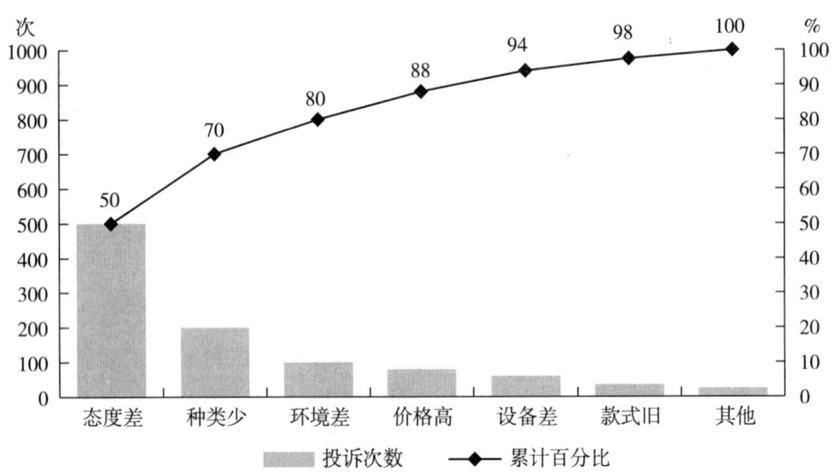

图 3 -2　某商场客户投诉的帕累托图

据图 3 -2 能直观地看出，“态度差”的投诉占 50%，“种类少”的投诉占 20%，两者累计百分数为 70%，所以这两类原因是导致客户投诉的主要来源，应从这两方面入手，继续深入挖掘并找到症结所在。

3. 圆形图

圆形图又称为饼图，是用圆形及圆内扇行的面积来表示数值大小的图形。圆形图主要用于表示总体中各组成部分所占的比例，对于研究结构性问题十分有用。

【例 3 -4】 根据表 3 -4 的客户投诉次数制作的饼状图，如图 3 -3 所示。

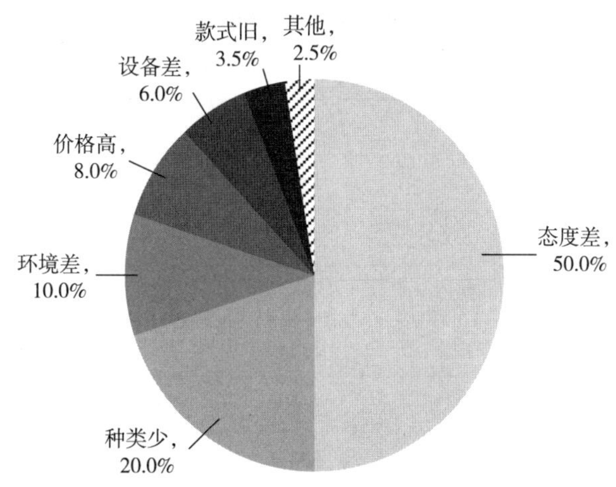

图 3-3 某商店客户投诉的饼状图

二、顺序数据的整理和显示

对于顺序数据，除可用分类数据的整理和显示方法外，还可以计算累积频数和累积频率（百分比）。

（一）累积频数和累积频率

累积频数是指将各类别的频数逐级累加起来。通常有两种累加方法：一是从类别顺序的开始一方向类别顺序的最后一方累加频数（定距数据和定比数据则是从变量值小的一方向变量值大的一方累加频数），称为向上累积；二是从类别顺序的最后一方向类别顺序的开始一方累加频数（定距数据和定比数据则是从变量值大的一方向变量值小的一方累加频数），称为向下累积。累积频率或百分比是指将各类别的百分比逐级累加起来，可分为向上累积和向下累积。

【例 3-5】 某公司在新产品的客人数满意度测试中，研究人员在甲、乙两个城市各抽样调查 600 名消费者，其中的一个问题是："您对我公司的新产品是否满意?"选项有：（1）非常不满意；（2）不满意；（3）一般；（4）满意；（5）非常满意。调查结果经整理如表 3-5 和表 3-6 所示。

表 3-5 甲城市消费者对新产品的评价 单位：人，%

回答类别	甲城市					
	人数	百分比	向上累积		向下累积	
			人数	百分比	人数	百分比
非常不满意	30	5.0	30	8.0	600	100.0
不满意	150	25.0	180	30.0	570	95.0
一般	120	20.0	300	50.0	420	70.0
满意	180	30.0	480	80.0	300	50.0
非常满意	120	20.0	600	100.0	120	20.0
合计	600	100.0	—	—	—	—

表 3-6　　乙城市消费者对新产品的评价　　单位：人，%

回答类别	乙城市					
	人数	百分比	向上累积		向下累积	
			人数	百分比	人数	百分比
非常不满意	35	5.8	35	5.8	600	100.0
不满意	160	26.7	195	32.5	565	73.3
一般	140	23.3	335	55.8	405	50.0
满意	200	33.3	535	89.2	265	16.7
非常满意	65	10.9	600	100.0	65	5.8
合计	600	100.0	—	—	—	—

（二）顺序数据的图示

1. 环形图

和圆形图相比，环形图可以同时绘制多个总体的数据系列，从而有利于进行多个总体的比较研究。环形图中间有一个“空洞”，总体中的每一部分数据用环中的一段表示环形图与圆形图类似，但又有区别，圆形图只能显示一个总体各部分所占的比例。环形图则可以同时绘制多个总体的数据系列，每一个总体的数据系列为一个环。环形图可用于结构比较研究，主要用于展示分类和顺序数据。根据表 3-5 和表 3-6 数据绘制销售量的环形如图 3-4 所示。内环表示甲城市对新产品评价等级所占的百分比，外环表示甲乙城市对新产品评价等级所占的百分比。

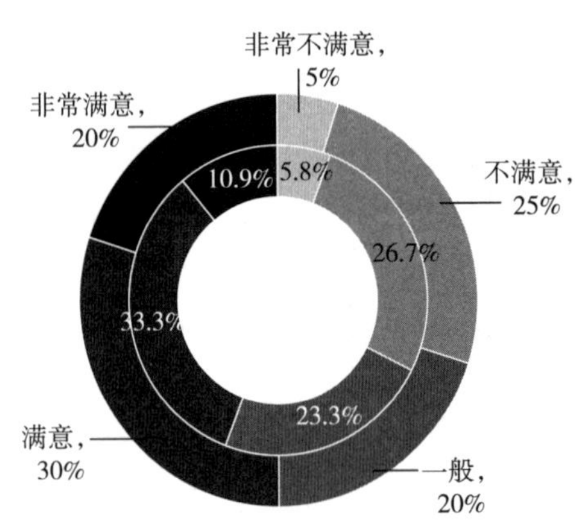

图 3-4　甲乙两城市对新产品的评价

2. 累积频数分布图

根据累积频数或累积频率，可以绘制累积频数或频率分布图。根据表 3-5 和表 3-6 数据绘制销售量的累积频数分布如图 3-5 所示。

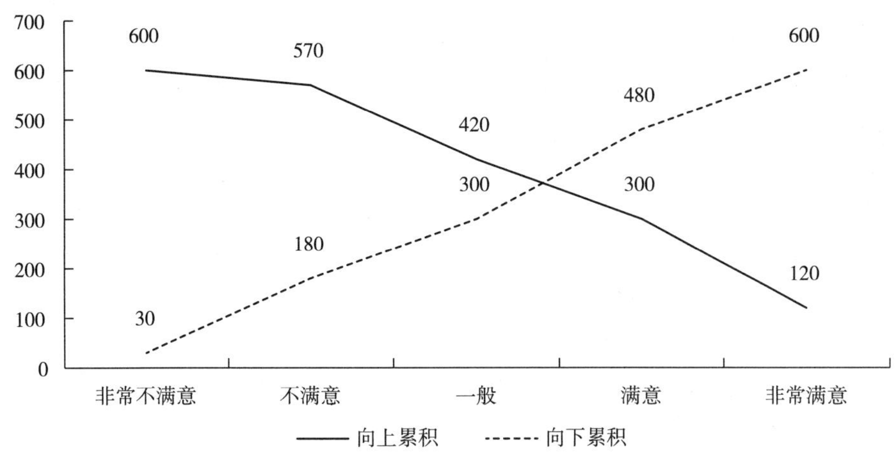

图 3-5 甲乙两城市对新产品评价的累积频数分布

第四节 数值数据的整理与展示

一、统计分组的概念

统计分组是指根据统计研究的目的和客观现象的内在特点，按某个标志或几个标志把所研究对象的总体划分为若干个不同性质又有联系的组成部分的统计方法。在分组标志下，组与组之间有明显的差别，而在同一组内的单位却具有该标志的同质性。例如，学生成绩按考分可分为 60 分以下（不及格）、60 ~ 70 分（及格）、70 ~ 80 分（中等）、80 ~ 90 分（良好）和 90 ~ 100 分（优秀）五组。

对于总体而言，每个总体单位在一个或几个特征方面具有相同的性质，由此可集合成一个总体。除此之外，在其他标志的具体表现上又存在差异，这样可以根据总体单位存在的质或量上的差异，设置相应的标志在总体内部进行分组。

统计分组的目的在于揭示现象之间存在的差别，要保持同一组内统计资料的同质性和各组间统计资料的差异性。统计分组对总体而言是“分”，即将总体区分为性质不同的若干组成部分；但对总体单位而言是“合”，即将性质相同的总体单位合为一组。因此，统计分组是在总体内部进行的一种分类，客观上把总体划分为多个性质不同、范围更小的总体。

二、统计分组的作用

统计分组有利于发现总体内部内在的联系与差异，是深入认识社会现象的必要前提，具作用主要体现在以下三个方面。

（一）划分现象类型，反映各种经济类型的数量特征

统计分组的目的之一是要按照某种标志，将社会经济现象区分为各个性质不同的组

成部分，以认识社会经济现象的本质和规律性。当研究目的在于探讨社会经济现象的类型时，则需要将总体划分为不同性质的组，这种分组称为类型分组。如将工业企业按照生产资料所有制形式不同，可划分为国有企业、集体企业和其他经济类型的企业。

（二）研究总体结构

总体是在同一性质的基础上结合起来的整体，而各总体单位之间仍存在一定的差异，为了深入分析这种差异，可以对总体进行结构分组。当研究目的在于探讨总体在某一标志上的构成时，可以将总体划分为若干组成部分以显示所研究标志的结构，这种分组称为结构分组。

（三）探讨现象之间的关系

任何社会经济现象之间都不是彼此孤立的，而是相互联系、相互依存和相互制约的。当研究目的在于探讨同一总体范围内两个可变标志的依存关系时，可以将其中一个可变标志（自变量）作分组标志，以观察另一标志（因变量）相应的变动情况，这种分组称为分析分组。它可以揭示现象之间的依存关系，如企业按照商品销售额分组，可以研究商品销售额与流通费用之间的关系。

三、分组标志的选择

统计分组的关键是选择分组标志和划分各组界限。任何事物都有许多标志，标志选择不当，分组结果必然不能正确反映总体的性质特征，进而影响对总体的正确反映与认识。

分组标志是指将所有总体单位归到不同组的依据。选择和确定什么样的分组标志，关系到统计分组的科学性和统计分析结果的正确性，因为分组标志一经确定，必将反映总体单位在该标志下的性质差异，而将总体单位在其他标志下的性质差异掩盖起来。因此，选择分组标志必须结合一定的历史条件或经济条件，根据统计研究的目的和任务，选用那些最能反映现象本质特征的标志作为分组标志。

为了正确选择分组标志，必须遵循以下几条原则：（1）要紧密围绕统计研究的目的和任务来选择分组标志。目的和任务不同，分组标志也不同。（2）要选择最能反映现象本质特征的标志作为分组标志。总体单位的任何一种标志都可作为分组的依据，但组与组差异的性质不同，有的是本质的差异，有的是一般性的差异。（3）要结合具体历史条件来选择分组标志。客观事物的特点和内部联系会随着条件的变化而变化，因此，选择分组标志时，必须考虑到社会经济现象所处的具体历史条件。

四、组数和组距

分组标志确定之后，接着是确定分组的数目，由于分组标志不同，分组数目也因之而异。根据分组标志的表现形式不同，统计分组可分为品质标志分组和数量标志分组。

品质标志分组是指选择用于反映事物属性方面差异的品质标志作为分组依据，如人口按性别、民族等分组。有的品质标志分组比较简单，有的则比较复杂。简单的分组不仅是组的数目很少，而且组与组之间所表现出的差异也比较明确和稳定，因此界限容易划分，如人口按性别、企业按经济类型等分组。

数量标志分组是指选择数量标志作为分组标志，把总体分成若干个性质不同的组。数量标志分组组数的多少和各组之间的界限是一个需要根据实际情况仔细研究的问题。数量标志分组又可分为单项式分组和组距式分组。单项式分组的每组只有一个变量值；而组距式分组是将所有变量值划归几个区间，每个区间列为一组，每一组包含许多变量值。按总体内各组组距是否完全相等，组距式分组又可分为等距式分组与异距式分组。等距式分组适用于总体各单位的变量值由小到大，组距完全相等的情况；异距式分组则适用于总体各单位的变量值由小到大呈现不均匀变化，即组距不完全相等的情况。

五、统计汇总和分布数列

在统计分组的基础上，将总体中的所有单位按组归类整理即统计汇总，形成总体中各个单位数在各组间的分布，称为次数分布。将各组组别与次数依次编排而成的数列称为次数分布数列，简称分布数列。分布数列可以反映总体中所有单位在各组间的分布状态和分布特征。

根据分组标志特征的不同，分布数列可分为品质分布数列和变量分布数列。按品质标志分组所形成的分布数列是品质分布数列，如企业按经济类型分组排列所形成的分布数列。品质分布数列由两个基本要素构成：一是各组名称，即品质标志在各组的标志值；二是分布次数或频率，即分布在各组中的总体单位数或比重。

按数量标志分组所形成的分布数列是变量分布数列，如企业按年产量分组排列所形成的分布数列。变量分布数列由两个基本要素构成：一是变量，即数量标志在各组的标志值；二是分布次数或频率，即分布在各组中的总体单位数或比重。

单项式分组和组距式分组分别形成单项式分布数列和组距式分布数列；而等距式分组和异距式分组则分别形成等距式分布数列和异距式分布数列。

次数分布有两个构成要素：组的名称（常用 x 表示）和各组次数（绝对数即频数，用 f 表示；相对数即频率，用 $f/\sum f$ 表示）。

六、变量分布数列的编制

（一）单项数列的编制

单项数列是指以一个标志值为一组，按大小顺序排列而形成的数列，如表 3－7 所示的某厂工人日生产产品情况。单项数列一般用于变量值变动幅度不大的情况。

表 3－7　　某厂工人日生产产品情况

产量（件）	生产工人数	
	绝对数（人）	比重（%）
35	8	23.0
63	7	11.1
52	6	11.6

续表

产量（件）	生产工人数	
	绝对数（人）	比重（%）
48	16	33.3
25	13	21.0
合计	50	100.0
（标志值或变量值）	（次数或频数）	（频率）

（二）组距数列

组距数列是指按标志值的变动范围或距离进行分组的数列，即每一组是用一定间隔的两个标志值来表示，如某厂职工月工资分组所形成的变量数列如表 3－8 所示。

表 3－8　　某厂员工月工资情况

员工按工资分组（元）	员工数（人）	各组员工数占全部员工数的比重（%）
3000～4000	250	16.6
4000～6500	480	32.0
6500～8000	700	46.7
8000 以上	70	4.7
合计	1500	100.0
（变量值）	（次数或频数）	（频率）

组距数列常用于变量值变动范围大或无限总体的情况。在变量值很多且变动范围大时，如果再用单项数列，一个变量值一组，则无法显示出现象的特征，或无法包括所有的变量值，组数太多，也失去了分组的意义。因此，组距数列在实践中运用十分广泛。

变量按其变量值能否无限分割可以分为离散型变量和连续型变量。如表 3－7 所示的变量为离散型变量，表 3－8 中变量为连续型变量。通常离散型变量既可以采用单项式分组，也可以采用组距式分组；而连续型变量只能采用组距式分组，不能采用单项式分组。因为连续型变量的取值能够无限分割，变量值有无穷多个。

在组距式分组中，两种变量类型在组限的表示方法上也有不同。离散型变量各相邻组的组限可以间断，但连续型变量各相邻组的组限必须重叠，如表 3－8 所示的第一组的上限为 4000 元，第二组的下限为 4000 元，两者重叠。为保证重叠后不发生“4000 元”究竟归属第几组的混乱，习惯上规定各组一般均只包括本组下限变量值而不包括本组上限变量值，即“上限不包含”原则。

对于组距数列需明确几个基本概念：全距、组限、组距、组数、组中值。

全距是指变量数列中最大值与最小值之间的距离。表 3－7 中数列的最大值为 63 件，最小值为 25 件，则全距 $R=63-25=38$ 件，它反映了总体单位标志值之间的最大差距。全距越大，反映变量值之间的离差程度就越大；全距越小，变量值之间的离差程度就越小。

组限是指组距数列中每个组的最大值和最小值，即每个组的数量界限。每个组的最大值称为上限，每个组的最小值称为下限。表 3 -8 中第一组的上限为 4000 元，下限为 3000 元。

组距是指每个组的上限与下限之间的距离，即组距 = 上限 - 下限。表 3 -8 中第一组的组距 =4000 -3000 =1000 元。通常组距宜取 5 或 10 的整倍数。

组距数列按照组距是否相等可以分为等距数列和异距数列两种。等距数列中各组组距都是相等的，如表 3 -9 所示。异距数列中每组的组距是不等的。

表 3 -9　　某班学生统计学考试成绩

考分	人数（人）	比重（%）
50 ~60	2	5.0
60 ~70	7	17.5
70 ~80	15	37.5
80 ~90	12	30.0
90 ~100	4	10.0
合计	40	100.0

表 3 -10　　某地区人口分布状况　　单位：万人

人口按年龄分组	人口数
1 岁以下（婴儿组）	2
1 ~7 岁（幼儿组）	13
7 ~17 岁（学龄儿童组）	24
17 ~60 岁（有劳动能力组）	49.3
60 岁以上（老年组）	15.6
合计	103.9

等距数列适用于标志变异比较均匀的现象，或者说，各组性质差异是由变量值均匀增加或减少引起的。例如，学生成绩 60 分以上者，每增加 10 分就进入高一级档次。人口按照身长、体重的分组，一般采用等距数列。

在异距数列中各组次数的数值受组距不同的影响。在研究各组次数实际分布时，要消除组距不同的影响，这就要将不等组距的次数换算为标准组距次数。可以数列中最小组组距为标准组距，将不等组距次数换算为统一的标准组距次数并依此绘制图形，或者是在原数列基础上先计算次数密度或频率密度，其计算公式为

$$\text{次数密度} = \frac{\text{各组次数}}{\text{各组组距}}$$

$$\text{频率密度} = \frac{\text{各组频率}}{\text{各组组距}}$$

表 3 -11 中企业员工的人数按照工龄进行分组，其中 30 ~40 岁组的组距为 10 年，比其他组距（5 年）要大，因此属于异距数列，这时需要将该组的人数换算为标准组距或次数密度，换算结果见表 3 -11 最后两列。经过换算，各组之间的频数就可以进行比较了。

表 3－11　　某企业员工年龄分布状况

按照员工年龄分组（岁）	组距	人数（人）	标准组距人数	次数密度
15～20	5	12	12	2.4
20～25	5	15	15	3
25～30	5	24	24	4.8
30～40	10	71	35.5	7.1
40～45	5	10	10	2
合计	—	132	—	—

等距数列一般在社会经济现象性质差异的变动较为均衡时使用。而社会经济总体中，有一部分性质差异的变动并不均衡，很难用等组距的办法反映出性质不同的组，这时应根据总体内部各组成部分的性质差异来编制异距数列。异距数列的组距与组数必须根据现象本身质量关系的分析要求来确定。总之，等距数列适用于总体各单位的变量值由小到大呈现均匀变化的情况。异距数列则适用于总体各单位的变量值由小到大呈现不均匀变化的情况。

组数是指变量数列共分成几组。表 3－9 分为五组，即组数＝5。在分组时，组数既不能太多，也不能太少。组数太多反映不出总体的数量特征；组数太少又不能全面深入地说明总体情况，如某学科考分成绩只分为及格与不及格两组，那么只能了解到该门课程的通过率，至于该门课程的学生学习的好坏程度及优良学生的比例则无法了解。所以确定组数的多少，应根据现象本身的特点及分析的要求而定。美国学者特杰斯提出确定组数和组距的一种经验公式：$n = 1 + 3.3\log N$，$d = R/n$，其中，n 为组数，N 为总体单位数量；d 为组距，R 为全距。表 3－12 为根据经验公式得到的统计分组组数参考表。

表 3－12　　分组组数参考

N	15～24	25～44	45～89	90～179	180～359
n	5	6	7	8	9

组中值是指每个组的中点值，即上限和下限之间的中间数值。组中值反映了该组变量值的平均水平。

$$\text{组中值} = \frac{\text{上限} + \text{下限}}{2}$$

在组距式分组中，常常会遇到首末两组“开口”的情况，即首组用“××以下”（有上限无下限），末组用“××以上”（有下限无上限）来表示。此时，组中值是以相邻组的组距为依据来计算得到的。

$$\text{缺下限的组中值} = \text{改组上限} - \frac{\text{邻组组距}}{2}$$

$$\text{缺上限的组中值} = \text{改组下限} + \frac{\text{邻组组距}}{2}$$

注意，用组中值代表各组的平均水平具有一定的假定性，它假定该组各单位的变量值在该组内是均匀分布的，或是在组中值两侧对称分布的。由于组距列掩盖了各组中各单位的实际变量值，为了反映各组中各单位变量值的一般水平，一般用组中值来替代。

表 3－13 为某班学生英语期末考试成绩所形成的数列为等距数列，每一组的组距相等，均为 10 分，表中组中值按照前述公式计算而得。

表 3－13 **某班学生英语期末考试成绩** 单位：分，人

成绩	学生人数	组中值
60 分以下	6	55
60～70	16	65
70～80	18	75
80～90	8	85
90 分以上	2	95
合计	50	—

综上所述，变量数列编制的基本步骤：（1）确定变量数列的形式：单数列、等距数列、异距数列。（2）确定组距和组数。依据表 3－12 的分组组数参考表来恰当确定组数。组距＝全距/组数，并尽可能采用 5 或 10 的倍数。（3）确定各组组上限和组下限，有极端值时首末组可采用开口组。（4）汇总并计算各组的分布次数。

七、数值型数据的图示

（一）分组数据：直方图（Histogram）

直方图是用直方形的宽度和高度来显示次数分面的图形。在平面直角坐标中，用横轴表示数据分组（组距、组限），用纵轴表示次数（频数或频率），各组与相应的频数就形成了一个矩形，直方图实际上是用矩形的面积来表示各组的频数分布，因此，直方图的总面积频率之和等于 1。

直方图要求各组具有相同的组距，每一组的矩形面积与该组的次数完全对应，保证任何一个矩形所占面积的百分数完全与那个组的频率值相同，即直方图中的矩形面积大小代表着各组次数的多少。如果某一矩形的面积是另一矩形面积的两倍，那么，意味着这一矩形面积所代表的次数是另一矩形面积所代表次数的两倍。根据表 3－13 中数据绘制得直方图 3－6。

直方图与条形图之间的区别是条形图是用条形的长度（横置时）表示各类别频数的多少，其宽度表示类别，无数量意义；直方图的高度与宽度均有数量意义。直方图的各矩形通常是连续排列，而条形图则分开排列。直方图一般需要经过数据分组后才能作图，即适用于重复数据较少的情况，而条形图一般不需要分组直接作图，即适用于重复数据较大的情况。实际上，直方图是条形图的一个特例。若以各组组中值和该组次数为坐标点，直方图可连线形成折线图。

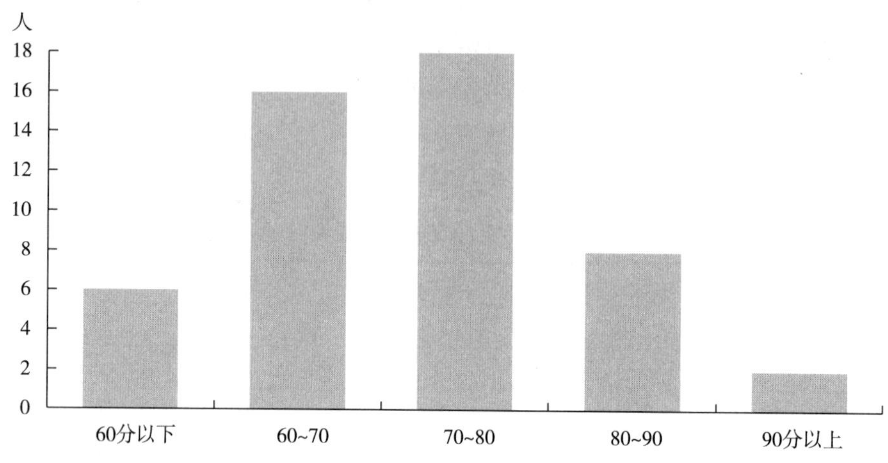

图 3－6　学生英语期末考试成绩直方图

（二）未分组数据：茎叶图

直方图可大体上看出一组数据的分布状况，但没有给出具体的数值，所能提供的信息不大，比较粗糙。茎叶图实际上是由数据构成的图形，图中给出了每一个数据的原始数值，不仅能看出数列次数的分布状况，还能显示数据是否对称，反映数据的离散程度和集中趋势，表明某些数值是否远离其他数、某些数值是否有空缺等。

茎叶图的基本做法：（1）依据样本数据集合中数字的大小范围，确定“茎节”的数字位和“叶”的数字位；（2）把样本数据集合中的所有“茎叶”，从小到大，从上到下纵向排列，并在“茎叶”后标出小数点，小数点要纵向对齐；（3）按照“茎叶”从小到大的顺序，依次把样本数据集合中的所有“茎节”后标出小数点，小数点要纵向对齐；（4）按照“茎节”从小到大的顺序，依次把样本数据集合中的所有“茎叶”相同的数据取出来，把这些数据的“叶”，按照从小到大的顺序，写在这个“茎叶”后小数点的右边，从左到右横向排列，直至把样本数据集合的所有数据处理完。这样就得到了这个样本的数据集合的茎叶图。根据【例 3－1】中统计学课程的得分，这里用竖线替代小数点，绘制相应的茎叶图 3－7。

频数	茎	叶
2	5	8 9
3	6	0 1 4
3	6	5 9 9
3	7	2 4 4
12	7	5 5 5 5 5 6 7 8 8 8 9 9
6	8	2 2 3 4 4 4
6	8	5 6 6 8 9 9
2	9	1 2
3	9	7 8 9

图 3－7　统计学得分绘制的茎叶图

（三）时间序列数据：线图

如果数值型数据是在不同时间上取得，即时间序列数据，则可以绘制线图。线图主要用于反映现象随时间变化的特征。

【例 3－6】 已知我国 2000—2021 年第一、第二、第三产业增加值如表 3－14 所示。

表 3－14　　2000—2021 年第一、第二、第三产业增加值　　单位：亿元

年份	第一产业	第二产业	第三产业
2000	14717. 36	45663. 67	39899. 12
2001	15502. 50	49659. 38	45701. 25
2002	16190. 23	54104. 09	51423. 11
2003	16970. 25	62695. 76	57756. 03
2004	20904. 32	74284. 98	66650. 86
2005	21806. 72	88082. 18	77430. 00
2006	23317. 01	104359. 23	91762. 24
2007	27674. 11	126630. 54	115787. 67
2008	32464. 14	149952. 94	136827. 54
2009	33583. 82	160168. 81	154765. 11
2010	38430. 85	191626. 52	182061. 89
2011	44781. 46	227035. 10	216123. 62
2012	49084. 64	244639. 07	244856. 25
2013	53028. 07	261951. 61	277983. 54
2014	55626. 32	277282. 82	310653. 96
2015	57774. 64	281338. 93	349744. 65
2016	60139. 20	295427. 80	390828. 06
2017	62099. 54	331580. 46	438355. 95
2018	64745. 16	364835. 21	489700. 76
2019	70473. 59	380670. 62	535370. 99
2020	78030. 90	383562. 40	551973. 70
2021	83085. 50	450904. 50	609679. 70

数据来源：Wind。

根据表 3－14 中第一产业数据绘制时间序列图 3－8。

（四）散点图

散点图与折线图类似，但其用途更广，它不仅可以用直线段反映时间的变化趋势，

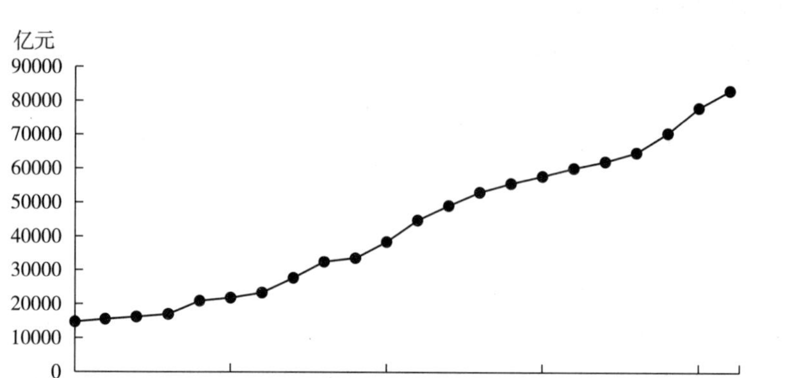

图 3－8　2000—2021 年第一产业时间序列图

而且可以用光滑曲线或一系列散点来描述数据。散点图除了可以显示数据的变化趋势以外，更多的是用来描述数据之间的关系。例如，两组数据之间是否相关、是正相关还是负相关，以及数据之间的集中趋势或离散趋势情况等。散点图有 5 个子图表类型：散点图、平滑线散点图、无数据点平滑线散点图、折线散点图和无数据点折线。根据表 3－14 中第一产业数据绘制得到散点图 3－9。

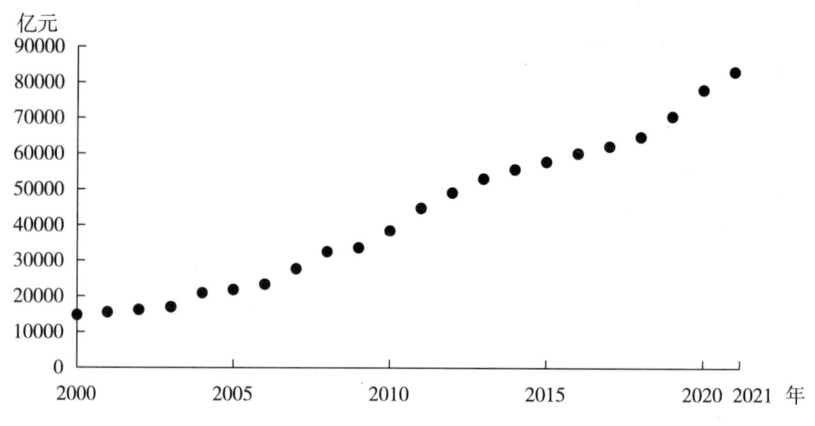

图 3－9　2000—2021 年第一产业散点图

（五）雷达图

雷达图是显示多个变量的常用图示方法。设有 n 组样本 $S_1,S_2,\cdots,S_n$，每个样本测得 p 个变量 $X_1,X_2,\cdots,X_p$，要绘制这 p 个变量的雷达图，其具体做法：先作一个圆，然后将圆 p 等分，得到 p 个点，令这 p 个点分别对应 p 个变量，再将这 p 个点与圆心连线，得到 p 个辐射状的半径，这 p 个半径分别作为 p 个变量的坐标轴，每个变量值的大小由半径上的点到圆心的距离表示，再将同一样本的值在 p 个坐标上的点连线。这样，n 个样本形成的 n 个多边形是一个雷达图。

雷达图在显示或对比各变量的数值总和时十分有用。假定各变量的取值具有相同的正负号，则总的绝对值与图形所围成的区域成正比。此外，利用雷达图也可以研究多个样本之间的相似程度。根据表 3－10 中第一、第二产业数据绘制得到雷达图 3－10。

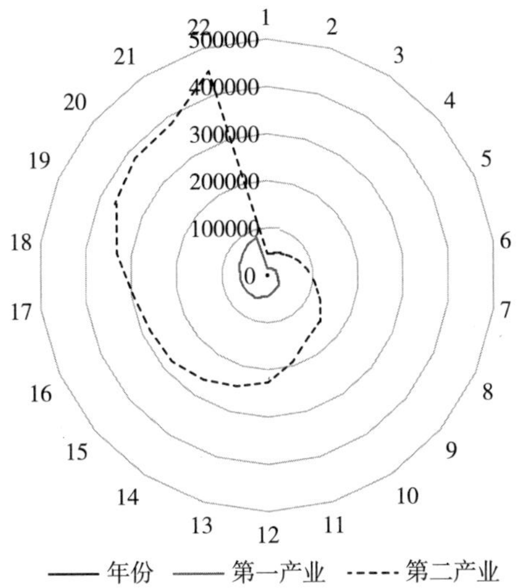

图 3－10　2000—2021 年第一、第二产业雷达图

（六）气泡图

气泡图（Bubble Chart）可用于展示三个变量之间的关系。它与散点图类似，绘制时将一个变量放在横轴，另一个变量放在纵轴，而第三个变量则用气泡的大小来表示。根据表 3－10 中第一、第二产业数据绘制得到气泡图 3－11。

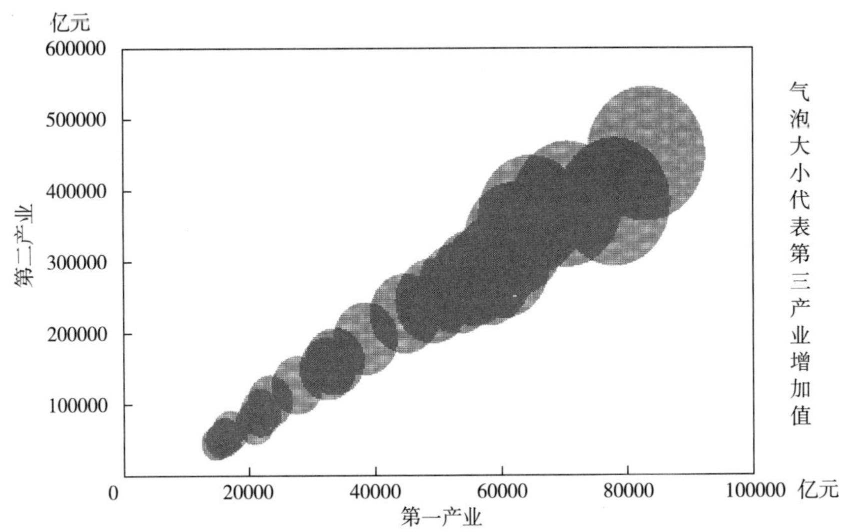

图 3－11　第三产业与第一、第二产业气泡图

第五节　合理使用统计图表

统计表和统计图是显示统计数据的两种方式。统计表把杂乱的数据有条理地组织在一张简明的表格内，统计图把数据形象地显示出来。显然，正确地使用统计表和统计图是做好统计分析的最基本技能。

一、统计图的使用准则

一张精心设计的图形是展示数据的有效工具。精心设计的图形可以准确表达数据所要传递的信息。设计图形时，应尽可能地绘制简洁，以能够清晰地显示数据、合理地表达统计目的为依据。通常，一张好的图形应具有以下几个基本特征：(1) 显示数据。一张好的图形应当使复杂的观点得到简洁、确切、高效的阐述。(2) 让读者把注意力集中在图形的内容上，而不是在制作图形的程序上。一张好的图形应当能在最短的时间内以最少的笔墨给读者提供最大量的信息。(3) 避免歪曲。一张好的图形应当表述数据的真实情况。(4) 强调数据之间的比较。一张好的图形应当是多维的。(5) 服务于一个明确的目标。一张好的图形应当精心设计，有助于洞察问题的实质。(6) 有对图形的统计描述和文字说明。在绘制图形时，应当避免一切不必要的修饰。图形体现的视觉效果应与数据所体现的事物特征相一致，否则有可能歪曲数据，给人留下错误的数据。

二、统计表的设计

统计表是展示数据的一种有效工具。统计表以纵横交叉的线条所形成的表格来表现统计资料的形式。利用统计表来表现统计资料具有以下几个优点：(1) 阅读方便，一目了然，可在短时间内给人以明确的概念；(2) 通过合理科学地排列统计资料，便于读者比较对照，发现现象之间的规律性；(3) 利用统计表便于汇总和审查；(3) 利用统计表也便于计算和分析。形式上，统计表是由横栏和纵栏构成的；在横栏和纵栏中间填写数据，其意义是由表的左部和上部的标题来说明的；表的上方有一个总标题。表 3 – 15 是一个统计表的示例。

表 3 – 15　　三个炼钢公司 2019 年的工作数与总产值　　单位：人，万元

炼钢公司	工人数	总产值
第一炼钢公司	1865	26850
第二炼钢公司	2643	29860
第三炼钢公司	4573	52640
合计	9081	109350

表 3 – 15 所说明的对象是三个炼钢公司，它是表的主体，称为表的主词；而工人数与总产值是用来说明主体的，即为了说明三个钢铁公司的特征而采用的指标，称为宾

词。主词可以是总体、总体单位或总体单位的分组；而宾词是用于说明主词特征所采用的指标。主词和宾词如同语法构造一样，是统计表中不可缺少的两个组成部分，它们和表中的数字结合在一起，表达一项完整的意义。

统计表的具体设计，必须目的明确、内容鲜明，使读者一目了然。因此，编制统计表必须注意以下几项规则：

（1）统计表的总标题应该十分简明、确切，概括地反映出表的基本内容以及资料所属的空间和时间范围。

（2）统计表的主词与宾词之间必须相互对应，准确表明统计表中任一指标数值反映的量所具有的社会经济性质。一般主词各行和宾词各个项目，应该按先局部后整体的原则排列。如果没有必要列出所有项目，就要先列总计，后列其中一部分的重要项目。

（3）如果统计表的栏数较多，通常加以编号，习惯上对填写统计资料的各栏分别以（甲）（乙）（丙）（丁）的次序编栏；对填写统计资料的各栏分别以（1）（2）（3）（4）的次序编栏。各栏统计数字间有一定计算关系的，也可用数字符号表示。如(3) = (2) / (1)，表示该表第（3）栏数字为第（2）栏数字除以第（1）栏数字之商。

（4）统计表的形式通常应设计成由纵横线条交叉组成的长方形表格。长宽之间应保持适当的比例，上下两端的端线应以粗线或双线绘制，表中其他线条一般应以细线绘制。表的左、右两端习惯上均不画线，采用不封闭的“开口”表式。

（5）统计表数字部分不应留下空白。当数字为0时要写出来，如不应有数字时要用符号表现出来，当缺某项数字或因数字过小而忽略不计时，可以用点或线填充。当某数与左、右、上、下相同时，仍应填写此数，避免出现“同左”“同右”等字样。

（6）统计表应有加注说明或注解。一般注在表的下端。

（7）制表完毕经审核后，制表人和主管负责人应签名，并加盖本单位公章，以示负责，也便以后检查。

（8）在使用统计表时，必要时可在表的下方加上注释，特别要注意注明资料来源，以示对他人劳动成果的尊重，备读者查阅使用。

思考与练习题

1. 数据预处理包括哪些内容？
2. 数值型数据分组的方法有哪些？简述组距分组的步骤。
3. 某百货公司连续40天的商品销售额如表3-16所示。

表3-16　　某百货公司连续40天的商品销售额　　单位：万元

52	24	29	16	24	28	28	43	27	46
32	19	14	15	42	24	18	42	35	25
27	38	36	24	43	37	20	36	17	56
30	31	23	15	19	38	12	46	13	26

要求：根据表中数据进行适当的分组，编制频数分布表，并计算出累积频数和累积频率。

4. 从2021年6月1日开始连续测试南方某城市的日平均气温，测得120天的数据如表3-17所示，试编制频数分布表，绘制频数分布的直方图和累积次数分布图。

表3-17　　某城市的日平均气温　　单位：℃

32	32	25	31	30	30	31	34	35	34
34	34	33	33	34	35	33	33	34	35
36	35	35	30	33	30	34	35	33	34
32	30	29	33	26	30	34	32	34	33
32	32	31	32	30	33	34	34	35	35
36	35	28	29	30	32	33	35	30	32
33	34	34	33	35	34	33	32	33	35
35	35	34	35	36	34	35	34	34	30
28	27	35	37	36	36	35	37	38	36
32	33	36	34	34	32	30	32	35	32
29	31	33	34	33	31	31	34	34	31
33	34	35	35	35	34	34	35	33	33

5. 表3-18的数据为广西壮族自治区2020年和2021年第三产业的相关行业的国民生产总值，要求：（1）画出2020年和2021年相关产业GDP的对比条形图。（2）画出2020年和2021年相关产业GDP的环形图。

表3-18　　广西第三产业的相关行业GDP数值　　单位：亿元

行业	2021年	2020年
交通运输、仓储及邮电通信业	1050.46	908.81
批发和零售业	2062.78	1820.31
住宿和餐饮业	379.78	338.80
金融、保险业	1709.21	1598.00
房地产业	1984.17	1923.65

数据来源：Wind。

6. 某企业生产某种产品，需要经过六道工序，为了提高产品质量，对过去一个月生产的废品进行调查，调查结果如表3-19所示，要求作出累积频数图，并进行分析。

表3-19　　不同工序形成的废品数量

工序	废品数量	工序	废品数量
A	2282	D	67
B	1182	E	35
C	430	F	22
合计	4018		

第四章

数据分布特征的描述

第一节　总量指标

一、总量指标的概念与作用

总量指标是反映社会经济现象在一定时间、地点条件下达到的总规模、总水平或工作总量的综合指标。总量指标的表现形式是绝对数，因此也称为绝对指标。如2020年我国国内生产总值为1013567亿元，国家外汇储备为32165亿美元，全年税收收入为136780亿元，这些总量指标说明我国2020年社会经济所达到的规模和绝对水平。

总量指标在社会经济研究和管理中有重要的作用，主要表现为以下两点。

第一，总量指标是反映一个国家、一个地区或一个企业人力、物力、财力状况和加强宏观经济管理与企业经济核算的基本指标。如国内生产总值、进出口总额等总量指标，既可以表明一个国家或地区的经济发展水平，还可以用作国际间、地区间经济实力的比较分析；企业产值、职工总人数、固定资产总额等总量指标，可以说明企业的生产能力是企业制订计划和决策方案的基本依据。

第二，总量指标是计算相对指标和平均指标的基础指标。相对指标和平均指标一般是由两个有联系的总量指标对比的结果，它们是总量指标的派生指标。如由实际的总产值除以计划的总产值就得到计划完成相对指标，由工资总额除以工人总人数就得到平均工资指标。总量指标计算是否准确，直接影响相对指标和平均指标的准确性。

二、总量指标的种类

（一）总量指标按其反映的内容不同，可分为总体总量和标志总量

总体总量即总体单位数。标志总量是指总体各单位某一数量标志值的总和。例如，研究某地区商业企业的情况，总体为该地区所有的商业企业，总体单位为该地区每一个商业企业，则该地区的商业企业总数是总体总量，而商业企业的总销售额、总人数、总利润，则是标志总量。总体总量用总体单位数的多少反映总体现规模的大小，而标志总

量则用总体单位某种特征的总数来反映总体的规模和水平。

一个总量指标是属于总体总量还是标志总量，并不是固定不变的，它随着研究目的的不同而变化。研究目的变了，总体和总体单价、总体总量和标志总量可能会随之而变。

（二）总量指标按其时间状态不同，可分为时期指标和时点指标

时期指标是反映总体在一段时期内（如一旬、一月、一季或一年）活动过程的总量，如产品产量、产值、商品销售额等。时期指标具有如下特点：（1）时期指标可以累计相加。时期指标是连续登记的结果，在时间上可以累计相加，累加结果具有实际意义。如一年的国内生产总值是指该年内我国国民经济各行业每天所创增加值的总和。（2）时期指标数值的大小与时期的长短密切相关。通常，时期越长，指标数值越大；时期越短，指标数值越小，如一年的税收额大于 1 个月的税收额。（3）必须连续登记而得。时期指标数值的大小取决于整个时期的发展状况，只有连续登记得到的时期指标才会准确。

时点指标是反映总体在某一特定时刻（瞬间）上的总量，如期初或期末的职工人数、设备台数、商品库存量等。时点指标具有如下特点：（1）各时点指标不能累计相加。时点指标的数值是间断计数的，通常是隔一段时间登记一次，在时间上不能累计相加，累加结果无实际意义。如税收额通常是在月初或月末一次性登记的结果，各月初或月末的税收额不可以累计相加，累加结果无意义。（2）时点指标数值的大小与时期长短无直接的关系。时点指标仅仅反映社会经济现象在一瞬间上的数量，每隔多长时间登记一次对它没有影响，如年末库存量不一定大于月末库存量。（3）指标数值是间断计数的。时点指标没有必要进行连续登记，有的也是不可能进行连续登记的。

（三）总量指标按计量单位不同，可分为实物指标、价值指标和劳动量指标

实物指标是指以实物单位计量的总量指标，即以事物的物理属性或自然属性作为计量单位的指标。由于事物的属性不同，实物单位可分为自然单位，如电脑用台计量，飞机用架计量等；度量衡单位，如大米用斤计量，木材用立方米计量，土地面积用平方千米计量等；专用单位，如功用焦耳计量等；复合单位，如密度用千克/立方米计量，平均工作时间用工时/件计量等；标准实物单位，如棉纱以 20 支纱为标准棉纱计量单位等。

价值指标也称价值量指标或货币指标，是以货币单位计量的统计指标，如国民生产总值、社会总产值、商品销售额、工资总额、利润额等就是以货币为计量单位的总量指标。价值指标可以把那些不能直接加总的产品或商品数量过渡到可以直接加总，进而综合说明不同使用价值的产品或商品的总水平、总规模或总速度等，具有良好的综合性能，通常用于经济核算和考核经济效益。但价值指标比较笼统、比较抽象，它脱离了具体的物质内容，不能确切地反映实际情况。因此，只有将实物指标和价值指标结合运用，才能使我们全面地认识社会经济现象。由于价格和价值时常背离，如果用价值量指标反映生产发展速度，必须剔除价格变动的影响，所以价值指标可以分别按现行价格和可比价格计算。

劳动量指标是指以劳动量单位计量的总量指标。劳动单位是用劳动时间表示的计量

单位，是一种复合单位，通常用工时、工日表示。劳动量可以相加，加总的结果就是劳动消耗总量。它可用于分析劳动资源和劳动时间的利用情况，为核算企业工人工资和计算劳动生产率提供依据。同时，也是基层企业编制和检查生产作业计划的重要依据。

三、计算和应用总量指标的原则

总量指标是具有一定社会经济内容的统计指标，能否正确计算和应用，不是一个简单的统计汇总技术问题，而是一个理论联系实际的问题。要正确地计算和应用总量指标，必须遵循以下原则。

（一）正确确定指标的含义与计算范围

指标含义与计算范围界定了总量指标所反映的事物某方面的特征、总体范围与计算口径。例如，在统计人口数时，只有在分清“常住人口”和“流动人口”含义的基础上，才能正确统计一个地区的人口总数。只有这样，计算的总量指标才能反映社会经济现象总体内容的真实情况。

（二）计算实物总量指标时只有同类才能相加

实物指标的同类性是由产品的使用价值决定的，只有使用价值相同的产品才能加总起来计算其总量指标，把不同使用价值的产品产量简单加总。

（三）使用统一计量单位

总量指标的计量单位，必须按照国家统一规定的计量单位进行计量，只有这样，才不会造成统计计量方面的差错，才能客观地统计社会经济现象总体的数量。

（四）总量指标与相对指标、平均指标要结合运用

总量指标虽然是综合指标的基本指标，但它只能说明事物的规模、水平，而不能说明事物之间的相互联系、发展变化的程度和效益的高低。因此，要全面说明事物的规模、水平、相互联系、发展变化的程度、内部构成，必须把总量指标与相对指标、平均指标结合起来运用。

第二节　相对指标

一、相对指标的概念与作用

相对指标是两个或多个有联系的统计指标进行对比的比值，表现为相对数，反映的是让会经济现象之间数量对比关系。

（一）相对指标在统计分析中有重要的作用，主要表现有三点

1. 说明社会经济现象之间的数量对比关系

如计算一个省的第一、第二、第三产业的比例，可以说明该省社会经济发展的情况；计算产品一级品率，可以从总体上鉴别产品质量的优劣等。

2. 把社会经济现象的绝对差异抽象化，使原来不能直接对比的统计指标可以进行对比

如不同生产规模的工业企业，由于资金、设备、人数、产品产量与产值、利润等都不相同，要评价比较这些企业的效益，不能把它们的总量指标直接对比，只能通过计算各自的计划完成相对数、设备利用率、资金产值率等相对指标来进行比较，才能说明企业计划完成的好坏、效益的高低。

3. 相对指标便于记忆、易于保密

在一定情况下，与总量指标相比，相对指标说明问题突出、给人印象鲜明，从而便于人们记忆。在社会经济指标中，有些绝对数是不便公之于众的，但为了公布其发展状况，则可用发展速度等相对指标。

（二）相对指标一般有两种表现形式：无名数和有名数

1. 无名数是一种抽象化的数值，通常的表现形式是成数、系数、倍数、百分数、千分数、翻番数等

（1）成数是将对比的基数化为 10 进行计算的结果，一成就是 10%。

（2）系数和倍数是将对比的基数化为 1 进行计算的结果，两个数对比，分子与分母数值相差不大，常用系数表示。如固定资产折旧系数为 0.2；当分子比分母数值大 1 倍以上时，常用倍数表示，如某市 2019 年的国内生产总值是 2010 年的两倍。

（3）百分数（%）是将对比的基数抽象化为 100 计算的结果，是相对数中最常用的一种表现形式，如我国 2020 年国内生产总值增长速度为 2.3%等。

（4）千分数（‰）是将对比的基数抽象化为 1000 计算的相对数，它适用于分子数值比分母数值小很多时的情况，如人口的出生率、死亡率、自然增长率一般用千分数表示。

（5）翻番数是指两个相比较的数值中，一个数是另一个数的“2m”倍，其中 m 是番数。例如，国家统计局 2021 年 1 月公布的 2020 年中国经济“成绩单”显示，2020 年，全国居民人均可支配收入 32189 元，这一数据相较 2010 年的水平翻了一番。

2. 有名数是指有具体内容的计量单位的数值，它有单名数和复名数之分

部分相对指标用单名数表示，如货币流通速度指标用“次”表示；有些相对指标则通常采用分子指标与分母指标的计量单位共同构成的复合单位，即复名数表示，如人口密度用人/平方千米表示。

二、相对指标的种类和计算

（一）计划完成相对数

计划完成相对数是指计划期内实际完成数与计划数对比的比值。它表明某一时期内某种计划的完成程度，通常用百分数（%）表示，所以也称为计划完成程度或计划完成百分数。计划完成相对数可以监督和检查国民经济或企业计划的执行情况，以便进一步分析计划完成或未完成的原因，及时总结经验或采取措施，进一步挖掘潜力，促进国民经济的发展。

1. 计划完成相对数的基本计算公式

$$计划完成相对数 = \frac{实际完成数}{计划完成数} \times 100\% \quad (4-1)$$

【例4-1】 某企业某年计划完成销售收入为200万元，实际销售收入为220万元。则计划完成相对数 $= \frac{220}{200} \times 100\% = 110\%$。计算结果表明，该公司的销售计划完成程度为110%。

评价一项指标是否完成了计划，要具体情况具体分析。对于正指标（指标数值越大越好），如产品产量、产值、销售额、利润额等，计划完成相对数越大，表示计划完成程度越好；对于负指标（指标数值越小越好），如单位产品成本、商品流通费用等，计划完成相对数越小，表示计划完成程度越好。

2. 计划完成相对数的派生公式

根据指标性质的不同，派生公式有不同的表达形式：

（1）对于产量、产值增长百分数，计算公式为

$$计划完成相对数 = \frac{100\% + 实际增长\%}{100\% + 计划增长\%} \times 100\% \quad (4-2)$$

（2）对于产品成本降低百分数，计算公式为

$$计划完成相对数 = \frac{100\% - 实际降低\%}{100\% - 计划规定降低\%} \times 100\% \quad (4-3)$$

【例4-2】 某企业2019年规定计划比上年增长5%，实际比上年提高20%，则计划完成相对数 $= \frac{100\% + 20\%}{100\% + 5\%} \times 100\% = 114.29\%$。计算结果表明，该企业2019年产值计划完成程度114.29%，超额完成计划14.29%。

【例4-3】 某企业2018年A产品单位成本为每台1000元，计划要求2019年产品单位成本比上年降低6%，实际降低7%，则

$$2019年单位成本计划数 = 1000 \times (1-6\%) = 940（元）$$

2019年单位成本实际数 $= 1000 \times (1-7\%) = 930$（元），计划完成相对数 $= \frac{100\% - 7\%}{100\% - 6\%} \times 100\% = 98.94\%$ 或计划完成相对数 $= \frac{930}{940} \times 100\% = 98.94\%$。计算结果表明，该企业2019年A产品单位成本计划完成较好，比计划降低了1.06%。

注：在应用派生公式计算计划完成相对数时，不能直接用增加（或降低）的百分数进行对比，否则，计算结果的意义将完全不同。在实际工作中也有直接用实际增长（或降低）百分数与计划增长（或降低）百分数之差来表示计划完成程度的。这种相减的结果说明实际比计划多提高（或下降）的百分点。如【例4-3】，7%-6%=1%，说明单位成本实际比计划多降低了一个百分点。这种方法与上述方法的含义是不同的，不应混为一谈。

3. 中长期计划完成相对数

中长期计划是指一年以上的计划。中长期计划指标有的规定了全期应完成的累计总数，如固定资产投资计划等；有的规定计划期最后一年应达到的水平，如产量、产值计

划等。因此，中长期计划完成相对数有两种计算方法：水平法和累计法。

（1）水平法。水平法是指把计划末期实际所达到的水平与同期计划规定应达到的水平对比计算计划完成相对数的方法。即

$$\text{计划完成相对数} = \frac{\text{计划期末年实达水平}}{\text{计划期末年应达水平}} \times 100\% \tag{4-4}$$

$$\text{提前完成计划的时间} = [\text{计划期月(季)数} - \text{实际完成月(季)数}] \times 30(90) + \frac{\text{超额完成计划数}}{\text{达标月(季)日均产量}} \tag{4-5}$$

注意：用水平法检查计划完成情况，计算提前完成计划的时间，应以计划期内连续一年（12 个月或四个季度，无论是否在一个日历年度）实际达到计划规定达到的水平为准，若连续累计 12 个月实际完成的水平达到计划规定的最末一年的水平，就视为完成了计划，剩下的时间作为提前完成计划的时间。

【例 4-4】 某水泥企业在 2016—2020 年的五年计划规定，水泥产量在计划期最后一年应达到 170 万吨，实际情况如表 4-1 所示。试计算该企业产量计划完成相对数和提前完成计划时间。

表 4-1　　2016—2020 年水泥产量　　单位：万吨

年份	2016 年	2017 年	2018 年	2019 年				2020 年				5 年合计
				第一季度	第二季度	第三季度	第四季度	第一季度	第二季度	第三季度	第四季度	
产量	100	120	126	30	40	42	44	40	48	52	44	686

解：$\text{计划完成相对数} = \frac{40+48+52+42}{170} = \frac{184}{170} \times 100\% = 108.24\%$

从 2019 年下半年至 2020 年上半年产量之和：42 + 44 + 40 + 48 = 174（万吨）

比计划数 170 万吨多了 4 万吨，则

$$\text{提前完成计划时间} = (60-58) \times 90 + \frac{174-170}{48/90} = 187.5(\text{天})$$

即提前 187 天完成计划任务。

（2）累计法。累计法是指把计划期内各年累计实际完成数与同期计划规定的累计数对比计算计划完成相对数的方法。即

$$\text{计划完成相对数} = \frac{\text{计划期内各年累计实际完成数}}{\text{同期计划规定的累计数}} \times 100\% \tag{4-6}$$

$$\text{提前完成计划的时间} = [\text{计划期月(季)数} - \text{实际完成月(季)数}] \times 30(90) + \frac{\text{超额完成计划数}}{\text{达标月(季)日均产量}} \tag{4-7}$$

【例 4-5】 某市在 2016—2020 年计划规定整个计划期间固定资产投资总额为 1900 亿元，实际情况如表 4-2 所示。试计算该市四年固定资产投资额计划完成相对数和提前完成计划时间。

表 4 - 2　　2016—2020 年固定资产投资额　　单位：亿元

年份	2016 年	2017 年	2018 年	2019 年		2020 年				5 年合计
				上半年	下半年	第一季度	第二季度	第三季度	第四季度	
投资额	200	230	280	300	380	160	170	200	220	2140

解：计划完成相对数 $=\frac{2140}{1900}\times 100\% = 113\%$

从第一年的第一季度开始至第四年的第三季度投资额之和为 1920 亿元，比计划数 1900 亿元多 20 亿元，则提前完成计划的时间 $=(20-19)\times 90+\frac{20}{200/90}=99$ 天，即提前 99 天完成计划任务。

4. 计划执行进度相对数

计划完成相对数，既可用于检查全期计划完成程度，又可以用于检查计划执行过程的进度，计划执行进度相对数的计算公式为

$$\text{计划执行进度} = \frac{\text{计划期内某月止累计完成数}}{\text{本期计划数}} \times 100\% \qquad (4-8)$$

【例 4 -6】　某企业 2020 年计划完成商品零售额为 160 万元，1—9 月止累计实际完成 142 万元，则 1—9 月计划执行进度 $=\frac{142}{160}\times 100\% = 88.75\%$。该企业 1—9 月零售额累计完成年计划的 88.75%，其计划执行进度与原计划时间有所加快。若第四季度保持前三季度的平均水平或有所提高，则年末将超额完成全年计划。

（二）结构相对数

结构相对数是指总体中某部分数值与该总体数值对比的比值，它反映总体内部构成情况，一般用百分数表示，即

$$\text{结构相对数} = \frac{\text{总体某部分数值}}{\text{总体数值}} \times 100\% \qquad (4-9)$$

注：同一总体的结构相对数之和为 100%，且结构相对数的分子、分母位置不能互换。

【例 4 -7】　2020 年我国国内生产总值为 1013567 亿元。其中，第一产业增加值为 78031 亿元，第二产业增加值为 383562 亿元，第三产业增加值为 551973 亿元。则

第一产业增加值所占比重 $=\frac{78031}{1013567}\times 100\% = 7.72\%$；

第二产业增加值所占比重 $=\frac{383562}{1013567}\times 100\% = 37.83\%$；

第三产业增加值所占比重 $=\frac{551973}{1013567}\times 100\% = 54.45\%$。

计算结果显示，2020 年我国第一、第二、第三产业增加值占国内生产总值的比重分别为 7.72%、37.83%、54.45%。

（三）比例相对数

比例相对数是指同一总体某一部分数值与另一部分数值对比的比值，它反映总体各

部分间的内在联系和比例关系，一般用比数表示。即

$$比例相对数 = \frac{总体中某一部分数值}{统一总体另一部分数值} \quad (4-10)$$

注：比例相对数的分子、分母同属一个总体，而且分子与分母的位置可以互换。【例4－7】显示，2020年我国第二、第三产业增加值的比例为383562∶551973＝0.695∶1。

（四）比较相对数

比较相对数是指同一时间的同类指标在不同空间对比的比值，它反映不同国家、不同地区或不同单位之间的差异程度，一般用百分数或倍数表示，即

$$比较相对数 = \frac{甲地区（单位）某指标数值}{乙地区（单位）同一指标数值} \times 100\% \quad (4-11)$$

【例4－8】 两个相同类型的工业企业，甲企业全员劳动生产率为185420元/人年，乙企业全员劳动生产率为215600元/人年，则两个企业全员劳动生产率的比较相对数为185420/215600×100％＝86.00％。该结果是以乙企业的全员劳动生产率作为比较标准，计算结果说明甲企业全员劳动生产率是乙企业的86％；若以甲企业全员劳动生产率作为比较标准，则表明乙企业全员劳动生产率是甲企业的215600/185420×100％＝116.28％。这两种计算方法的角度不同，但都能说明问题，具体以哪个指标作为比较的基础，应根据研究目的以及哪种方法能更确切地说明问题的实质而定。

（五）动态相对数

动态相对数是指某一社会经济现象在不同时期两个数值对比的比率。它反映该现象在时间上的发展变化方向和程度，也称为发展速度和指数，即

$$动态相对数 = \frac{报告期数值}{基期数值} \times 100\% \quad (4-12)$$

其中，报告期是指要研究或计算的时期，基期是指作为比较基础的时期。动态相对数一般用百分数表示，也可用倍数或千分数表示，且分子与分母的位置一般不能互换。

【例4－9】 2019年我国国内生产总值为986515.2亿元，2020年国内生产总值为1013567亿元，则动态相对数$=\frac{1013567}{986515.2} \times 100\% = 102.74\%$。计算结果表明，2020年我国国内生产总值增长较慢。

（六）强度相对数

强度相对数是指两个性质不同而又有联系的指标对比的比率，它反映现象的强度、密度和普及程度，即

$$强度相对数 = \frac{某一指标数值}{另一有联系指标数值} \quad (4-13)$$

强度相对数一般以有名数表示，如商品流转次数用单名数“次”表示，人均粮食产量用复名数“千克/人”表示。也有一些强度相对数采用百分数、千分数等表示，如商品流通费用率用百分数表示，人口出生率用千分数表示。

【例4－10】 某企业2020年实现利税80万元，销售收入为300万元，资金为460

万元，则销售利税率 $=\frac{80}{300}\times100\%=26.67\%$，资金利税率 $=\frac{80}{460}\times100\%=17.39\%$。

三、计算和应用相对指标的原则

（一）两个对比指标要有可比性

相对指标是两个有联系的统计指标相对比，要使对比的结果能正确反映社会经济现象之间的数量对比关系，必须使对比指标有可比性。可比性包括对比指标的经济内容、口径范围、计算时间、计算方法等。如在检查计划的完成程度时，必须检查实际的完成数与计划数所包含的指标内容是否一致；在计算动态相对数时，应注意指标总体范围的一致性，如有无机构的变更、行政区域的变更等造成总体范围的变更；在计算比较相对数时，要注意同类指标其计算方法、计算价格是否一致，如人均国内生产总值是用现行价格还是不变价格计算。

（二）定性分析与定量分析相结合

正确地计算和运用相对数，要注重定性分析与定量分析相结合的原则。事物之间的对比分析，必须是同类型的指标，只有通过统计分组，才能确定被研究现象的同质总体，便于同类现象之间的对比分析。通过定性分析，可以确定两个指标数值的对比是否合理。

（三）相对指标要与总量指标结合运用

相对指标一方面能把社会经济现象间数量对比关系反映得突出鲜明，另一方面，有时两个相对指标的数值虽然相同，但其绝对量可能差异很大。由于相对指标把绝对量的差异抽象化了，因此，许多场合在应用相对指标时必须与总量指标相结合，才能说明社会经济现象的真实情况。如甲乙两职工工资 2020 年都增加了 20%，甲的工资由 10000 元增加到 12000 元，每增加 1% 的工资额为 100 元；乙的工资由 100000 元增加到 120000 元，每增加 1% 的工资额为 1000 元。可见，甲乙两职工工资的升幅虽然相同，但包含的工资绝对量却相差很大。

（四）各种相对指标结合运用

各种相对指标作用不同，每种相对指标只能说明事物的某一方面，要正确认识事物，必须把各种相对指标结合起来运用。如分析企业经营管理状况，可把实际利润与计划利润对比，检查利润计划完成情况；把本期实际利润与上期实际利润对比，观察利润动态变化情况；把利润与销售额、成本、资金等对比，可以说明企业经济效益的高低，等等。

第二节　平均指标

一、平均指标的概念、特点和作用

（一）平均指标的概念

平均指标是反映总体各单位某一数量标志值一般水平的综合指标，又称统计平均数，它是总体各单位某一数量标志在一定时间、地点条件下所达到的一般水平，如平均工资、平均成本、平均价格等。

在社会经济现象总体中，每个总体单位都有区别于其他单位的数量特征，具体表现为数值大小不等。平均指标是作为一个代表性的量出现的，它将总体内各单位同一标志数量的差异抽象化，反映的是总体各单位的一般水平，而不是个别单位的具体数量。平均指标虽不以个别标志值为代表，但又不能离开个别标志值而独立存在，因为它本身是根据许多个别标志值计算得到的。

（二）平均指标的特点

1. 同质性

只有同质性总体才能计算平均数，不属于同质总体的个体单位的标志特征，不能混在一起计算平均值。如在计算某班某门课程的平均成绩时，不能将不同课程的成绩加在一起来求平均数，也不能将不同学校不同考题的成绩加起来求平均数。因为它们之间没有质的共同性。

2. 代表性

代表性反映事物的共性，是某一事物的代表值。如一批日光灯管共 100 只，最低的寿命为 3000 小时，最高的寿命为 4000 小时，而寿命 3600 小时是日光灯管平均寿命的最好诠释。

3. 抽象性

平均数将总体标志值之间的差异抽象化，往往掩盖了个体之间的差别。将富豪与一般工薪阶层，甚至贫困、无收入的人的收入直接相加得平均值，这一平均收入水平不但没有代表性，起不到平均指标的作用，而且掩盖了贫富悬殊的社会矛盾。

（三）平均指标的作用

1. 反映分配数列中各变量值分布的集中趋势

在总体中，各单位某一标志在数量上的变化是有差异的，变量值从小到大形成一定的分布规律，在社会经济现象的范围内，较多地表现为呈正态分布。标志值很小或很大的数值出现次数较少，平均数周围的单位数则占较大比重，因而平均数反映了标志值变动的集中趋势，代表变量数列的一般水平。例如，某企业职工工资，每月收入很少或很多的职工是少数，而收入在中等水平即平均工资周围的人数则占职工总数的很大比重。因此，可用平均工资代表该企业的工资水平。平均数还可以消除因总体范围不同而带来的总体数量差异，使不同的总体具有可比性。例如，由于播种面积不同，不同地区粮食总产量不能直接对比，若计算平均亩产量，则可以比较不同地区粮食生产水平的高低。

2. 反映同类现象在不同时空的对比情况

同一总体在不同时间或不同部门之间的平均指标可以反映现象总体的发展变化趋势。如研究职工工资水平的变化，用工资总额往往说明不了问题，因为不同时期或不同部门之间的职工人数不同，若用职工平均工资进行动态对比分析，则可正确反映职工工资水平的变动趋势和规律。

3. 分析现象之间的依存关系

在社会经济现象中，有些现象并不是孤立的，而是相互联系的，利用平均指标可以分析它们之间的依存关系。如将耕地按施肥量等标志分组，在此基础上计算各组的农作物收获率，就可以反映出施肥量与收获率之间的依存关系，即在一定范围内，每亩施肥量与农作物的平均亩产量成正比关系。

4. 平均数是统计推断的一个重要参数

如利用样本平均数推算总体平均指标，利用平均指标推算总量指标等。

二、平均指标的种类

（一）根据反映的时间状况不同，可以分为静态平均数和动态平均数

静态平均数反映的是在同一时间范围内总体各单位某一数量标志的一般水平。动态平均数反映的是不同时间内相同空间的总体某一统计指标的一般水平，也称序时平均数。

（二）根据计算方法不同，可以分为算术平均数、调和平均数、几何平均数、中位数和众数

算术平均数、调和平均数和几何平均数依据所有变量值计算而得，又称数值平均数；中位数和众数是依据变量值所处的位置确定，又称为位置平均数。

三、算术平均数

（一）算术平均数的概念

算术平均数是指总体标志总量与总体单位总量比值，即

$$\text{算术平均数} = \frac{\text{总体标志总量}}{\text{总体单位总量}}$$

【例 4 - 11】　某工业企业月职工工资总额为 1000 万元，职工总数为 800 人，则该企业职工月平均工资为 1000/800 = 1.25 万元。

注：在计算算术平均数时，算术平均数的分子（总体标志总量）与分母（总体单位总量）必须属于同一总体，即分子“总体标志”一定是刻画分母“总体单位”特征的，才能计算平均数。这一点也是区分算术平均数和强度相对数的重要标准。

（二）算术平均数的种类

1. 简单算术平均数

若所依据的计算资料是未分组资料，则要采用简单算术平均数计算平均数。即直接将总体各单位的标志值加总后除以总体单位数而得到算术平均数，即

$$\bar{x} = \frac{x_1 + x_2 + \cdots + x_n}{n} = \frac{\sum x}{n}$$

其中，$\bar{x}$ 为平均数；x 为各单位的标志值；n 为总体单位数目。

【例 4 - 12】　某生产小组有 6 名员工，生产某种零件，日产量（件）分别为 11、12、12、13、14、15，则平均每个员工日产零件数为

$$\bar{x}=\frac{\sum x}{n}=\frac{11+12+12+13+14+15}{6}=12.83\text{ 件}$$

2. 加权算术平均数

如果根据分组资料来计算平均数，必须采用加权算术平均数，即先将各组标志值乘以相应的各组单位数（次数）求得各组标志总量，并加总求得总体标志总量后再除以总体单位总量而求得算术平均数。

$$\bar{x}=\frac{x_1f_1+x_2f_2+\cdots+x_nf_n}{f_1+f_2+\cdots+f_n}=\frac{\sum xf}{\sum f}=\sum x\frac{f}{\sum f}$$

其中，f 为各组单位数，即标志值重复出现的次数，称为权数；$\frac{f}{\sum f}$ 称为权重系数。

【例 4-13】 某企业有员工 50 人，他们每人每天加工的某种零件数，编成单项数列如下（见表 4-3）。则每位员工平均日产量为 $\bar{x}=\frac{\sum xf}{\sum f}=\frac{1175}{50}=23.5$ 件。

表 4-3　某企业员工生产情况

员工按日产量零件分组 x	员工人数 f	总产量 xf
20	2	40
21	6	126
22	8	176
23	9	207
24	10	240
25	7	175
26	5	130
27	3	81
合计	50	1175

如果我们掌握的数据不是单项变量数列而是组距数列，则计算算术平均数的方法和上述基本相同，所不同的是只需利用各组的组中值作为代表标志值进行计算。举例如表 4-4 所示。

【例 4-14】 某企业 108 位员工的日常量资料如表 4-4 所示。由于组距分组数列每一组不是一个变量值，而是变量值的一个区间，因而，不能以整个区间作为计算依据。习惯是以各组的组中值代表各组的变量值。则该企业员工平均日产量为

$$\bar{x}=\frac{\sum xf}{\sum f}=\frac{8680}{108}=80.37(\text{千克/人})$$

表 4－4　　　　某企业员工日产量的算术平均数计算

按日产量分组（千克）	员工数 f（人）	组中值 x	xf
60 以下	10	55	550
60 ~ 70	18	65	1170
70 ~ 80	32	75	2400
80 ~ 90	28	85	2380
100 ~ 110	12	105	1260
110 以上	8	115	920
合计	108	—	8680

需要指出的是，这种计算方法具有一定的假定性，即假定各单位标志值在组内是均匀分布的，但实际上要分配得完全均匀是不可能的。这样，用组中值计算出来的算术平均值也就带有近视性质。还需指出，根据组距数列计算算术平均数时，有时往往会遇到开口组，在表 4－4 中，第一组 60 千克以下和最后一组 110 千克以上，这是我们一般假定它们同邻组组限相仿来计算组中值。

四、调和平均数

调和平均数是组变量值倒数算术平均数的倒数，又称为倒数平均数，用 H 表示。

（一）简单调和平均数

$$\bar{x}_H = \frac{n}{\sum \frac{1}{x}}$$

其中，$\bar{x}_H$ 为调和平均数；n 为变量个数；x 为变量值。

【例 4－15】　某人从甲城市到乙城市，去时速度为 110 千米/时，返回时速度为 90 千米/时，则其平均速度为

$$\bar{x}_H = \frac{n}{\sum \frac{1}{x}} = \frac{2}{\frac{1}{110} + \frac{1}{90}} = 99 \text{ 千米 / 时}$$

注：平均速度不是将去时和返回时速度简单相加除以 2，即 $\frac{110 + 90}{2} = 100$ 千米 / 时。

（二）加权调和平均数

$$\bar{x}_H = \frac{\sum m}{\sum \frac{m}{x}}$$

其中，$\bar{x}_H$ 为调和平均数；n 为变量个数；x 为变量值；m 为权数。

【例 4－16】　某人从甲城市到乙城市，先以 110 千米/时的速度行驶了 80 千米，又以 100 千米/时的速度行驶了 150 千米到达乙地，从乙地返回时的速度为 90 千米/时。则其平均速度为

$$\bar{x}_H = \frac{\sum m}{\sum \frac{m}{x}} = \frac{80 + 150 + 230}{\frac{80}{110} + \frac{150}{100} + \frac{230}{90}} = 96.23(\text{千米/时})$$

【例 4－17】 已知某商品在三个超市的价格和销量如表 4－5 所示。

表 4－5　某商品在三个超市的销售情况

超市	平均价格 x（元/千克）	销售量 f（千克）	xf
甲	3	3000	9000
乙	3.5	2000	7000
丙	3.2	2500	8000
合计	—	7500	24000

这里掌握的是平均价格和销售量的资料，因此，可以采取加权算术平均数的计算方法，即总平均价格 $\bar{x} = \frac{\sum xf}{\sum f} = \frac{24000}{7500} = 3.2$ 元/千克。

如果掌握的资料是平均价格和销售额的信息，则应采用加权调和平均数计算公式来计算平均数（见表 4－6）。这时总平均价格 $\bar{x}_H = \frac{\sum m}{\sum \frac{m}{x}} = \frac{24000}{7500} = 3.2$ 元/千克。其计算结果和按照加权算术平均数计算的结果完全一致。事实上，调和平均数是算术平均数的变形，通常，已知分子资料计算平均数，采用调和平均数；已知分母资料，则采用算术平均数公式。

表 4－6　某商品平均价格计算

超市	平均价格 x（元/千克）	销售额 m（元）	$\frac{m}{x}$
甲	3	9000	3000
乙	3.5	7000	2000
丙	3.2	8000	2500
合计	—	24000	7500

五、几何平均数

几何平均数又称为对数平均数，是若干个变量值连乘的 n 次方根。它适合用于对速度、比率等现象计算平均数。凡是变量值的连乘等于总比率或总速度的现象都可以用几何平均数计算平均比率或平均速度。

（一）简单几何平均数

简单几何平均数是 n 个变量连乘积的 n 次方根，即

$$\bar{x}_G = \sqrt[n]{x_1, x_2, \cdots, x_n} = \sqrt[n]{\prod_{i=1}^{n} x_i}$$

在实际计算工作中，由于变量值个数较多，通常要应用对数来进行计算，即

$$\lg \bar{x}_G = \frac{1}{n}(\lg X_1 + \lg X_1 + \cdots + \lg X_N) = \frac{1}{n}\sum \lg X$$

$$\therefore \quad \bar{x}_G = \text{arclg}\bar{x}_G$$

由此可见，几何平均数是各个变量值的算术平均数的反对数。

【例4－18】 某工业企业有5个流水作业车间。某日各车间制品合格率分别为92%、98%、95%、94%、88%，则5个车间的制品平均合格率为 $\bar{x}_G = \sqrt[n]{x_1, x_2, \cdots, x_n} = \sqrt[5]{0.92 \times 0.98 \times \cdots \times 0.88} = 0.9334$ 或93.34%。

几何平均数适合用于反映特定现象的平均水平，即现象的总标志值不是各个单位标准值的总和，而是各个单位标志值的连乘积。上例中流水生产线的平均合格率的计算，一批产品的合格率等于各道工序合格率的乘积。

（二）加权几何平均数

对于每个变量值的次数不同的分组资料，采用加权几何平均数。

$$\bar{x}_G = \sqrt[f+f_2+\cdots+f_n]{x_1^{f_1} x_2^{f_2} \cdots x_n^{f_n}} = \sqrt[\sum f]{\prod_{i=1}^{n} x_i^{f_i}}$$

【例4－19】 某商业银行某笔投资是按复利计算的，其12年的利率分别为：有3年为4%，5年为2%，3年为10%，1年为15%，则平均年利率为 $\bar{x}_G = \sqrt[f+f_2+\cdots+f_n]{x_1^{f_1} x_2^{f_2} \cdots x_n^{f_n}} = \sqrt[12]{1.04^3 \times 1.02^5 \times 1.1^3 \times 1.15^1} = 105.50\%$

$$平均年利率为\ \bar{x}_G - 1 = 105.50\% - 1 = 5.50\%$$

计算的过程也可以按照表4－7所示进行，计算结果说明，12年的年平均利率为5.5%。

表4－7　　某投资年平均利率计算

年利率发展速度 x（%）	年数 f（年）	年利率发展速度的对数 $\lg x$	$f\lg x$
104	3	2.0170	6.0511
102	5	2.0086	10.0430
110	3	2.0414	6.1242
115	1	2.0607	2.0607
合计	12	—	24.2790

$$\lg \bar{X}_G = \frac{\sum f\lg x}{\sum f} = \frac{24.2790}{12} = 2.0232$$

$$\therefore \bar{X}_G = \text{arclg}\bar{X}_G = \text{arc}2.0232 = 105.50\%$$

注：几何平均数适用于具有等比或近似等比的数列，但数列中不能存在零或负数。

六、中位数

中位数是指将总体中各单位的某标志值按大小顺序进行排列，处在中间位置的标志值。

（一）资料未分组时确定中位数

将未分组的各个变量值按数值大小顺序排列，处在中间位置的那个数即为中位数。

若总体单位数 n 为奇数，则处于中间位置的变量值为中位数，即 $M_e = x_{\frac{n+1}{2}}$；

若总体单位数 n 为偶数，则处于中间两个位置上的变量值的算术平均数为中位数，即 $M_e = \frac{x_{\frac{n}{2}} + x_{\frac{n+1}{2}}}{2}$。

【例 4 – 20】 某车间的一个生产小组共 9 名生产工人，其日产量顺序为 4、5、7、8、9、12、14、16、17，则中位数位置为$\frac{9+1}{2}=5$，即日产量 9 件为中位数。

【例 4 – 21】 【例 4 – 20】中如果生产小组共有 10 名生产工人，第 10 名生产工人的日产量为 19 件，则中位数位置为$\frac{10+1}{2}=5.5$，第 5 个位置的产量 9 和第 6 个工人日产量 12 的算术平均数为中位数，即中位数 $=\frac{9+12}{2}=10.5$ 件。这不同于 10 名生产工人的算术平均日产量 11.1 件。其主要原因在于中位数不受极端数值（最小值 4 件，最大值 19 件）的影响，数值适中，而算术平均数则受这些极端值的影响。

（二）资料分组时确定中位数

假设变量数列的总体单位总数为 $\sum f$，首先确定中位数的大致位置：中位数的位置 $=\frac{\sum f}{2}$；然后通过计算向上累计次数来寻找中位数。

1. 由单项数列确定中位数

由于单项数列是一个变量值为一组，因此，单项数列确定中位数的步骤：①计算出各组的向上累计次数；②以 $\frac{\sum f}{2}$ 来确定中点位置，找出中位数。

【例 4 – 22】 某车间 130 名生产工人某日产量、工人数、向上累计次数如表 4 – 6 所示。中点位置为 $\frac{\sum f}{2} = \frac{130}{2} = 65$，即第 65 名工人的日产量为中位数。由向上累计次数中可以看出，从第 45 名工人到第 83 名工人包含在向上累计次数为 83 的第四组内，第 65 名工人正好处于该组，该组工人的日产量均为 25 件，则中位数为 25 件。

表 4 – 8　　某车间 130 名工人的日产量次数分布

日产量 x（件）	工人数 f（人）	向上累计次数 S（次）
18	8	8
20	10	18
21	26	44
25	39	83

续表

日产量 x（件）	工人数 f（人）	向上累计次数 S（次）
28	19	2
31	17	119
35	11	130
合计	130	—

2. 由组距数列计算中位数

由于组距数列的各组存在数值区间，而中位数是一个确定的值，因此，组距数列确定中位数的步骤：①计算累计次数（向上累计和向下累计）；②根据 $\frac{\sum f}{2}$ 确定中位数所在的组；③根据上限公式或下限公式计算出中位数。

上限公式：$M_e = U - \dfrac{\sum \dfrac{f}{2} - S_{m+1}}{f_m} \times d$

下限公式：$M_e = L + \dfrac{\sum \dfrac{f}{2} - S_{m-1}}{f_m} \times d$

其中，M_e 为中位数；L 为中位数组的下限；U 为中位数组的上限；S_{m+1} 为大于中位数组组名的各组累计次数；S_{m-1} 为小于中位数组组名的各组累计次数；f_m 为中位数组的次数（频率）；d 为中位数组的组距；$\sum f$ 为总次数。

【例 4－23】　利用表 4－4 的数据计算某企业员工日生产产量的中位数，计算如表 4－9所示。

表 4－9　　某企业员工日生产产量的中位数计算

按日产量分组（千克）	员工数（人）	向上累计数	向下累计数
60 千克以下	10	10	108
60～70	18	28	98
70～80	32	60	80
80～90	28	88	48
100～110	12	100	20
110 千克以上	8	108	8
合计	108	—	—

解：中位数位置为 $\frac{\sum f}{2} = \frac{108}{2} = 54$，即第 54 名职工的工资为中位数。由向上累计次数可以发现，第三组的累计次数为 60，即第 18 名到第 32 名职工都在该组，所以第 54 名职工也在第三组，第三组即为中位数组。由此可知：$L = 70$，$U = 80$，$S_{m+1} = 48$，$S_{m-1} = 28$，$f_m = 32$，$d = 10$。

下限公式：$M_e = L + \frac{\frac{\sum f}{2} - S_{m-1}}{f_m} \times d = 70 + \frac{54 - 28}{32} \times 10 = 78.125$ 元

上限公式：$M_e = U - \frac{\frac{\sum f}{2} - S_{m+1}}{f_m} \times d = 80 - \frac{54 - 48}{32} \times 10 = 78.125$ 元

无论是采用下限公式还是上限公式，同一资料所计算的中位数都是完全一致的。

注：只有当总体单位各变量值之间的离差变化较大时，用中位数来代表总体各单位标志值的一般水平才有意义。

七、众数

众数是指在现象总体中出现次数最多的那个标志值。某数值出现的次数最多，其比重就最大，也就说明该数值最具有普遍性和常见性。在实际工作中，有时利用众数来说明社会经济现象的一般水平，如某市场猪肉的价格每斤为 21.50 元、22.00 元、23.00 元，经过调查成交量最多的价格是 22.00 元/斤，22.00 元/斤即可用来代表猪肉价格的平均水平。

（一）资料未分组时确定众数

对于未分组资料，通常根据哪个或者哪几个变量值出现的次数最多，其对应的变量值则是众数。如 2、2、3、3、1，则众数是 2 和 3；而 4、4、5、5、6、6，则不存在众数，因为 2、3 和 4 出现的次数一样，均为两次。

（二）单项数列确定众数

对于单项数列，哪一个变量值出现的次数最多，该变量值即为众数。

【例 4－24】 从某企业生产工人日产量分布可以看出（见表 4－10），日产量 26 件出现的次数最多，在 74 名生产工人中，有 36 名工人集中在该组，所以日产量 26 件即为众数。

表 4－10　　某企业生产工人的日产量　　单位：件，人

日产量	工人数
20	4
21	8
22	13
26	36
28	8
30	5
合计	74

（三）组距数列确定众数

由于组距数列的各组存在数值区间，而众数是一个确定的值，因此，组距数列确定

众数的步骤：①根据各组次数的多少或比重的大小来确定众数组；②根据上限公式或下限公式计算出众数。

上限公式：$M_0 = U - \frac{\Delta_2}{\Delta_1 + \Delta_2} \times d$

下限公式：$M_0 = L + \frac{\Delta_1}{\Delta_1 + \Delta_2} \times d$

其中，M_0 为众数；L 为众数组的下限；U 为中位数组的上限；Δ_1 为众数组的次数与小于众数组组名的相邻组次数之差；Δ_2 为众数组的次数与大于众数组组名的相邻组次数之差；d 为中位数组的组距。计算公式的几何如图 4－1 所示。

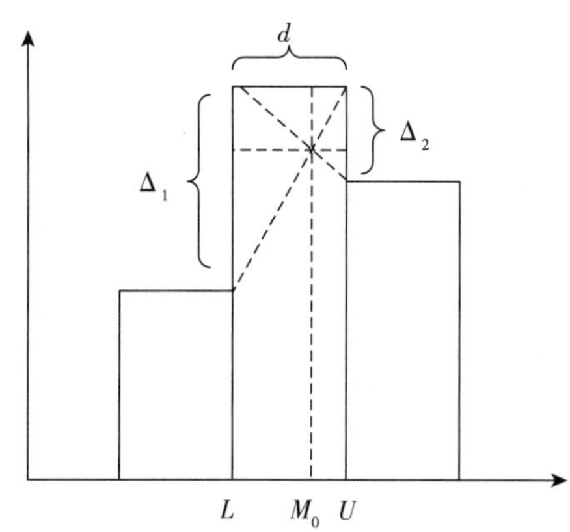

图 4－1　众数计算公式几何

【例 4－25】　现在利用【例 4－23】中表 4－9 的资料计算众数。

解：首先确定众数组，第三组中的职工人数最多，为 48 人，所占比重达 48%。所以，第三组为众数组。由此可知：$L = 70$，$U = 80$，$\Delta_1 = 32 - 18 = 14$，$\Delta_2 = 32 - 28 = 4$，$d = 10$。

上限公式：$M_0 = U - \frac{\Delta_2}{\Delta_1 + \Delta_2} \times d = 80 - \frac{4}{14 + 4} \times 10 = 77.78$ 元

下限公式：$M_0 = L + \frac{\Delta_1}{\Delta_1 + \Delta_2} \times d = 70 + \frac{14}{14 + 4} \times 10 = 77.78$ 元

无论是采用下限公式还是上限公式，同一资料所计算的众数是完全一致的。

注：众数反映现象的一般水平，它不是一个准确的值，但却是具有普遍性的数值。只有满足以下两个条件，计算众数才有意义：①总体单位数应尽量多；②有明显的集中趋势，即在某变量值上集中的单位特别多，所占的比重最大。

八、各种平均数之间的相互关系

（一）算术平均数、几何平均数和调和平均数的关系

例如，有变量值 4、6、10 对其计算三种平均数，得算术平均数 $\bar{x} = 6.67$，几何平均

数 $\bar{x}_H = 6.21$；调和平均数 $\bar{x}_G = 5.81$。可见，对同样数值计算的结果是，几何平均数大于调和平均数而小于算术平均数，只有所有变量值都相等时，这三种平均数才相等。它们的关系用不等式表示为：$\bar{x}_H \leqslant \bar{x}_G \leqslant \bar{x}$。

证明：

$$\because (\sqrt{x_1} - x_2)^2 = x_1 + x_2 - \sqrt{2x_1x_2} \geqslant 0$$

$$\therefore \frac{x_1 + x_2}{2} \geqslant \sqrt{x_1x_2} \quad \text{即 } \bar{x} \geqslant \bar{x}_G$$

$$\text{又} \because \frac{x_1 + x_2}{2} \geqslant \sqrt{x_1x_2} = \frac{x_1x_2}{\sqrt{x_1x_2}}$$

$$\text{即} \frac{x_1 + x_2}{2} \geqslant \frac{x_1x_2}{\sqrt{x_1x_2}}$$

也即 $\bar{x}_G \geqslant \bar{x}_H$

值得注意的是，上述三种平均数由于计算公式的表现形式不同，因而适用的场合也不同，算术平均数和调和平均数适用于静态的总量指标、相对指标和平均指标来计算平均数，几何平均数则主要用于计算时间上相互衔接的比率或速度的平均数。

（二）众数、中位数和算术平均数三者的关系

这三者的关系和总体分布特征有关。可以分为以下三种情况，这三种情况如图 4－2 所示。

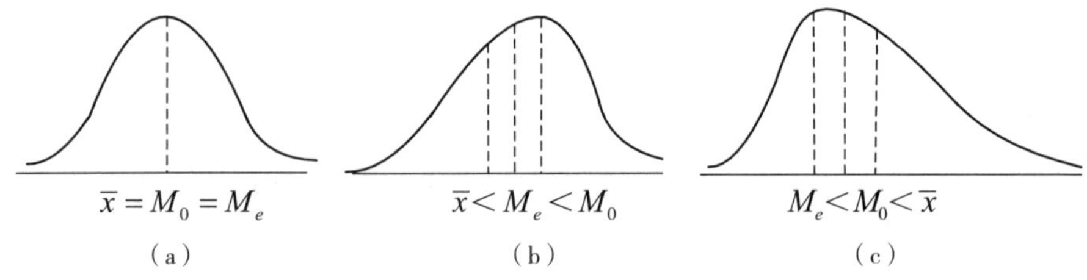

图 4－2　众数、中位数和算术平均数的关系

1. 当数据中具有单一众数且频数分布对称时，平均数与众数、中位数三者完全相等，即 $\bar{x} = M_0 = M_e$，这一关系如图 4－2（a）所示。

2. 当频数分布呈现左偏时，说明数据存在最小值，必然拉动平均数向极小值一方靠拢，而众数和中位数不受极端值的影响，因此三者的关系是 $\bar{x} < M_e < M_0$，这一关系如图 4－2（b）所示。

3. 当频数分布呈现右偏时，说明数据存在最大值，必然拉动平均数向极大值一方靠拢，同样，众数和中位数不受极端值的影响，因此三者的关系是 $M_0 < M_e < \bar{x}$，这一关系如图 4－2（c）所示。

根据英国统计学家卡尔·皮尔逊的经验，在偏态分布的偏斜程度不太显著时，无论左偏还是右偏，众数、中位数与平均数的数值有一定的关系，即众数与中位数的距离约为平均数与中位数距离的 2 倍，即 $M_e - M_0| = 2|\bar{x} - M_e|$，依据该等式，可以得出：

$$M_0 = 3M_e - 2\bar{x} \tag{4-14}$$

【例 4-26】 某高校学生的体重资料如表 4-11 所示，依据该数据测算平均值、中位数和众数。

表 4-11 **学生体重分布** 单位：千克，人

按体重分组 x	学生人数 f
52 千克以下	28
52～55	39
55～58	68
58～61	53
61 千克以上	24
合计	212

解：用下限公式计算众数：$M_0 = 55 + \dfrac{68-39}{(68-39)+(68-53)} \times 3 = 56.98$（千克）

用下限公式计算中位数：$M_e = 55 + \dfrac{\frac{212}{2} - 67}{68} \times 3 = 56.72$（千克）

计算平均数：$\bar{x} = \dfrac{\sum xf}{\sum f} = \dfrac{11996}{212} = 56.5849$（千克）

如果按照卡尔·皮尔逊的经验公式（4-14）计算平均值的估计值为

$$\bar{x} = \frac{3M_e - M_0}{2} = \frac{3 \times 56.72 - 56.59}{2} = 56.59\text{（千克）}$$

可见，利用两种计算方式的计算结果非常接近。因为 $\bar{x} < M_e < M_0$，所以，212 名学生的体重呈左偏分布。

第三节 变异度指标

一、变异度指标的概念和作用

变异度是指总体中各个单位标志值差别大小的程度，反映总体变量的分布特征、变动范围或离散程度。与总体变量分布的集中趋势——平均指标是一对相互联系的对应指标，变异度是从另一个不同的侧面反映同质总体共同特征，度量总体变量分布的离散趋势。

变异度指标在经济管理中发挥着重要作用，主要表现为以下四点。

（一）变异度指标是衡量平均数代表性的尺度

平均数作为总体某一数量标志值的代表值，七大表型的高低取决于总体各单位标志值差异程度的大小，即变异度指标越大，平均数代表性越低；变异度指标越小，平均数

代表性越高。如三个生产小组，各有 5 名工人，生产相同的零件，每人生产件数分别为甲组：50、60、70、80、90；乙组：60、65、70、75、80；丙组：70、70、70、70、70。三个组的平均日产量都是 70 件，但各组的变异程度不同，丙组的日产量平均数代表性最大，甲组则最小。

（二）变异度指标可以衡量社会经济活动的稳定性和均衡性

变异度指标可以表明生产过程的节奏性和其他经济活动的均衡性，因而可以作为企业产品质量控制和评价经济管理工作的依据。

【例 4－27】 某公司下属两个企业销售额计划完成情况如表 4－12 所示。可以看出，两个企业的销售计划都已完成，但计划执行过程的情况则不相同。乙企业全年各季度较均衡地完成了销售计划，变动程度较小；甲企业则前松后紧，各季度销售变动程度较大。如果不存在季节因素影响，乙企业销售情况比甲企业好。

表 4－12　　公司下属两个企业销售额计划完成情况　　单位：万元

企业	计划数	实际数	第一季度		第二季度		第三季度		第四季度	
			绝对数	比重%	绝对数	比重%	绝对数	比重%	绝对数	比重%
甲	1000	1000	140	14.0	100	10.0	460	46.0	300	30.0
乙	1200	1200	300	25.0	280	23.3	310	25.8	310	25.8

（三）研究总体标志分布偏离正态的情况

通常，标志值分布越集中，频数分布的形态也越尖峭；标志值分布越分散，频数分布的形态也越平坦。这些可以通过变异度指标来测度。

（四）变异度指标是进行抽样推断等统计分析的一个基本指标

在统计分析中，相关分析、趋势分析、抽样推断和统计决策等，都需要利用变异度指标。

二、极差和平均差

（一）极差

极差又称“全距”，是指总体各单位标志值中最大值与最小值之差，用于表示标志值的变动范围，即

$$R = 最大值 - 最小值$$

【例 4－28】 某车间有两个生产小组，都是 7 名工人，各工人日产件数为：甲组：20、40、60、70、80、100、120；乙组：67、68、69、70、71、72、73。甲、乙两组平均每人日产量都相等，即 $\bar{x}_{甲} = \bar{x}_{乙} = 70$ 件。但甲组各工人日产件数相差很大，分布很分散；而乙组各工人日产件数相差不大，分布相对集中。甲组的 $R = 120 - 20 = 100$ 件，乙组的 $R = 73 - 67 = 6$ 件。由此可见，甲组工人日产量差异大于乙组工人日产量差异。

极差计算简便，容易理解，在工业生产过程中，常用于检查产品质量的稳定性。但是，由于计算极差只考虑最大值和最小值的差异，容易受极端值的影响，而不管中间数值的差异情况，不能全面反映总体各单位标志的变异程度。

（二）平均差

平均差是指各单位标志值对算术平均数的离差绝对值的平均数，用 AD 表示。由于各标志值对算术平均数的离差之和等于零，因此，计算平均差时，必须采用离差的绝对值来计算。平均差能够综合反映总体中各单位标志值的差异程度。平均差越大，变异程度越大，平均数代表性越低；反之，平均差越小，变异程度越小，平均数代表性越高。

未分组资料的平均差：$AD = \dfrac{\sum |x - \bar{x}|}{n}$

已分组资料的平均差：$AD = \dfrac{\sum |x - \bar{x}| f}{\sum f}$

【例 4－29】　某班 30 名学生的统计学考试成绩和平均差的计算过程如表 4－13 所示。由此可见，$\bar{x} = \dfrac{\sum xf}{\sum f} = \dfrac{2310}{30} = 77$ 分，$AD = \dfrac{\sum |x - \bar{x}| f}{\sum f} = \dfrac{252}{30} = 8.4$ 分。

表 4－13　某班统计学考试成绩分布

成绩（分）	组中值 x（分）	学生人数 f（人）	xf	$\lvert x-\bar{x}\rvert$	$\lvert x-\bar{x}\rvert f$
60 分以下	55	2	110	26	52
60～70	65	5	325	16	80
70～80	75	11	825	6	66
80～90	85	9	765	4	36
90 分以上	95	3	285	14	42
合计		30	2310	66	276

注：平均差是根据全部变量值计算出来的，能够反映总体各单位标志值的变动程度，所以对整个变量值的离散趋势有较充分的代表性。但平均差计算由于采用取离差绝对值的方法来消除正负离差抵消，因而不适用于代数方法的演算，使其应用受到限制。

三、四分位差

四分位差是指从变量数列中剔除最大和最小各 1/4 的单位，用 3/4 位次与 1/4 位次的标志值之差来表示，即

$$Q = Q_3 - Q_1$$

其中，Q 为四分位差；Q_1 为第一个四分位数；Q_3 为第三个四分位数。

【例 4－30】　某总体共有 80 个单位，剔除最大和最小的各 20 个单位，1/4 位次和 3/4 位次单位的标志值分别为 85 和 66，因此该组数据的四分位差 $Q = Q_3 - Q_1 = 85 - 66 = 19$ 分。

注：四分位数实质上是对变量数列剔除了最小和最大的 1/4 之后而求全距，进而避免了极差受数列中极端值的影响的弱点。当然，由于只利用两个标志值，不能充分利用数列的全部信息，因此，无法反映标志值变动的一般程度。

四、方差和标准差

标准差又称“均方差”，是指总体各单位标志值对其算术平均数的离差平方的算术平均数的平方根，通常用 σ 表示。标准差的平方即方差，通常用 σ^2 表示。

未分组资料计算方差与标准差：

$$方差:\sigma^2=\frac{\sum(x-\bar{x})^2}{n};\quad 标准差\ \sigma=\sqrt{\frac{\sum(x-\bar{x})^2}{n}}$$

已分组资料计算方差与标准差：

$$方差:\sigma^2=\frac{\sum(x-\bar{x})^2f}{\sum f};\quad 标准差\ \sigma=\sqrt{\frac{\sum(x-\bar{x})^2f}{\sum f}}$$

【例 4－31】 某校 200 名男生身高资料和标准差的计算过程如表 4－14 所示。由此可见，$\bar{x}=\frac{\sum xf}{\sum f}=\frac{33920}{200}=169.6\text{cm}$，$\sigma=\sqrt{\frac{\sum(x-\bar{x})^2f}{\sum f}}=\sqrt{\frac{10152}{200}}=7.12\text{cm}$。

表 4－14　某校 200 名男生身高资料

身高 x（cm）	人数 f（人）	xf	$(x-\bar{x})^2$	$(x-\bar{x})^2f$
151	4	604	345.96	1383.84
157	12	1884	158.76	1905.12
163	44	7172	43.56	1916.64
169	64	10816	0.36	23.04
175	56	9800	29.16	1632.96
181	16	2896	129.96	2079.36
187	4	748	302.76	1211.04
合计	200	33920	—	10152

注：标准差的简洁计算：$\sigma^2=\overline{x^2}-\bar{x}^2$。

【例 4－32】 某企业员工日产量的标准差的计算过程如表 4－15 所示。首先计算出日平均日产量 $\bar{x}=\frac{\sum xf}{\sum f}=\frac{8680}{108}=80.37$；其次计算标准差 $\sigma=\sqrt{\frac{\sum(x-\bar{x})^2f}{\sum f}}=\sqrt{\frac{29085.18}{108}}=16.41$。

表 4－15　某企业员工日产量的标准差计算

按日产量分组（千克）	员工数 f（人）	组中值 x（千克）	xf	$(x-\bar{x})^2$	$(x-\bar{x})^2f$
60 千克以下	10	55	550	－25.37	6436.56
60～70	18	65	1170	－15.37	4252.47
70～80	32	75	2400	－5.37	922.91

续表

按日产量分组（千克）	员工数 f（人）	组中值 x（千克）	xf	$(x-\bar{x})^2$	$(x-\bar{x})^2 f$
80～90	28	85	2380	4.63	600.13
100～110	12	105	1260	24.63	7279.42
110 千克以上	8	115	920	34.63	9593.69
合计	108	—	8680	—	29085.18

五、变异度系数

极差、平均差、标准差都是反映标志变异的绝对指标，具有与平均指标相同的计量单位。变异度指标数值的大小，不仅取决于标志值的离散程度，而且还取决于标志本身的水平高低。因此，在比较两个计量单位不同或计量单位相同而平均水平不同的总体的标志变异度时，就不能直接用绝对量比较，必须剔除自身水平和计量单位的影响后，用反映标志变异程度的相对指标来进行比较。为了消除变量值水平高低和计量单位不同对离散程度测度值的影响，需要计算离散系数。

变异度系数又称为离散系数，是全距、平均差和标准差与其算术平均数的比值，分别称为全距系数、平均差系数和标准差系数。在实际应用中，离散系数越大，说明总体标志值差异越大，总体越离散，平均指标的代表性越低；离散系数越小，说明总体标志值差异越小，总体越集中，平均指标的代表性越高。离散系数反映总体各单位标志值离散的相对程度，通常以百分数表示。

（一）平均差系数

平均差系数是指平均差与相应的算术平均数之比，一般用百分数 V_{AD} 表示。

$$V_{AD} = \frac{AD}{\bar{x}} \times 100\%$$

（二）标准差系数

标准差系数是指标准差与相应的平均数之比，一般用百分数 V_σ 表示。

$$V_\sigma = \frac{\sigma}{\bar{x}} \times 100\%$$

【例 4－33】 A、B 两组不同收入水平的员工的资料如表 4－16 所示，请比较两组数据的平均数的代表性。

表 4－16　　两组员工的收入情况

A		B	
收入 x（元）	员工人数 f（人）	收入 x（元）	员工人数 f（人）
210	1	90	2
240	4	105	3
270	5	120	7
300	7	135	6

续表

A		B	
收入 x（元）	员工人数 f（人）	收入 x（元）	员工人数 f（人）
330	3	150	2
平均数	280.50	122.25	
AD	28.50	13.20	
σ	33.23	16.62	
V_{AD}	10.16	10.80	
V_{σ}	11.85	13.60	

解：计算过程如表 4－16 所示。A 组的平均差和标准差均比 B 组大，但不能肯定 A 组员工收入分布的变异性大，因为 A 组员工收入的自身水平比 B 组约高 1 倍多，存在不可比性。只有将这种来自变量自身水平的影响剔除，才可以进行比较。而标准差系数和平均差系数正好满足这一要求。显然，A 组的平均差系数和标准差系数均比 B 组小，说明 A 组员工收入分布的差异性小，其平均数的代表性比 B 组高。

注：在实际应用中，一般利用标准差系数来反映数据的稳定性与代表性，而较少采用平均差系数。

六、偏度和峰度

（一）统计动差

k 阶原点动差的定义为 $\frac{\sum x^k f}{\sum f}$，通常用 u_k 表示。显然，当 $k=1$ 时，一阶原点动差等于算术平均数。

若把原点移到算术平均数的位置来计算各组标志值 x 对算术平均数 $\bar{x}$ 的动差，可以得到一个以各组标志值 x 对平均数 $\bar{x}$ 的 k 阶中心动差，通常用 U_k 表示。

$$U_k = \frac{\sum (x-\bar{x})^k f}{\sum f}$$

当 $k=0$ 时，零阶中心动差 $U_0=1$；当 $k=1$ 时，一阶中心动差 $U_1=0$；当 $k=2$ 时，二阶中心动差 $U_2=\sigma^2$。

（二）偏度

“偏度”（Skewness）一词由统计学家卡尔·皮尔逊于 1895 年首次提出，是对数据分布对称性的测度。有些变量值出现的次数往往是非对称型的，如收入分配、市场占有率、资源分配等。即便分组变量后，总体中的个体在不同的分组变量值下的分布也不是均匀对称的，而是呈现出偏斜的分布状况，统计上称其为偏态分布。通常用偏态系数来测度偏斜的程度，偏态系数是三阶中心动差与相应的标准差三次方之比，一般用百分数 α_3 表示。

$$\alpha_3 = \frac{U_3}{\sigma^3} = \frac{\sum (x - \bar{x})^3 f}{\sigma^3 \sum f}$$

【例 4－34】 某公司产品销售量如表 4－17 所示，请计算该公司产品销售量的偏态系数。

表 4－17　　某公司产品销售量

销售量（台）	频数 f（天）	组中值 x	xf	$(x-\bar{x})^2 f$	$(x-\bar{x})^3 f$	$(x-\bar{x})^4 f$
140～150	4	145	580	6400	－256000	10240000
150～160	9	155	1395	8100	－243000	7290000
160～170	16	165	2640	6400	－128000	2560000
170～180	27	175	4725	2700	－27000	270000
180～190	20	185	3700	0	0	0
190～200	17	195	3315	1700	17000	170000
200～210	10	205	2050	4000	80000	1600000
210～220	8	215	1720	7200	216000	6480000
220～230	4	225	900	6400	256000	10240000
230～240	5	235	1175	12500	625000	31250000
合计	120	—	22200	55400	540000	70100000

解：计算过程如表 4－17 所示：

$$\bar{x} = \frac{\sum xf}{\sum f} = \frac{22200}{120} = 185 \text{ 台}$$

$$\sigma = \sqrt{\frac{\sum (x - \bar{x})^2 f}{\sum f}} = \sqrt{\frac{55400}{120}} = 21.49 \text{ 台}$$

$$\alpha_3 = \frac{U_3}{\sigma^3} = \frac{\sum (x - x)^3 f}{\sigma^3 \sum f} = \frac{540000}{120 \times 21.49^3} = 0.45$$

偏态系数为正值，但数值不是很大，说明该产品销售量的分布为右偏分布，但偏斜程度不是很大。

（三）峰度

“峰度”一词由统计学家卡尔·皮尔逊 1905 年首次提出，也称峰态，是统计学中对统计数据分布曲线陡峭程度的度量。它通常与正态分布曲线相比较而言，标准正态分布的峰顶叫正态峰。若分布的形状比正态分布更瘦更高，则称尖峰分布；若比标准正态分布更矮更平，则称平峰分布。

峰度是指四阶中心动差与相应的标准差四次方之比再减去 3，一般用百分数 β_4 表示。

$$\beta_4 = \frac{U_4}{\sigma^4} - 3 = \frac{\sum (x - \bar{x})^4 f}{\sigma^4 \sum f} - 3$$

当峰度指标$\beta_4>0$时，表示频数分布较正态分布集中，分布呈尖峰，平均数的代表性较高；当$\beta_4<0$时，表示频数分布比正态分布较分散，分布呈坦峰，平均数的代表性较低。

【例4－35】 根据【例4－32】中的数据，请计算公司产品销售量分布的峰态系数。

解：计算过程如表4－17所示。

$$\beta_4=\frac{U_4}{\sigma^4}-3=\frac{\sum(x-\bar{x})^4 f}{\sigma^4\sum f}-3=\frac{70100000}{120\times21.49^4}-3=-0.26$$

由于$\beta_4=-0.26<0$，说明该公司产品销售量的分布与正态分布相比略有一些扁平。

思考与练习题

1. 应用总量指标的原则是什么？
2. 使用相对指标应该注意哪些问题？
3. 什么是平均指标？有什么作用？常用的平均数有哪些？
4. 算术平均数、中位数和众数三者的数量关系说明什么样的变量分布特征？
5. 什么是偏度和峰度？如何根据偏态系数和峰度系数判别数据分布的形态？
6. 已知某市2020年末常住人口总数为2870840人，本市暂住外市人口23420人，外市暂住本市人口54360人，请计算2020年末本市现有人口数。
7. 某市计划去年人口自然增长率为12‰，实际增长率为11.5‰，计算该市去年人口自然增长率计划完成程度。
8. 某企业生产某种零件，要经过三道工序，每道工序的合格率分别为94%、95.7%、97.4%，试求该零件的平均合格率。
9. 某笔投资的年利率资料如表4－18所示。

表4－18　某笔投资年利率　　单位：%，年

年利率	年数
2	1
4	3
5	4
3	6
8	2

要求：

（1）若年利率按照复利计算，则该笔投资的年平均利率是多少？

（2）若年利率按照单利计算，即利息不转为本金，则该笔投资的年利率为多少？

10. 已知100名员工的日均销售额为158.01万元，标准差为32.32，试对销售额81万元、82万元、96万元、103万元、120万元、143万元、153万元、164万元、175万元、185万元、194万元、216万元、254万元、308万元进行标准化处理。

11. 某厂工人按完成生产定额资料如表 4－19 所示。

表 4－19　工人按完成生产定额情况　单位：%，人

工人按完成生产定额百分比	各组人数
80～90	10
90～100	22
100～110	28
110～120	54
120～130	40
130～140	28
140～150	18

试求：

（1）计算中位数、第一和第四分位数、众数。

（2）计算全距、平均差。

（3）比较算术平均数、中位数、众数的大小，说明本资料分布的偏斜特征。

12. 某企业员工工资如表 4－20 所示，试计算员工工资的中位数、算术平均数和众数。

表 4－20　员工工资　单位：元，人

月工资	员工数
3000 元以下	16
3000～4000	32
4000～5000	60
5000～6000	96
6000～7000	43
7000 元以上	34

13. 某校男子体操队 6 名队员的体重分别为 55 公斤、54 公斤、52 公斤、52 公斤、51 公斤、53 公斤；女子体操队 6 名队员的体重分别为 46 公斤、45 公斤、44 公斤、44 公斤、43 公斤、42 公斤。试比较哪个队的队员体重更均匀。

14. 某车间 30 名工人每天加工某种零件的件数如表 4－21 所示，试分析其数据分布特征。

表 4－21　工人每天加工零件数

工人编号	加工零件数	工人编号	加工零件数	工人编号	加工零件数
1	106	4	118	7	111
2	101	5	119	8	91
3	88	6	105	9	110

续表

工人编号	加工零件数	工人编号	加工零件数	工人编号	加工零件数
10	84	17	107	24	101
11	128	18	121	25	85
12	111	19	91	26	106
13	96	20	109	27	95
14	106	21	107	28	106
15	94	22	105	29	103
16	99	23	105	30	97

15. 某乡甲乙两个自然村的粮食生产情况如表 4 - 22 所示。

表 4 - 22　　甲乙两村粮食生产数

按耕地条件分组	甲村		乙村	
	平均亩产（千克/亩）	粮食产量（千克）	平均亩产（千克/亩）	播种面积（亩）
山地	430	25000	490	220
丘陵地	530	160000	510	500
平原地	780	800000	860	750

试分析计算两个村的平均亩产。根据表 4 - 22 列出资料及计算结果，比较分析哪个村的生产经营管理工作做得好，并简述作出这一结论的理由。

第五章

SPSS的简单应用

第一节　使用SPSS的基础知识

SPSS（Statistics Package for Social Science）是一种运行在Windows系统下的社会科学统计软件包。SPSS软件包集数据整理、分析过程、结果输出等功能为一体，采用窗口操作界面，统计分析方法涵盖面广，用户操作使用方便，输出数据表格图文并貌，并且随着功能不断完善，统计分析方法不断充实，大大提高了统计分析工作的效率。SPSS由美国斯坦福大学三位学生于1968年在芝加哥开发，至今已经拥有全球数以万计的用户，分布在通信、医疗、银行、证券、保险、制造、商业、市场研究、科学教育等众多的行业领域，成为世界上应用最广泛的专业统计软件之一。

一、SPSS的启动与退出

（1）启动：鼠标左键双击SPSSWIN的图标，自动进入数据编辑器窗口。

（2）退出：鼠标左键单击主菜单窗口的“文件”，出现下拉菜单，单击最后一项“退出（X）”，或单击窗口右上角的“×”。

二、变量类型与定义变量

定义变量是输入数据的前提。定义变量不仅要按照规则定义变量名，而且要定义标量的类型，说明变量的实际含义，定义名义级数据和顺序级数据的“值”的具体含义（如m代表男性，f代表女性。“1”代表小学文化程度，“2”代表中学文化程度等）。

（1）启动后，屏幕显示的是数据编辑器窗口如图5－1所示，然后自动弹出一个菜单窗口，包括6个功能项目，供用户选择。初学时，可先不理睬它，关闭该窗口。

（2）点击该窗口下方的“变量视图”，窗口切换为“变量输入”窗口如图5－2所示。

这个窗口包括如下栏目：

名称栏目：要求键入变量名。

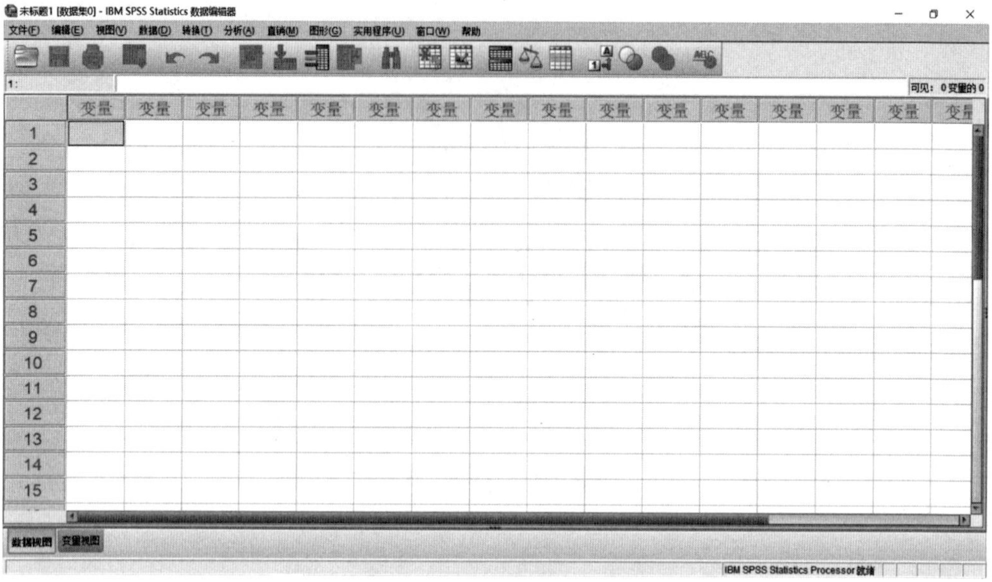

图 5-1　数据编辑器窗口

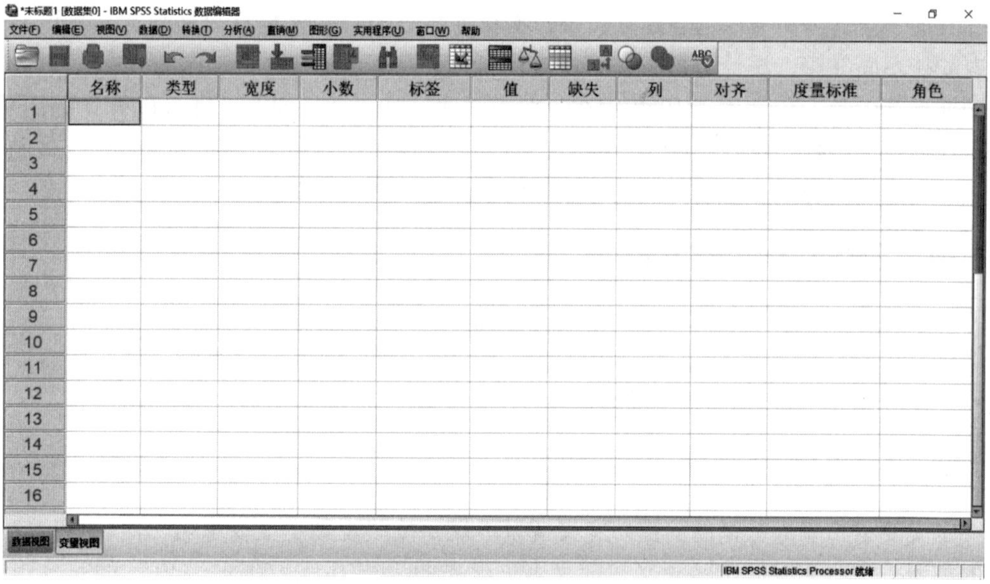

图 5-2　定义变量的窗口

类型栏目：要求定义变量类型。在 SPSS 中变量分为字符串型、日期型、数值型三大类。

字符串型：变量值的长度是任意的。但在使用时，分为两类：①短字符串变量值，最长 8 位。②长字符串变量值，由 8 位以上的字符串组成，但使用时受到限制。

日期型［日期（A）］：有 dd - mm - yy（两位数的“日 - 月 - 年”，如 06 - 08 -

02)、mm－dd－yy（两位数的“月－日－年”)、dd－mmmm（英文）－yyyy（如 05－May－2002)、dd－mm（英文）－yy（如 05－June－02)、dd/mm/yy（如 06/10/01)、mm/dd/yy（如 10/28/02）等多种表达方式。当选择“Date”类型后，SPSS 软件会自动显示上述日期类型，供用户选择。

数值型包括：

①标准数值型［数值（N)]：默认总长度［宽度（W)］为 8 位，小数［小数位(P)］是两位，可以修改位数。

②带逗号的数值型变量［逗号（C)]：位数同上。整数部分，从右向左，每三位一个逗号。

③圆点数值型变量［点（D)]：位数同上。整数部分，从右向左，每三位一个圆点，但对小数位的分割，应用逗号表示。

④科学计算表示型［科学计数法（S)]：指数部分可以用 E 或 D 开头，后面跟“次方数”，表示乘以 10 的若干次方。“次方数”的前面，可以有“＋”号或“－”号。在“次方数”的前面，有“＋”号或“－”号时，E 或 D 也可以省略。如 789 可表达为 7.89D＋2、7.89E＋2、7.89D＋2、7.89＋2。

⑤带美元符号的数值型变量［美元（L)]：在“逗号（C)”型的基础上，增加一个美元符号“$”。美元符号计算在总位数内。

⑥自定义变量［设定货币（U)]：选择该项目后，机器自动提示选择方法。

在 SPSSWIN 中，上述类型是并列地排放的如图 5－3 所示。

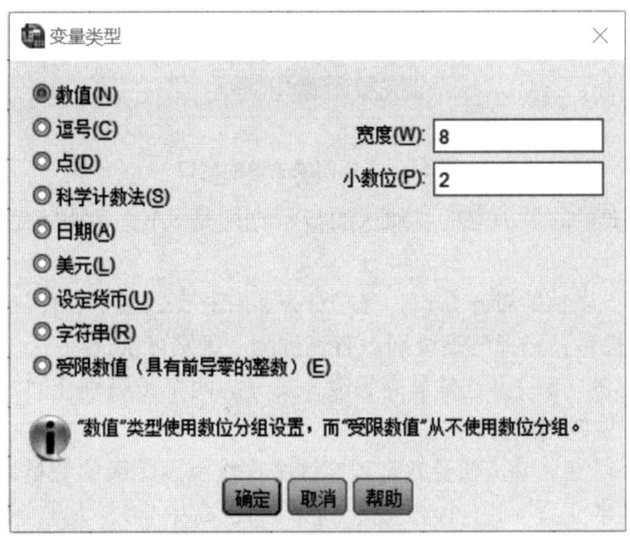

图 5－3　变量类型的选择框

标签栏目：由于变量名的长度有限，变量名常常不能清楚地表明变量的含义，SPSS 设计了标签栏目，在标签中，可进一步说明有关变量的详细含义。如变量 Expfod，可在标签中键入汉字“食品支出额，单位：元”；变量“土流态度”，可在标签中键入汉字“对土地使用权流转的态度”。此功能非常有用，可以补充新的时间点上的数据，长期使用。

值栏目：对变量值的进一步说明，主要用于对名义级变量和顺序级变量“值”的说明。如“f” = “女”，“m” = “男”，“1” = “不及格”，“5” = “优秀”等。

一般来说，在 SPSS 软件中，在定义顺序级的变量时，采用数字型的数据来代表顺序级数据的不同级别，更方便一些。由于变量值的标签（值），已经限定各个数值的含义（级别），所以不会引起混乱。

缺失栏目：缺失值选择如图 5－4 所示。输入数据时可能击错键，资料可能写错数字（出现异常值），当注明这些值之后，在运算时，机器会自动把这些值消去，作为缺少这个值处理。默认状态是没有缺失值［没有缺失值（N）］。

选取“离散缺失值（D）”，可以送入缺失的可能的离散值（只留了 3 个空格，最多送入 3 个可能的异常值）。选取“范围加上一个可选离散缺失值（R）”，可以送入异常值的区间（ ）和一个离散值。如当正常值是 1～5 时，异常值的区间可以为 6～9，在离散值方格中，可以送入 0。

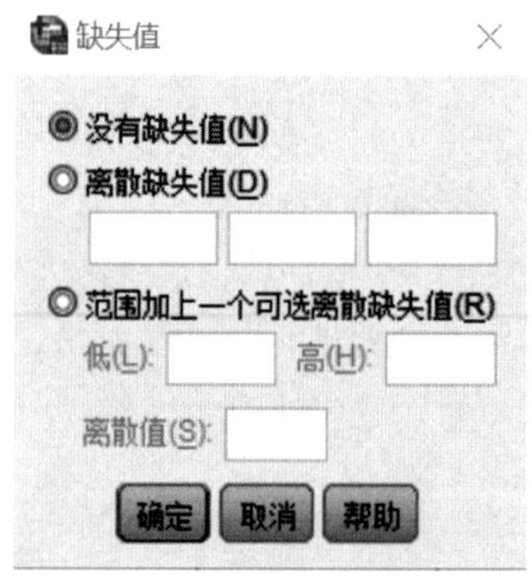

图 5－4　指明缺失值的窗口

“列”栏目：变量的显示宽度。默认的显示宽度是 8 位。可以改变这个宽度，范围是 1～255。

“对齐”栏目：显示的对齐方式。有左对齐、右对齐、居中三种。

“度量标准”栏目：选择测度级别。有三种测度级别可供选择：

①刻度级［度量（S）］：这是最高等级，又分为两个子级别：间距级，可以加减运算的；比率级，可做四则运算。

②序次级［序号（O）］：如受教育程度这个序次测度等级的变量，采用数字编码表示不同等级，文盲半文盲 =1，小学 =2，初中 =3，高中 =4，大学 =5。这些编码值可以应用于不等式运算。如果已知高中 > 初中，初中 > 小学，可以肯定有高中 > 小学的数量关系。该级别的变量值，既可以用数字来表示，也可以用字母来表示。

③名义级［名义（N）］：仅仅是一种标志，没有序次关系，如顾客所喜爱的颜色。该级别的变值，既可以用数字来表示，也可以用字母来表示。在定义变量的过程中，相同的定义内容，可用“复制→粘贴”的方式完成。

图 5－5 是一个已经定义了变量的示例。

	名称	类型	宽度	小数	标签	值	缺失	列	对齐	度量标准
1	地区号	数值(N)	5	0		无	无	8	右	度量(S)
2	多孩率	数值(N)	8	2	多孩率%	无	无	8	右	度量(S)
3	节育率	数值(N)	8	2	节育率comtra...	无	无	8	右	度量(S)
4	初中以上	数值(N)	8	2	初中文化以上...	无	无	8	右	度量(S)
5	人均收入	数值(N)	8	0	人均国民收入	无	无	8	右	度量(S)
6	城镇人率	数值(N)	8	2	城镇人口比例%	无	无	8	右	度量(S)

图 5－5　变量定义的示例

三、输入数据

在输入数据前，需明了数据窗口（数据视图）的结构。数据窗口的第一行是变量名的行。图 5－6 中的“地区号”“多孩率”“节育率”“初中以上”等，都是变量名。

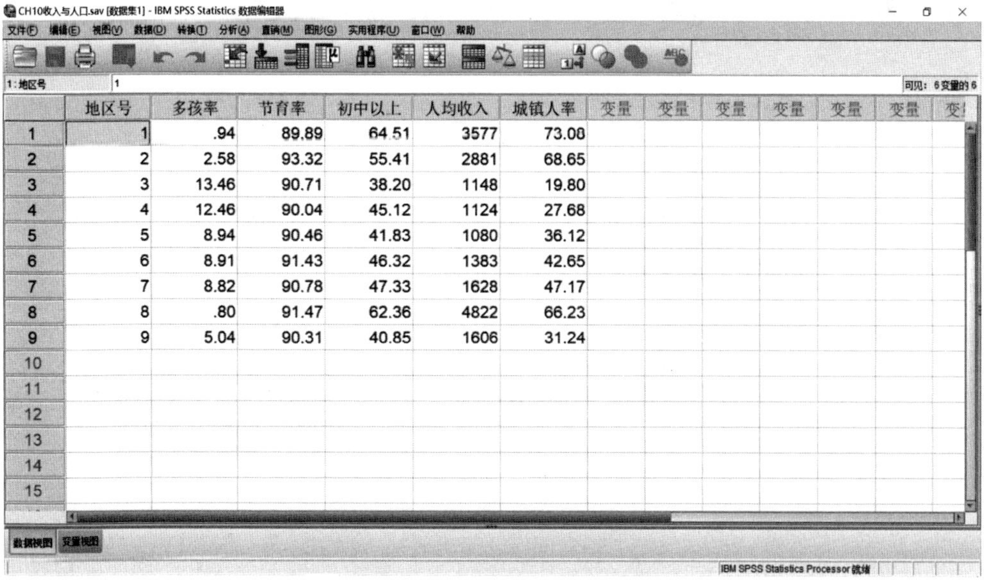

	地区号	多孩率	节育率	初中以上	人均收入	城镇人率
1	1	.94	89.89	64.51	3577	73.08
2	2	2.58	93.32	55.41	2881	68.65
3	3	13.46	90.71	38.20	1148	19.80
4	4	12.46	90.04	45.12	1124	27.68
5	5	8.94	90.46	41.83	1080	36.12
6	6	8.91	91.43	46.32	1383	42.65
7	7	8.82	90.78	47.33	1628	47.17
8	8	.80	91.47	62.36	4822	66.23
9	9	5.04	90.31	40.85	1606	31.24

图 5－6　数据窗口结构示例

每一个变量所在的列，将录入这个变量的所有数据。数据窗口最左边的第一列是机器自动产生的序号。每一个被调查对象的数据占一行。送入数据时，只要在数据编辑器的“数据视图”窗口中，把光标指到需要的位置，送入数据即可。如果有多个变量，最简便的方式是一行一行地输入数据。一行称为一个个案，即一个个体。在一张调查表的数据输入完成后，可以把屏幕上该行最左边格子中的顺序号（机器自动产生的），标注在表格上方，以便以后核对数据。当然，可以在录入数据前对表格编号，并且把表号作为一个变量，录入数据窗口中。这种做法，虽然多了一个变量，但是更可靠。即便是在操作过程中，删除某些行，也不会把数据窗口中自动产生行号和调查表的编号搞错。

四、保存数据

在数据编辑器状态下，点击屏幕左上角的保存图标即可。或者点击主菜单“文件（F）”，此时系统出现一个下拉菜单（形式与 Word 软件一致），然后选“保存”［或“保存为（A）”］，再选择所要保存的位置，保存即可。此时，保留的文件名的后缀是“. sav”。在保存“确定”前，要输入文件名。

五、读入数据

（一）读入 SPSS 格式的数据

1. 启动 SPSSWIN 时，会弹出一个有 6 个选项的小菜单如图 5－7 所示。这个菜单中显示的 SPSS 的数据文件，是机器不久前使用过的文件。选择“打开现有的数据源（O）”，打开一个所需要的数据文件（“＊. sav”文件），读入 SPSS 格式的数据文件。

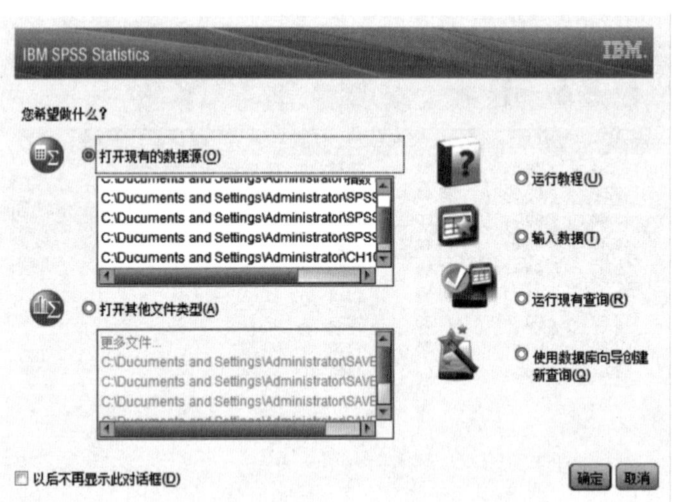

图 5－7　SPSS 读入数据

2. 在数据编辑器状态下“数据视图”窗口中，点击屏幕左上角的“打开文件”的图标，或者从主菜单开始，点击“文件（F）”→“打开（O）”→“数据（A）”。完成上述选择后，机器弹出一个“打开数据”窗口如图 5 - 8 所示，通过调节“查找范围”，选择所要读入的“ * . sav”的数据。

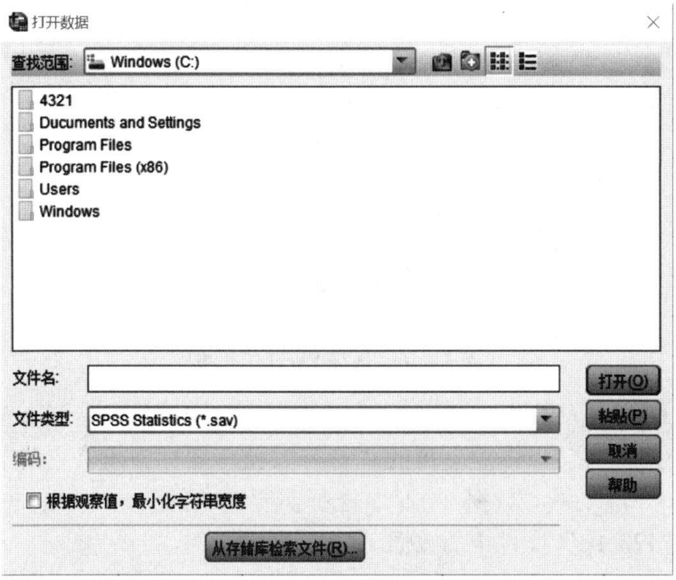

图 5 - 8 打开数据文件的窗口

(二) 读入 Excel 格式的数据

在“数据视图”中如图 5 - 9 所示，点击左上角的“打开数据”图标，或从主菜单，点击“文件（F)”→打开（O)”→“数据（A)”，选择需要读入的“ * . xls”的数据如图 5 - 10 所示。

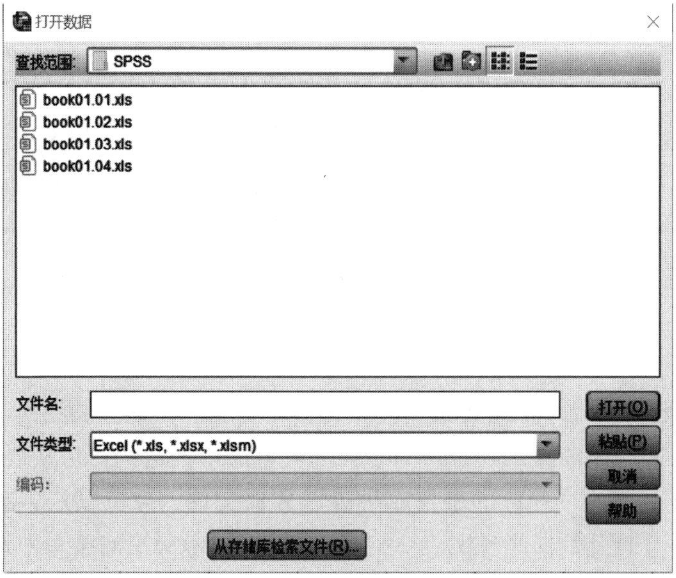

图 5 - 9 查找 Excel 格式的数据

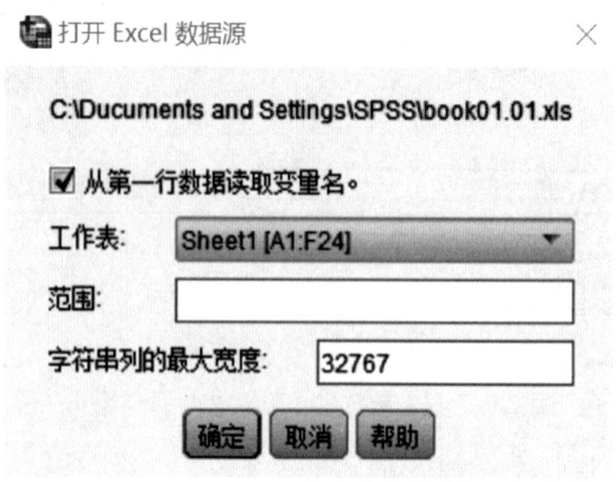

图 5-10　选择 Excel 工作表

（三）读入 txt 格式的数据

在“数据视图”中，点击左上角的“打开数据”图标，或从主菜单，点击“文件（F）”→“打开（O）”→“数据（A）”，选择需要读入的“＊. txt”的数据，如图 5-11 所示，读入“123. txt”文件中的数据。

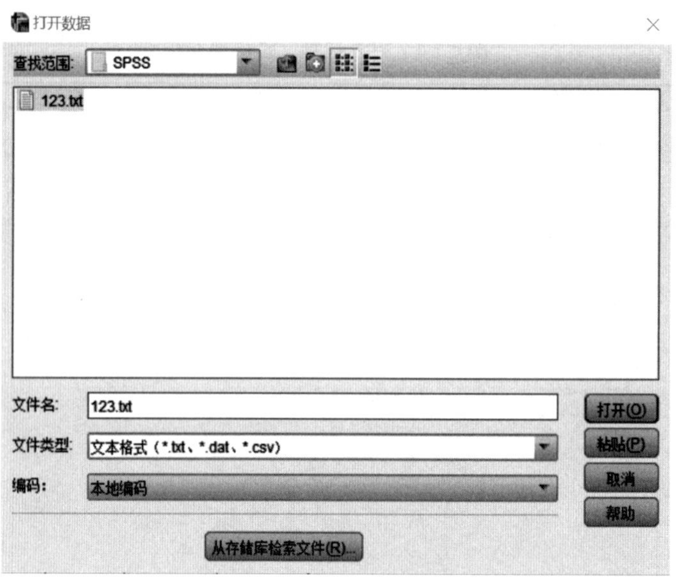

图 5-11　读入 txt 数据文件

（四）读取已有数据库中的数据

要读取 Dbase、Foxbase、Foxpro、Oracle 等数据库中的数据，可从启动 SPSS 时选择“运行现有查询”，从一个现存的数据库中读取数据文件；也可以从主菜单开始，点击“文件（F）”→“打开数据库（B）”→“编辑查询”，从弹出的菜单中选择所要读入的数据库中数据文件。

六、编辑数据

修改数据

1. 找到需要修改的数据所在的格子，激活（双击）这个格子，修改即可。

2. 插入或删除一行数据。插入行：点击所要插入的行号，点击工具栏的“插入个案”的图标（望远镜图标的后面），就在此行增加一空行，等着填入数据。同时，把此行后面的数据，都后移一行。删除行：找到所要删除的行，选中后按 Delete 键。

3. 插入或删除一列数据。插入列：找到所要插入的列，点击工具栏的“插入变量”的图标（望远镜图标的后面第二个），就在此列增加一空列，等着填入变量名与数据，同时，把此行后面的数据，都后移一列。删除列：找到所要删除的列，选中后按 Delete 键。该列的数据与变量名一起删除。

4. 数据的剪切、复制、粘贴。找到所要操作的数据，点击（如果是一群数据，要拖黑选中）；若要删除，则按 Delete 键，或者“编辑（E）”→“剪切（T）”；若要复制，点击“编辑（E）”→“复制（C）”；再找到要粘贴的位置（要与粘贴板上的数据格子的长宽相同），点击（如果是一群数据，要拖黑），然后“编辑（E）”→“粘贴（P）”。以上操作，若在两张表之间进行，要反复用“文件（F）”→“打开（O）”来切换两张表。

七、产生新变量

（一）产生新变量

目的：根据统计分析的目的，产生新的统计变量。读入数据后，在数据编辑器窗口中：

1. 点击“转换（T）”→“计算变量（C）”，系统弹出一个窗口。在这个窗口的“目标变量（T）”中送入想要得到的目标变量的名称。利用表 3－10 中的数据产生新变量“差第一与第二”，如图 5－12 所示。

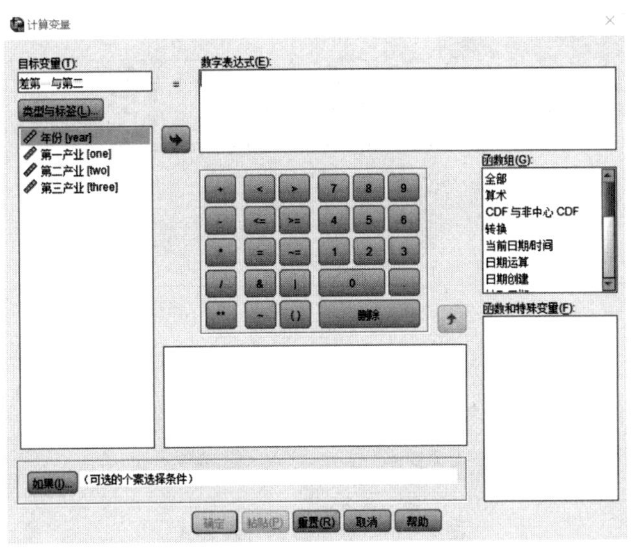

图 5－12　产生新变量计算窗口

2. 点击“类型与标签（L）”按钮，系统又弹出一个小窗口。要求送入新变量的标签和类型。点击“继续”，返回上一个窗口如图5－13所示。

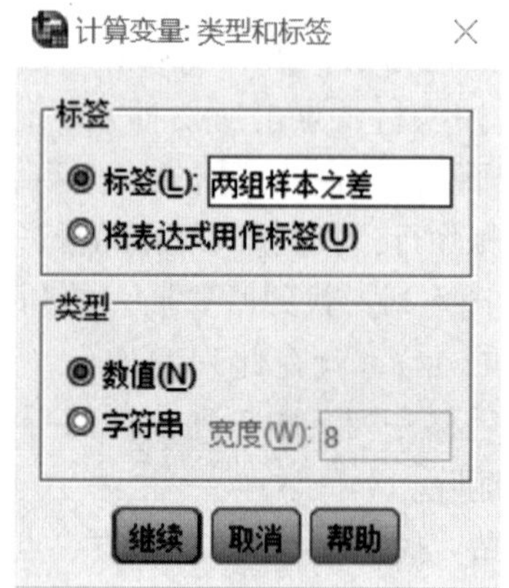

图5－13　新变量的标签和数据类型
（设置的标签为最终要显示的名称）

3. 通过箭头，把函数符号、原来的变量、四则运算等符号、系数等组合起来。本例中只需将“one”、减号、“two”，用箭头送到“数字表达式（E）”框中如图5－14所示。

4. 如果选用“如果（I）”按钮，可以限定哪些变量的哪些范围的值，能够投入运算。

5. 点击“确定”，数据窗口中增加一列新变量的值。

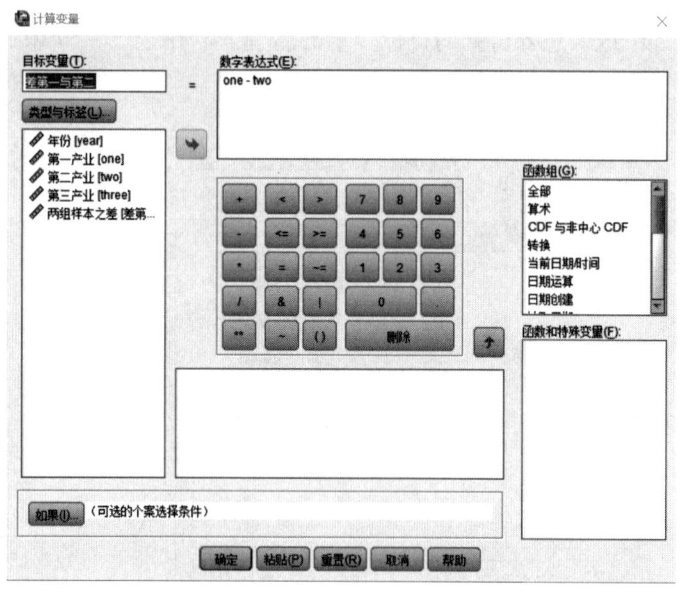

图5－14　新变量的计算公式

（二）产生随机变量

选择“转换（T）”→“计算变量（C）”，在出现的对话框中的“目标变量（T）”中输入目标变量的名称，在“函数组（G）”中选择随机变量的概率密度函数，加到“数字表达式（E）”中，并设置好参数，单击“确定”。

（三）选择观测值

1. 目的：选择部分样本数据。

2. 条件式选取：“数据（D）”→“选择个案”，在出现的对话框中，选中“如果条件满足（C）”选项，单击“如果（I）”，在出现的对话框中，设定相应条件，单击“继续”→“确定”。

3. 随机式选取：“数据（D）”→“选择个案”，在出现的对话框中，选中“随机个案样本（D）”，单击“确定按钮，在出现的对话框中，设置样本容量，单击“继续”→“确定”。

（四）合并数据文件：追加个案

1. 目的：两个文件的变量名都相同，把两个文件的记录合并起来；若不同，则需要改变变量名来实现合并。

2. “数据（D）”→“合并文件（G）”→“添加个案（C）”，在出现的对话框中，选出要输出数据的文件，单击“确定”。

（五）合并数据文件：追加变量

1. 目的：在原来的数据文件中，增加其他文件的变量及其数据。①

2. “数据（D）”→“合并文件（G）”→“添加变量（V）”，在出现的对话框中，选出要输出数据的文件，单击“确定”。

（六）分割文件

1. 目的：将数据依类别变量分组，以便在执行各种数据分析时能做群组比较。

2. 比较组别：为了进行比较，将输出结果汇总于同一个表格中。依组别组织输出：输出结果依群组分别整理成不同表格。

3. “数据（D）”→“拆分文件（F）”，在出现的对话框中，选中相应按钮，然后在“分组方式（G）”中设定分组标志，单击“确定”。

八、排序

（一）给变量值排序

在读入数据后，从主菜单的“数据（D）”开始，依次点击“数据（D）”→“排序个案”。机器弹出一个窗口如图5-15所示，要求从左边框中的变量清单中，选取要排序的变量，用窗口中间的箭头，把选中的变量送入右边的框中。在窗口的下部，选“升序（A）”或“降序（D）”，点击“确定”。机器就在SPSS的数据窗口中，按照所选中的变量，从上到下，重新排序。

---

① 注：两个文件的个案数必须对应。

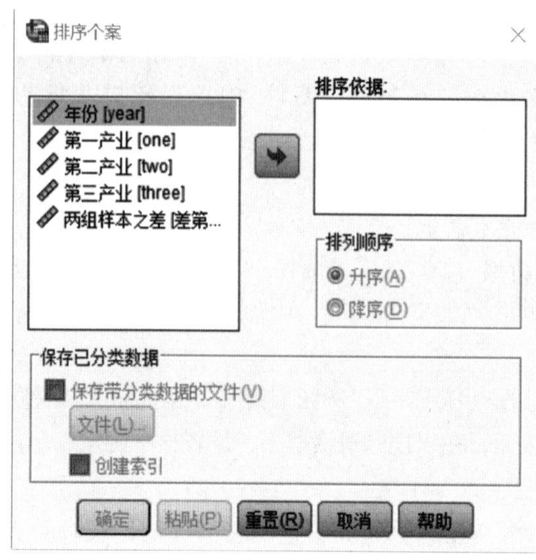

图 5-15　数据排序

(二) 给变量值直接排名次

读入数据后，从主菜单的“转换（T）”开始，依次点击“转换（T）”→“个案排秩（K）”机器弹出一个窗口如图 5-16 所示，要求从左边框中的变量清单中选取所要排序的变量。用窗口中间的位置较高的箭头，把选中的变量送入右边的框中。再点击“确定”。机器弹出一个窗口，说明机器自动赋予的、表示排序结果的变量名（其实就是在原变量名前加一个 r，作为排序结果的变量名），以及机器自动给出的该变量名的标签。当把屏幕切换到数据编辑窗口后，就会显出所选中变量的排名情况如图 5-17 所示。

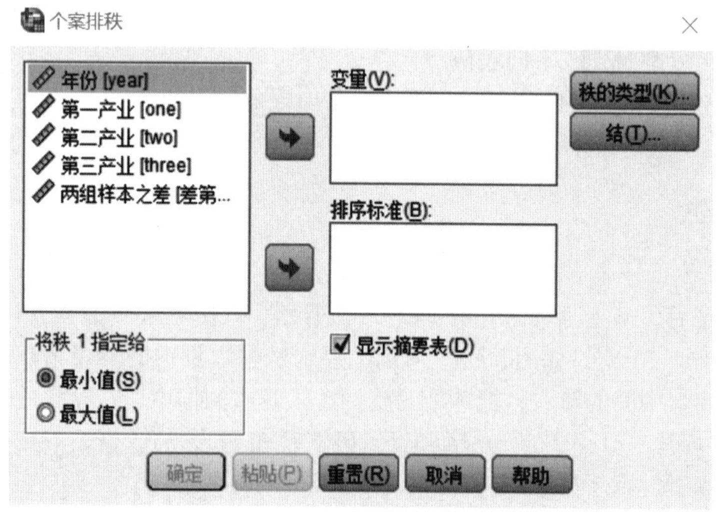

图 5-16　给数据排名次选择变量

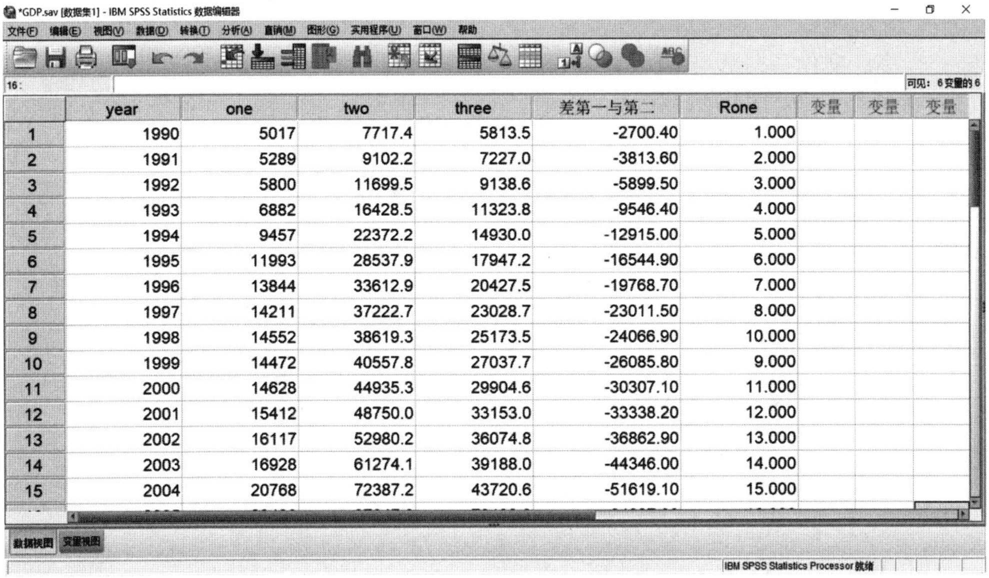

*GDP.sav [数据集1] - IBM SPSS Statistics 数据编辑器

文件(F) 编辑(E) 视图(V) 数据(D) 转换(T) 分析(A) 直销(M) 图形(G) 实用程序(U) 窗口(W) 帮助

16 :　　　　可见：6 变量的 6

	year	one	two	three	差第一与第二	Rone	变量	变量	变量
1	1990	5017	7717.4	5813.5	-2700.40	1.000			
2	1991	5289	9102.2	7227.0	-3813.60	2.000			
3	1992	5800	11699.5	9138.6	-5899.50	3.000			
4	1993	6882	16428.5	11323.8	-9546.40	4.000			
5	1994	9457	22372.2	14930.0	-12915.00	5.000			
6	1995	11993	28537.9	17947.2	-16544.90	6.000			
7	1996	13844	33612.9	20427.5	-19768.70	7.000			
8	1997	14211	37222.7	23028.7	-23011.50	8.000			
9	1998	14552	38619.3	25173.5	-24066.90	10.000			
10	1999	14472	40557.8	27037.7	-26085.80	9.000			
11	2000	14628	44935.3	29904.6	-30307.10	11.000			
12	2001	15412	48750.0	33153.0	-33338.20	12.000			
13	2002	16117	52980.2	36074.8	-36862.90	13.000			
14	2003	16928	61274.1	39188.0	-44346.00	14.000			
15	2004	20768	72387.2	43720.6	-51619.10	15.000			

数据视图　变量视图

IBM SPSS Statistics Processor 就绪

图 5－17　排名后，再按从小到大排序

需要注意的是：（1）如果有两个第一，就假设其中一个为第 1 名，另一个为第 2 名，然后把这两个名次加起来，再除以同名次的个体个数，于是这两个个体都排第 1.5 名。（2）如果有两个第 1.5 名后，接下去的只能排第 3 名，而不能排第 2 名。以后的名次，都类似处理。上例中，有 3 个第 9 名，也就是说，在第 7 名之后，第 8、第 9、第 10 名是并列的。

（三）分类（分组）排名次

在读入数据后：（1）点击“转换（T）”→“个案排秩（K）”。机器弹出一个窗口。（2）从左边框中的变量清单中，选取所要排序的变量。用窗口中间的位置较高的箭头，把选中的变量送入右边上面的［变量（V）］框中。（3）从左边框中的变量清单中，选取所要分类的变量。用窗口中间的位置较低的箭头，把选中的变量送入右边下面的［排序标准（B）］框中。（4）点击“OK”。机器弹出一个窗口，说明机器自动赋予的、表示排序结果的变量名 Rone，作为排序结果的变量名，以及机器自动给出的该变量名的标签。（5）把屏幕切换到数据编辑窗口，就会显出所选中变量的排名情况。

九、数据标准化

SPSS 软件能够统计计算的几乎所有的量，如均值、标准差、均值的标准误差、最大值、最小值、分布的峰度、分布的偏度等，都是频次分析模块所具有的。只有一个例外，能够计算标准化数据。所谓“标准化数据”就是把样本数据的所有离差值除以样本标准，其公式是

$$z_i = \frac{x_i - \bar{x}}{s}$$

在读入数据后，点击“分析（A）”→“描述统计”→“描述（D）”。此时，系统弹出一个窗口如图5-18所示，在该窗口的下端，问是否要把标准化的值作为变量值保存起来［将标准化得分另存为变量（Z）］。如果选择了这一要求，系统将对选择变量（用箭头把所选择的一个或多个变量送入右框中），做标准化处理，并作为新的变量存入“数据编辑器”中。标准化数据的变量名Zone，由机器自动赋予。点击右上角的“选项（O）”键，弹出一个“描述：选项”子窗口。点击“确定”，数据编辑窗口会出现所选择变量的标准化值。图5-19中的Zone是表3-10第一产业的数据标准化结果。

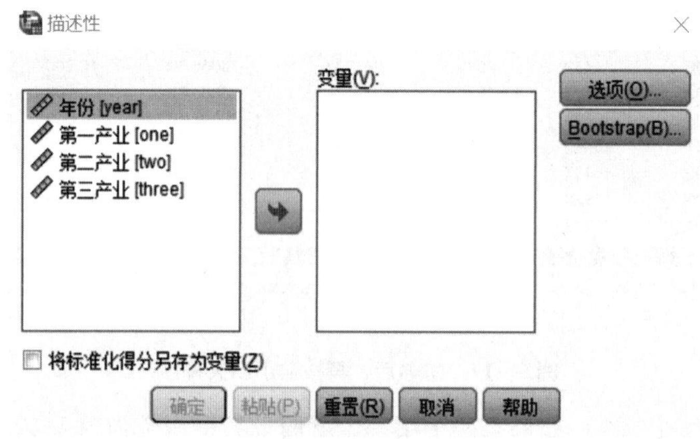

图5-18　描述统计选项窗口

*GDP.sav [数据集1] - IBM SPSS Statistics 数据编辑器

	year	one	two	three	Zone	变量	变量	变量	变量	变量
1	1990	5017	7717.4	5813.5	-1.16600					
2	1991	5289	9102.2	7227.0	-1.15454					
3	1992	5800	11699.5	9138.6	-1.13296					
4	1993	6882	16428.5	11323.8	-1.08730					
5	1994	9457	22372.2	14930.0	-.97865					
6	1995	11993	28537.9	17947.2	-.87165					
7	1996	13844	33612.9	20427.5	-.79353					
8	1997	14211	37222.7	23028.7	-.77805					
9	1998	14552	38619.3	25173.5	-.76365					
10	1999	14472	40557.8	27037.7	-.76704					
11	2000	14628	44935.3	29904.6	-.76045					
12	2001	15412	48750.0	33153.0	-.72739					
13	2002	16117	52980.2	36074.8	-.69762					
14	2003	16928	61274.1	39188.0	-.66341					
15	2004	20768	72387.2	43720.6	-.50138					

数据视图　变量视图

图5-19　标准化数据自动存于数据编辑窗口

第二节　SPSS 的简单应用

一、统计图的制作

（一）饼图

1. 饼图的制作

①选择“图形（G）”→“旧对话框（L）”→“饼图（E）”。

②在出现的“饼图”对话框中选中“个案组摘要（G）”，再单击“定义”按钮［“各个变量的摘要（V）”，代表许多个别独立变量的总和，“个案值（I）”代表单一观察值的数值总和］。

③在出现的“定义饼图：个案组摘要”的对话框中选中“个案数（N）”单选按钮，在其中的列表框中选择用户需要的选项，再单击右后面的箭头标志按钮将其放入“定义分区（B）”文本中，再单击“确定”按钮，即得饼图。

2. 编辑饼图

加入标题：

①双击输出的图形，打开“图表编辑器”对话框，进入图形编辑模式。

②点击图形，选择“选项”→“标题”。

③在出现的“标题”对话框输入标题名称，选择“中间对齐”。

3. 改变图的颜色

①在同样的图形上双击，打开“图表编辑器”对话框，再选中想要改变颜色的区块。

②选择“编辑”→“属性”→“填充和边框”。

③在出现的“颜色”列表栏中选取合适的颜色，单击“应用”→“关闭”。

4. 分割饼图

若希望强调圆形比例图中的某些区块，就可以采用圆形分割圆形比例图的程序。选择要分割的图块，并选择“元素”→“分解分区”。

5. 修编饼图批注及格式

①点击图形，选择“元素”→“显示数据标签”。

②双击数据标签打开“属性”对话框，显示三个复选框，分别为“标签”“标签位置”和“显示选项”，可对数据标签显示内容和位置进行调整。

③单击标签位置选项调整批注的位置有三种方式可以选择：“自动（U）”“手动（N）”“自定义（M）”，其中“自定义（M）”中包括在“图形内部”和“图形外部”，选择其中一个选项，单击“应用”→“关闭”。

（二）条形图

1. 条形图的制作

①选择“图形（G）”→“旧对话框（L）”→“条形图（B）”。

②在出现的“条形图”对话框中选择“简单箱图”项，再选中“个案组摘要(G)”，并单击“定义”。

③在出现的“条形图”对话框中将需要的选项移入“类别轴（X）”文本框，再单击“确定”即可。

2. 分群的条形图

①选择“图形（G）”→“旧对话框（L）”→“条形图（B）”，打开“条形图”对话框，选择其中的“复式条形图”选项，再单击“定义”。

②将用户需要的另一选项移入“类别轴（X）”文本框中，将需要的选项移入“定义聚类（B）”文本框中，之后单击“确定”。

3. 编辑条形图

①双击所输出的图形打开“图表编辑器”对话框，并双击图形中需要编辑文字进入编辑模式，同时打开“属性”对话框，此时点击“文本布局”进行“对齐方式”调整，点开“对齐（J）”下拉列表选择位置选项。

②单击“标签和刻度标记”按钮进行相应修改，在“标签方向（O）”下拉列表中选择“自动”选项，再单击“应用”。

③如果希望将频次/频率呈现出来，单击条形图，选择“元素”→“显示数据标签”。

④在出现的“属性”对话框中根据需求选择显示模式，然后单击“应用”→“关闭”。

⑤可以将条形图再作变化，双击条形图，在出现的“属性”对话框中，点击“深度和角度”进行选择［“平面（F）”、“阴影（S）”和“3-D（D）”］，选择相应选项和输入相应数值后，再单击“应用”→“关闭”。

（三）直方图

①选择“图形（G）”→“旧对话框（L）”→“直方图（I）”。

②根据分析的目的，在“直方图（H）”对话框的列表框中选择其相应选项，将其移入“变量（V）”文本框，之后单击“确定”。

（四）散点图

1. 散点图的制作

①选择“图形（G）”→“旧对话框（L）”→“散点/点状（I）”。

②在出现的“散点图/点状图”对话框中选择“简单分布”，然后单击“定义”。

③在出现的对话框中将一选项放入“Y轴（Y）”文本框，将另一选项放入“X轴(X)”文本框，再单击“确定”。

2. 编辑散点图

①双击图形，打开“图形编辑器”窗口，直接双击Y轴，可做Y轴的修改。

②将“范围”选项组的“最小值（M）”改为一值，“最大值（X）”改为另一值，将“主增量（I）”改为相应值，进一步选择“网格线”，选中其中的“主刻度标记(M)”，再点击“应用”→“关闭”。

同时，还可以改变标记点、线形样式等。

③双击标记点，打开“属性”对话框。

④在“标记”列表栏中选择相应的标记符号，选择“大小（S）”，单击“应用”→“关闭”。

⑤双击图形线，在出现的“属性”对话框中点击“线”，选择“样式（S）”更改线的样式，再单击“应用”→“关闭”。

3. 使用 SPSS 制作统计图的例题

【例 5－1】　某部门 20 个人的学历情况如表 5－1 所示，绘制数据的条形图、饼图、直方图、散点图和累积频率图。

表 5－1　　某部门 20 个人的学历情况

员工号	1	2	3	4	5	6	7	8	9	10
学历	文盲	大学	大学	初中	初中	高中	小学	文盲	大学	初中
员工号	11	12	13	14	15	16	17	18	19	20
学历	大学	高中	小学	初中	小学	文盲	初中	初中	高中	大学

按照以上介绍的步骤绘制，SPSS 制出的各种图形如图 5－20 所示。

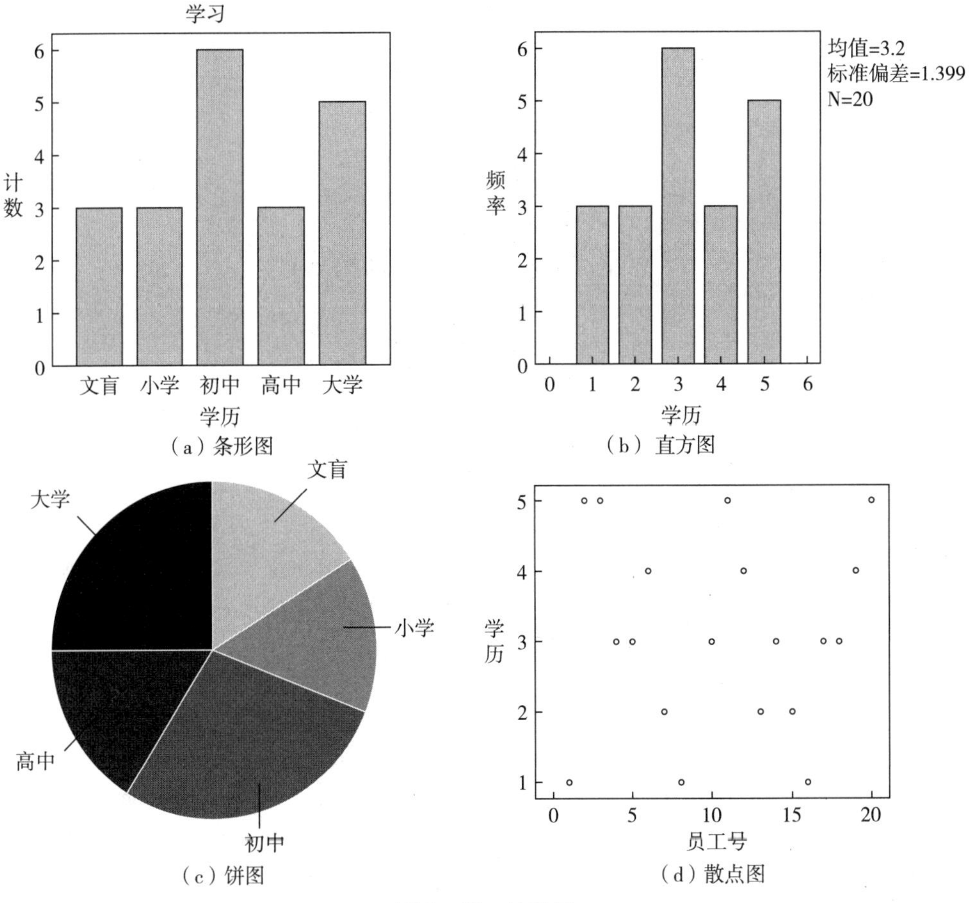

图 5－20　统计图

二、频次、频率分析——中心描述与离散描述

（一）频次分析模块总体功能介绍

在数据编辑窗口中，从主菜单的“分析（A）”开始，依次点击“分析（A）”→“描述统计”→“频率（F）”，就可以进入频次分析模块。该模块不仅能够分析样本数据的频次、频率，而且可以统计出样本数据的均值、中位数、众数、极大值、上下四分点、极差、方差、标准差、均值标准差，以及偏度、峰度等数据；此外，还有部分作图功能，如条形图、饼图、直方图等。但频次分析模块不能做累积与累积频率的图形。

（二）频次分析模块的使用

在读入数据后，依次点击“分析（A）”→“描述统计”→“频率（F）”，此时，机器弹出一个新的窗口（频次分析模块的主窗口）如图 5－21 所示。

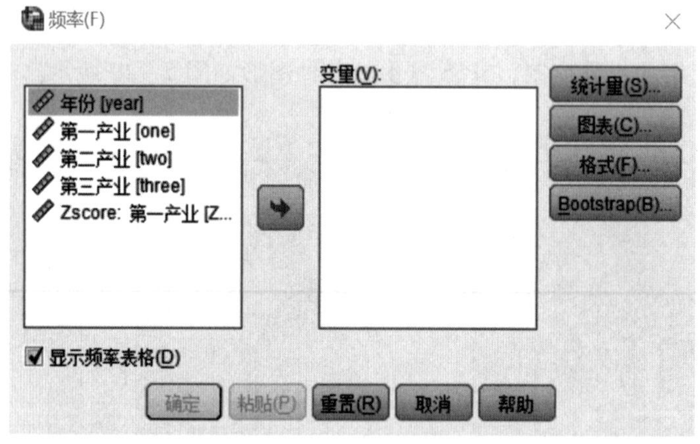

图 5－21　频次分析模块的主窗口

该窗口分左右两框。左框显示的是数据文件中的变量；右框存放你想分析的变量。

①点击左框中你要分析的变量名（可以多选）。

②点击两框之间的箭头，选中的变量就跳到右框中。

③选取左框下面的选择“显示频率表格（D）”。

④点击该窗口下面的“统计量（S）”按钮，又弹出一个新窗口如图 5－22 所示。

该窗口分为 4 块。左上块为“百分位值”块。其中，“四分位数（Q）”选项是问要计算（输出）的四分点（四分位的值）。“割点（U）：10 相等组”选项是问在把数据从小到大排序后，是否把数据分成个数相等的 10 个组？其中的“10”是可以修改的。若选择了此项，并把“10”改为“4”，则系统输出的是四分点和中位数（Q1、Q2、Q3），即 25、50、75 的百分位点。“百分位数（P）”选项，选中此项后，用户可以要求机器输出你规定的多个任何百分点（0～100）。以上都是复选项。左下块是“离散”块，所列出的 6 个都是复选项。选中什么项目，机器就输出选中项目的计算结果。这 6 个项目是“标准差（T）”“方差”“范围（最大值与最小值之差）”“最小

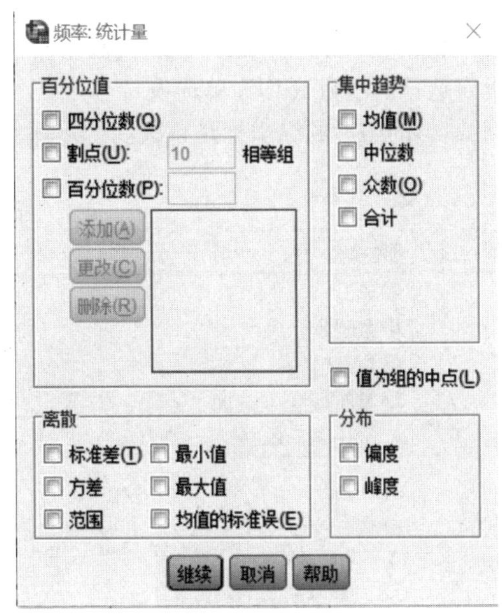

图 5－22　频次模块的统计子窗口

值”“最大值”和“均值标准误差（E）”。右上块是中心趋势块（“集中趋势”块），所列出的 4 个选项都是复选项。机器将输出选中项目的计算结果。这 4 个项目是均值（M）、“中位数”“众数（O）”和“合计”（样本数据值的总和）。右下块是分布块，所列出的 2 个选项也是复选项，包括“偏度”和“峰度”；如果数据是关于均值对称的，则偏度为 0，标准正态分布的偏度就为 0。SPSS 规定：向左偏时 J 方图的右尾长，或者箱形图中异常值集中在较小一侧）；SPSS 规定：标准正态分布的峰度为 0；当数据的峰度为正时，表明数据直方图的平滑曲线的峰比标准正态分布 N（0，1）的峰高；反之，当数据的峰度为负时，数据直方图的平滑曲线的峰就比（0，1）的低。在右上块与右下块之间，有一项选择：“值为组的中点”，其含义是如果数据分组了，就用各组的中值代表整个组的值。

相应的选项都完成后，点击“继续”，回到频次分析模块的主窗口。

⑤在频次分析模块的主窗口中，点击窗口右部“图表（C）”按钮，系统又弹出一个新窗口（频次分析模块的图形子窗口）如图 5－23 所示。此窗口分为上、下两块。上块为图形类型选择（“图表类型”块）。该选择块提供了以下 4 个单选项（单选项是指在所提供的选项中，只能选择一个项目）：

“无”：不输出图形。这是系统的默认状态。

“条形图（B）”：选择此项，系统输出条形图。

“饼图（P）”：选择此项，系统输出饼图。

“直方图（H）”：选择此项，系统输出直方图。在选择此项时，其下方的“在直方图上方显示正态曲线（S）”选项被激活，若选择此项，则系统输出的直方图中带有正态曲线。

下块是图的纵轴值选择块（“图表值”块）。该块要求用户选择所输出的图形纵坐标所表示的值。在该块中可供选择的项目（均为单选项）有：

“频率（F）”：表示所输出的图形的纵坐标是频次。

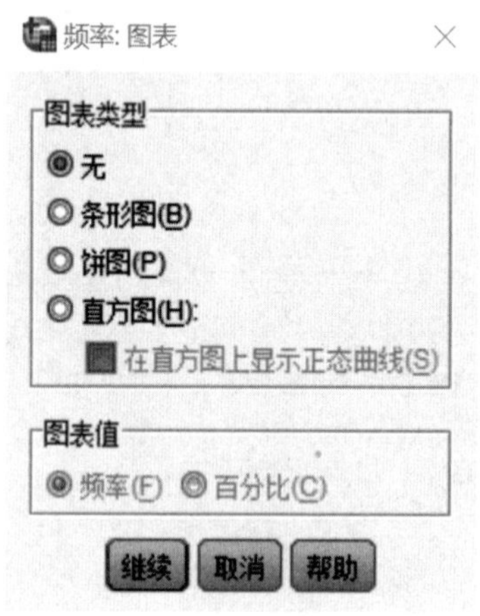

图 5－23 频次分析模块的图形子窗口

“百分比（C）”：表示所输出的图形的纵坐标是频率。

⑥在频次分析模块的主窗口（见图 5－21）中，点击窗口下面的“格式（F）”按钮，系统又弹出一个新窗口（频次模块的格式子窗口）如图 5－24 所示。这个窗口分为左右两块。左块是排序块（“排序方式”块），它规定了前面的输出表格中数据的排列顺序。

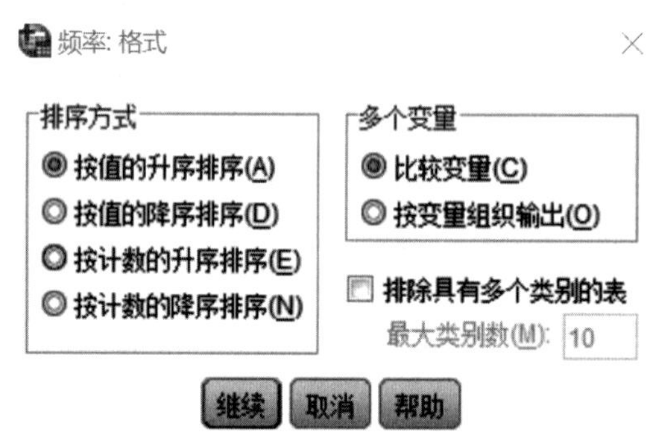

图 5－24 频次模块的格式子窗口

左块中，有 4 个单选项：

“按值的升序排序（A）”：规定输出结果按变量值的升序排列。这是系统的默认状态。

“按值的降序排序（D）”：规定输出结果按变量值的降序排列。

“按计数的升序排序（E）”：规定输出结果按变量值出现的频次的升序排列。

“按计数的升序排序（N）”：规定输出结果按变量值出现的频次的降序排列。

右块是多变量选择（多个变量）。当面对频次分析模块的主窗口时，做操作①，把多个变量送到右框中，一并做统计分析的情况下，需要选择多变量的输出格式。这个块中的两个选项，是单选项。

“比较变量（C）”选项，要求系统把所有选中的变量的计算结果，放在一个表中显示，以便相互比较。

“按变量组织输出（O）”选项，要求系统为每一个所选中的变量，单独输出一个表格。

右块下面还有一个选项：“排除具有 10 个类别的表”在输出的表格中，在对数据分组时，把组数限制在 10 个（包括 10 个）以内（10 个以上是被禁止的）。其中的组数 10 是系统默认值，用户可以改变这个值。

在完成上述选择后（也可以接受系统的默认值，不做任何其他的选择），点击“继续”，回到频次分析模块的主窗口。

⑦在频次分析模块的主窗口中，点击“确定”，系统给出需要的结果。

（三）使用频次分析模块的例题

【例 5 -2】 某文具店出售文件夹的 40 个交易的收入（元）记录如表 5 -2 所示，试：①计算众数、中位数、样本均值、斜度和峰度；②计算最大值、最小值、四分点；③统计数据的频次、频率、累积频次与累积频率。

表 5 -2 **文具店的 40 个交易收入** 单位：元

3.62	3.62	3.80	3.70	4.15	2.07	3.77	5.77	7.86	4.63
4.03	3.56	3.10	6.04	5.62	3.16	2.93	3.82	4.30	3.86
4.81	2.86	5.02	5.24	4.02	5.44	4.65	3.89	4.00	2.99
4.57	3.59	4.57	6.16	2.88	5.03	5.46	3.87	6.81	4.91

解题步骤：

①在调入数据后，点击“分析（A）”→“描述统计”→“频率（F）”进入频次分析模块。

②在频次分析模块的主窗口（见图 5 -21）中，点击“统计量（S）”按钮。系统弹出频次模块的统计子窗口。

在统计子窗口中，选择“四分位数（Q）”“均值（M）”“中位数”“众数（O）”“合计”“标准差（T）”“均值标准误差（E）”“偏度”和“峰度”。上述选择如图 5 -25 所示。在本例中选择这些统计量的主要考虑：a. 熟悉四分点；b. 对比均值、中位数、众数的区别，并验证样本和（合计）；c. 对比标准差和均值标准差；d. 了解斜度和峰度。

③在点击“继续”返回频次分析模块的主窗口后，点击“图表（C）”，进入图形子窗口，选择“直方图（H）”和“在直方图上显示正态曲线（S）”。上述选择如图 5 -26 所示。

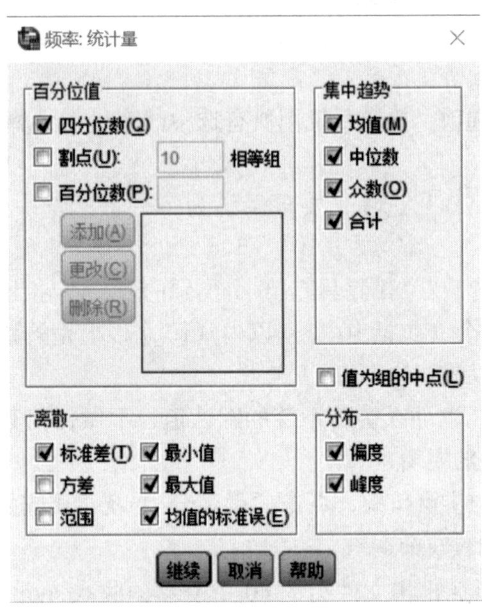

图 5－25　对希望输出统计量的选择

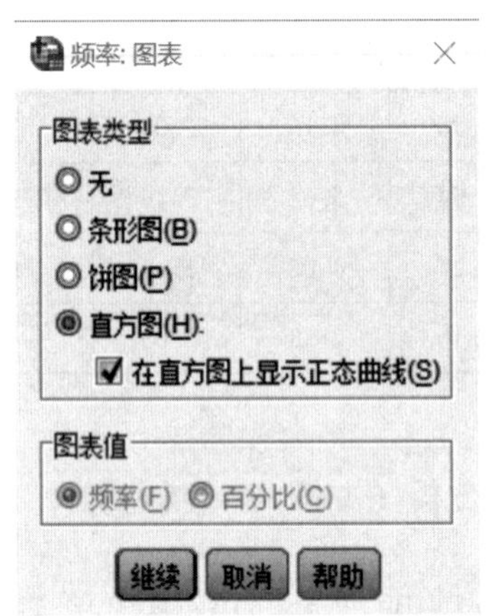

图 5－26　对希望输出图形的选择

④在点击“继续”返回频次分析模块的主窗口后，点击“确定”，系统输出计算结果。

图 5－27 是有关众数，中位数，样本均值，斜度和峰度，最大值，最小值以及四分点的统计计算结果。

图 5－28 是该样本数据集合中不同样本值出现的频次、频率和累积频率的统计结果。

图 5－29 是该数据集合的直方图，可以看出数据集合的斜度和峰度。

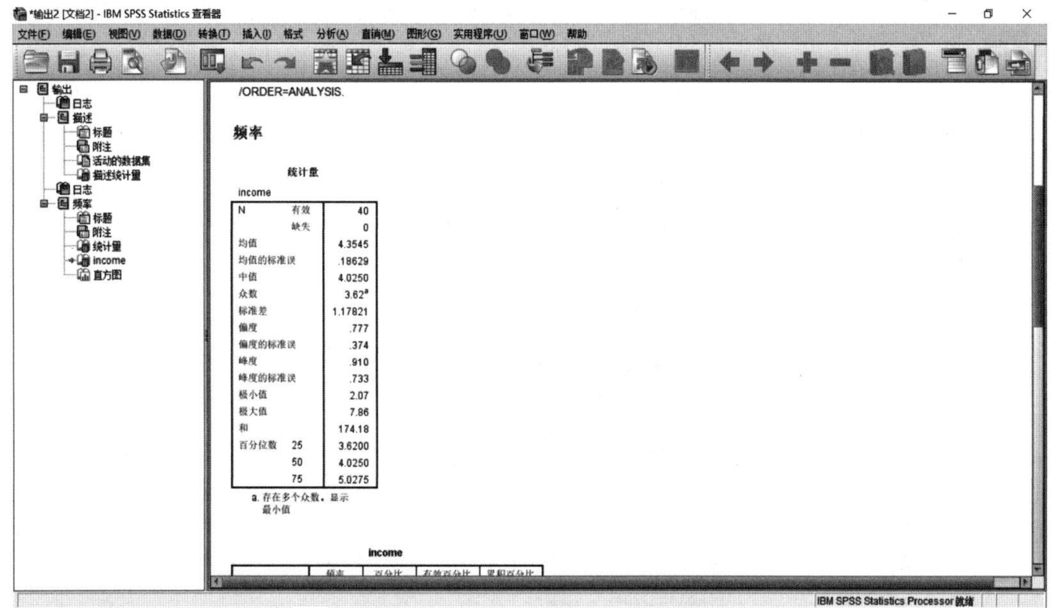

		income
N	有效	40
	缺失	0
均值		4.3545
均值的标准误		.18629
中值		4.0250
众数		3.62[a]
标准差		1.17821
偏度		.777
偏度的标准误		.374
峰度		.910
峰度的标准误		.733
极小值		2.07
极大值		7.86
和		174.18
百分位数	25	3.6200
	50	4.0250
	75	5.0275

a. 存在多个众数。显示最小值

图 5－27　有关统计量的计算结果

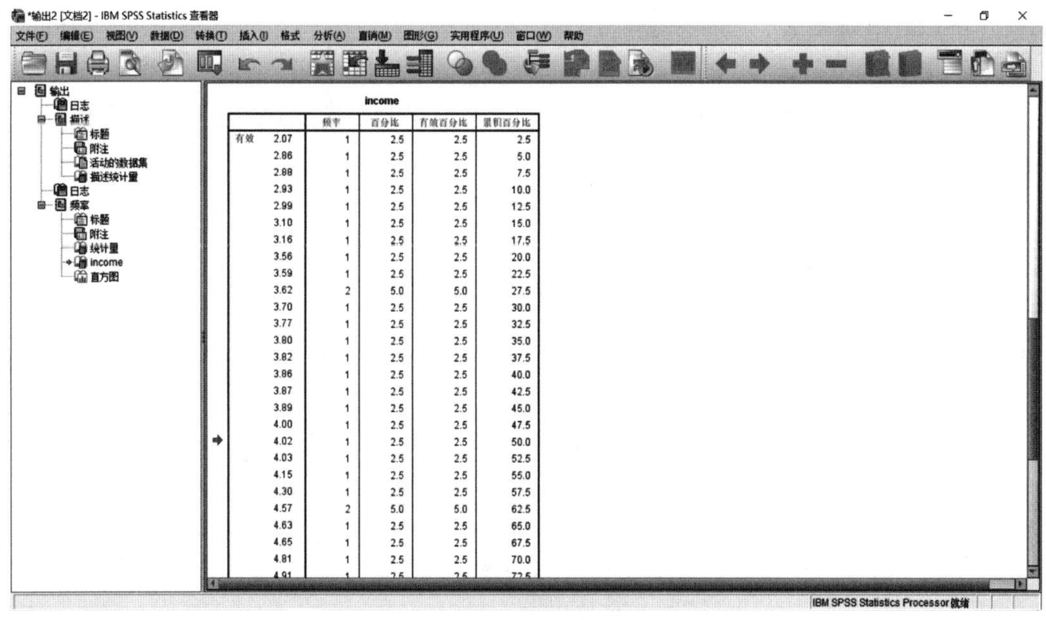

		频率	百分比	有效百分比	累积百分比
有效	2.07	1	2.5	2.5	2.5
	2.86	1	2.5	2.5	5.0
	2.88	1	2.5	2.5	7.5
	2.93	1	2.5	2.5	10.0
	2.99	1	2.5	2.5	12.5
	3.10	1	2.5	2.5	15.0
	3.16	1	2.5	2.5	17.5
	3.56	1	2.5	2.5	20.0
	3.59	1	2.5	2.5	22.5
	3.62	2	5.0	5.0	27.5
	3.70	1	2.5	2.5	30.0
	3.77	1	2.5	2.5	32.5
	3.80	1	2.5	2.5	35.0
	3.82	1	2.5	2.5	37.5
	3.86	1	2.5	2.5	40.0
	3.87	1	2.5	2.5	42.5
	3.89	1	2.5	2.5	45.0
	4.00	1	2.5	2.5	47.5
	4.02	1	2.5	2.5	50.0
	4.03	1	2.5	2.5	52.5
	4.15	1	2.5	2.5	55.0
	4.30	1	2.5	2.5	57.5
	4.57	2	5.0	5.0	62.5
	4.63	1	2.5	2.5	65.0
	4.65	1	2.5	2.5	67.5
	4.81	1	2.5	2.5	70.0

图 5－28　有关频次、频率和累积频率的统计结果

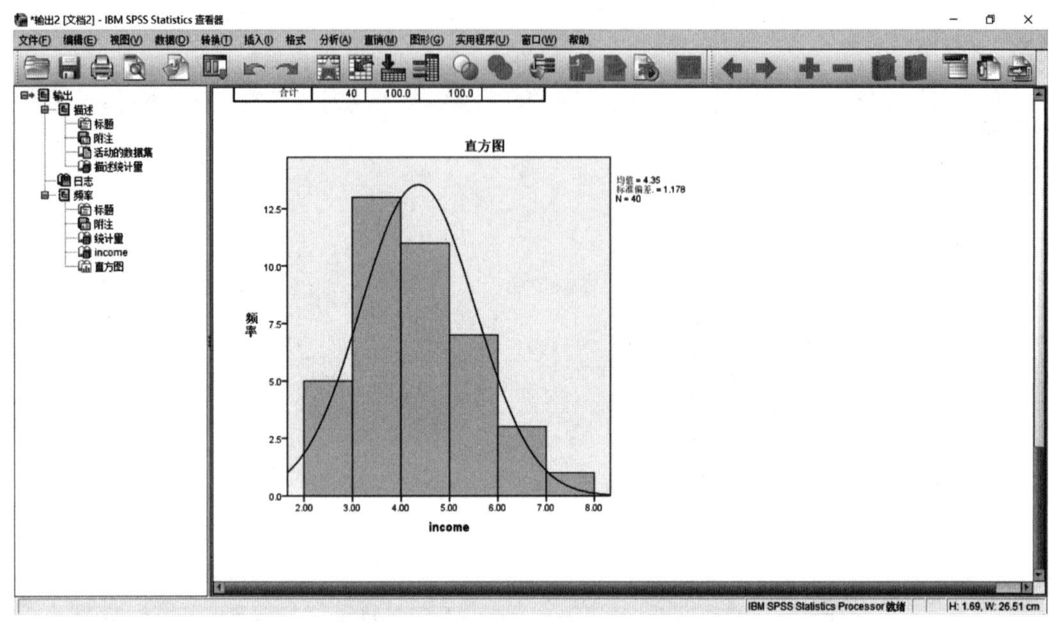

图 5－29　交易收入的直方图和正态曲线

三、累积频次与累积频率：Graphs 菜单中的条形图

（一）累积频次与累积频率图绘制

调入数据后：

1. 点击“图形（G）”→“旧对话框（L）”→“条形图（B）”，弹出一个窗口如图 5－30所示，该窗口分为上下两部分。

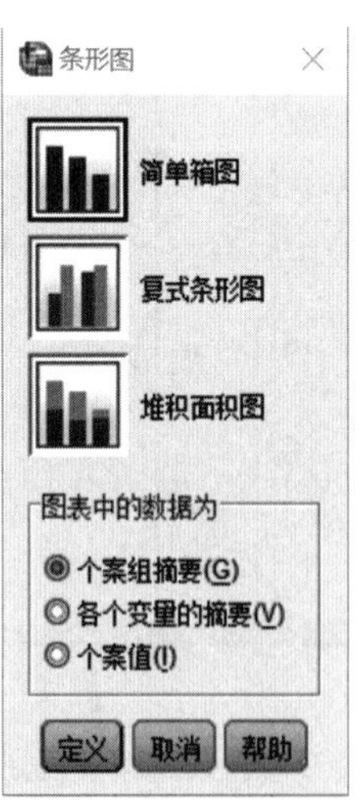

图 5－30　条形图框

A）“简单箱图”单选项，要求系统输出简单条形图，即用简单矩形条来表示数量或者比例。

B）“复式条形图”单选项，要求系统输出成组条形图，例如，用性别作横坐标，在性别基础上（横坐标一步）按照某课程成绩的等级成组地绘制矩形条。

C）“堆积面积图”，要求输出分段条形图。如条形图的横坐标可以是性别，竖条的下段可表示某门课程通过的人数（或百分比），上段可表示该门课程未通过的人数（或百分比）。

图 5－29 的下半部分有 3 个关于条形图的横纵坐标的单选项：

a. “个案组摘要（G）”，对（横坐标上的）变量（顺序级以上的变量）的每一个不重复的数据（观测值），产生一个简单的条形图（与上半部分的 A 组合），或产生一个成组的条形图（与上半部分的 B 组合），或产生一个分段的条形图（与上半部分的 C 组合）。矩形条的高度，一定用来（不是例如）表示观测值出现的（累积）次数或（累积）比例，即具有同样观测值的个体的个数或比例。

b. “各个变量的摘要（V）”，每一个变量生成一个矩形条。矩形条的高度一般表示相应变量的平均值，必须要有两个以上的变量列于横坐标上。其本质是比较多个变量的平均值。与上半部分的 A 组合，直接比较一组变量的均值（矩形条的高度表示变量的均值，横坐标表示不同的变量，如不同的课程成绩）。与上半部分的 B、C 组合，就可以在另一个分类变量对个体分类的基础上（如性别的基础上），比较这组变量（如不同的课程成绩）的均值。与 B 组合时，表示这组变量的均值的矩形条是并列的。与 C 组合时，表示这组变量的均值的矩形条是上下摞叠起来的。

c. “个案值（I）”，对每一个个体的一个（或多个）变量的观测值，产生一个（或多个）矩形条。其横坐标一定是不同个体的编号，纵坐标一定是指定变量的观测值）。如果按照某个变量对个体分类（如按照性别分类），则横坐标依然是所有个体，但将注明个体的类别（如性别）。Ac 组合可以描述每个个体的一组变量的观察值（此时，表示不变量观察值的矩形条是上下摞叠起来的）。

2. 在选择 a. “个案组摘要（G）”后（无论是 Aa 组合、Ba 组合还是 Ca 组合），点击“定义”，出现另一个窗口，要求指定横轴上的（分类变量），指定纵坐标表示什么（在以下 5 个单选项中选取）。

A）“个案数（N）”：纵坐标表示变量相同数据出现的个数（具有相同观测值的个体个数）。

B）“个案数的%（A）”：纵坐标表示变量相同数据出现的频率。

C）“累积个数（C）”：纵坐标表示变量相同数据出现的累积个数。

D）“累积%（M）”：纵坐标表示变量相同数据出现的累积频率。

E）“其他统计量（例如均值）（S）”：其他自定义的统计函数。

3. 选择 b、c 后，点击“定义”，将弹出另一个不同的窗口。

（二）累积频次或累积频率条形图例题

绘制简单累积频率条形图（Aa 组合）例题。

【例 5－3】　以表 5－1 中某部门 20 个人的学历情况数据，绘制累积频率图。

读入数据后，点击“图形（G）”→“旧对话框（L）”→“条形图（B）”，在系统中弹出一个对话窗。接受系统的默认状况（上半部分的 A 与下半部分的 a 的组合），点击“定义”按钮，系统弹出一个新的对话窗。在此窗口中，把“学历”作为分类轴（类别轴）上的变量，送入分类轴的小框中，选择累积率［累积%（M）］为纵轴上的量。点击“确定”即可。输出结果如图 5－31 所示。

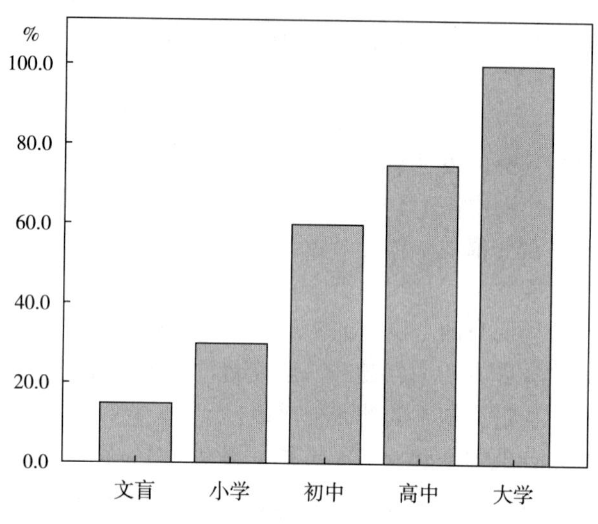

图 5－31　员工学历累积频率

思考与练习题

1. 输入张三信息：姓名：张三；性别：男；民族：汉；身高：175cm；统计学成绩：优秀；英语成绩：82 分；专业：国际经济与贸易。
2. 分别建立一个 . XLS、. TXT 文件，并将其调入 SPSS 系统，并练习数据编辑工作。
3. 调入表 3－14 数据，练习产生一个新变量。
4. 产生一个服从 N（1，4）分布的随机变量。
5. 调入表 3－14 数据，练习变量值排序。
6. 调入表 3－14 数据，练习直接排名和分类/分组排名。
7. 调入表 5－2 数据，练习数据标准化。
8. 调入表 5－2 数据，试：①统计数据的频次、频率、累积频次与累积频率；②计算众数、众位数、样本均值等；③计算极值、四分点、百分点、极差、四分位距、离差、离差平方和、方差；④绘制饼图、条形图、直方图。
9. 某牙科诊所费用开支比例如表 5－3 所示，试：①用 SPSS 绘制一张饼图；②用 SPSS 绘制一张条形图。

表5－3　　某牙科诊所费用开支比例　　单位：%

开支类型	金额占比	开支类型	金额占比
医生个人收支	53.60	医疗失当保障金	3.5
非医生人员个人收入	15.70	雇用医生	2.3
办公费用	11.90	医疗设备	1.5
医疗供应	5.00	其他	6.5

10. 某医院眼科门诊看病者的年龄如表5－4所示：①制作一张不分组的频数分布表；②制作一张不分组的频率分布表；③制作不分组频率条形图；④制作同一组数据的频率分布表；⑤用SPSS制作累积频率条形图。

表5－4　　某医院眼科门诊看病者年龄　　单位：岁

组1	21	19	21	21	19	19	20	19	19	19
组2	18	21	19	18	22	21	24	20	24	17
组3	21	19	22	19	18	20	23	19	19	20
组4	19	20	21	22	21	20	22	20	21	20

第六章

概率统计基础

第一节 随机事件和概率

一、随机试验

自然界和经济社会中的现象是多种多样的，有一类现象在一定条件下必然发生，如水往低处流、异性电荷相互吸引，这类现象称为确定现象；而另一类现象，如在相同条件下掷同一枚骰子，点数可能是1、2、3、4、5、6任一点之一，并且每一次掷之前无法肯定掷的结果是什么。这类现象称为随机现象，而每一次试验则称为随机试验。虽然随机现象的结果不能预见，但人们经过长期实践并深入研究之后，发现这类现象在大量重复试验或观察下，它的结果却呈现出某种规律性。如多次重复掷一枚硬币得到正面朝上大致有一半，并且按照一定规律分布。这种在大量重复试验或观察中所呈现出的固有规律性，称为统计规律。

在一定条件下具有多种可能结果，呈现出不确定性，哪种结果将会发生，事先不能确定的现象，同时具备统计规律性的现象，称为随机现象。概率论是对客观事物进行观察、研究随机现象规律性的一门科学。为了研究随机现象的统计规律性，可以把各种科学试验和对某一事物的观测统称为试验。如果试验具有下列三个特点：第一，在相同的条件下具有可重复性；第二，每次试验的结果具有多种可能性，并且试验所有可能的结果是有限的和事先已知的；第三，进行一次试验之前不能确定哪一个结果会出现，则称这种试验为随机试验。

二、样本空间

对于随机试验，尽管在每次试验之前不能预知试验的结果，但试验的所有可能结果组成的集合是已知的。随机试验 E 的所有可能结果组成的集合称为 E 的样本空间，记为 S 。样本空间的元素，即 E 的每一个结果，称为样本点。假设掷硬币3次，每次投掷有两种可能，因此有八种可能结果：（正、正、正）、（正、正、反）、（正、反、反）、

（正、反、正）、（反、反、反）、（反、正、正）、（反、反、正）（反、正、反）。

样本空间的元素是由试验的目的所确定的，由于试验的目的不一样，其样本空间通常也不一样。

三、随机事件

在随机试验中，可能发生也可能不发生的事件，随机试验的结果称为随机事件，简称事件。随机事件通常用大写字母 A，B，C，…表示，它是样本空间 S 的子集合。由于在一次试验中，可能出现这个结果，也可能不出现这个结果，因此，指定的某个随机事件可能发生，也可能不发生。在每次试验中，当且仅当由子集 A 中的一个样本点组成的单点集，称为基本事件。随机事件是由基本事件组成的集合。如随机试验 E 是“掷两次骰子”，事件“两次出现的点数相同”，就由 6 个基本事件组成：“1、1”，“2、2”，“3、3”，“4、4”，“5、5”，“6、6”。事件“出现的点数之和为 3”，是由两个基本事件“1、2”和“2、1”组成。

如果在每一次试验中，某个结果必定出现，或者必定不出现，则分别称为必然事件和不可能事件。样本空间 S 包含所有的样本点，它是 S 自身的子集，在每次试验中它总是发生的，称为必然事件。空集 Φ 不包含任何样本点，它也作为样本空间的子集，它在每次试验中都不发生，称为不可能事件。

四、相容事件与不相容事件

在随机试验中，不能同时发生或其交集为空集的几个事件，称为不相容事件，反之就称为相容事件。

随机试验 E 为“先后掷 2 枚硬币”，A 事件“两枚出现相同面”（由事件“正、正”和事件“反、反”构成）与 B 事件“两枚出现不同的面”（由事件“正、反”和事件“反、正”构成），是两个不相容的事件。C 事件“至少出现 1 枚正面”（由“正、正”“正、反”“反、正”组成）与 D 事件“至少出现 1 枚反面”（由“反、反”“正、反”“反、正”组成）是两个相容的事件。若把事件看成平面点集，则若 A 与 B 没有共同的点，则 A 与 B 是不相容事件；若 A 与 B 有共同的点，则 A 与 B 是相容事件。

五、概率

由于随机事件的随机性，在一次试验中事件是否发生事先是没有办法确定的，但在一次试验中可以知道某种结果在一次试验中发生的可能性大一些或小一些。为了研究事件发生的可能性，就需要用一个数字来描述这种可能性的大小。描述这种可能性大小的数值称为事件的概率。事件 A，B，C，…的概率分别用 $p(A)$，$p(B)$，$p(C)$，…表示。

随机试验 E“掷一枚均匀的股子”，做 120 次试验，六点朝上的次数，可能是 18、20 或 22，则六点朝上的频率分别是 18/120，20/120，22/120。所以，频率不是随机试验中事件出现的可能性的严格度量，不是概率。但是，随着试验次数的增加，频率约等于概率。

概率的定义：设 E 是随机试验，S 是样本空间，给 E 的每一个事件 A 赋予一个实数 $p(A)$，若 $p(A)$ 满足如下条件，则称为 A 的概率：

（1）对每一个事件 A，有 $0 \leqslant p(A) \leqslant 1$；

（2）$p(S) = 1$；

（3）两两互不相容的事件 $A_K(k = 1,2,\cdots)$ 有 A_k 的并集的概率，等于各 A_k 的概率之和。

$$p(\bigcup_k A_k) = p(A_1 \cup A_2 \cup A_3 \cup \cdots) = p(A_1) + p(A_2) + p(A_3) + \cdots = \sum_k p(A_k)$$

六、概率运算的基本性质

（1）设 $\overline{A}$ 是 A 的对立事件，则 $p(A) = 1 - p(\overline{A})$。当 $\overline{A}$ 为样本空间 S 时，A 为空集 Φ，从而可以得到空集 Φ 的概率为 0。

（2）对任意两个事件 A 与 B，$p(A \cup B) = P(A) + P(B) - P(AB)$。

若 A 与 B 的交集 $A \cap B$ 为空集，则 A 与 B 的并集 $A \cup B$ 的概率，就是 A、B 两个事件的概率之和，$p(A \cup B) = P(A) + P(B)$。

（3）若事件 $A \subset B$，即 A 中的点都包含于 B 中，则 $P(A) \leqslant P(B)$。

七、古典概率型随机试验

古典概率是一种最简单、最直观的概率模型。古典概率型满足以下条件：（1）随机试验的基本事件的个数有限；（2）基本事件出现的概率相等，即等可能概型。

在等概率随机试验中，事件 A 的概率计算公式为

$$P(A) = \frac{k}{n} = \frac{A\text{包含的基本事件数}}{S\text{中基本事件个数}}$$

【例 6-1】 随机试验 E“掷一次骰子”，共有 6 个基本事件：“1”“2”“3”“4”“5”“6”。若要考察的事件 A 是“出现的点数大于 3”，则事件 A 包括 3 个基本事件“4”“5”“6”，所以，$p(A) = \frac{3}{6} = \frac{1}{2}$。

【例 6-2】 设一个袋子中有大小、手感一样的玻璃球 100 个，其中花色球 40 个，白球 60 个，从中摸出一个球，问摸出白球的概率有多大？由于摸出任何一个玻璃球都构成一个基本事件，所以，样本点的总个数为 $n = 100$。用 A 表示｛摸出的球是白色玻璃球｝这一事件，则 A 由 60 个样本点组成，$m = 60$，因此摸出红球的概率为 $p(A) = \frac{m}{n} = \frac{60}{100} = 0.6$。

八、条件概率

（一）条件概率

设 A、B 是两个事件，且 $p(A) > 0$，称 $P(B|A) = P(AB)/P(A)$ 为在事件 A 发生的

条件下事件 B 发生的概率。

条件概率符合概率定义中的三个条件：（1）非负性：对于每一事件 B，有 $P(B|A) \geqslant 0$；（2）规范性：对于必然事件 S，有 $P(S|A)=1$；（3）可列可加性：设 $B_i(i=1,2,3,\cdots)$ 是两两互不相容事件，则 $p(\bigcup_{i=1}^{\infty} B_i|A)=\sum_{i=1}^{\infty} p(B_i|A)$。

【例6-3】 某黑箱子中有7只白球和3只红球，白球中有4只是玻璃球，3只是陶瓷球；红球中有2只玻璃球，1只陶瓷球。现在从袋子中取出一只球，若已知取得的球是白球，试问它是玻璃球的概率有多大?

解：本题本质是古典概率，不同的是现在已经知道部分信息，已知取出的是白球，这是已知的一个条件。

设 A 表示取得一个白球；B 表示取出的球是玻璃球。要求的就是在 A 已知的条件下 B 发生的概率。记为 $p(B|A)$，则

$$p(B|A)=\frac{4}{7}=\frac{4/10}{7/10}=\frac{p(AB)}{p(A)}$$

（二）乘法公式

由条件概率定义式，易得 $p(AB)=p(B|A)\times p(A)=p(A|B)\times p(B)$。

【例6-4】 已知袋中有6只红球，4只白球，从袋中有放回地抽取两次球，每次都取1只球。设 B_i 表示｛第 i 次取到红球｝。则每次都是有放回地抽取，所以 $p(B_i)=\frac{6}{10}=\frac{3}{5}$。

又因为 $p(B_2|B_1)=\frac{p(B_1B_2)}{p(B_1)}=\frac{36/100}{3/5}=\frac{3}{5}$，则 $p(B_1B_2)=p(B_2|B_1)p(B_1)=p(B_1)p(B_2)$。

（三）全概率公式和贝叶斯定理

全概率公式，若随机试验 E 中的一组事件 $A_1,A_2,\cdots,A_n$ 满足：（1）若 $A_i\cap A_k=\varphi$，$i\neq k$，则这些事件不相容；（2）$A_1\cup A_2\cup\cdots A_n=S$，即这些事件是样本空间 S 的一个划分。这样，任意事件 B 被 $A_1,A_2,\cdots,A_n$ 划分为互不相容的子事件 $BA_1,BA_2,\cdots,BA_n$，于是由概率的性质，有

$$P(B)=P(BA_1)+P(BA_2)+\cdots+P(BA_n)=\sum P(B/A_k)P(A_k)$$

则

$$P(A_i/B)=\frac{P(A_iB)}{P(B)}=\frac{P(A_iB)}{\sum P(B/A_i)\cdot P(A_i)}$$

其中，事件 A_i 的概率 $p(A_i)$ 是事先给出的，通常称为先验概率。而在事件 B 出现后事件 A_t 的概率称为后验概率。

【例6-5】 已知某灯具销售超市所销售的灯具是由三家不同的灯具生产公司提供的，公司的进货记录如表6-1所示的数据。假设这三家厂商的产品在仓库中是均匀混

合的，并且没有明显的区分标志，试求：（1）在仓库中任取一件灯具的次品率是多少？（2）在仓库中随机取出一只灯具，若已知得到的是次品，则该次品出自三家工厂的概率分别是多少？

表 6-1　　三家不同的灯具厂家的进货情况

生产厂家	次品率	提供灯具的份额
1	0.02	0.15
2	0.01	0.80
3	0.03	0.05

解：设事件 $A=\{$取到的灯具是一只次品$\}$，

$B_i(i=1,2,3)=\{$所取到的产品是由第 i 家工厂提供的$\}$，则 $B_i(i=1,2,3)$ 是总体 S 的一个划分。已知 $p(B_1)=0.15$，$p(B_2)=0.80$，$p(B_3)=0.05$，$p(A|B_1)=0.02$，$p(A|B_2)=0.01$，$p(A|B_3)=0.03$。

（1）由全概率公式知

$$\begin{aligned}p(A)&=p(A|B_1)p(B_1)+p(A|B_2)p(B_2)+p(A|B_3)p(B_3)\\&=0.02\times0.15+0.01\times0.80+0.03\times0.05\\&=0.0125\end{aligned}$$

（2）由贝叶斯的公式知

$$p(B_1|A)=\frac{p(A|B_1)p(B_1)}{p(A)}=\frac{0.02\times0.15}{0.0125}=0.24$$

$$p(B_2|A)=0.64,\quad p(B_3|A)=0.12$$

即这件次品来自三个工厂的概率依次是 0.24、0.64、0.12。

第二节　随机变量及其分布

一、离散型随机变量及其分布规律

有些随机变量的取值是有限个或可列无限多个，这种随机变量称为离散型随机变量。要掌握一个离散型随机变量 X 的统计规律，必须且只须知道 X 的所有可能取值以及每一个可能值的概率。离散型随机变量的概率是指离散型随机变量 X 所有可能取的值为 x，X 取各个可能值的概率，即事件 $\{X=x\}$ 的概率，例如，掷骰子，对于出现的任一个点数 $k(k=1,2,\cdots,6)$ 都有 $P(X=k)=1/6$，1/6 是表示离散型随机变量 X 取数值 k 时的概率。

离散型随机变量的概率分布是指离散型随机变量取遍每一个试验结果 x 的概率分布情况。通常可以用表格的形式来表示，表 6-2 直观地表示了随机变量 X 取各个值的概率的规律。X 取各个值各占一些概率，这些概率合起来是 1。

表 6－2　　　　离散型随机变量的概率分布

x	x_1	x_2	…	x_n	…
p_k	p_1	p_2	…	p_n	…

【例 6－6】　设抽奖箱中共装有 6 个球，编号为 $\{0,0,1,2,2,2\}$，从袋中任取一球，求取到球号 X 的分布律。

因为 X 可取的值为 0、1、2，而且 $P(X=1)=1/6$，$P(X=0)=2/6=1/3$，$P(X=2)=3/6=1/2$，所以，X 的分布律如表 6－3 所示。

表 6－3　　　　离散型随机变量分布计算

X 的取值 x	0	1	2
$p(X=x)$	$\frac{1}{3}$	$\frac{1}{6}$	$\frac{1}{2}$

注：$p(X\leqslant x)$ 的概率，称为随机变量 $X(\leqslant x)$ 的累积概率。【例 6－6】中随机变量 $X\leqslant 1$ 的累积概率为 $p(X\leqslant 1)=\frac{1}{2}$。

离散随机变量的累积概率分布是指离散随机变量小于等于每一个可能的试验结果 x 的概率 $p(X\leqslant x)$ 的分布情况。【例 6－6】中随机变量 X 的累积概率分布如表 6－4 所示。

表 6－4　　　　离散随机变量累积概率分布

X 的取值 x	0	1	2
X 的概率 $p(X\leqslant x)$	$\frac{1}{3}$	$\frac{1}{2}$	1

离散型随机变量的期望 $E(X)=\sum x_iP(x_i)$，离散型随机变量的方差：$\sigma^2=D(X)=\sum(x_i-u)^2P_i$。其中，$x_i$ 是随机变量 X 的所有可能取值中的第 i 个值。

二、连续型随机变量及其分布规律

连续型随机变量 X 可以取某个区间 $[a,b]$ 或 $(-\infty,+\infty)$ 的一切值。由于连续型随机变量的所有可能取值无法像离散型随机变量那样一一排列，因而不能用离散型随机变量的分布规律来描述它的概率分布，刻画这种随机变量的概率分布可以用分布函数。

设随机变量 X 的分布函数 $F(x)$，如果存在一个非负可积函数 $f(x)$ 使得对于任意实数 x，有 $F(x)=\int_{-\infty}^{x}f(x)\mathrm{d}x$，则称 X 为连续随机变量，而 $f(x)$ 称为 X 的概率密度函数，简称概率密度。

由概率密度的定义及概率的性质可知，概率密度 $f(x)$ 必须满足：（1）$f(x)\geqslant 0$；（2）$\int_{-\infty}^{+\infty}f(x)\mathrm{d}x=1$；（3）对于任意实数 $a,b(a\leqslant b)$ 有 $p(a<X\leqslant b)=F(b)-F(a)=\int_{a}^{b}f(x)\mathrm{d}x$；（4）若 $f(x)$ 在点 x 处连续，则有 $F'(X)=f(x)$。

（一）连续型随机变量的累积概率

$p(X \leqslant x)$ 的概率，称为随机变量 $X(\leqslant x)$ 的累积概率。

（二）连续型随机变量的累积概率分布

连续型随机变量的累积概率分布是连续型随机变量小于等于每一个可能的试验结果 x（用数字表示结果）的概率 $p(X \leqslant x)$ 的分布情况。

（三）连续型随机变量的累积概率分布函数

连续型随机变量的累积概率分布函数是指连续型随机变量小于等于每一个可能的试验结果 x 的概率，函数表示为 $F(X) = p(X \leqslant x)$。

连续型随机变量的（累积）概率分布函数 $F(X)$，与其概率密度函数 $f(x)$ 的关系为 $F(x) = \int_{-\infty}^{x} f(u)\mathrm{d}u$ 或者 $F'(X) = f(x)$。

连续型随机变量的期望：$\mu = E(x) = \int_{-\infty}^{+\infty} xf(x)\mathrm{d}x$；连续型随机变量的方差：$\sigma^2 = D(X) = \int_{-\infty}^{+\infty} (x-\mu)^2\mathrm{d}x$；其中，$x$ 是限定随机变量 X 可能取值范围的量。

三、几种常用的随机变量分布

（一）0～1 分布

抛硬币出现正面的概率是 p，出现反面的概率就是 $1-p$。出现正面时随机变量 X 的取值为 $X=1$，出现反面时随机变量 X 的取值为 $X=0$，则 0～1 分布表述为 $p(X=1) = p$，$p(X=0) = 1-p$，记为 $X \sim B(1,p)$。0～1 分布的期望是 p，方差为 $p(1-p)$。

（二）二项分布

如果随机变量只可能取的值为 $0,1,2,\cdots,n$，抛 n 次的硬币，正面出现 k 次（$0 \leqslant k \leqslant n$）的概率为 $p(X=k) = C_n^k p^k q^{(n-k)}(k=0,1,2,\cdots,n)$，其中 $0<p<1, q=1-p$，则称 X 服从参数为 n，p 的二项分布，记为 $X \sim B(n,p)$。二项分布的期望是 np，方差是 $np(1-p)$。

【例 6-7】 某摩托车生产集团生产的摩托车配件的次品率是 10%，从某一批中随机抽取 4 个，试求：(1) 恰好有一个次品的概率；(2) 次品不超过两个的概率。

解：从这批产品中随机抽取一次是一次试验，而且每次试验之间是相互独立的，每次抽取产品的次品率均为 10%。设 X 为抽取的次品数，则 $X \sim B(4, 10\%)$，可得

(1) $p(X=1) = C_4^1 (0.1)^1 (1-0.1)^3 = 0.2916$

(2) $p(X \leqslant 2) = p(x=0) + p(X=1) + p(X=2) = 0.6561 + 0.2916 + 0.0486 = 0.9963$

（三）泊松分布

如果随机变量 X 所有可能取的值为 $0,1,2,\cdots$，它取各个值的概率为

$$p(X=k) = \frac{\lambda^k}{k!}e^{-\lambda}, (k=0,1,2,\cdots)$$

其中，$\lambda > 0$ 是常数，则称 X 服从参数为 λ 的泊松分布，记为 $X \sim \pi(\lambda)$。随机变量 X 的期望为 λ，方差也是 λ。

【例 6-8】 已知东方航空公司某架飞机正常条件下的晚点率为 1%，问这架飞机正常条件下行驶 400 次，其中至少有 5 次晚点的概率是多大?

解：由题意知，该飞机 400 次正常条件下的飞行中晚点的次数 X 服从二项分布，

$$p(X = k) = C_{400}^{k}(0.01)^{k}(0.99)^{400-k},(k = 0,1,2,\cdots,400)$$

由于 $n = 400$ 比较大，$p = 0.01$ 比较小，且 $np = 400 \times 0.01 = 4$，即 np 是一个常数，故 X 可以认为是近似地服从泊松分布：$p(X = k) = \dfrac{\lambda^{k} e^{-\lambda}}{k!}$。其中 $\lambda = np = 4$，则概率为 $p(X \geqslant 5) = 1 - p(X < 5) = 1 - p(X = 4) - p(X = 3) - p(X = 2) - p(X = 1) - p(X = 0)$。

当 X 服从泊松分布时，查表得

$$p(X = 0) = 0.08316,\ p(X = 1) = 0.073263,$$
$$p(X = 2),\ p(X = 3) = p(X = 4) = 0.195367$$

进而 $p(X \geqslant 5) = 0.3712$，即 400 次正常飞行中晚点率为 0.3712。

(四) 均匀分布

如果随机变量 X 的概率密度为

$$f(x) = \begin{cases} \dfrac{1}{a - b}, & a \leqslant x \leqslant b \\ 0, & \text{其余} \end{cases}$$

则称 X 服从 $[a,b]$ 上的均匀分布。如果 X 服从 $[a,b]$ 上的均匀分布，则对于任意满足 $a \leqslant c \leqslant d \leqslant b$ 的 c,d，应有 $p(c \leqslant X \leqslant d) = \int_{c}^{d} f(x)\mathrm{d}x = \dfrac{d - c}{b - a}$。

【例 6-9】 设炼钢厂某熔炉的温度 T 是一随机变量，均匀分布在 900 ~ 1100℃。求 T 的概率密度及 R 落在 950 ~ 1050℃的概率。

解：由题意知，T 的概率密度为

$$f(T) = \begin{cases} \dfrac{1}{1100 - 900}, & 900 < x < 1100 \\ 0, & \text{其余} \end{cases}$$

则

$$p(950 \leqslant T \leqslant 1050) = \int_{950}^{1050} \frac{1}{200}\mathrm{d}T = 0.5$$

(五) 指数分布

如果随机变量 X 的概率密度为

$$f(x) = \begin{cases} \lambda e^{-\lambda x}, & x \geqslant 0 \\ 0, & x < 0 \end{cases},(\lambda > 0)$$

则称 X 服从指数分布，又称为寿命分布，如电子元件的寿命、电话通话的时间、随机服务系统的服务时间等都可近似是服从指数分布。

（六）正态分布

如果随机变量 X 的概率密度为

$$f(x) = \frac{1}{\sqrt{2\pi}\sigma} e^{-\frac{1}{2\sigma^2}(x-\mu)^2}, (-\infty < x < +\infty)$$

其中，$\sigma > 0$，σ，μ 为常数，则称 X 服从参数为 σ，μ 的正态分布，记为 $X \sim N(\mu, \sigma^2)$。相应的（累积）概率分布函数为 $F(x) = \frac{1}{\sqrt{2\pi}\sigma}\int_{-\infty}^{x} e^{-\frac{(x-\mu)^2}{2\sigma^2}} dx$。其中，$\mu$ 为期望，σ^2 为方差。正态分布的数学符号是 $N(\mu,\sigma^2)$。其中，μ 表示期望，σ^2 表示方差。这两个参数确定了，正态分布的图形形状也就随之确定了。方差 σ^2 越大，正态分布的概率密度函数图就越扁平；反之，方差 σ^2 越小，正态分布的概率密度函数图越陡，峰值越高。这是由于概率密度函数曲线与 x 轴之间面积必须为 1 的缘故。当 $\mu = 0, \sigma^2 = 1$ 时，正态分布 $N(0,1)$ 称为标准正态分布。

任何正态分布 $N(\mu,\sigma^2)$，只要令 $z = \frac{x-\mu}{\sigma}$，相应的随机变量 z 服从标准正态分布 $N(0,1)$。

【例 6－10】 求服从正态分布 $N(\mu,\sigma^2)$ 的随机变量 X 的取值落在区间 $(\mu - k\sigma, \mu + k\sigma)$ 的之间概率 $(k = 1,2,3)$。

解：

$$p(\mu - k\sigma < X < \mu + k\sigma)$$
$$= \Phi(\frac{\mu + k\sigma - \mu}{\sigma}) - \Phi(\frac{\mu - k\sigma - \mu}{\sigma}) = \Phi(k) - \Phi(-k) = 2\Phi(k) - 1$$
$$p(\mu - \sigma < X < \mu + \sigma) = 2\Phi(1) - 1 = 0.6827$$
$$p(\mu - 2\sigma < X < \mu + 2\sigma) = 2\Phi(2) - 1 = 0.9545$$
$$p(\mu - 3\sigma < X < \mu + 3\sigma) = 2\Phi(3) - 1 = 0.9973$$

【例 6－11】 某中学生在期中考试中某门课程成绩服从期望为 60 分，方差为 12^2 的正态分布，则该学生成绩在 60～75 分的概率是多少？

解：用 X 来表示该学生的成绩，则 X 进行标准化处理，令 $Y = \frac{X-60}{12}$，则

$p(60 \leqslant X \leqslant 75) = p(\frac{60-60}{12} \leqslant \frac{X-60}{12} \leqslant \frac{75-60}{12}) = p(0 \leqslant Y \leqslant 1.25) = \Phi(1.25) - \Phi(0) = 0.3944$ 即该学生成绩在 60～75 分的概率是 0.3944。

第三节 大数定理和中心极限定理

一、大数定理

大数定理是指大量随机变量的平均结果具有稳定性的一系列定理的总称。

(一) 伯努利大数定律

设 n_A 是 n 次独立重复试验中事件 A 发生的次数，p 是每次试验中事件 A 发生的概率，则对于任意的 $\varepsilon>0$，有

$$\lim_{n\to\infty}p\left(\left|\frac{n_A}{n}-p\right|<\varepsilon\right)=1$$

(二) 切比雪夫大数定律

设随机变量序列 $X_1,X_2,\cdots,X_n,\cdots$ 相互独立，且具有相同的数学期望和方差 $E(X_k)=\mu$，$D(X_k)=\sigma^2(k=1,2,\cdots)$，则对于任意的 $\varepsilon>0$，有

$$\lim_{n\to\infty}p(|x-\mu|<\varepsilon)\geqslant 1$$

【例 6－12】 从一批零件中抽取 50 根进行检验，测得平均长度为 4cm，标准差为 1.8cm，试求该批零件中平均长度在 2.7～5.3cm 的概率。

解：已知 $\bar{x}=4,\sigma=1.8$，$\varepsilon=5.3-4=1.3$，$n=50$，由大数定理知

$$p(|x-n|<\varepsilon)\geqslant 1-\frac{D(x)}{n\varepsilon^2}=1-\frac{1.8^2}{50\times 1.3^2}=0.962$$

二、中心极限定理

中心极限定理是指随机变量序列的极限分布渐进于正态分布的一系列定理的总称。

(一) 列维中心极限定理

设随机变量 $X_1,X_2,\cdots,X_n,\cdots$ 相互独立，且服从同一分布，该分布存在有限的期望和方差 $E(X_i)=\mu$，$D(X_i)=\sigma^2(i=1,2,\cdots)$，令 $Y_n=\dfrac{\sum\limits_{k=1}^{n}x_k-n\mu}{\sqrt{n}\sigma}$，则

$$\lim_{n\to\infty}p(Y_n<x)=\frac{1}{\sqrt{2\pi}}\int_{-\infty}^{x}e^{-\frac{t^2}{2}}\mathrm{d}t$$

即当 $n\to+\infty$ 时，Y_n 的分布趋向于标准正态分布 $N(0,1)$。由此可知：期望 $\bar{X}=\dfrac{\sum\limits_{k=1}^{n}X_k}{n}$ 的分布趋向于正态分布 $N(\mu,\dfrac{\sigma^2}{n})$；$n$ 项和 $\sum\limits_{k=1}^{n}X_k$ 的分布趋向于正态分布 $N(n\mu,n\sigma^2)$。

【例 6－13】 某一个初级打靶运动员进行初级训练，共进行射击 100 次，每次射击命中的环数是相互独立并且服从同一分布，它的数学期望是 2，方差为 1.5^2。求 100 次打靶训练中（1）至少命中 180 环的概率；（2）命中的环数不到 200 环的概率。

解：设 X_k 表示第 k 次击中的环数，则 $E(X_k)=2$，$D(X_k)=1.5^2(k=1,2,\cdots,100)$

设 X 为 100 次击中的环数，则 $X-\sum\limits_{k=1}^{100}X_k$，$E(X)=200$，$\mathrm{var}(X)=225$，则

$$p(X\geqslant 180)\approx 0.5+0.5\Phi\left(\frac{180-200}{15}\right)=0.5+0.5\Phi(-1.33)\approx 0.9083$$

$$p(0 \leqslant X \leqslant 200) \approx \Phi(\frac{200-200}{15}) - \Phi(\frac{0-200}{15}) = \Phi(0) - \Phi(-13.33) = 0.5$$

即（1）至少命中 180 环的概率为 0.9083；（2）命中的环数不到 200 环的概率为 0.5。

（二）拉普拉斯中心极限定理

设随机变量 $x_n(n=1,2,\cdots)$ 服从二项分布 $B(n,p)$，则对于任意实数 z，有

$$\lim_{n\to\infty} P\left\{\frac{p-P}{\sqrt{P(1-P)/n}} \leqslant z\right\} = \frac{1}{\sqrt{2\pi}}\int_{-\infty}^{z} e^{-\frac{t^2}{2}}\mathrm{d}t$$

即当 $n\to+\infty$ 时，样本成数 p 趋于总体成数 P、方差为 $\sqrt{P(1-P)/n}$ 的正态分布。

【例 6-14】 某保险公司的老年人寿保险有 1 万人参加，每人每年交 400 元，若老人死亡，保险公司付给家属 2 万元。设老人死亡率为 0.017，求保险公司亏本的概率。

解：设老人死亡数为 x，服从二项分布 $B(n,p)$，其中 $n=10000$，$P=0.017$，由题意知，保险公司当且仅当 $20000x>400\times10000$ 时才亏本，即 $x>200$。根据拉普拉斯定理，公司亏本的概率为

$$P\{x>200\} = P\left\{\frac{x_n-nP}{\sqrt{npq}} > \frac{200-np}{\sqrt{npq}}\right\} \approx 1-\varphi\left(\frac{200-np}{\sqrt{npq}}\right)$$

$$=1-\varphi\left(\frac{200-10000\times0.017}{\sqrt{10000\times0.017\times0.983}}\right) = 1-\varphi(2.321) = 1-0.9898 = 0.0102$$

即该保险公司亏本的概率为 0.0102。

第四节　统计量及抽样分布

一、统计量

在实际的应用中，将一个样本 $(X_1,X_2,\cdots,X_n)$ 从总体抽出以后，虽然样本是总体中的一部分，含有一部分总体性质的信息，但是这种信息是不完整的、分散的。因此，不能直接通过样本的性质和特征来对总体进行推断。要想实现由样本信息推断总体的信息，必须把分散的样本中所有相关信息收集起来，针对不同的目的，构造不同的样本函数，即统计量。

$X_1,X_2,\cdots,X_n$ 是来自总体 X 的一个样本，$q(x_1,\cdots,x_n)$ 是 $X_1,X_2,\cdots,X_n$ 的函数，若 q 是连续函数且不包含任何未知参数，则 $q(x_1,\cdots,x_n)$ 是一个统计量。

统计量是不包含未知参数的样本观察值 $X_1,X_2,\cdots,X_n$ 的函数，是一个随机变量。统计量的分布称为抽样分布。

（一）χ^2 分布

设随机变量 X 服从 $N(0,1)$ 分布，$X_1,X_2,\cdots,X_n$ 为 X 的一个样本，则这 n 个服从标准

正态分布的随机变量的平方和 $x_1^2 + x_2^2 + \cdots + x_n^2$ 构成一新的随机变量，其分布规律称为 $\chi^2(n)$ 分布，其中参数 n 为自由度。

χ^2 分布的期望为自由度 n，记为 $E(\chi^2) = n$；χ^2 分布的方差为 2 倍的自由度 $2n$，记为 $D\chi^2 = 2n$。从 χ^2 分布的期望与方差可以看出，随着自由度 n 的增大，χ^2 分布向正无穷方向延伸（因为期望 n 越来越大），分布曲线也越来越低阔。

χ^2 分布具有可加性。若有 K 个服从 χ^2 分布且相互独立的随机变量，则它们之和仍是 χ^2 分布，新的 χ^2 分布的自由度为原来 K 个 χ^2 分布自由度之和。

查 χ^2 分布概率表时，按自由度及相应的概率去找到对应的 χ^2 值。单侧概率 $\chi^2_{0.05}(7) = 14.1$ 的查表方法是在第一列找到自由度 7 这一行，在第一行中找到概率 0.05 这一列，行列的交叉处即是 14.1。χ^2 分布概率表直接用于查单侧概率值，可以通过变化来查双侧概率值。要在自由度为 7 的 χ^2 分布中，得到双侧概率为 0.05 所对应的上下端点可以这样考虑：双侧概率指的是在上端和下端各划出概率相等的一部分，两概率之和为给定的概率值，这里是 0.05，因此上端点以上的概率为 $0.05/2 = 0.025$，用概率 0.025 查表得上端点的值为 16，记为 $\chi^2_{0.05/2}(7) = 16$。下端点以下的概率也为 0.025，因此可以用 0.975 查得下端点为 1.69，记为 $\chi^2_{1-0.05/2}(7) = 1.69$。

（二）t 分布

设 ξ，η 为相互独立的随机变量，ξ 服从标准正态分布，η 服从 $\chi^2(n)$ 分布，则随机变量 $t = \dfrac{\xi}{\sqrt{\dfrac{\eta}{n}}}$ 的分布规律称为 $t(n)$ 分布，其中参数 n 称为自由度。

t 分布的图像呈单峰对称状（以 Y 轴为对称轴），非常接近标准正态分布，峰部比标准正分布低，两端比标准正态分布高，当自由度 n 很大时，t 分布与标准正分布已无法区分，所以，t 分布常常用于样本容量小于 30 的小样本，又称 t 分布理论为小样本理论。

通常，t 分布的期望为 0，方差随自由度 n 的增大从大于 1 的方向越来越接近 1。

t 分布概率表以双侧概率进行编表，即相等的两端概率之和为给定的 P，并给出上端点的 t 值，下端点即为 $-t$。

查 t 分布概率表时，按自由度及相应的概率去找到对应的 t 值。$T_{0.05/2}(8)$ 的查表方法是，在第一列找到自由度 8 这一行，在第一行中找到概率 0.05 这一列，行列的交叉处是 2.306。t 分布概率表所给值直接能查双侧概率值，可以通过变化来查单侧概率值。要在自由度为 8 的 t 分布中，得到单侧概率为 0.05 所对应的上端点可以用概率 $0.05 \times 2 = 0.1$ 查表得 1.86，记 $T_{0.05}(8) = 1.86$。这样查表的原因在于 0.1 的双侧概率是指上端点以上的概率为 $0.1/2 = 0.05$，这正是所要求的。

（三）F 分布

随机变量 $\eta_1 \sim \chi^2(n_1)$，$\eta_2 \sim \chi^2(n_2)$，则随机变量 $F = \dfrac{\dfrac{\eta_1}{n_1}}{\dfrac{\eta_2}{n_2}}$ 的分布规律称为 $F(n_1, n_2)$

分布，其中参数 n_1, n_2 是两个自由度。

F 分布在第一象限内，呈正偏态，随着两个自由度的增大，趋近于正态分布。

通常，F 分布的期望接近 1，方差一般都小于 1，且随两个自由度的增大越来越小。F 分布的概率表可以分为双侧概率表和单侧概率表。

查 F 分布概率表时，根据需要选择双侧表或单侧表，再按两个自由度及相应的概率去找到对应的 F 值。$F_{0.05}(24,24) = 1.98$，$F_{0.95}(24,24) = 0.505$。

二、抽样分布

（一）单个样本统计量的抽样分布

1. $\bar{x}$ 抽样分布的形式

$\bar{x}$ 抽样分布的形式与原有样本的分布和样本容量 n 的值有关。（1）原有总体是正态分布，则 $\bar{x}$ 一定服从正态分布；（2）当原有总体是非正态分布，样本容量 $n \geqslant 30$ 时，样本均值的抽样分布将趋于正态分布。当 $n < 30$（小样本）时，其分布不是正态分布，而是 t 分布。

2. $\bar{x}$ 抽样分布特征

设总体有 N 个单位，总体均值为 μ，方差为 σ^2，从中抽取容量为 n 的样本，样本均值的数学期望是 $E(\bar{x})$，样本均值的方差记为 $\sigma_{\bar{x}}^2$，则样本均值的数学期望等于总体的均值。

$$E(\bar{x}) = \mu$$

在重复抽样的条件下，样本均值方差为总体方差的 $1/n$。

$$\sigma_{\bar{x}}^2 = \frac{\sigma^2}{n}$$

即 $\bar{x} \sim N\left(\mu, \frac{\sigma^2}{n}\right)$。

在不重复抽样条件下，样本均值方差需要用修正系数 $\left(\frac{N-n}{N-1}\right)$ 来修正重复抽样时的样本均值的方差。

$$\sigma_{\bar{x}}^2 = \frac{\sigma^2}{n}\left(\frac{N-n}{N-1}\right)$$

即 $\bar{x} \sim N\left(\mu, \frac{\sigma^2}{n}\right)\left(\frac{N-n}{N-1}\right)$。

3. 样本比率的抽样分布

总体（样本）比率是指总体（样本）中具有某种属性的单位与全部单位的总数之比，如投中率、及格率等是比率。

假设总体一共有 N 个单位，具有某种属性的单位个数为 N_0，具有另一种属性的单位个数为 N_1。将具有某种属性单位与总体单位的比称为总体比率，用 π 来表示，即 $\pi = \frac{N_0}{N}$，具有另一种属性的单位个数与总体单位的比为 $1-\pi$。将样本比率用 p 来表示，则 $p = \frac{n_0}{n}$。

在重复选取容量为 n 的样本时，由样本比率的所有可能取值相对频数分布，称为样本比率的抽样分布。p 的抽样分布是样本比率 p 的所有取值可能的概率分布。当样本的容量 n 很大［通常 $np \geqslant 5$ 和 $n(1-p) \geqslant 5$］时，p 的抽样分布可以用正态分布来近似。

同 $\bar{x}$ 的抽样分布类似，可以证明 p 的数学期望等于总体的比率。

$$E(p) = \pi$$

在重复抽样的条件下，p 的方差为

$$\sigma_p^2 = \frac{\pi(1-\pi)}{n}$$

即 $p \sim N\left(\pi, \frac{\pi(1-\pi)}{n}\right)$。

在不重复抽样条件下，则用修正系数来进行修正。

$$\sigma_p^2 = \left(\frac{N-n}{N-1}\right)\frac{\pi(1-\pi)}{n}$$

即 $p \sim N\left(\pi, \left(\frac{N-n}{N-1}\right)\frac{\pi(1-\pi)}{n}\right)$。

4. 样本方差的抽样分布

在重复抽样选取样本容量为 n 的样本时，有样本方差的所有可能取值形成的相对频数分布，称为样本方差的抽样分布。

可以证明，对于来自正态总体的简单随机样本，$\frac{(n-1)s^2}{\sigma^2}$ 服从自由度为（$n-1$）的 χ^2 分布。

$$\frac{(n-1)s^2}{\sigma^2} \sim \chi^2(n-1)$$

（二）两个样本统计量的抽样分布

1. 两个样本均值之差的抽样分布

从两个总体中分别独立地抽取容量为 n_A 和 n_B 的两个样本，在重复抽取的条件下，有两个样本均值之差形成的相对频数分布，称为两个总体均值之差的抽样分布。

假设从第一个总体中抽取容量为 n_A 的样本，其样本均值为 $\bar{x}_A$。从第二个总体中抽取容量为 n_B 的样本，其样本均值为 $\bar{x}_B$。当两个总体都为正态分布，（$x_A \sim N(\mu_A, \sigma_A^2), x_B \sim N(\mu_B, \sigma_B^2)$）时，两个样本均值之差（$\bar{x}_A - \bar{x}_B$）的抽样分布服从正态分布，$E(\bar{x}_A - \bar{x}_B) = \mu_A - \mu_B$，$\sigma_{\bar{x}_A - \bar{x}_B}^2 = \frac{\sigma_A^2}{n_A} + \frac{\sigma_B^2}{n_B}$，即

$$(x_A - x_B) \sim N\left(\mu_A - \mu_B, \frac{\sigma_A^2}{n_A} + \frac{\sigma_B^2}{n_B}\right)$$

当两个总体为非正态分布时，若 n_A 和 n_B 较大（$n_A, n_B \geqslant 30$）时，两个样本均值之差的抽样分布同样可以利用正态分布来近似。

2. 两个样本比率之差的抽样分布

从两个服从二项分布的总体中，分别独立地抽取容量为 n_A 和 n_B 的样本，在重复条

件下，由两个样本比率之差的所有可能的取值形成的相对频数分布，称为两个样本比率之差的抽样分布。

假设两个总体都服从二项分布，分别从两个样本中抽取容量为 n_A 和 n_B 的独立样本，当两个样本的容量很大时，两个样本比率之差的抽样分布可用正态分布来近似，即

$$(p_A - p_B) \sim N\left(\pi_A - \pi_B, \frac{\pi_A(1-\pi_A)}{n_A} + \frac{\pi_B(1-\pi_B)}{n_B}\right)$$

3. 两个样本方差比的抽样分布

从两个总体中分别独立地抽取容量为 n_A 和 n_B 的两个样本，在重复抽取的条件下，有两个样本方差比形成的相对频数分布，称为两个样本方差比的抽样分布。

假设两个总体都为正态分布，即 $x_A \sim N(\mu_A, \sigma_A^2)$，$x_B \sim N(\mu_B, \sigma_B^2)$，分别从两个总体中抽取容量为 n_A 和 n_B 的独立样本，样本方差比 S_A^2/S_B^2 服从 F 分布，即

$$\frac{s_A^2}{s_B^2} \sim F(n_A - 1, n_B - 1)$$

思考与练习题

1. 用随机变量来描述掷一枚骰子的试验结果，并写出它的分布律。

2. 某试验成功的概率为 p，X 代表第二次成功之前试验失败的次数，写出 X 的分布律。

3. 表 6－5 能否为某个随机变量的分布律？为什么？

表 6－5　随机变量的概率分布

X	1	2	3
p	0.15	0.45	0.6

4. 产品有一、二、三等品和废品四种，一、二、三等品率和废品率分别为 55%、25%、19% 和 1%，任取一件产品检验其质量等级，用随机变量 X 表示检验结果，并写出其分布律和分布函数。

5. 设某种试验成功的概率为 0.7，现独立地进行 10 次这样的试验。问是否可以用一个服从二项分布的随机变量来描述这 10 次试验中成功的次数？如何描述？请写出它的分布以及分布的数学期望和标准差。[$P(X = k) = C_n^k 0.7^k 0.3^{n-k}$]

6. 如果你是一个投资咨询公司的雇员，你告诉你的客户，根据历史数据分析结果，企业 A 的平均投资回报比企业 B 的高，但是其标准差也比企业 B 的大。请问：(1) 是否意味着企业 A 的投资回报肯定会比企业 B 的高？为什么？(2) 是否意味着客户应该为企业 A 而不是企业 B 投资？为什么？(不一定；不一定)

7. 某公司估计在一定时间内完成某项任务的概率如表 6－6 所示。试求：(1) 该任务能在 3 天（包括 3 天）之内完成的概率；(0.6) (2) 完成该任务的期望天数；(3.2 天) (3) 该任务的费用由两部分组成：20000 元的固定费用加每天 2000 元，求整个项目

费用的期望值；(26400 元) (4) 求完成天数的标准差。(1.03 天)

表 6－6　　某公司估计在一定时间内完成某项任务的概率

天数	1	2	3	4	5
概率	0.05	0.20	0.35	0.30	0.10

8. 一加法器同时收到 20 个噪声电压 $V_k(k = 1,2,3,\cdots,20)$，设它们是相互独立的随机变量，且都在区间 (0,10) 上服从均匀分布，记 $V = \sum_{k=1}^{20} V_k$，试求 $p(V > 105)$ 的概率。(0.348)

9. 设总体 $X \sim N(\mu,\sigma^2)$，μ,σ^2 是未知参数，$X_1,\cdots,X_n$ 是来自总体 X 的样本，则判断下列哪些是统计量，并说明原因。(是；是；不是)

$$(1)\ \overline{X} = \frac{\sum_{i=1}^{n} X_i}{n};\quad (2)\ S^2 = \frac{1}{n-1}\sum_{i=1}^{n}(X_i - \overline{X})^2;\quad (3)\ Y = \frac{1}{n}\sum_{i=1}^{n}(X_i - \mu)^2$$

10. 设 $X \sim N(72,100)$，为样本期望大于 70 的概率且不小于 90%，则样本量至少应该取多少？(42)

11. 一口袋装有 6 只球，其中 4 只白球、2 只红球。从袋中取球两次，每次随机地取一只。第一次取一只球，观察其颜色后放回袋中，搅匀后再取一球。求：(1) 取到的两只球都是白球的概率；(5/9) (2) 取到的两只球颜色相同的概率；(3) 取到的两只球中至少有一只是白球的概率。(8/9)

12. 某公司有 3 个技术人员来制作一批牛奶。第一个人制作这批产品的概率为 0.4，第二个人为 0.35，第三个人为 0.25。第一个制作牛奶的人的不合格率为 0.04，第二个制作牛奶的人的不合格率为 0.06，第三个制作牛奶的人的不合格率为 0.03。现在随便抽取一份牛奶则这份牛奶的不合格率是多少？(0.0445)

13. 某选手去参加国际奥林匹克数学竞赛，现在考生做最后一题，假设他会做这道题的概率是 1/2，而他却能猜对的概率是 1/4。后来批卷的时候发现他做对了该题，试问他知道正确答案的概率是多大？(0.8)

第七章

参数估计

第一节　点估计与区间估计

一、估计量与估计值

参数估计是指利用样本统计量去估计总体的参数。如用样本平均值 $\bar{x}$ 来估计总体均值 μ，用样本方差 s^2 来估计总体方差 σ^2。通常笼统地将总体参数表示为 θ，而估计参数总体的统计量为 $\hat{\theta}$，因此参数估计即用 $\hat{\theta}$ 来估计 θ。

在参数估计中，用来估计总体参数的统计量称为估计量，用 $\hat{\theta}$ 表示。样本均值、样本比例、样本方差都可以是估计量。而根据一个具体的样本计算出来的估计量的数值称为估计值。如要估计某校六年级学生的平均体重，从中抽取一个随机样本，全年级的平均体重是不知道的，称为参数，用 θ 表示，根据样本计算的平均体重 $\bar{x}$ 就是一个估计量，用 $\hat{\theta}$ 来表示，当计算出来的样本平均体重为 48 千克，则 48 千克是估计量的具体数值，即估计值。

二、点估计

点估计是由样本 $x_1,x_2,\cdots,x_n$ 确定一个估计量 $\theta = g(x_1,x_2,\cdots,x_n)$，用 θ 来估计总体的未知参数 $\hat{\theta}$。

（一）矩估计法

设 X 为连续性随机变量，其概率密度为 $f(x,\theta_1,\theta_2,\cdots,\theta_k)$，或 X 为离散型随机变量，其分布律为 $p\{X = x\} = p\{x,\theta_1,\theta_2,\cdots,\theta_k\}$，其中，$\theta_1,\theta_2,\cdots,\theta_k$ 为待估参数，$x_1,x_2,\cdots,x_n$ 是来自 X 的样本。假设总体 X 的前 k 阶矩 $\mu = E(X) = \int_{-\infty}^{+\infty} xf(x,\theta_1,\theta_2,\cdots,\theta_k)\mathrm{d}x$（$X$ 连续型）或 $\mu = E(X) = \sum_{X\in R_X} xP(x,\theta_1,\theta_2,\cdots,\theta_k)$（$X$ 离散型），$l = 1,2,\cdots,k$，（R_X 是 X 可能的取值范围）存在。通常，μ 是 $\theta_1,\theta_2,\cdots,\theta_k$ 的函数。用样本矩作为相应的总体矩的估计量，

而以样本矩的连续函数作为相应的总体矩的连续函数的估计量。该估计方法称为矩估计法。设

$$\begin{cases} u_1 = u_1(\theta_1, \theta_2, \cdots, \theta_k) \\ u_2 = u_2(\theta_1, \theta_2, \cdots, \theta_k) \\ \cdots \\ u_k = u_k(\theta_1, \theta_2, \cdots, \theta_k) \end{cases}$$

是一个包含 k 个未知量 $\theta_1, \theta_2, \cdots, \theta_k$ 的联立方程组。通常可以从中解出 $\theta_1, \theta_2, \cdots, \theta_k$

$$\begin{cases} \theta_1 = \theta_1(\mu_1, \mu_2, \cdots, \mu_k) \\ \theta_2 = \theta_2(\mu_1, \mu_2, \cdots, \mu_k) \\ \cdots \\ \theta_k = \theta_k(\mu_1, \mu_2, \cdots, \mu_k) \end{cases}$$

用 A_i 分别代替上式中的 μ_i，分别作为 θ_i 的矩估计量，估计量称为矩估计量。矩估计量的观察值称为矩估计值。

【例 7－1】　设总体 X 的均值 μ 和方差 σ^2 都存在，并且 $\sigma^2 > 0$。但 μ、σ^2 均未知，设 $X_1, X_2, \cdots, X_n$ 是来自 X 的样本。试求 μ、σ^2 的矩估计量。

解：

$$\begin{cases} \mu_1 = E(X) = \mu \\ \mu_2 = E(X^2) = D(X) + [^E(X)]2 = \sigma^2 + \mu^2 \end{cases}$$

得

$$\begin{cases} \mu = \mu_1 \\ \sigma^2 = \mu_2 - \mu_1^2 \end{cases}$$

分别以 A_1、A_2 代替 μ_1、μ_2，得到 μ、σ^2 的矩估计量分别为

$$\hat{\mu} = A_1 = \overline{X}$$

$$\hat{\sigma}^2 = A_2 - A_1^2 = \frac{1}{n}\sum_{i=1}^{n} X_i^2 - \overline{X}^2 = \frac{1}{n}\sum_{i=1}^{n} (X_i - \overline{X})^2$$

（二）最大似然估计法

若总体 X 属离散型，其分布律 $p\{X = x\} = p(x, \theta), \theta \in \Theta$，$\theta$ 为待估参数，Θ 是 θ 可能的取值范围。设 $X_1, X_2, \cdots, X_n$ 是来自 X 的样本，则 $X_1, X_2, \cdots, X_n$ 的联合分布律为

$$\prod_{i=1}^{n} p(X_i; \theta)$$

又设 $x_1, x_2, \cdots, x_n$ 是相应于样本 $X_1, X_2, \cdots, X_n$ 的一个样本值，可使样本 $X_1, X_2, \cdots, X_n$ 的观察值 $x_1, x_2, \cdots, x_n$ 的概率，即事件 $\{X_1 = x_1, X_2 = x_2, \cdots, X_n = x_n\}$ 发生的概率为 $L(\theta) = L(x_1, x_2, \cdots, x_n) = \prod_{i=1}^{n} p(x_i; \theta), \theta \in \Theta$。该概率随 θ 的取值而变化，则称为样本的似然函数，它是 θ 的函数。

已知样本观察值 $x_1, x_2, \cdots, x_n$，在 θ 所有可能取值的范围 Θ 内挑选使似然函数 $L(\theta)$

达到最大的参数值 $\hat{\theta}$，作为参数 θ 的估计值，即取 $\hat{\theta}$ 使

$$L(x_1,x_2,\cdots,x_n;\hat{\theta}) = \max_{\theta\in\Theta} L(x_1,x_2,\cdots,x_n;\theta)$$

得到的 $\hat{\theta}$ 常与样本值 $x_1,x_2,\cdots,x_n$ 有关，记为 $\hat{\theta}(x_1,x_2,\cdots,x_n)$，称为参数 θ 的最大似然估计值，而相应的统计量 $\hat{\theta}(X_1,X_2,\cdots,X_n)$ 称为参数 θ 的最大似然估计量。

【例 7－2】 设 $x_1,x_2,\cdots,x_n$ 是来自 Posion 分布 $X \sim \pi(\lambda)$ 的一个样本（$\lambda>0$，是未知参数），试求参数 λ 的最大似然估计量。(刘思峰应用统计推断)

解：设 $x_1,x_2,\cdots,x_n$ 是相应于样本 $X_1,X_2,\cdots,X_n$ 的一个样本值，X 的分布律为

$$p\{X = x\} = \frac{\lambda^x}{x!}e^{-\lambda}, x = 0,1,\cdots$$

故对数似然函数为

$$\ln L(\lambda) = -n\lambda + \sum_{i=1}^{n}[x_i\ln\lambda - \ln(x_i!)]$$

令 $\frac{d}{d\lambda}\ln L(\lambda) = 0$，得到 λ 的最大似然估计值为 $\hat{\lambda} = \frac{1}{n}\sum_{i=1}^{n}x_i = \bar{x}$，$p$ 的最大似然估计量为 $\hat{\lambda} = \frac{1}{n}\sum_{i=1}^{n}X_i = \bar{X}$。

最大似然估计法也适用于分布中含有多个未知参数 $\theta_1,\theta_2,\cdots,\theta_k$ 的情况。这时，似然函数 L 是这些未知参数的函数。令 $\frac{\partial}{\partial\theta_i}L = 0, i = 0,1,\cdots,k$ 或 $\frac{\partial}{\partial\theta_i}\ln L = 0, i = 0,1,2\cdots,k$。解上述由 k 个方程组成的方程组即可。

通常，用与总体特征数相应的样本特征数作为其点估计。如对于 μ 可用 X、M_d、M_0 等作为点估计。但哪个更好呢？因此要有一个衡量标准。衡量估计量优劣的标准有三个：无偏性、有效性、一致性。

（1）无偏性

设为总体未知参数的估计量，若 $E(\hat{\theta}) = \theta$，则 $\hat{\theta}$ 是 θ 的无偏估计量，称 $\hat{\theta}$ 具有无偏性。如果 $\hat{\theta}$ 是有偏估计量，则它的偏差为 $E(\hat{\theta}) - \theta$。

可以证明，样本均值是总体均值的一个无偏估计，样本方差是总体方差的无偏估计。

（2）有效性

若都满足无偏估计量条件且 $\frac{D(\hat{\theta}_1)}{D(\hat{\theta}_2)} < 1$ 或 $D(\theta_1) < D(\theta_2)$，则称 $\hat{\theta}_1$ 较 $\hat{\theta}_2$ 为有效估计量。

（3）一致性

如果对任意小的正数 $\varepsilon > 0$，有 $\lim_{n\to\infty}P\{|\theta - \hat{\theta}| < \varepsilon\} = 1$，则称 $\hat{\theta}$ 是 θ 的一致估计量，称 $\hat{\theta}$ 具有一致性，可以证明 $\bar{x}$ 与 s^2 均具有一致性。

三、区间估计

点估计值仅仅是未知参数的一个值，而区间估计是用一个区间估计未知参数，即把未知参数值估计在某两界限之间。

设 $x_1,x_2,\cdots,x_n$ 是来自密度函数 $f(x,\theta)$ 的样本，对给定的 α，$0<\alpha<1$，若能找到两个统计量 $\theta_1(x_1,x_2,\cdots,x_n)$ 及 $\theta_2(x_1,x_2,\cdots,x_n)$，使 $p\{\theta_1(x_1,x_2,\cdots,x_n)\leqslant\theta\leqslant\theta_2(x_1,x_2,\cdots,x_n)\}=1-\alpha$，则 $[\theta_1(x_1,x_2,\cdots,x_n),\theta_2(x_1,x_2,\cdots,x_n)]$ 是信度为 $1-\alpha$ 的 θ 的置信区间，α 称为显著性水平，通常取为 0.1、0.05、0.01。

置信水平表达了区间估计的可靠性，它是区间估计的可靠概率，置信区间表达了区间估计的精确度；而显著性水平表达了区间估计的不可靠的概率，如 $\alpha=0.01$ 或 1%，意思是总体指标在置信区间内，平均 100 次可能有 1 次会产生错误。

当进行区间估计时，必须同时考虑置信概率与置信区间两个方面，即置信概率定得越大（估计的可靠性越大），则置信区间相应也越大（估计精确性越小），可靠性与精确性要结合具体要求来全面考虑。

【例 7-3】　某大型商场从一批奶粉中随机抽取 10 袋，测得每一袋的重量分别为 789、780、794、762、802、813、770、785、810、806（单位：克），要求以 95% 的把握程度，估计这批奶粉平均重量的区间范围。

解：由题意知，$n=10$，$\alpha=0.95$，由 t 分布表得 $t_{\frac{\alpha}{2}}(n-1)=t_{0.05/2}(10-1)=0.2622$

样本平均数：$\bar{x}=791.1$ 克

样本标准差：$s=\sqrt{\dfrac{\sum(x-\bar{x})^2}{n-1}}=\sqrt{\dfrac{2642.9}{10-1}}=17.136$ 克

抽样极限误差：$\Delta_{\bar{x}}=t_{\frac{\alpha}{2}}\dfrac{s}{\sqrt{n}}=2.2622\times\dfrac{17.136}{\sqrt{9}}=12.26$ 克

即在 95% 的置信水平下，该批奶粉平均袋重在 778.84～803.36 克。

第二节　单一总体参数的区间估计

一、总体均值的区间估计

（一）正态总体，或非正态总体、大样本

当总体服从正态分布，或者总体不是正态分布但为大样本（$n\geqslant30$）时，样本均值 $\bar{x}$ 的抽样分布均为正态分布，其数学期望为总体均值 μ，方差为 $\dfrac{\sigma^2}{n}$。而样本均值经过标准化以后的随机变量则服从标准正态分布。

$$z = \frac{\bar{x} - \mu}{\frac{\sigma}{\sqrt{n}}} \sim N(0,1)$$

由正态分布的性质，得出总体均值μ所在$1-\alpha$置信水平下的置信区间$\bar{x} \pm z_{\frac{\alpha}{2}} \frac{\sigma}{n}$，其中，$\bar{x} - z_{\frac{\alpha}{2}} \frac{\sigma}{n}$称为置信下限，$\bar{x} + z_{\frac{\alpha}{2}} \frac{\sigma}{n}$为置信上限；$\alpha$为事先确定的显著性水平；$1-\alpha$称为置信水平；$z_{\frac{\alpha}{2}}$为标准正态分布上侧的面积$\frac{\alpha}{2}$时的$z$的值；$z_{\frac{\alpha}{2}} \frac{\sigma}{n}$为估计总体均值时的极限误差。

如果总体服从正态分布但σ^2未知，或总体不服从正态分布，只要是在大样本条件下，只要将上述式子中的σ^2用样本方差s^2代替即可，这时总体均值μ在$1-\alpha$置信水平下的置信区间为$\bar{x} \pm z_{\frac{\alpha}{2}} \frac{s}{\sqrt{n}}$。

【例7-4】 某企业生产的袋装食品采用自动打包机包装，每袋的标准重量为100克，现在从某天生产的产品中按重复抽样随机抽取50包进行检验，得到每包的重量如表7-1所示。已知食品包装重量服从正态分布，试求该种食品平均重量的95%的置信区间。

表7-1　　100克包袋装食品的重量　　单位：克，包

每包重量	包数
<98	2
98~100	3
100~102	34
102~104	7
>104	4

解：已知总体服从正态分布，但σ未知且为大样本，则$z_{\alpha/2} = z_{0.05/2} = 1.96$。

根据样本数据计算得：$\bar{x} = 101.32$，$s = 1.63$。

该种食品平均重量的95%的置信区间为

$$\bar{x} \pm z_{\frac{\alpha}{2}} \frac{s}{\sqrt{n}} = 101.32 \pm 1.96 \times \frac{1.63}{\sqrt{50}} = 101.32 \pm 0.45$$，即[100.87,101.77]克。

（二）正态总体、小样本

如果总体服从正态分布，则无论是大样本还是小样本，样本均值$\bar{x}$的抽样分布都服从正态分布。只要总体方差σ^2已知，即使是在小样本的条件下，也可以按照正态分布建立总体均值的置信区间。但是，如果总体方差σ^2未知，而且是在小样本的条件下，则需要用样本方差s^2代替σ^2，这时，样本均值经过标准化以后的随机变量服从自由度为$(n-1)$的t分布，即$t = \frac{\bar{x} - \mu}{s/\sqrt{n}} \sim t(n-1)$，因此需要用$t$分布来建立总体均值$\mu$的置信区间。

【例7-5】　假设总体服从正态分布，利用表7-2的数据构建总体均值μ的99%的置信区间。

表7-2　　正态样本数据

16.4	17.1	17.0	15.6	16.2
14.8	16.0	15.6	17.3	17.4
15.6	15.7	17.2	16.6	16.0
15.3	15.4	16.0	15.8	17.2
14.6	15.5	14.9	17.7	16.3

解：已知总体服从正态分布，但σ未知且为小样本，则$t_{\alpha/2}(n-1)=t_{0.01/2}(25-1)=2.797$。

根据样本数据计算得：$\bar{x}=16.128, s=0.871$。

总体均值μ的99%的置信区间为

$$\bar{x}\pm t_{\alpha/2}(n-1)\frac{s}{\sqrt{n}}=16.128\pm 2.797\times\frac{0.871}{\sqrt{25}}=16.128\pm 0.487$$，即［15.64，16.62］。

二、总体比例的区间估计

本节只讨论大样本条件下总体比例的估计问题。在大样本情况下，比例p的抽样分布可以用正态分布近似。p的数学期望$E(p)=\pi$，方差为$\sigma_p^2=\frac{\pi(1-\pi)}{n}$。而样本比例经过标准化以后的随机变量服从标准的正态分布，即$z=\frac{p-\pi}{\sqrt{\frac{\pi(1-\pi)}{n}}}\sim N(0,1)$。与总体均值的区间估计类似，在样本比例$p$的基础上加减边际误差$z_{\frac{\alpha}{2}}\sigma_p$，则总体比例$\pi$在$1-\alpha$置信水平下的置信区间为$p\pm z_{\frac{\alpha}{2}}\sqrt{\frac{\pi(1-\pi)}{n}}$。在运用该式计算总体比例$\pi$的置信区间时，$\pi$应该是已知的。但实际的情况不然，$\pi$是要进行估计的，所以，需要样本比例$p$来代替$\pi$。这时，总样本比例的置信区间可表示为$p\pm z_{\frac{\alpha}{2}}\sqrt{\frac{p(1-p)}{n}}$。

【例7-6】　当$n=300$，$p=0.82$，置信水平为95%时，构建总体比例π的置信区间。

解：由题意知，$n=300$，$p=0.82$，$\alpha=0.05$，$z_{\alpha/2}=z_{0.05/2}=1.96$

总体比例π在置信水平为95%的置信区间为

$$p\pm z_{\frac{\alpha}{2}}\sqrt{\frac{p(1-p)}{n}}=0.82\pm 1.96\sqrt{\frac{0.82\times(1-0.82)}{300}}=0.82\pm 0.04$$，即［0.78，0.86］。

三、总体方差的区间估计

若给定一个显著性水平α，用χ^2分布构造的总体方差σ^2的置信区间满足

$$\chi_{1-\frac{\alpha}{2}}{}^2 \leqslant \chi^2 \leqslant \chi_{\frac{\alpha}{2}}{}^2$$

由于 $\frac{(n-1)s^2}{\sigma^2} \sim \chi^2(n-1)$，则

$$\chi_{1-\frac{\alpha}{2}}{}^2 \leqslant \frac{(n-1)s^2}{\sigma^2} \leqslant \frac{(n-1)s^2}{\chi_{1-\frac{\alpha}{2}}}$$

即 σ^2 在 $1-\alpha$ 置信水平下的置信区间为

$$\frac{(n-1)s^2}{\chi_{\frac{\alpha}{2}}} \leqslant \sigma^2 \leqslant \frac{(n-1)s^2}{\chi_{1-\frac{\alpha}{2}}}$$

【例 7－7】 某化肥厂生产一种微量元素肥，每天可以生产 8000 袋左右。技术部门规定的是每袋标准重量服从正态分布为 100 克。现在质量部门从一批产品中随机抽取 25 袋，测得的重量如表 7－3 所示。试以 95% 为置信水平建立该种微量元素肥。

表 7－3　　25 袋化肥重量数据　　单位：克

112.5	101.0	103.0	102.0	100.5
102.6	107.5	95.0	108.8	115.6
100.0	123.5	102.0	101.6	102.2
116.6	95.4	97.8	108.6	105.0
136.8	102.8	101.5	98.4	93.3

解：由题意知，显著性水平为 $\alpha = 0.05$，$n = 25$

根据样本数据计算得：

$$\bar{x} = \frac{\sum_{i=1}^{n} x_i}{n} = \frac{2634}{25} = 105.36,\ s^2 = \frac{\sum_{i=1}^{n}(x_i - \bar{x})^2}{n-1} = \frac{2237.02}{25-1} = \frac{2237.02}{24} = 93.21$$

查表得 $\chi^2_{\frac{\alpha}{2}}(n-1) = \chi^2_{0.025}(24) = 39.3641$，$\chi^2_{1-\frac{\alpha}{2}}(n-1) = \chi^2_{0.975}(24) = 12.4011$

则总体方差 σ^2 在 95% 为置信水平下的置信区间为

$$\frac{(25-1)\times 93.21}{39.3641} \leqslant \sigma^2 \leqslant \frac{(25-1)\times 93.21}{12.4011}$$，即 $56.83 \leqslant \sigma^2 \leqslant 180.39$。

则总体标准差的置信区间为 $7.54 \leqslant \sigma \leqslant 13.43$。

第三节　两个总体参数的区间估计

一、两个总体均值之差的区间估计

两个总体均值之差的估计：独立样本

设两个总体的均值分别为 μ_1 和 μ_2，从两个总体中抽取的样本量分别为 n_1 和 n_2，样本均值分别为 $\bar{x}_1$ 和 $\bar{x}_2$。估计两个总体均值之差的估计量是两个样本均值之差 $\bar{x}_1 - \bar{x}_2$。

1. 大样本估计

如果两个样本是从两个总体中独立抽取的，即一个样本中的元素与另一个样本中的元素相互独立，则称为独立样本。如果两个总体都为正态分布，或不服从正态分布的大样本（$n_1 \geqslant 30$ 和 $n_2 \geqslant 30$），两个样本均值之差 $\bar{x}_1 - \bar{x}_2$ 的抽样分布服从期望值为（$\mu_1 - \mu_2$），方差为（$\frac{\sigma_1^2}{n_1} + \frac{\sigma_2^2}{n_2}$）的正态分布，而两个样本均值之差经过标准化后服从正态分布。

$$z = \frac{(\bar{x}_1 - \bar{x}_2) - (\mu_1 - \mu_2)}{\sqrt{\frac{\sigma_1^2}{n_1} + \frac{\sigma_2^2}{n_2}}} \sim N(0,1)$$

当两个总体的方差 σ_1^2 和 σ_2^2 都已知时，两个总体均值之差（$\mu_1 - \mu_2$）在（$1 - \alpha$）置信水平下的置信区间为

$$(\bar{x}_1 - \bar{x}_2) \pm z_{\frac{\alpha}{2}} \sqrt{\frac{\sigma_1^2}{n_1} + \frac{\sigma_2^2}{n_2}}$$

当两个总体的方差 σ_1^2 和 σ_2^2 都未知时，可用两个样本方差 s_1^2 和 s_2^2 来代替，这时两个总体均值之差（$\mu_1 - \mu_2$）在（$1 - \alpha$）置信水平下的置信区间为

$$(\bar{x}_1 - \bar{x}_2) \pm z_{\frac{\alpha}{2}} \sqrt{\frac{s_1^2}{n_1} + \frac{s_2^2}{n_2}}$$

【例 7－8】　某汽车配件生产商新购买了一批加工某种元件的机器，假定该设备生产的这种配件的重量服从正态分布。用该种新设备生产了 200 个零件，测得的平均重量为 498 克，而通过历史数据可以查得采用原先的机器设备加工 150 个零件的平均重量为 492 克。已知新设备生产零件的总体方差是 200 克，原型号的设备加工零件的总体方差为 300 克，试根据以上数据确定总体均值之差在 95% 的置信区间。

解：由题意知设备生产零件的重量服从正态分布，已知

$$n_1 = 200, n_2 = 150, \bar{x}_1 = 498, \bar{x}_2 = 492, \sigma_1^2 = 200, \sigma_2^2 = 300, z_{\alpha/2} = 1.96$$

总体均值之差在 95% 的置信区间 $\mu_1 - \mu_2$ 为

$$(498 - 492) \pm 1.96 \times \sqrt{\frac{200}{200} + \frac{300}{150}} = [2.6, 9.4]$$

2. 小样本估计

当两个样本都为小样本时，为估计两个总体的均值之差，需要作出如下假定：(1) 两个总体都服从正态分布；(2) 两个随机样本独立地分别抽自两个总体。在此假定下，无论样本量的大小，两个样本值之差都服从正态分布。

(1) 当两个总体的方差 σ_1^2 和 σ_2^2 都已知时，可用正态分布建立两个总体均值之差的置信区间。当两个总体的方差 σ_1^2 和 σ_2^2 都未知但相等时，需要用两个样本方差 s_1^2 和 s_2^2 来估计，这时需要将两个样本的数据组合在一起，给出总体方差的合并估计量 s_p^2。

$$s_p^2 = \frac{(n_1 - 1)s_1^2 + (n_2 - 1)s_2^2}{n_1 + n_2 - 2}$$

这时两个总体均值之差（$\mu_1-\mu_2$）经标准化后服从自由度为（n_1+n_2-2）的t分布。

$$t=\frac{(\bar{x}_1-\bar{x}_2)-(\mu_1-\mu_2)}{\sqrt{\frac{1}{n_1}+\frac{1}{n_2}}}\sim t(n_1+n_2-2)$$

因此，两个总体均值之差（$\mu_1-\mu_2$）在（$1-\alpha$）置信水平下的置信区间为

$$(\bar{x}_1-\bar{x}_2)\pm t_{\frac{\alpha}{2}}(n_1+n_2-2)\sqrt{s_p^2\left(\frac{1}{n_1}+\frac{1}{n_2}\right)}$$

（2）当两个总体的方差σ_1^2和σ_2^2都未知且不相等时，只要两个总体都服从正态分布，而且两个样本的样本量相等时，可以采用下面的公式建立两个总体均值之差在（$1-\alpha$）置信水平下的置信区间：

$$(\bar{x}_1-\bar{x}_2)\pm t_{\frac{\alpha}{2}}(n_1+n_2-2)\sqrt{s_p^2\left(\frac{s_1^2}{n_1}+\frac{s_2^2}{n_2}\right)}$$

当两个总体的方差σ_1^2和σ_2^2都未知且不相等时，而且两个样本的样本量也不相等，即$n_1\neq n_2$时，两个样本值之差在经过标准化后不再服从自由度为（n_1+n_2-2）的t分布，而是近似服从自由度为v的t分布。

$$v=\frac{\left(\frac{s_1^2}{n_1}+\frac{s_2^2}{n_2}\right)^2}{\frac{\left(\frac{s_1^2}{n_1}\right)^2}{n_1-1}+\frac{\left(\frac{s_2^2}{n_2}\right)^2}{n_2-1}}$$

两个总体均值之差（$\mu_1-\mu_2$）在（$1-\alpha$）置信水平下的置信区间为

$$(\bar{x}_1-\bar{x}_2)\pm t_{\frac{\alpha}{2}}(n_1+n_2-2)\sqrt{\frac{s_1^2}{n_1}+\frac{s_2^2}{n_2}}$$

【例7－9】 已知以下样本均是来自正态总体的独立样本，试对两个总体均值之差（$\mu_1-\mu_2$）在下面两个条件下进行估计：

（1）$n_1=n_2=10$，$\sigma_1^2=\sigma_2^2$，求$\mu_1-\mu_2$的95%的置信区间；

（2）$n_1=n_2=10$，$\sigma_1^2\neq\sigma_2^2$，求$\mu_1-\mu_2$的95%的置信区间。

解：（1）由于两个样本均来自正态总体的独立小样本，当σ_1^2和σ_2^2均未知但相等时，需要用两个样本方差s_1^2和s_2^2来估计。总体方差的合并估计量s_p^2为

$$s_p^2=\frac{(n_1-1)s_1^2+(n_2-1)s_2^2}{n_1+n_2-2}=\frac{(10-1)\times16+(10-1)\times20}{10+10-2}=18,$$

当$\alpha=0.05$时，$t_{0.05/2}(10+10-2)=2.101$。

$\mu_1-\mu_2$的95%的置信区间为

$$(\bar{x}_1-\bar{x}_2)\pm t_{\frac{\alpha}{2}}(n_1+n_2-2)\sqrt{s_p^2\left(\frac{1}{n_1}+\frac{1}{n_2}\right)}=(25-23)\pm2.101\sqrt{18\left(\frac{1}{10}+\frac{1}{10}\right)}=2\pm3.986$$

即[－1.986，5.986]。

（2）由于两个样本均来自正态总体的独立小样本，当 σ_1^2 和 σ_2^2 均未知且不相等，但样本容量相同，因此，$t_{\frac{0.05}{2}}(10+10-2)=2.101$。

$\mu_1-\mu_2$ 的 95% 的置信区间为

$$(\bar{x}_1-\bar{x}_2)\pm t_{\frac{\alpha}{2}}(n_1+n_2-2)\sqrt{s_p^2\left(\frac{s_1^2}{n_1}+\frac{s_2^2}{n_2}\right)}=(25-23)\pm 2.101\sqrt{\frac{16}{10}+\frac{20}{10}}=2\pm 3.986$$

即［-1.986，5.986］。

二、两个总体比例之差的区间估计

由样本比例的抽样分布可知，从两项总体中抽出两个独立地样本，则两个样本比例之差的抽样分布服从正态分布。两个样本的比例之差服从标准正态分布。

$$Z=\frac{(p_1-p_2)-(\pi_1-\pi_2)}{\sqrt{\frac{\pi_1(1-\pi_1)}{n_1}+\frac{\pi_2(1-\pi_2)}{n_2}}}\sim N(0,1)$$

由于两个总体比例 π_1 和 π_2 通常是未知的，通常用样本比例 p_1 和 p_2 来代替。两个总体比例之差（$\pi_1-\pi_2$）在（$1-\alpha$）置信水平下的置信区间为

$$(p_1-p_2)\pm z_{\frac{\alpha}{2}}\sqrt{\frac{p_1(1-p_1)}{n_1}+\frac{p_2(1-p_2)}{n_2}}$$

【例 7-10】　某化妆品公司对其所做的电视广告在两地区的效果进行调查。在 A 地区调查了 200 人，有 128 人看过该广告；在 B 地区调查了 225 人，有 90 人看过该广告。试以 90% 的置信度对该广告在两地的收视率之差作出区间估计。

解：设 p_1、p_2 分别表示该广告在 A、B 两地的收视率，由于两样本均为大样本，则

$$p_1=\frac{n_1}{n}=0.64,p_2=\frac{n_2}{n}=0.4,z_{0.10/2}=1.645$$

故置信区间为

$$(p_1-p_2)\pm z_{\frac{\alpha}{2}}\sqrt{\frac{p_1(1\quad p_1)}{n_1}+\frac{p_2(1-p_2)}{n_2}}$$

$$(0.6-0.4)\pm 1.645\sqrt{\frac{0.64(1-0.64)}{200}+\frac{0.4(1-0.4)}{225}}$$

即在 90% 的置信水平上该广告在两地的收视率之差在［0.1625，0.3175］之间。

三、两个总体方差比的区间估计

在实际生活中，经常会遇到比较两个总体方差的问题。如希望比较在两种生产环境下生产的产品的稳定性问题，比较不同测量方法的测量精度问题。由于两个样本方差比的抽样分布服从 $F(n_1-1,n_2-1)$ 分布，因此可用 F 分布来构造两个总体方差比 $\frac{\sigma_1^2}{\sigma_2^2}$ 的置信区间。

建立两个总体方差比的置信区间，即要找到一个 F 值，使其满足

$$F_{1-\frac{\alpha}{2}} \leqslant F \leqslant F_{\frac{\alpha}{2}}$$

由于 $\frac{s_1^2}{s_2^2} \cdot \frac{\sigma_2^2}{\sigma_1^2} \sim F(n_1-1, n_2-1)$，则

$$F_{1-\frac{\alpha}{2}} \leqslant \frac{s_1^2}{s_2^2} \cdot \frac{\sigma_2^2}{\sigma_1^2} \leqslant F_{\frac{\alpha}{2}}$$

两个总体方差比 $\frac{\sigma_1^2}{\sigma_2^2}$ 在（$1-\alpha$）置信水平下的置信区间为

$$\frac{\frac{s_1^2}{s_2^2}}{F_{\frac{\alpha}{2}}} \leqslant \frac{\sigma_2^2}{\sigma_1^2} \leqslant \frac{\frac{s_1^2}{s_1^2}}{F_{1-\frac{\alpha}{2}}}$$

其中，$F_{\frac{\alpha}{2}}$ 和 $F_{1-\frac{\alpha}{2}}$ 是分子自由度为 (n_1-1) 和分母自由度为 (n_2-1) 的 F 分布的上侧面积为 $\frac{\alpha}{2}$ 和 $1-\frac{\alpha}{2}$ 的分位数。由于 $\frac{\alpha}{2}$ 分布只给出面积较小的右分数，通常利用下面的关系求得 $F_{1-\frac{\alpha}{2}}$ 的分位数值。

$$F_{1-\alpha}(n_1, n_2) = \frac{1}{F_{\alpha}(n_2, n_1)}$$

其中，n_1 表示分子自由度，n_2 表示分母自由度。

【例 7－11】 生产工序的方差是工序质量检验的重要指标。表 7－4 是两部机器生产牛奶包装的质量数据。试求两个总体方差比 $\frac{\sigma_1^2}{\sigma_2^2}$ 的 95% 的置信区间。

表 7－4　　两部机器生产牛奶包装的质量数据　　单位：克

机器 1			机器 2		
3.45	3.22	3.90	3.22	3.28	3.35
3.20	2.98	3.70	3.38	3.19	3.30
3.22	3.75	3.28	3.30	3.20	3.05
3.50	3.38	3.35	3.30	3.29	3.33
2.95	3.45	3.20	3.34	3.35	3.27
3.16	3.48	3.12	3.28	3.16	3.28
3.20	3.18	3.25	3.30	3.34	3.25

解：根据样本数据计算得：

$$s_1^2 = 0.058375, \quad s_2^2 = 0.005846$$

当 $\alpha = 0.05$ 时，$F_{\frac{\alpha}{2}}(n_1-1, n_2-1) = F_{0.025}(20,20) = 2.46$，$F_{1-\frac{\alpha}{2}}(n_1-1, n_2-1) = F_{0.95}(20,20) = 0.41$。

两个总体方差比 $\frac{\sigma_1^2}{\sigma_2^2}$ 的 95% 的置信区间为

$$\frac{\frac{0.058375}{0.05836}}{2.46} \leqslant \frac{\sigma_2^2}{\sigma_1^2} \leqslant \frac{\frac{0.058375}{0.05846}}{0.41}$$

即 $4.06 \leqslant \frac{\sigma_2^2}{\sigma_1^2} \leqslant 24.35$。

第四节 样本容量的确定

前面的讨论都是假设样本容量 n 是已知的，但是在实际问题中，需要自己动手设计调查方案，这时，如何决定样本容量大有学问。如果 n 选得过大，会增加费用；如果 n 选得过小，会使估计误差增大。确定样本容量的关键是解决以下问题：①要求什么样的精度，即希望估计值与真值接近到什么程度。②置信区间想要多大的置信度，即想要多大的可靠度。

一、估计总体均值时，样本容量的确定

对正态总体以及非正态总体（大样本）的总体均值的区间估计，即

$$x \pm z_{\frac{\alpha}{2}} \frac{\sigma}{\sqrt{n}}$$

从估计量 $\bar{x}$ 的取值到点 $z_{\frac{\alpha}{2}} \frac{\sigma}{\sqrt{n}}$ 的距离实际上是置信区间长度的一半。这段距离表示在一定置信水平（$1-\alpha$）下，用样本均值估计总体均值时所允许的最大绝对误差，用 Δ 表示，称 Δ 为极限误差。显然，若以 x 的取值为原点，则允许误差 Δ 可以表示为 $\Delta = z_{\frac{\alpha}{2}} \frac{\sigma}{\sqrt{n}}$。由此可见，极限误差 Δ、可靠性系数 $z_{\frac{\alpha}{2}}$、总体标准差 σ 与样本容量之间的相互制约关系。只要这四个因素中的任意三个因素确定后，另一个因素也就确定了。

对于一个具体问题，总体标准差 σ 是个确定的数值，给定了所希望的“可靠程度”——置信水平 $1-\alpha$，可靠性系数 $z_{\frac{\alpha}{2}}$ 也就唯一地被确定了。当 $1-\alpha=0.95$ 时，$z_{\frac{\alpha}{2}} = 1.96$，因此，当给出允许误差后，在重复抽样条件下，样本容量 $n = \frac{\sigma^2 {z_{\frac{\alpha}{2}}}^2}{\Delta^2}$；在不重复抽样的条件下，样本容量 $n = \frac{\sigma^2 {z_{\frac{\alpha}{2}}}^2 N}{\Delta^2 N + \sigma^2 {z_{\frac{\alpha}{2}}}^2}$。

样本容量 n 与总体方差、允许误差、可靠性系数有以下三种关系。

①总体方差越大，必要样本容量 n 越大，即必要样本容量 n 与总体方差成正比。

②必要样本容量 n 反比例于允许误差 Δ^2，即在给定的置信水平下，允许误差越大，样本容量就可以越小；允许误差越小，样本容量就必须越大。

③样本容量 n 与可靠性系数成正比，即可靠程度越高，样本容量就应越大；可靠程

度越低，样本容量就可以越小。

【例 7－12】 统计局统计某年 12 月某类小企业（共 10000 个）纳税的多少。经验表明，总体方差约为 1400000。如置信水平取 95%，并要使估计值处在总体平均值附近 300 元的范围内，则统计局应取多大的样本？

解：已知 $\sigma^2=1400000$，$\alpha=0.05$，$z_{\frac{\alpha}{2}}=1.96$，$\Delta=300$，$N=10000$

在重复抽样条件下

$$n=\frac{\sigma^2 z_{\frac{\alpha}{2}}{}^2}{\Delta^2}=\frac{1.96^2\times1400000}{300^2}=59.76\approx60(\text{个})$$

在不重复抽样条件下

$$n=\frac{\sigma^2 z_{\frac{\alpha}{2}}{}^2 N}{\Delta^2 N+\sigma^2 z_{\frac{\alpha}{2}}{}^2}=\frac{1.96^2\times1400000\times10000}{300^2\times10000+1.96^2\times1400000}=59.40\approx60(\text{个})$$

注：抽取样本数只能是整数，并且不遵循四舍五入法则。

二、估计总体比例时，样本容量的确定

估计总体比例时，极限误差为

$$\Delta_p=z_{\frac{\alpha}{2}}\sqrt{\frac{p(1-p)}{n}}$$

由此可知，估计总体比例时，确定必要样本容量的公式。由于总体比例是未知的，通常要用样本比例代替，则在重复抽样条件下

$$n=\frac{z_{\frac{\alpha}{2}}{}^2 p(1-p)}{\Delta_p^2}$$

在不重复抽样条件下

$$n=\frac{z_{\frac{\alpha}{2}}{}^2 p(1-p)N}{\Delta_p^2 N+z_{\frac{\alpha}{2}}{}^2 p(1-p)}$$

【例 7－13】 某地统计局估计某地区约 100000 个住户中有空调的家庭所占的比例。统计局要求对 p 的估计误差不超过 0.05，要求的可靠程度为 95%，应取多大容量的样本？

解：对于服从二项分布的随机变量，当 $p=0.5$ 时，其方差达到最大值。因此，在无法得到 p 值时，可以用 $p=0.5$ 计算。这样得出的必要样本容量虽然可能比实际需要的容量大一些，但可以充分保证有足够高的置信水平和尽可能小的置信区间。

已知 $\Delta=0.05$，$\alpha=0.05$，$z_{\frac{\alpha}{2}}=1.96$，$N=100000$。由于 p 的估计值未知，可以采用 $p=0.5$，计算必要的样本容量。

在重复抽样条件下

$$n=\frac{z_{\frac{\alpha}{2}}{}^2 p(1-p)}{\Delta^2}=\frac{1.96^2\times0.5\times0.5}{0.05^2}=384.16\approx385(\text{户})$$

在不重复抽样条件下

$$n = \frac{z_{\frac{\alpha}{2}}^{\ 2}p(1-p)N}{\Delta_p^{\ 2}N + z_{\frac{\alpha}{2}}^{\ 2}p(1-p)} = \frac{1.96^2 \times 0.5 \times 0.5 \times 100000}{0.05^2 \times 100000 + 1.96^2 \times 0.5 \times 0.5} = 382.69 \approx 383(\text{户})$$

三、估计两个总体均值之差时样本容量的确定

设 n_1 和 n_2 是来自均值为 μ_1 和 μ_2 的两个总体的样本，样本均值分别为 $\overline{X}_1$ 和 $\overline{X}_2$。假定 $n_1 = n_2$，根据均值之差的区间估计公式可得

两个样本的容量 n 为

$$n_1 = n_2 = \frac{(z_{\alpha/2})^2 \cdot (\sigma_1^2 + \sigma_2^2)}{\Delta^2}$$

其中

$$E = (\overline{X}_1 - \overline{X}_2) - (\mu_1 - \mu_2)$$

【例 7-14】　一所中学的教务处想要估计实验班和普通班考试成绩平均分数差值的置信区间。要求置信水平为 95%，预先估计两个班考试分数的方差分别为：实验班 $\sigma_1^2 = 90$，普通班 $\sigma_2^2 = 120$。如果要求估计的误差范围（边际误差）不超过 5 分，在两个班应分别抽取多少名学生进行调查？（假定两个样本容量相等）

解：　已知 $\sigma_1^2 = 90$，$\sigma_2^2 = 120$，$\Delta = 5$，$1-\alpha = 0.95$，$z_{\frac{\alpha}{2}} = 1.96$

$$n_1 = n_2 = \frac{(z_{\alpha/2})^2 \cdot (\sigma_1^2 + \sigma_2^2)}{\Delta^2}$$

$$= \frac{1.96^2 \times (90 + 120)}{5^2}$$

$$= 32.269 \approx 33$$

即应抽取 33 人作为样本。

四、估计两个总体比例之差时样本容量的确定

设 n_1 和 n_2 是来自比例为 p_1 和 p_2 的两个总体的样本，样本比例分别为 π_1 和 π_2。假定 $n_1 = n_2$，根据比例之差的区间估计公式可得两个样本的容量 n 为

$$n_1 = n_2 = \frac{(z_{\alpha/2})^2 \cdot [\pi_1(1-\pi_1) + \pi_2(1-\pi_2)]}{\Delta^2}$$

【例 7-15】　一家瓶装饮料制造商想要估计顾客对一种新型饮料认知的广告效果。他在广告前和广告后分别从市场营销区各抽选一个消费者随机样本，并询问这些消费者是否听说过这种新型饮料。这位制造商想以 10% 的误差范围和 95% 的置信水平估计广告前后知道该新型饮料消费者的比例之差，他抽取的两个样本分别应包括多少人？（假定两个样本容量相等）

解：$\Delta = 10\%$，$1-\alpha = 0.95$，$z_{\frac{\alpha}{2}} = 1.96$，由于没有 π 的信息，用 0.5 代替

$$n_1 = n_2 = \frac{(z_{\alpha/2})^2 \cdot [\pi_1(1-\pi_1) + \pi_2(1-\pi_2)]}{\Delta^2}$$

$$= \frac{1.96^2 \times [0.5 \times (1-0.5) + (0.5 \times (1-0.5)]}{0.1^2}$$

$$= 192.08 \approx 193$$

即应抽取 193 个消费者作为样本。

第五节　不同组织方式下的参数估计和样本容量的确定

一、简单随机抽样

简单随机抽样，又称单纯随机抽样，是指从总体 N 个单位中任意抽取 n 个单位作为样本，使每个可能的样本被抽中的概率相等的一种抽样方式。

简单随机抽样一般可采用掷硬币、掷骰子、抽签、查随机数表等办法抽取样本。在统计调查中，由于总体单位较多，前两种方法较少采用，主要运用后两种方法。

按照样本抽选时每个单位是否允许被重复抽中，简单随机抽样可分为重复抽样和不重复抽样两种。在抽样调查中，特别是社会经济的抽样调查中，简单随机抽样一般是指不重复抽样。

简单随机抽样是其他抽样方法的基础，因为它在理论上最容易处理，而且当总体单位数 N 不太大时，实施起来并不困难。但在实际中，若 N 相当大时，简单随机抽样就不是很容易办到了。首先，它要求有一个包含全部 N 个单位的抽样框；其次，用这种抽样得到的样本单位较为分散，调查不容易实施。因此，在实际中直接采用简单随机抽样的并不多。

（一）抽签法

抽签法是先对总体 N 个抽样单元分别编上 1 到 N 的号码，再制作与之相对应的 N 个号签并充分摇匀后，从中随机地抽取 n 个号签（既可以是一次抽取 n 个号签，也可以一次抽一个号签，连续抽取 n 次），与抽中号签号码相同的 n 个单元即为抽中的单元，由其组成简单随机样本。

假定某单位有职工 950 人，想从中选出 20 人作为调查样本。因为总体为三位数，这时可以连续转动骰子三次：第一次出现的数字作为百位数，第二次出现的数字作为十位数，第三次出现的数字作为个位数，得到一个三位数。用此办法取得一个三位数，假如是 972，680，005，490，731，…，上述数字中 972 超出原始编号，应舍掉，再补充一个，直到选出符合要求的 20 个数字。最后，将选出的数字与编号一一对号入座，选为进行调查的样本。

（二）随机数法

随机数法就是利用随机数表、随机数骰子或计算机产生的随机数进行抽样。

随机数表是由 0～9 的 10 个阿拉伯数字进行随机排列组成的表。所谓随机排列，即每个数字都是按等概率和重复独立抽取的方式排定的。

随机数表法一般分为以下几步：

第一步：确定起点页码；

第二步：确定起点的行数与列数；

第三步：确定所抽样本单元的号码。

简单随机抽样属等概率抽样，在使用随机数表时，要注意以下四点。

①每次使用时，确定使用哪一页及哪一行哪一列的数字为起点，必须是随机的。

②设总体容量为N，若N的位数为r，则一定要从r位数中抽取。遇到1至N的数可直接使用；遇到其他的数不能直接使用。

③当$r \geqslant 2$时，可从含有起点数字左边的r位数开始，也可从右边的r位数开始。可从起点开始向下抽取，也可向右抽取。但一经确定使用哪一种方式，就必须用一种方式抽取全部单元号，中途不能变更。

④在重复抽样时，遇到重复的数字应重复使用；在不重复抽样时，遇到重复的数字应舍去不用。

简单随机抽样是随机抽样理论中最简单、最基本的组织形式，是抽样理论的基石，其他各种组织方式的随机抽样都是简单随机抽样的派生方式，简单随机抽样也是衡量其他抽样方式抽样效果的标准。但在实际工作中简单随机样本受到某些限制。例如，对正在大批量生产的产品进行质量抽样检验时，不可能进行编排号码的手续，一般不能采用简单随机抽样方法进行质量检验。

现在讨论简单随机抽样的参数估计。

在重复抽样条件下，样本平均数的抽样极限误差公式为

$\Delta_x = t\mu_x = t\sqrt{\frac{\sigma^2}{n}}$，必要的样本单位数为

$$n = \frac{t^2\sigma^2}{\Delta_x^2}$$

在不重复抽样条件下样本平均数的抽样极限误差公式为

$\Delta_x = t\mu_x = t\sqrt{\frac{\sigma^2}{n}\left(1 - \frac{n}{N}\right)}$，必要的样本单位数为：$n = \frac{Nt^2\sigma^2}{N\Delta_x^2 + t^2\sigma^2}$。

对应地，在重复抽样和不重复抽样条件下，成数的抽样极限误差公式为：$\Delta_p = t\mu_p = t\sqrt{\frac{p(1-p)}{n}}$和$\Delta_p = t\mu_p = t\sqrt{\frac{p(1-p)}{n}\left(1 - \frac{n}{N}\right)}$，必要的样本单位数分别为：$n = \frac{t^2p(1-p)}{\Delta_p^2}$和$n = \frac{Nt^2p(1-p)}{N\Delta_p^2 + t^2p(1-p)}$。

【例7－16】　某公司有职工3000人，采用不重复抽样方式，从中随机抽取60人调查其工资收入情况。调查结果表明，职工的月平均工资为2350元，标准差为193元，月收入在2000元及以上职工有40人。试以95.45%的置信水平推断该公司职工月平均工资所在的范围和月收入在2000元及以上职工在全部职工中所占的比重。

解：由题意可知，$N=3000$，$n=60$，$\bar{x}=2350$，总体方差未知，可用样本方差代替。样本方差$s^2=193^2$。则有

$$\mu_x = \sqrt{\frac{\sigma^2}{n}\left(1 - \frac{n}{N}\right)} = \sqrt{\frac{193^2}{60}\left(1 - \frac{60}{3000}\right)} = 24.67$$

因为 $1-\alpha=0.9545$，查表可得 $t=z_{\frac{\alpha}{2}}=2$，所以 $\Delta_{\bar{x}}=t\mu_{\bar{x}}=2\times24.67=49.34$，则 $\bar{x}-\Delta_{\bar{x}}\leqslant\mu\leqslant\bar{x}+\Delta_{\bar{x}}=2350-49.34\leqslant\mu\leqslant2350+49.34$，即 $2300.66\leqslant\mu\leqslant2399.34$。

计算结果表明，有 95.45% 的把握说该公司职工月平均工资在 2300.66 ~ 2399.34 元。

月收入在 2000 元及以上职工在全部职工中所占的比重为

$$p = \frac{40}{60} = 66.67\%$$

$$\mu_p = \sqrt{\frac{p(1-p)}{n}\left(1 - \frac{n}{N}\right)} = \sqrt{\frac{0.6667(1-0.6667)}{60}\left(1 - \frac{60}{3000}\right)} = 6.02\%$$

$\Delta_p = t\mu_p = 2\times6.02\% = 12.04\%$，则

$$p - \Delta_p \leqslant \pi \leqslant p + \Delta_p = 66.67\% - 12.04\% \leqslant \pi \leqslant 66.67\% + 12.04\%,$$

$$即\ 54.63\% \leqslant \pi \leqslant 78.71\%$$

计算结果表明，有 95.45% 的把握说该公司月收入在 2000 元及以上职工占全部职工的比重在 54.63% ~78.71%。

【例 7－17】 某市开展职工家计调查，根据历史资料，该市职工家庭平均每人年收入的标准差为 250 元，而家庭消费的恩格尔系数（家庭食品支出占消费总支出的比重）为 65%。现在用重复抽样的方法，要求在 95.45% 的概率保证下，平均收入的极限误差不超过 20 元，恩格尔系数的极限误差不超过 4%，求样本必要的单位数。

解：

由均值确定样本单位数应为

$$n = \frac{t^2\sigma^2}{\Delta_x^2} = \frac{2^2\times(250)^2}{(20)^2} = 625(户)$$

由成数确定样本单位数应为

$$n = \frac{t^2p(1-p)}{\Delta_x^2} = \frac{2^2\times0.65\times0.35}{(0.04)^2} = 569(户)$$

两个抽样指标要求的单位数不同，应采取其中比较大的单位数，即抽取 625 户进行家庭调查，以满足共同的需要。

二、类型抽样

类型抽样又称分层抽样，设总体容量为 N，将总体划分为 k 层（组或类），有 $N=N_1+N_2+\cdots+N_k$。从每层的 N_i 个单位中抽取 n_i 个单位构成容量为 n 的样本，即 $n=n_1+n_2+\cdots+n_k$。

从每层中抽取样本单位时，为了保持样本结构与总体结构相同，通常采用按（等）比例取样，即按各层单位数占总体单位数的比例从中抽取样本，使各层样本单位数与各

层总体单位数之比等于样本容量与总体容量之比，即

$$\frac{n_1}{N_1} = \frac{n_2}{N_2} = \cdots \frac{n}{N}$$

现在由各组分别取样，所以可以计算各组的抽样平均数，即

$$\bar{x}_i = \frac{\sum_{j=1}^{n_i} x_{ij}}{n_i} \quad (i = 1,2,\cdots,k)$$

再将各组的抽样平均数 $\bar{x}_i$ 以各组的总体单位数 N_i 或样本单位数 n_i 为权数，计算加权平均数可得全体样本的抽样平均数 $\bar{x}$。

$$\bar{x} = \frac{\sum_{i=1}^{k} N_i \bar{x}_i}{N} = \frac{\sum_{i=1}^{k} n_i \bar{x}_i}{n}$$

类型抽样的抽样平均误差 μ_x 可以这样考虑：由于类型抽样是对每一组抽样，所以不存在组间误差，抽样平均误差取决于各组内方差的平均水平。首先计算各组内方差。再以各组样本单位数 n_i 为权数，计算各组内方差的平均数，即

$$\overline{\sigma^2} = \frac{\sum n_i \sigma_i^2}{n}$$

则样本平均数的抽样平均误差 $\mu_{\bar{x}}$ 为：

在重复抽样条件下：$\mu_{\bar{x}} = \sqrt{\frac{\overline{\sigma^2}}{n}}$，必要的样本单位数 $n = \frac{t^2 \overline{\sigma^2}}{\Delta_{\bar{x}}^2}$。

在不重复抽样条件下：$\mu_{\bar{x}} = \sqrt{\frac{\overline{\sigma^2}}{n}\left(1 - \frac{n}{N}\right)}$，必要的样本单位数 $n = \frac{Nt^2 \overline{\sigma^2}}{N\Delta_{\bar{x}}^2 + Nt^2 \overline{\sigma^2}}$。

对应地，以 p_i 和 P_i 表示某一层的样本成数和总体成数，则各层样本成数的均值应为 $\bar{p} = \frac{\sum_{i=1}^{k} n_i p_i}{n}$，总体成数的均值应为 $\bar{P} = \frac{\sum_{i=1}^{k} N_i P_i}{N}$。在重复抽样条件下和不重复抽样条件下，抽样平均误差 μ_p 分别为 $\mu_{\bar{p}} = \sqrt{\frac{\overline{P_i(1 - P_i)}}{n}}$ 和 $\mu_{\bar{p}} = \sqrt{\frac{\overline{P_i(1 - P_i)}}{n}(1 - \frac{n}{N})}$，必要的样本单位数分别为 $n = \frac{t^2 \overline{P_i(1 - P_i)}}{\Delta_p^2}$ 和 $n = \frac{t^2 \overline{P_i(1 - P_i)}}{N\Delta_p^2 + t^2 \overline{P_i(1 - P_i)}}$，其中 $\overline{P_i(1 - P_i)} = \frac{\sum P_i(1 - P_i) N_i}{\sum N_i}$。在总体比例未知时，在重复抽样条件下和不重复抽样条件下，样本成数的抽样平均误差 μ_p 可由 $\mu_{\bar{p}} = \sqrt{\frac{\overline{p_i(1 - p_i)}}{n}}$ 和 $\mu_{\bar{p}} = \sqrt{\frac{\overline{p_i(1 - p_i)}}{n}(1 - \frac{n}{N})}$ 计算，其中，$\overline{p_i(1 - p_i)} = \frac{\sum p_i(1 - p_i) n_i}{\sum n_i}$。

【例 7－18】 某地有 10000 名劳动力，其中：从事农业劳动的有 7000 人，从事工业劳动的有 3000 人，现按两类人数的比例，采用重复抽样方式抽取 100 人。

（1）计算各相关指标如表 7－5 所示，请以 95% 的置信水平推断该地人均收入的区间。

（2）若要误差不超过 4 元，应至少抽取多少从事农业劳动和工业劳动的人？

表 7－5　　各组平均收入与标准差

类型	全部人数 N_i	抽样人数 n_i	样本平均数 $\bar{x}_i$	样本标准差 s_i
从事农业	7000	70	750	25
从事工业	3000	30	1000	30

解：由题意可知，$N=10000$，$n=100$，$n_1=70$，$n_2=30$，则

$$（1）\bar{x}=\frac{1}{n}\sum_{i=1}^{k}n_i\bar{x}_i=\frac{1}{100}(70\times750+30\times1000)=825(\text{元})$$

$$\overline{\hat{\sigma}^2}=\frac{1}{n}\sum_{i=1}^{k}n_i\hat{\sigma}_i^2=\frac{1}{100}(70\times25^2+30\times30^2)=707.5$$

$$\mu_{\bar{x}}=\sqrt{\frac{\overline{\hat{\sigma}^2}}{n}}=\sqrt{\frac{707.5}{100}}=2.65(\text{元})$$

因为 $1-\alpha=0.95$，查表可得 $t=z_{\frac{\alpha}{2}}=1.96$，所以 $\Delta_{\bar{x}}=t\mu_{\bar{x}}=1.96\times2.65=5.19$ 元

$\bar{x}-\Delta_{\bar{x}}\leqslant\mu\leqslant\bar{x}+\Delta_{\bar{x}}=825-5.19\leqslant\mu\leqslant825+5.19$，即 819.81 元 $\leqslant\mu\leqslant830.1$ 元

故在 95% 的置信水平上，该地人均收入在 819.81～830.19 元。

$$（2）n=\frac{t^2\overline{\sigma^2}}{\Delta_{\bar{x}}^2}=\frac{1.96^2\times707.5}{4^2}=169.87\approx170(\text{人})$$

所以，应抽取从事农业劳动的人数为：170×7000/10000＝119 人，应抽取从事工业劳动的人数为：170×3000/10000＝51 人。

【例 7－19】 某地区有 10000 户家庭，按城市和农村户比例，按不重复抽样方法抽取 1000 户进行彩电拥有量调查，试以 80% 的概率推断该地区彩电拥有户比重的范围。

表 7－6　　农村和城市彩电拥有情况　　单位：户，%

家庭户	抽样户数	彩电拥有户比重
城市	300	80
农村	700	15

解：由题意可知，$p_1=0.8$，$p_2=0.15$，则

$$\bar{p}=\frac{\sum_{i=1}^{k}n_ip_i}{n}=(0.8\times300+0.15\times700)/1000=0.345$$

$$\overline{p_i(1-p_i)}=\frac{0.8\times(1-0.8)\times300+0.15\times(1-0.15)\times700}{1000}=0.13725$$

$$\mu_{\bar{p}}=\sqrt{\frac{\overline{p_i(1-p_i)}}{n}\left(1-\frac{n}{N}\right)}=\sqrt{\frac{0.13725}{1000}\left(1-\frac{1000}{10000}\right)}=0.0111$$

因为 $1-\alpha=0.8$，查表可得 $t=z_{\frac{\alpha}{2}}=1.28$，所以 $\Delta_p=z_{\alpha/2}\mu_{\bar{p}}=1.28\times0.0111=1.42\%$
$p-\Delta_p\leqslant\pi\leqslant p+\Delta_p=34.5\%-1.42\%\leqslant\pi\leqslant34.5\%+1.42\%=33.08\%\leqslant\pi\leqslant35.92\%$。

三、等距抽样

等距抽样也称机械抽样或系统抽样，它是先按某一标志对总体各单位进行排队，然后依一定顺序和间隔来抽取样本单位的一种抽样组织方式。由于这种抽样是在各单位大小顺序排队的基础上，再按某种规则依一定间隔抽取样本，因而可以保证所取得的样本单位比较均匀地分布在总体各个部分，有较高的代表性。作为各单位顺序排列的标志，既可以是无关标志，也可以是有关标志。

设总体由 N 个单位构成，现在需要抽取一个容量为 n 的样本，先将总体 N 个单位按无关标志排队，然后将 N 划分为 n 个相等部分，每部分包含 k 个单位，即 $N/n=k$。现在从第一部分顺序为 $1,2,\cdots,i,k$ 个单位中随机抽取第 i 个单位，而在第二部分抽取第 $i+k$ 单位，在第三部分抽取 $i+2k$ 单位，在第 n 个单位抽取 $i+(n-1)k$ 单位，共 n 个单位构成一个样本。由此可见，等距抽样每个样本单位的间隔均为 k，当第一个单位随机确定后，其余各个单位的位置也就固定了，这样方可抽取 k 套样本。

若按有关标志排列，并根据样本单位数加以 n 等分之后，对每一部分抽取一个样本单位有两种方法。

（一）半距中点取样，即取每一部分处于中间位置的单位

如第一部分顺序为 $1,2,\cdots,k$ 个单位中取第 $\frac{1}{2}k$ 个单位，第二部分取 $1\frac{1}{2}k$ 个单位，第三部分取 $2\frac{1}{2}k$ 个单位，…，第 n 部分取 $(n-1)\frac{1}{2}k$ 个单位。

（二）对称等距抽样

经过有关标志按大小顺序排队后，第一部分随机抽取第 i 个单位，第二部分则取这部分最终倒数第 i 个单位，如此反复使两组保持对称等距。如第一部分为 $1,2,\cdots,k$ 个单位中随机第 i 个单位，第二部分则取第 $2k-i$ 单位，第三部分取 $2k+i$ 单位，第四部分取 $4k-i$ 单位，…，第 $n-1$ 部分取第 $(n-2)k+1$ 单位，第 n 部分取 $nk-i$ 单位。共取 n 个单位构成样本。所以要对称等距抽样，这是因为按有关标志的顺序排队，当第一个取偏小标志值时，第二步战略目标会取偏大的标志值，这样既能实现随机原则，又可以从总体上取得比较有代表性的样本，而且一次排队可以随机抽取 k 套样本。

在等距抽样中，无论是无关标志还是有关标志排队，都要注意避免抽样间隔与现象本身的周期性节奏相重合，引起系统误差的影响。例如，农产量抽样调查，样本点的抽样间隔不宜与田间的长度相等。工业产品质量抽查，产品抽样时间间隔不宜与上下班时间一致，以免发生系统性的偏差，影响样本的代表性。

由于在总体按无关标志排列时，等距抽样近似于简单随机不重复抽样，所以，可按简单随机不重复抽样方法进行参数估计；当总体按有关标志排列时，等距抽样可视为类型抽样的特殊形式，只是分类更细致，层数更多，在各层只抽取 1 个单位。因此，可按

不重复类型抽样方法进行参数估计。

【例 7-20】 某保险公司的1000名投保人年龄呈正态分布，现将1000名投保人按姓名拼音字母顺序排列，等距抽取10人，其年龄分别为32岁、50岁、40岁、24岁、33岁、44岁、45岁、48岁、44岁、47岁。试以95%的置信水平估计该保险公司投保人的平均年龄。若要求抽样极限误差不超过2岁，则至少应抽取多少人？

解：由题意可知，$\bar{x}=\frac{\sum x}{n}=407/10=40.7$（岁），因为样本容量 $n=10<30$，$1-\alpha=0.95$，查表可知 $t=t_{\alpha/2}(10-1)=2.2622$，$s=\sqrt{\frac{\sum(x-\bar{x})^2}{n-1}}=\sqrt{634.1/9}=8.3938$（岁）。

由于总体按无关标志排列，所以，可按简单随机不重复抽样方法进行参数估计。

则 $\Delta_x=t\mu_x=t\sqrt{\frac{s^2}{n}\left(1-\frac{n}{N}\right)}=2.2622\times\sqrt{\frac{8.3938^2}{10}\left(1-\frac{10}{1000}\right)}=5.97$（岁）

$\bar{x}-\Delta_{\bar{x}}\leqslant\mu\leqslant\bar{x}+\Delta_{\bar{x}}=40.7-5.97\leqslant\mu\leqslant40.7+5.97=34.73\leqslant\mu\leqslant46.67$

故有95%的把握说，该保险公司投保人平均年龄为34.73~46.67岁。若要求抽样极限误差不超过2岁，则应抽取人数

$$n=\frac{Nt^2s^2}{N\Delta_x^2+t^2s^2}=\frac{1000\times2.2622^2\times8.3938^2}{1000\times2^2+2.2622^2\times8.3938^2}=82.7\approx83\text{（人）}$$

四、整群抽样

整群抽样是首先将总体中各单位归并成若干个互不交叉、互不重复的集合，我们称为群，然后以群为抽样单位抽取样本的一种抽样方式。

分群随机抽样一般步骤：首先，采用分群法，将母体分成若干群体；其次，按单纯随机抽样法选定群体作为样本；最后，对选中的群体中各个体进行调查。

整群抽样中的“群”可以分为两类。一类是根据行政、地域以及自然形成的群体，如学校（或班级）、工厂（或车间）等。抽取这一类群体主要是为了方便和节约费用。另一类是一个连续的总体，可由调查者根据需要来适当确定群的大小。例如，一个地块可以划分为不同大小面积的群，在这种情况下就必须研究如何分群，使方差和费用达到最优。在划分群时，根据方差分析的原理，当总体划分成群以后，总体方差可以分解为群间方差和群内方差两部分。这两部分相互制约，若群内方差大，则群间方差小；反之，群内方差小，则群间方差大。如果要使整群抽样误差减小为成为可能的话，在划分群时，应使群内方差尽可能地大，而使群间方差尽可能地小。

整群抽样的抽样误差受以下三个因素影响。

（1）抽出群数多少。假设所有的群数为 R，抽查的群的数目为 r。显然抽出的群的数目越多，则抽样误差越小。

（2）群间方差。群间方差也称组间方差，它说明群和群之间的差异程度。在整群抽样时，群内方差（组内方差）无论多大都不影响抽样误差。因为对每一个群来讲，进行

的是全面调查，不发生抽样误差的问题。

（3）抽样方法。整群抽样都采用不重复抽样的方法。

现在讨论整群抽样的参数估计。

设总体的全部 N 个单位被划分为 R 群，每个群中都含有 M_i 个单位。现从 R 群中按照不重复简单随机方式抽出 r 群作为样本，对选中的样本中的所有单位进行全面调查。若被抽中的第 i 群的均值是 $\bar{x}_i$，则样本均值为

$$\bar{x} = \frac{\sum_{i=1}^{r} \bar{x}_i M_i}{\sum_{i=1}^{r} M_i}$$

样本均值的方差为

$$\delta_{\bar{x}}^2 = \frac{\sum_{i=1}^{r} (\bar{x}_i - \bar{x})^2 M_i}{\sum_{i=1}^{r} M_i}$$

抽样平均误差为 $\hat{\mu}_{\bar{x}} = \sqrt{\frac{\delta_{\bar{x}}^2}{r}\left(\frac{R-r}{R-1}\right)}$。当 R 较大时，可用 $1-\frac{r}{R}$ 代替 $\frac{R-r}{R-1}$，则 $\hat{\mu}_{\bar{x}} = \sqrt{\frac{\delta_{\bar{x}}^2}{r}\left(1-\frac{r}{R}\right)}$。

抽样极限误差为 $\Delta_{\bar{x}} = t\hat{\mu}_{\bar{x}}$。

对应地，若被抽中的第 i 群的成数是 p_i，则样本成数为

$$\bar{p} = \frac{\sum_{i=1}^{r} p_i M_i}{\sum_{i=1}^{r} M_i}$$

样本成数的方差为

$$\delta_{\bar{p}}^2 = \frac{\sum_{i=1}^{r} (p_i - \bar{p})^2 M_i}{\sum_{i=1}^{r} M_i}$$

抽样平均误差为 $\hat{\mu}_{\bar{p}} = \sqrt{\frac{\delta_{\bar{p}}^2}{r}\left(\frac{R-r}{R-1}\right)}$。当 R 较大时，可用 $1-\frac{r}{R}$ 代替 $\frac{R-r}{R-1}$，则 $\hat{\mu}_{\bar{p}} = \sqrt{\frac{\delta_{\bar{p}}^2}{r}\left(1-\frac{r}{R}\right)}$。

抽样极限误差为 $\Delta_{\bar{p}} = t\hat{\mu}_{\bar{p}}$。

当每个群中都含有 M_i 个单位相等时，即为等群抽样，此时若将每个群看做一个单位，则 R 可看做总体单位数，对应的 r 是样本容量，则此时等群抽样可看做不重复随机

抽样。应抽取的群数为 $r=\dfrac{Rt^2\delta_{\bar{x}}^2}{R\Delta_{\bar{x}}^2+t^2\delta_{\bar{x}}^2}$ 或 $r=\dfrac{Rt^2\delta_{\bar{p}}^2}{R\Delta_{\bar{p}}^2+t^2\delta_{\bar{p}}^2}$。

【例7－21】 某连续生产企业为掌握某月份某种产品的一等品率，确定抽出5%的产品，即在全月连续生产的720个小时中，每隔20个小时抽取1小时的全部产品进行调查。调查结果一等品率为80%，群间方差为7%。

（1）请以95.45%的置信度对一等品率进行区间推断。

（2）若要抽样极限误差小于2%，则应抽取多少小时的产品进行调查？

解：

（1）由题意可知，$R=720$，$r=720\times5\%=36$，$\delta_{\bar{p}}^2=7\%$

$$\mu_{\bar{p}}=\sqrt{\frac{\delta_{\bar{p}}{}^2}{r}\left(1-\frac{r}{R}\right)}=\sqrt{\frac{0.07}{36}\left(1-\frac{36}{720}\right)}=4.3\%$$

因为 $1-\alpha=0.9545$，查表可得 $t=Z_{\frac{\alpha}{2}}=2$，所以 $\Delta_p=t\mu_{\bar{p}}=2\times4.3\%=8.6\%$

$$p-\Delta_p\leqslant\pi\leqslant p+\Delta_p=80\%-8.6\%\leqslant\pi\leqslant80\%+8.6\%=71.4\%\leqslant\pi\leqslant88.6\%$$

即在95.45%的置信水平上，一等品率的置信区间为71.4%～88.6%。

（2）若要抽样极限误差小于2%，则

$$r=\frac{Rt^2\delta_{\bar{p}}{}^2}{R\Delta_{\bar{p}}^2+t^2\delta_{\bar{p}}{}^2}=\frac{720\times2^2\times0.07^2}{720\times0.02^2+2^2\times0.07^2}=45.9\approx46(\text{个})$$

即至少应抽取46个小时的全部产品进行调查。

整群抽样因为是对中选群的全面调查，所以调查单位很集中，大大简便了抽样工作，节省经费开支。当然，整群抽样的可靠程度，主要还是取决于群与群之间的差异大小，各群之间的差异越小，整群抽样的结果越准确。因此，在大规模的抽样调查中，当群内各单位间的差异较大，而各群之间差异较小时，才可考虑采取整群抽样的方式。

五、多阶段抽样

多阶段抽样也称为多级抽样，是指在抽取样本时，分为两个及两个以上的阶段从总体中抽取样本的一种抽样方式。其具体操作过程：第一阶段，将总体分为若干个一级抽样单位，从中抽选若干个一级抽样单位入样；第二阶段，将入样的每个一级单位分成若干个二级抽样单位，从入样的每个一级单位中各抽选若干个二级抽样单位入样，依此类推，直到获得最终样本。

我们以两阶段抽样为例来学习多阶段抽样。我们假设在第一阶段将总体划分为 N 个子总体，每个子总体包含 M_i 个单位，又假设第一阶段抽出了 n 个子总体，第二阶段从这 n 个子总体中分别抽取了 m_i 个单位进行调查。

【例7－22】 某省共有53个县城，总共有2072个社区，现在采用两阶段抽样法估计该省每个社区所拥有的私家车的数量，具体的实施过程：（1）首先在所有的县城中随机抽取14个县城；（2）在中选的县城中随机抽取151个社区。调查的具体数据如表7－7所示，试在95.45%的置信水平下估计该省每个社区所拥有的私家车的数量。

表 7－7　　某省私家车拥有量抽样调查

样本县（i）	社区数 M_i	样本 m_i	私家车量 $\sum_{i=1}^{n}\sum_{j=1}^{m_i}X_{ij}$	$\overline{X}$	$m_i^2\ (\overline{X}_i-\overline{X})^2$	S_{2i}^2
1	46	11	88	8	2403.6	13.8
2	39	10	114	11.4	111.7	78.89
3	25	6	96	16	451.9	198.4
4	23	5	82	16.4	388.7	224.25
5	32	8	83	10.38	276.1	86.57
6	31	8	207	25.88	11531.3	1435.86
7	60	15	208	13.87	449.2	160.14
8	28	7	73	10.43	201.3	87.33
9	59	14	195	13.99	460.6	190.69
10	24	6	73	12.17	3	125.8
11	84	21	191	9.1	4969.8	72.3
12	30	7	79	11.29	66.7	63
13	64	16	226	14.12	708	75.47
14	66	17	166	9.76	2102.1	144.69
合计	611	151	1881	182.71	21124.2	—

解：样本均值 $\overline{X}=\dfrac{\sum_{i=1}^{n}\sum_{j=1}^{m_i}X_{ij}}{\sum_{i=1}^{n}m_i}=\dfrac{1881}{151}=12.4570$（辆）

$$\overline{m}=\frac{\sum_{i=1}^{n}m_i}{n}=\frac{151}{14}=10.7857,\quad \overline{M}=\frac{\sum_{i=1}^{N}M_i}{N}=\frac{2072}{53}=39.09$$

组间方差为 $S_b^2=\dfrac{\sum_{i=1}^{n}m_i^2\ (\overline{X}_i-\overline{X})^2}{\overline{m}^2(n-1)}=15.9519$

组内方差加权均值 $S_2^2=\dfrac{\sum_{i=1}^{n}m_iS_{2i}^2}{\sum_{i=1}^{n}m_i}=182.0941$，其中，组内方差为 $S_{2i}^2=\dfrac{\sum_{j=1}^{m_i}(X_{ij}-\overline{X}_i)^2}{m_i-1}$

抽样平均误差为：$\hat{\mu}_{\bar{x}}=\sqrt{\dfrac{S_b^2}{n}\left(1-\dfrac{n}{N}\right)+\dfrac{S_2^2}{n\overline{m}}\left(1-\dfrac{\overline{m}}{\overline{M}}\right)}=\sqrt{0.8384+0.8732}=1.3083$

抽样极限误差为：$\Delta_{\bar{x}}=t\mu_{\bar{x}}=2\times1.3083=2.6166$

区间估计为：$\overline{X}\perp\Delta_{\bar{x}}=12.4570\pm2.6166$

即在95.45%的置信水平下，该省每个社区所拥有的私家车的数量为9.84～15.07辆。

多阶段抽样既区别于分层抽样，也区别于整群抽样，其优点在于适用于抽样调查的面特别广，没有一个包括所有总体单位的抽样，或总体范围太大，无法直接抽取样本等情况，可以相对节省调查费用。其主要缺点是抽样时较为麻烦，而且从样本对总体的估计比较复杂。

六、各种抽样调查方式的比较

简单随机抽样、类型抽样和机械抽样都是直接从总体单位中抽取样本单位，因而可称为个体抽样。在个体抽样中，简单随机抽样是基本的组织方式，但当总体单位很多时，不容易组织简单随机抽样，因而简单随机抽样在实际工作中很少应用。

类型抽样是从各类型分别抽取单位，比较容易组织，并且经过分类，使各组的分布比较均匀，抽样平均指标的变异程度较小，各组都有中选机会，所以在总体各单位标志值大小悬殊的情况下，它比简单随机抽样更易得到较准确的结果。因而是一种优越的抽样调查方式。

机械抽样是类型抽样的特例，它是最容易组织的一种抽样调查，并且其准确度一般也高于简单随机抽样，故在实际工作中被广泛地采用。

整群抽样在抽样数目相同时，其准确度低于个体抽样方式。但整群抽样能够节省调查费用，并且可以用增加抽样数目的方法来达到所要求的准确度，故它仍不失为一种优越的抽样调查方式。

第六节　SPSS在参数估计的应用

一、总体均值和方差的点估计

（一）用频次分析模块来计算

（1）启动SPSS，调入样本值。

（2）依次点击“分析（A）→描述统计→频率（F）”，进入频次分析模块。

（3）在频次分析模块的主窗口中，把所需变量送入右框，点击“统计量（S）”按钮。系统弹出频次模块的统计子窗口。在此窗口中，选择左下角的标准差（T）、方差和右上角的均值（M），选择结果如图7-1所示。

（4）在点击“继续”返回频次模块的主窗口后，点击“确定”即可。

（二）用描述统计模块来计算

（1）启动SPSS，调入样本值。

（2）点击“分析（A）→描述统计→描述（D）”，进入描述统计模块。

（3）在此窗口中，把左框的身高变量送入右框。点击右上角的“选项（O）”，系统弹出选择输出统计值的窗口。在此窗口中，选择左列的均值（M）、标准差（T）与方差。选择结果如图7-2所示。

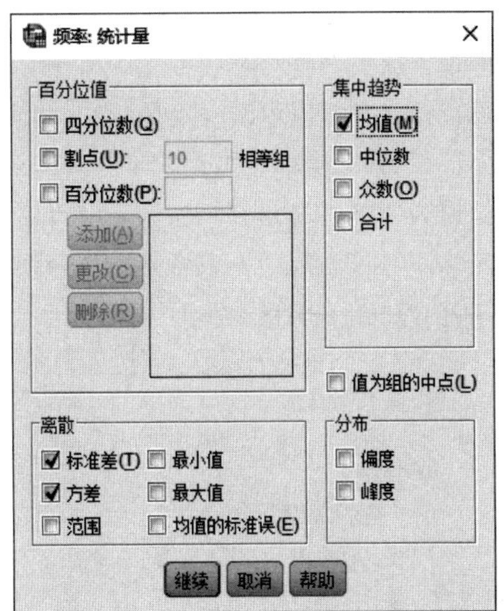

图 7－1　频次分析的输出的统计量的选择窗口

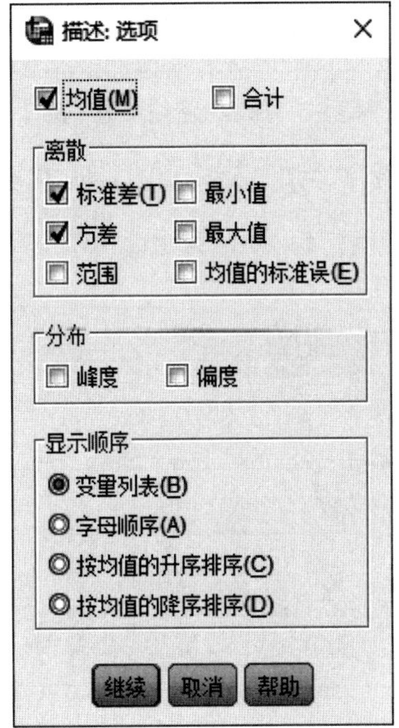

图 7－2　统计描述的选择窗口

（4）点击“继续”返回描述统计模块的主窗口后，点击“确定”即可。

二、总体均值（比率）置信区间估计

（1）在调入数据后，点击“分析（A）→描述统计→探索（E）”，此时系统弹出一个窗口。

（2）把需要的变量送入“因变量列表（D）”框中（如果图中左框中，有多个变量可供选择，可以选择多个变量，送入“变量列表框”）。左下角的输出小框的默认值是同时输出统计量和图形。既可以接受它，也可以改变它。

（3）点击“统计量（S）”按钮，系统弹出一个窗口（探索分析窗口）如图7－3所示。该窗口的系统默认值是输出均值95%的置信区间，既可以接受它，也可以改变它为99%的置信区间（直接点击95%可以修改），或者其他百分点的置信区间。

（4）点击“继续”，返回主窗口。点击“确定”即可。

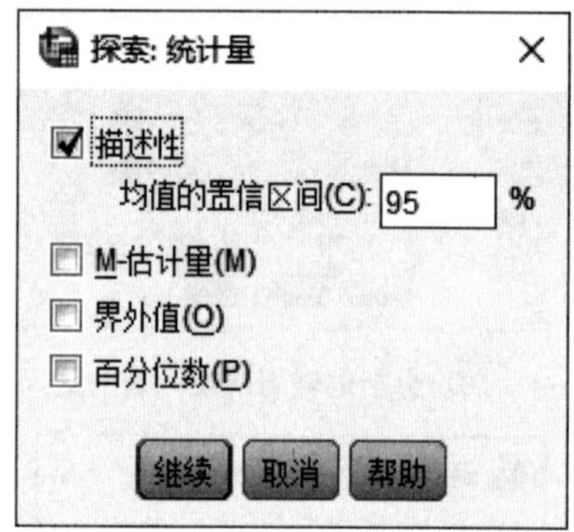

图7－3　探索分析统计选择窗口

三、用SPSS从 x 查 $p=p(X\leq x)$，从 p 查 x

在数据窗口中，点击“转换（T）→计算变量（C）”系统弹出窗口如图7－4所示。

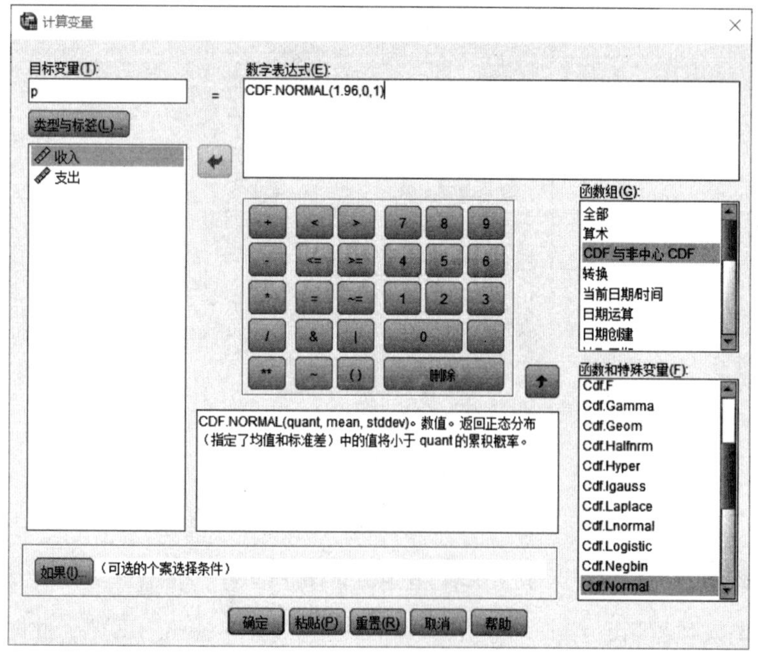

图7－4　计算变量的窗口

在这个窗口的右边中部，有一个“函数组（G）”框中的有诸多函数的函数组，从中选出所需要的函数组，从选出的函数组中可以选出所需要的函数，完成相应的计算。如可以从随机变量 X 的取值边界 x，计算出 $p(X \leqslant x)$ 的概率值；也可以反过来，从概率值 p，计算出 x 的值。

要计算服从 $N(0,1)$ 分布的 $x = 1.96$ 的概率值 $p(X \leqslant x = 1.96)$，在窗口中的“函数组（G）”框中，选中函数组“CDF 与非中心 CDF”（累积概率密度函数与非中心累积密度函数）。此时，该窗口右下方的“函数和特殊变量（F）”框中出现大量的可供选择的“累积概率密度函数”。这个“函数和特殊变量（F）”框中选择 Cdf. Normal 函数，这时，这个框左侧的框中出现对这个函数的解释用“↑”把这个函数送到上面的“数字表达式（E）”框中。此时，“数字表达式（E）”框中出现函数 CDF. NORMAL(?,?,?)这两步操作的结果。按照中下框里的文字解释，在“数字表达式（E）”框中把函数 CDF. NORMAL(?,?,?)的第一个问号，改为 1.96（x 的值），第二个问号改为 0（标准正态分布的均值），第三个问号改为 1（标准正态分布的标准差），也就是改为 CDF. NORMAL(1.96,0,1)。左上角的“目标变量（T）”框中，输入你想要的变量名，例如 p。点击“确定”，结果如图 7－5 所示。数据窗口中出现变量 p 的值是 0.98（取两位小数），即 $p(X \leqslant 1.96) = 0.98$。

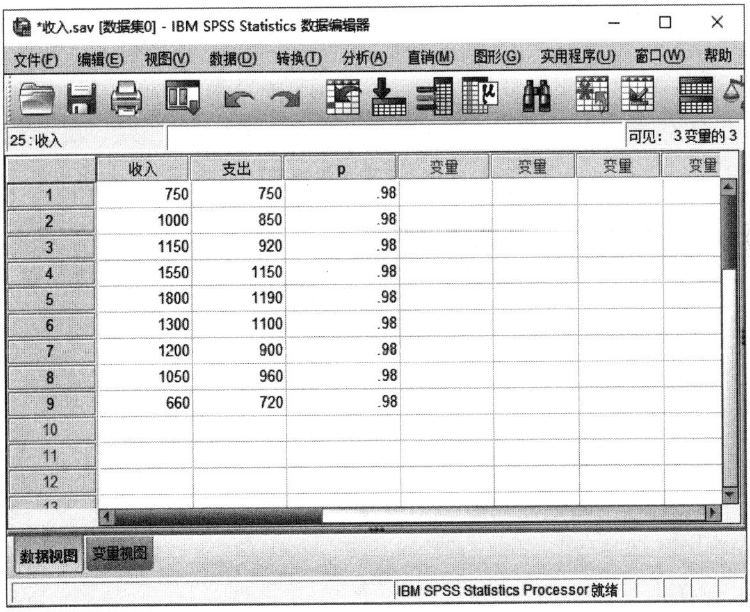

图 7－5　计算完毕 p 的显示窗口

从概率值反求 x 的点击方法类似上述过程。如 X 服从 $N(0,1)$ 分布，已知概率值 $P(X \leqslant x) = 0.975$，要计算 x 的值，可以类似于上述点击过程，在窗口的“函数组（G）”框（见图 7－6）中，选中函数组“逆 DF”（反概率密度函数）。此时，该窗口有下方的“函数和特殊变量（F）”框中出现大量的可供选择的“反概率密度函数”。选中正态分布的反函数“Idf. Normal”，并用“↑”把这个函数送到上方的“数字表达式(E)”框中，并把该框中的函数 IDF. NORMAL(?,?,?)，改为 IDF. NORMAL(0.975,0,1)，在左上角的“目标变量（T）”框中的变量名定义为你想要的名字，例如 x。点击“确定”，结果如图 7－7 所示。数据窗口中就会出现变量 x，其值为 1.96。

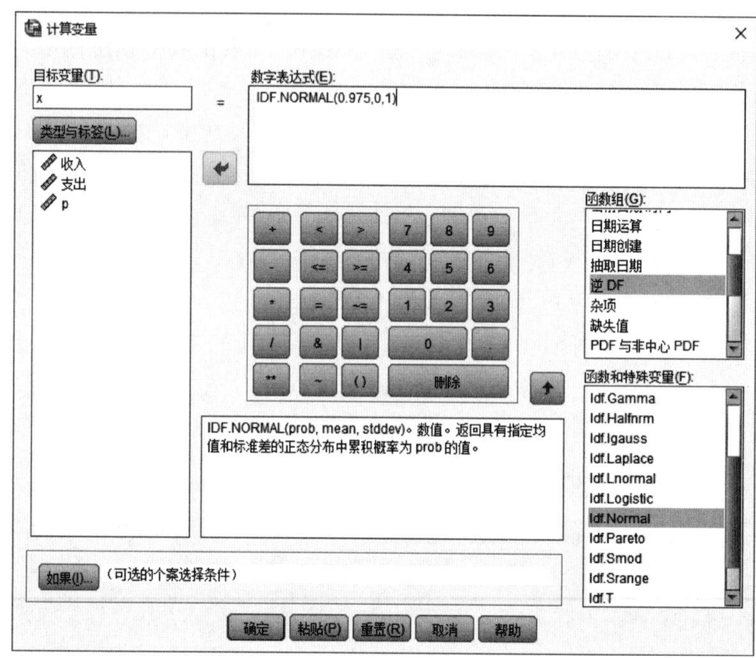

图 7－6　计算变量的窗口

*收入.sav [数据集0] - IBM SPSS Statistics 数据编辑器

文件(F)　编辑(E)　视图(V)　数据(D)　转换(T)　分析(A)　直销(M)　图形(G)　实用程序(U)　窗口(W)　帮助

可见：4 变量的 4

	收入	支出	p	x	变量	变量
1	750	750	.98	1.96		
2	1000	850	.98	1.96		
3	1150	920	.98	1.96		
4	1550	1150	.98	1.96		
5	1800	1190	.98	1.96		
6	1300	1100	.98	1.96		
7	1200	900	.98	1.96		
8	1050	960	.98	1.96		
9	660	720	.98	1.96		
10						
11						
12						

数据视图　变量视图

IBM SPSS Statistics Processor 就绪

图 7－7　计算完毕 x 的显示窗口

思考与练习题

1. 设总体 X 在 $[a,b]$ 上服从均匀分布，a,b 未知，$X_1,X_2,\cdots,X_n$ 是来自总体 X 的样本，试求 a,b 的矩估计量。

$(\hat{a} = A_1 - \sqrt{3(A_2 - A_1^2)} = \overline{X} - \sqrt{\dfrac{3}{n}\sum\limits_{i=1}^{n}(X_i - \overline{X})^2}$；

$\hat{b} = A_1 + \sqrt{3(A_2 - A_1^2)} = \overline{X} + \sqrt{\dfrac{3}{n}\sum\limits_{i=1}^{n}(X_i - \overline{X})^2}$

2. 设 $X \sim b(1,p)$，$X_1,X_2,\cdots,X_n$ 是来自 X 的一个样本，试求参数 p 的最大似然估计量。$(\hat{p} = \overline{X})$

3. 设总体为 $X \sim N(\mu,\sigma^2)$，σ^2 已知，μ 未知，设 $X_1,X_2,\cdots,X_n$ 是来自总体 X 的样本，求 μ 的置信水平为 $1-\alpha$ 的置信区间。$(\overline{X} - \dfrac{\sigma}{\sqrt{n}}z_{\frac{\alpha}{2}},\overline{X} + \dfrac{\sigma}{\sqrt{n}}z_{\frac{\alpha}{2}})$

4. 从某电器元件厂生产的二极管中随机重复抽取 7 支进行寿命检查，结果如下：(单位：h) 1487，1394，1507，1528，1409，1587，1500。若已知二极管寿命方差为 502，试对灯泡的平均寿命在置信度 95% 下进行区间估计。(1487 ±5. 2382)

5. 某无线电厂新设计了一种改普通电视机为遥控电视机的遥控器，为了预测销路，在有 300 万人口的某地区调查了 400 名成年人，结果有 350 人对遥控器十分感兴趣，试预测该市应投放多少台遥控器？(置信度 90%) (87. 5% ±2. 71%)

6. 某汽车玩具生产厂对所生产的产品进行质量抽样检验，采用重置抽样的方法，抽取样品 200 辆，样品的优质率为 85%，要求以 90% 的把握度推断该企业生产的全部汽车玩具产品优质品率的区间范围。(85% ±4. 15%)

7. 某地国税局对该地区下属的两个分局做工作调查，每一家的分局均抽取 25 个由纳税单位组成的简单随机样本。调查显示的数据如表 7－8 所示。假设两个总体均服从正态分布。试建立两个分局纳税单位纳税均值之差的置信度为 95% 的置信区间。([－1902，－1098])

表 7－8　　调查数据　　单位：美元

国税局名称	样本单位纳税均值	样本单位纳税标准差
1	7500	700
2	9000	750

8. 某市邮政银行对本地区两个储蓄所储户的存款余额进行调查，为此从每家储蓄所中各抽取 25 个储户组成简单随机样本。样本标准差分布为 700 元和 750 元。如果两个总体均服从正态分布，试建立在 95% 的置信度下两储户所储户存款余额的方差比的置信区间。([0. 3837，1. 9774])

9. 假定 $n_1 = n_2$，边际误差 $\Delta = 0.05$，相应的置信水平为 95%，试估计两个样本比例之差 $\pi_1 - \pi_2$ 时所需要的样本容量为多少？(769)

10. 某市教育局想调查参加辅导班的同学和没有参加辅导班的同学考试成绩平均分数差值的置信区间。已知参加辅导班同学的考试分数的方差为 $\sigma_1^2=90$，没有参加辅导班同学的考试分数的方差为 $\sigma_2^2=120$，设置信水平为95%，要求估计的边际误差不超过5分，试求应该在两个班分别抽取多少名学生进行调查？（33）

11. 某地财政局对本地居民的2009年收入情况进行抽样调查。将总体50个人数相同的小区划分为10个小组。该财政局用两阶段随机抽样，具体的实施步骤是先在10个小组中随机选取3个，再从每个小组中抽取3个小区有作为样本，具体的数据如表7-9所示。试求：（1）估计该地区该年的收入总量；（2）样本均值的标准差。（73450千美元；66.76千美元）

表7-9　　居民收入调查　　单位：千美元

选择的区域	居民收入总量
1	576 585 594
2	635 650 665
3	820 850 880

第八章

假设检验

第一节　假设检验的基本概念

一、假设检验的基本思想

假设检验在经济管理中应用非常广泛，现实实践中经常需要对某个“假设”作出判断，以确定它是真的还是假的。假设检验是指先对总体参数提出某种假设，然后利用样本信息判断假设是否成立的过程。

假设检验的基本思想是小概率原理。小概率原理是指小概率事件在一次试验中是几乎不可能发生的。若对总体某个假设是真实的，则不利于或不能支持这一假设的小概率事件在一次试验中几乎是不可能发生的，要是在一次试验中这一事件竟然发生了，有理由怀疑这一假设的真实性，从而拒绝所提出的总体参数假设。

【例8-1】　某批发商欲从批发商家购进一批灯泡，根据合同规定，灯泡的寿命平均不能低于1000个小时。已知灯泡寿命服从正态分布，标准差为20个小时，在总体中随机抽取100只灯泡，测得样本均值为980个小时。该批发商考虑，样本结果与合同规定是否有显著差异？批发商是否应该购买这批灯泡？

解：对上述问题应该如何作出判断呢？假定样本测定的结果不是980个小时而是900个小时或更小，从直观上就会怀疑原假设的真实性而否定它。现在的问题是样本平均使用寿命为980个小时，这固然与合同规定的1000个小时有差异，但是根据这种差异却难以直观地作出判断，无法决定购买还是拒绝这批灯泡。因为样本具有随机性，980个小时与1000个小时这点差异可能是由样本的随机性造成的。因此，要对原假设作出接受或拒绝的抉择，必须根据研究的问题和决策条件，对样本值与原假设的差异进行分析，若有充分理由认为这种差异并非完全由偶然的随机因素造成的，即认为差异是显著的，才能拒绝原假设，否则必须接受原假设。

二、假设检验的步骤

假设检验一般包括提出原假设和备选假设、确定适当的检验统计量、选择显著性水

平 α 并确定临界值、计算检验统计量值、作出统计决策五个步骤。

(一）提出原假设和备择假设

原假设通常是研究者想收集证据予以反对的假设，又称零假设，是待检验的假设，用 H_0 表示；备选假设是研究者想收集数据予以支持的假设，又称研究假设，用 H_1 表示。原假设总是含有等号“=”，原假设和备选假设是相互对立的，检验结果二者必有其一。接受 H_0，则必须拒绝 H_1；反之拒绝 H_0，则必须接受 H_1。

原假设和备择假设不是随意提出的，应根据所检验问题的具体背景而定。通常采取“不轻易拒绝原假设”原则，即没有充分的理由是不能轻易以否定的命题作为原假设。表 8－1是假设的三种基本形式。其中，左侧检验和右侧检验又称单侧检验。

表 8－1　　假设的形式

假设	研究的问题		
	双侧检验	左侧检验	右侧检验
H_0	$\mu = \mu_0$	$\mu \geqslant \mu_0$	$\mu \leqslant \mu_0$
H_1	$\mu \neq \mu_0$	$\mu < \mu_0$	$\mu \leqslant \mu_0$

(二）确定适当的检验统计量

检验统计量是指用于假设检验问题的统计量。不同的假设检验问题需要选用不同的统计量，选择统计量的方法与参数估计相同，需要考虑是大样本还是小样本，总体方差已知还是未知。

常用的检验统计量有 z，t，χ^2，其基本形式分别为

$$z = \frac{\bar{x} - \mu_0}{\sigma/\sqrt{n}},\ t = \frac{\bar{x} - \mu_0}{s/\sqrt{n}},\ \chi^2 = \frac{(n-1)s^2}{\sigma^2}$$

(三）选择显著性水平 α，确定临界值

显著性水平是一个概率值，其表示为原假设为真时，拒绝原假设的风险，用 α 表示。假设检验应用了小概率事件实际不发生的原理，α 就是小概率。但要小到什么程度才算小概率？对此并没有统一的标准，通常取 $\alpha = 0.01$，0.05，0.10。给定了显著性水平 α，可以由有关的概率分布查表得临界值，从而确定原假设（H_0）的接受域和拒绝域。

(四）作出统计决策

根据样本资料计算出检验统计量值，并与临界值比较，作出接受或拒绝原假设 H_0 的结论。若检验统计量落在接受域内，则说明样本所描述的情况与原假设没有显著性差异，应接受原假设；反之，则拒绝原假设。

三、假设检验中的两类错误

假设检验在接受或拒绝原假设 H_0 时所作出的判断，是基于样本信息给出的。然而，由于样本具有随机性，根据样本作出判断有可能犯两类错误。一类错误是原假设正确，

但是按检验规则却拒绝了原假设。这类错误称为弃真错误或第Ⅰ类错误，其发生的概率为 α；另一类错误是原假设不正确，但按检验规则却接受了原假设。这种错误称为取伪错误或第Ⅱ类错误，其发生的概率为 β。假设检验中的决策结论与两类错误如表 8 - 2 所示。

表 8 - 2　　假设检验的结论与后果

	H_0 为真	H_0 为假
拒绝原假设 H_0	犯第Ⅰ类错误	正确
接受原假设 H_0	正确	犯第Ⅱ类错误

通常希望犯这两类错误的概率尽可能地小。但是在一定的样本容量下，减小 α 值会引起 β 值增大；减小 β 值会引起 α 值增大。鉴于这种情况，统计学家提出在控制犯第Ⅰ类错误概率 α 的条件下，尽量使犯第Ⅱ类错误的概率 β 减小，即原假设要受到充分维护，使它不致轻易被否定；若否定原假设，说明否定的理由是充分的。

第二节　单一总体参数的假设检验

一、单一正态总体均值的检验——总体方差已知

由于 σ 已知，应取统计量，即

$$z = \frac{\bar{x} - \mu_0}{\sigma / \sqrt{n}} \sim N(0,1)$$

给定显著性水平 α，则

(1) $H_0: \mu = \mu_0$，$H_1: \mu \neq \mu_0$，检验规则为

当 $|z| \geqslant z_{\alpha/2}$ 时，拒绝 H_0；当 $|z| < z_{\alpha/2}$ 时，接受 H_0。

(2) $H_0: \mu \leqslant \mu_0$，$H_1: \mu > \mu_0$，检验规则为

当 $z \geqslant z_\alpha$ 时，拒绝 H_0；当 $z < z_\alpha$ 时，接受 H_0。

(3) $H_0: \mu \geqslant \mu_0$，$H_1: \mu < \mu_0$，检验规则为

当 $z \leqslant -z_\alpha$ 时，拒绝 H_0；当 $z > -z_\alpha$ 时，接受 H_0。

注：当总体为非正态分布，且样本为大样本，即样本容量 ≥ 30 时，根据中心极限定理，可以近似地选择 z 统计量。

【例 8 - 2】　根据过去大量资料，某公司生产的保温产品的使用寿命服从正态分布 $(\mu = 1020, \sigma^2 = 10000)$。现在从最近生产的一批产品中随机抽取 16 件，测得样本平均寿命为 1080 小时。试在 0.05 的显著性水平下判断这批产品的使用寿命是否显著提高？

解：根据题意，要检验的假设为

$$H_0: \mu \leqslant 1020,\ H_1: \mu > 1020$$

由于总体服从正态分布，且总体方差已知，所以选取 z 检验统计量，即

$$Z = \frac{\bar{x} - \mu_0}{\sigma/\sqrt{n}} = \frac{1080 - 1020}{100/\sqrt{16}} = 2.4$$

查表得 $z_{0.05} = 1.645$，由于 $z > z_{0.05}$，所以拒绝 H_0，而接受 H_1，即这批产品的寿命确有显著提高。

二、正态总体均值的检验——总体方差未知

由于 σ 未知，应取统计量，即

$$t = \frac{\bar{x} - \mu_0}{s/\sqrt{n}} \sim t(n-1)$$

给定显著性水平 α，则

(1) $H_0: \mu = \mu_0$，$H_1: \mu \neq \mu_0$，检验规则为

当 $|t| \geqslant t_{\frac{\alpha}{2}}(n-1)$ 时，拒绝 H_0；当 $|t| < t_{\frac{\alpha}{2}}(n-1)$ 时，接受 H_0。

(2) $H_0: \mu \leqslant \mu_0$，$H_1: \mu > \mu_0$，检验规则为

当 $t \geqslant t_{\alpha}(n-1)$ 时，拒绝 H_0；当 $t < t_{\alpha}(n-1)$ 时，接受 H_0。

(3) $H_0: \mu \geqslant \mu_0$，$H_1: \mu < \mu_0$，检验规则为

当 $t \leqslant -t_{\alpha}(n-1)$ 时，拒绝 H_0；当 $t > -t_{\alpha}(n-1)$ 时，接受 H_0。

注：当 $n \geqslant 30$ 时，根据中心极限定理，可以近似地选择 z 统计量 $z = \frac{\bar{x} - \mu_0}{s/\sqrt{n}} \sim N(0,1)$。

【例 8-3】 某汽车轮胎厂声称，该厂一等轮胎的平均寿命在一定重量和正常行驶的条件下高于 25000 公里的国家标准。对一个由 15 个轮胎组成的随机样本进行试验，得到平均值和标准差分别为 27000 公里和 5000 公里。假定轮胎寿命近似服从正态分布，试问是否可以相信产品与厂家所描述的情况相符？($\alpha = 0.05$)

解：根据题意可知，要检验的假设为

$$H_0: \mu \leqslant 25000,\ H_1: \mu > 25000$$

由于总体近似服从正态分布，总体方差未知且为小样本，所以选取 t 检验统计量，即

$$t = \frac{\bar{x} - \mu_0}{s/\sqrt{n}} = \frac{27000 - 25000}{5000/\sqrt{15}} = 1.55$$

查 t 分布表可得 $t_{\alpha}(n-1) = t_{0.05}(15-1) = 1.7613$。由于 $t < t_{0.05}(14)$，所以接受 H_0，即没有充分的理由相信该制造厂轮胎的平均寿命高于国家标准。

三、总体比率的检验——大样本

总体比率是指总体中具有某种相同特征的个体所占的比值，用字母 p 表示。用 p_0 对总体比率的某一假设值，用 $\hat{p}$ 表示样本比率。构造样本统计量，即

$$z=\frac{\hat{p}-p_0}{\sqrt{\frac{p_0\times(1-p_0)}{n}}}\sim N(0,1)$$

给定显著性水平 α，则

(1) $H_0: p=p_0$，$H_1: p\neq p_0$，检验规则为

当 $|z|\geqslant z_{\alpha/2}$ 时，拒绝 H_0；当 $|z|<z_{\alpha/2}$ 时，接受 H_0。

(2) $H_0: p\leqslant p_0$，$H_1: p>p_0$，检验规则为

当 $z\geqslant z_\alpha$ 时，拒绝 H_0；当 $z<z_\alpha$ 时，接受 H_0。

(3) $H_0: p\geqslant p_0$，$H_1: p<p_0$，检验规则为

当 $z\leqslant -z_\alpha$ 时，拒绝 H_0；当 $z>-z_\alpha$ 时，接受 H_0。

【例 8-4】 某化肥厂生产合成氨，按规定含氮量为 80%，现在每小时取 50 千克，一班 8 小时共抽 400 千克进行检验，测得平均浓度为 84%，试以 0.05 的显著性水平检验质量有没有明显的差异？

解：根据题意可知，要检验的假设为

$$H_0: p=0.8,\ H_1: p\neq 0.8$$

由于是在大样本条件下，所以选取的 z 检验统计量为

$$Z=\frac{\hat{p}-p_0}{\sqrt{\frac{p_0\times(1-p_0)}{n}}}=\frac{0.84-0.8}{\sqrt{\frac{0.8\times(1-0.8)}{400}}}=2$$

查表得 $z_{0.025}=1.96$，由于 $z\geqslant z_{0.025}$，所以拒绝 H_0 而接受 H_1，即认为合成氨含氮量和标准含量有明显差别。

四、总体方差的检验

总体方差（σ^2）的检验，无论样本容量 n 的大小，都要求总体服从正态分布。

构造 χ^2 检验统计量：$\chi^2=\frac{(n-1)s^2}{\sigma_0^2}$，给定显著性水平 α，则

(1) $H_0: \sigma^2=\sigma_0^2$，$H_1: \sigma^2\neq\sigma_0^2$，检验规则为

当 $\chi^2\geqslant\chi^2_{\frac{\alpha}{2}}(n-1)$ 或 $\chi^2\leqslant\chi^2_{1-\frac{\alpha}{2}}(n-1)$ 时，拒绝 H_0；当 $\chi^2_{1-\frac{\alpha}{2}}(n-1)\leqslant\chi^2\leqslant\chi^2_{\frac{\alpha}{2}}(n-1)$ 时，接受 H_0。

(2) $H_0: \sigma^2\leqslant\sigma_0^2$，$H_1: \sigma^2>\sigma_0^2$，检验规则为

当 $\chi^2\geqslant\chi^2_\alpha(n-1)$ 时，拒绝 H_0；当 $\chi^2<\chi^2_\alpha(n-1)$ 时，接受 H_0。

(3) $H_0: \sigma^2\geqslant\sigma_0^2$，$H_1: \sigma^2<\sigma_0^2$，检验规则为

当 $\chi^2\leqslant\chi^2_{1-\alpha}(n-1)$，拒绝 H_0；当 $\chi^2>\chi^2_{1-\alpha}(n-1)$ 时，接受 H_0。

【例 8-5】 一家超市从一家生产玻璃器皿的厂家订购了一批玻璃杯，要求其折射率的标准差不能超过 0.01。到货后，随机抽出一个容量为 20 个玻璃杯的样本进行检测，发现样本折射率的标准差为 0.015，试问当 $\alpha=0.01$ 时，该超市应该接受还是拒绝这批

玻璃杯？

解：根据题意可知，要检验的假设为

$$H_0: \sigma^2 \leqslant 0.01^2 = 0.0001;\ H_1: \sigma^2 > 0.01^2 = 0.0001$$

选取χ^2 检验统计量为

$$\chi^2 = \frac{(n-1)s^2}{\sigma_0^2} = \frac{(20-1) \times 0.015}{0.01^2} = 42.75$$

查χ^2 分布表得$\chi^2_{0.01}(20-1) = 36.196$。由于$\chi^2 > \chi^2_{0.01}(19)$，所以拒绝$H_0$，即这批玻璃杯折射率超过了标准，因此该超市应该拒绝接受这批玻璃杯。

第三节　两个总体参数的假设检验

两个总体均值之差的三种基本假设检验形式为

双侧检验 $H_0: \mu_1 - \mu_2 = 0$，$H_1: \mu_1 - \mu_2 \neq 0$；

左侧检验 $H_0: \mu_1 - \mu_2 \geqslant 0$，$H_1: \mu_1 - \mu_2 < 0$；

右侧检验 $H_0: \mu_1 - \mu_2 \leqslant 0$，$H_1: \mu_1 - \mu_2 > 0$。

根据样本的获得方式不同，两个总体均值的检验分为独立样本和匹配样本两种情形，并且有大样本与小样本之分。

一、两个总体均值之差的检验：独立样本

（一）大样本的检验方法

1. 当两个总体的方差σ_1^2, σ_2^2已知时，两个样本均值之差$\bar{x}_1 - \bar{x}_2$的抽样分布近似服从正态分布，即

$$z = \frac{(\bar{x}_1 - \bar{x}_2) - (\mu_1 - \mu_2)}{\sqrt{\frac{\sigma_1^2}{n_1} + \frac{\sigma_2^2}{n_2}}}$$

2. 当两个总体方差σ_1^2，σ_2^2未知时，可以分别用样本方差s_1^2，s_2^2替代，即

$$z = \frac{(\bar{x}_1 - \bar{x}_2) - (\mu_1 - \mu_2)}{\sqrt{\frac{s_1^2}{n_1} + \frac{s_2^2}{n_2}}}$$

【例8－6】　甲、乙两家公司生产某种弹性材料。已知该种材料的抗压强度服从正态分布，并且$\sigma_甲^2 = 63^2, \sigma_乙^2 = 57^2$。从甲厂中抽取81个样品，测得$\bar{x}_甲 = 1070\text{kg/cm}^2$；从乙厂中随机抽取64个样品，测得$\bar{x}_乙 = 1020\text{kg/cm}^2$。试求能否根据以上事实来判断两厂生产的产品的抗压程度相同（$\alpha = 0.05$）？

解：由于本题所问的是抗压程度是否相同，并没有涉及方向问题，所以选用双侧检验。

建立假设：

$H_0: \mu_1 - \mu_2 = 0$，产品的抗压程度相同；$H_1: \mu_1 - \mu_2 \neq 0$，产品的抗压程度不同。

由于本题中两种样品的方差均为已知，所应选的统计量为

$$z = \frac{(\bar{x}_1 - \bar{x}_2) - (\mu_1 - \mu_2)}{\sqrt{\frac{\sigma_1^2}{n_1} + \frac{\sigma_2^2}{n_2}}} = \frac{(1070 - 1020) - 0}{\sqrt{\frac{63^2}{81} + \frac{57^2}{64}}} = 5.005$$

查正态分布表得 $z_{0.05/2} = 1.96$。由于 $z > z_{0.05/2}$，所以拒绝原假设，接受 H_1，即两厂生产的产品的抗压程度不相同。

（二）小样本的假设检验方法

在两个样本都为独立小样本的情况下，检验两个总体的均值之差时，需要假定两个总体都服从正态分布。检验时有以下四种情况。

1. 总体服从正态分布，当两个总体方差 σ_1^2 和 σ_2^2 已知时，无论样本容量的大小，两个样本均值之差都服从正态分布，即

$$z = \frac{(\bar{x}_1 - \bar{x}_2) - (\mu_1 - \mu_2)}{\sqrt{\frac{\sigma_1^2}{n_1} + \frac{\sigma_2^2}{n_2}}}$$

2. 总体服从正态分布，当两个总体的方差 σ_1^2 和 σ_2^2 未知但相等时，即 $\sigma_1^2 = \sigma_2^2$，则需要用两个样本的方差 s_1^2 和 s_2^2 来估计，这里需要将两个样本的数据组合在一起，以给出总体方差的合并估计量，用 s_p^2 表示，计算公式为 $s_p^2 = \frac{(n_1 - 1)s_1^2 + (n_2 - 1)s_2^2}{n_1 + n_2 - 2}$，两个样本均值服从自由度为（$n_1 + n_2 - 2$）的 t 分布，即

$$t = \frac{(\bar{x}_1 - \bar{x}_2) - (\mu_1 - \mu_2)}{s_p\sqrt{\frac{1}{n_1} + \frac{1}{n_2}}}$$

3. 总体服从正态分布，当两个总体的方差 σ_1^2 和 σ_2^2 未知且不相等，即 $\sigma_1^2 \neq \sigma_2^2$ 时，如果两个样本的容量相等，即 $n_1 = n_2 = n$，两个样本均值服从自由度为 $n_1 + n_2 - 2$ 的 t 分布，即

$$t = \frac{(\bar{x}_1 - \bar{x}_2) - (\mu_1 - \mu_2)}{\sqrt{\frac{s_1^2}{n_1} + \frac{s_2^2}{n_2}}}$$

4. 总体服从正态分布，当两个总体的方差 σ_1^2 和 σ_2^2 未知且不相等，即 $\sigma_1^2 \neq \sigma_2^2$ 时，且两个样本的容量也不相等，即 $n_1 \neq n_2$ 时，两个样本均值之差不再服从自由度为（$n_1 + n_2 - 2$）的 t 分布，而是近似服从自由度为 ν 的 t 分布，即

$$t = \frac{(\bar{x}_1 - \bar{x}_2) - (\mu_1 - \mu_2)}{\sqrt{\frac{s_1^2}{n_1} + \frac{s_2^2}{n_2}}}$$

其中，$\nu = \dfrac{\left(\dfrac{s_1^2}{n_1}+\dfrac{s_2^2}{n_2}\right)^2}{\dfrac{(s_1^2/n_1)^2}{n_1-1}+\dfrac{(s_2^2/n_2)^2}{n_2-1}}$。$v$ 的计算结果一般为非整数，需四舍五入后再查 t 分布表。

【例 8-7】 已知有两种方法可以制造某种抗摔性产品，根据资料可以查得两种方法生产的产品的标准差分别为 3kg 和 4kg。从两种工艺生产的产品中各抽取一个随机样本，$n_1=10, n_2=14$，$\bar{x}_1=20$kg，$\bar{x}_2=17$kg。试求在两种生产工艺下生产出来的产品的抗摔性是否有明显差异？

解：由于要求的是"在两种生产工艺下生产出来的产品的抗摔性是否有明显差异?"并未涉及方向的问题，所以选用双侧检验。根据题意，作假设：

$H_0: \mu_1-\mu_2=0$，产品的抗摔性没有明显差异；$H_1: \mu_1-\mu_2\neq 0$，产品的抗摔性有明显差异。

由于 σ_1^2 和 σ_2^2 均为已知，应选用 z 作为统计量检验，即

$$z=\frac{(\bar{x}_1-\bar{x}_2)-(\mu_1-\mu_2)}{\sqrt{\dfrac{\sigma_1^2}{n_1}+\dfrac{\sigma_2^2}{n_2}}}=\frac{(27-17)-0}{\sqrt{\dfrac{3^2}{10}+\dfrac{4^2}{14}}}=2.1$$

查正态分布表得 $z_{\alpha/2}=1.96$。由于 $z>z_{\alpha/2}$，所以拒绝原假设，接受 H_1，即在两种生产工艺下生产出来的产品的抗摔性有明显差异。

二、两个总体均值之差的检验：匹配样本

独立样本提供的数据值可能因为样本个体在其他因素方面的"不同质"而对它们所提供的有关总体均值的信息产生干扰，为有效排除样本个体之间这些"额外"差异带来的误差，可以考虑选用匹配样本时两个总体均值之差的假设检验。

配对样本是指样本 $x_1, x_2, \cdots, x_n$ 与 $y_1, y_2, \cdots, y_n$，不可以独立颠倒顺序。如果独立颠倒，就会改变问题的性质。例如，用两套问卷测量 20 个管理人员的素质，两套问卷的满分都是 200 分。两套问卷的测量结果 $x_1, x_2, \cdots, x_n$ 与 $y_1, y_2, \cdots, y_n$，不能独立地颠倒顺序。因为每一个被测量的人都有两个分值（x_i，y_i）。如果独立地颠倒其中任何一组样本的顺序，则被测人的分值就被改变了。

首先定义几个新的符号：

d_i：第 $i(i=1,2,\cdots,n)$ 个配对样本数据的差值；

$\bar{d}$：配对样本数据差值的平均值，即 $\bar{d}=\dfrac{\sum_{i=1}^{n} d_i}{n}$；

s_d^2：配对样本数据差值的方差，即 $s_d^2=\dfrac{\sum_{i=1}^{n}(d_i-\bar{d})^2}{n-1}$。

在检验时，需要假定两个总体配对差值构成的总体服从正态分布，而且配对差是由差值总体中随机抽取的。对于大样本情形，配对差值经过标准化后服从正态分布，即

$$z = \frac{\bar{d} - (\mu_1 - \mu_2)}{s_d/\sqrt{n}} \sim N(0,1)$$

而对于小样本情形，配对差值经过标准化后服从自由度为 $n-1$ 的 t 分布，即

$$t = \frac{\bar{d} - (\mu_1 - \mu_2)}{s_d/\sqrt{n}} \sim t(n-1)$$

匹配样本情形下两个总体均值之差的检验方法如表 8－3 所示。

表 8－3　　匹配样本情形下两个总体均值之差的检验方法

	双侧检验	左侧检验	右侧检验
假设形式	$H_0: \mu_1 - \mu_2 = 0$, $H_1: \mu_1 - \mu_2 \neq 0$	$H_0: \mu_1 - \mu_2 \geq 0$, $H_1: \mu_1 - \mu_2 < 0$	$H_0: \mu_1 - \mu_2 \leq 0$, $H_1: \mu_1 - \mu_2 > 0$
检验统计量	（大样本）$z = \frac{\quad}{s_d/\sqrt{n}} \sim N(0,1)$；（小样本）$t = \frac{\quad}{s_d/\sqrt{n}} \sim t(n-1)$		
α 与拒绝域	（大样本）$\lvert z \rvert \geq z_{\frac{\alpha}{2}}$； （小样本）$\lvert t \rvert \geq t_{\frac{\alpha}{2}}(n-1)$	（大样本）$z < -z_\alpha$； （小样本）$t < -t_\alpha(n-1)$	（大样本）$z > z_\alpha$； （小样本）$t > t_\alpha(n-1)$

【例 8－8】　用两套问卷测量 20 个管理人员的素质，两套问卷的满分都是 200 分。两套问卷的测量结果如表 8－9 所示。试问两套问卷所得结果的平均值有无显著差异？（$\alpha = 0.05$）

表 8－4　　配对数据

卷 A	147	146	152	154	155	152	149	148	151	152
卷 B	150	151	148	147	146	147	148	146	150	150
卷 A	147	146	147	150	149	149	152	147	154	153
卷 B	146	146	148	153	147	146	148	149	152	150

解：由于要求的是"两套问卷所得结果的平均值有无显著差异"并未涉及方向的问题，所以选用双侧检验。根据题意，作假设：

$$H_0: \mu_1 - \mu_2 = 0;\ H_1: \mu_1 - \mu_2 \neq 0$$

根据样本数据，计算可得 $u_1 = 150$，$u_2 = 148.4$，进而得到 $\bar{d} = 1.6$，$s_d = 3.409$。由于是小样本，应选用 t 作为统计量检验，即

$$t = \frac{\bar{d}}{s_d/\sqrt{n}} = \frac{1.6}{3.409/\sqrt{20}} = \frac{1.6}{0.762} = 2.099$$

查 t 分布表得 $t_{\alpha/2}(20-1) = 2.093$。由于 $\lvert t \rvert > t_{\alpha/2}(n-1)$，所以拒绝原假设 H_0，接受 H_1，即两套问卷所得结果的平均值有显著差异。

三、两个总体比例之差的检验

当容量为 n_1 和 n_2 的两个样本的大样本为（$n_1 \geqslant 30$，$n_2 \geqslant 30$）时，根据两个样本比例之差的抽样分布，可以得到两个总体比例之差服从正态分布。

$$z = \frac{(p_1 - p_2) - (\pi_1 - \pi_2)}{\sigma_{p_1 - p_2}} \sim N(0,1)$$

其中，$\sigma_{p_1-p_2} = \sqrt{\frac{\pi_1(1-\pi_1)}{n_1} + \frac{\pi_2(1-\pi_2)}{n_2}}$，即两个样本比例之差抽样分布的标准差。但由于两个总体的比例 π_1 和 π_2 是未知，需要利用两个样本比例 p_1，p_2 代替 π_1 和 π_2，即 $\sigma_{p_1-p_2} = \sqrt{\frac{\pi_1(1-\pi_1)}{n_1} + \frac{\pi_2(1-\pi_2)}{n_2}} = \sqrt{\frac{p_1(1-p_1)}{n_1} + \frac{p_2(1-p_2)}{n_2}}$。

【例 8－9】 一所大学对西部支教的问题进行调查，为了区别毕业生和非毕业生，分别抽取了 200 名大三学生和 200 名大四学生。大三学生的意向率为 27%，大四学生的意向率为 35%，试问在 $\alpha = 0.05$ 显著性水平下，两个年级对于西部支教问题的意向率是否有明显的差异？

解：π_1 表示大三学生的意向率，π_2 表示大四学生的意向率。对于本题作出以下假设

$$H_0: \pi_1 - \pi_2 = 0;\ H_1: \pi_1 - \pi_2 \neq 0$$

已知 $p_1 = 27\%$，$p_2 = 35\%$，$n_1 = n_2 = 200$，由于是大样本，应选用 z 作为统计量检验，即

$$z = \frac{p_1 - p_2}{\sigma_{p_1-p_2}} = \frac{p_1 - p_2}{\sqrt{\frac{p_1(1-p_1)}{n_1} + \frac{p_2(1-p_2)}{n_2}}}$$

$$= \frac{0.27 - 0.35}{\sqrt{\frac{0.27 \times (1-0.27)}{200} + \frac{0.35 \times (1-0.35)}{200}}} = \frac{-0.08}{\sqrt{0.002123}} = -1.74$$

查正态分布表得 $z_{0.05/2} = 1.96$。由于 $|z| < -z_{\alpha/2}$，所以接受原假设，拒绝 H_1，即在 $\alpha = 0.05$ 的显著性水平下，两个年级对于西部支教问题的意向率没有明显的差异。

当要检验假设 $H_0: \pi_1 - \pi_2 = d_0, d_0 \neq 0$ 时，可直接用两个样本的比例 p_1 和 p_2 作为相应的两个总体比例 π_1 和 π_2 的估计量，从而得到两个样本比例之差抽样分布的标准差 $\sigma_{p_1-p_2}$ 的估计为

$$\sigma_{p_1-p_2} = \sqrt{\frac{\pi_1(1-\pi_1)}{n_1} + \frac{\pi_2(1-\pi_2)}{n_2}} = \sqrt{\frac{p_1(1-p_1)}{n_1} + \frac{p_2(1-p_2)}{n_2}}$$

这时得到两个总体比例之差检验的统计量为

$$z = \frac{(p_1 - p_2) - d_0}{\sqrt{\frac{p_1(1-p_1)}{n_1} + \frac{p_2(1-p_2)}{n_2}}} \sim N(0,1)$$

与两个总体均值之差类似，两个总体比例之差的检验方法如表 8－5 所示。

表 8－5　　两个总体比例之差的检验方法

	双侧检验	左侧检验	右侧检验
假设形式	$H_0: \pi_1 - \pi_2 = 0$ $H_1: \pi_1 - \pi_2 \neq 0$	$H_0: \pi_1 - \pi_2 \geqslant 0$ $H_1: \pi_1 - \pi_2 < 0$	$H_0: \pi_1 - \pi_2 \leqslant 0$ $H_1: \pi_1 - \pi_2 > 0$
检验统计量	检验 $H_0: \pi_1 - \pi_2 = 0$，$z = \dfrac{p_1 - p_2}{\sqrt{\dfrac{p_1(1-p_1)}{n_1} + \dfrac{p_2(1-p_2)}{n_2}}}$ 检验 $H_0: \pi_1 - \pi_2 = d_0$，$z = \dfrac{(p_1 - p_2) - d_0}{\sqrt{\dfrac{p_1(1-p_1)}{n_1} + \dfrac{p_2(1-p_2)}{n_2}}}$		
α 与拒绝域	$\lvert z\rvert \geqslant z_{\alpha/2}$	$z < -z_\alpha$	$z > z_\alpha$

【例 8－10】　有种理论认为服用阿司匹林有利于降低心脏病的发病率，研究人员将参加试验的 22000 人随机均分成两组，第一组每星期服用 3 次该药物，第二组在相同的时间服用安慰剂，在该试验持续 3 年以后进行检测，第一组中有 104 人患心脏病，第二组中有 189 人患心脏病。试以 5% 的显著性水平来验证这种推断理论的正确性。

解：由题意可知，本题是左单侧检验。对本题作出如下假设：

$$H_0: \pi_1 - \pi_2 \geqslant 0,\ H_1: \pi_1 - \pi_2 < 0$$

已知 $p_1 = \dfrac{104}{11000}$，$p_2 = \dfrac{189}{11000}$，$n_1 = n_2 = 11000$，由于是大样本，应选用 z 作为统计量检验，即

$$z = \frac{p_1 - p_2}{\sqrt{\dfrac{p_1(1-p_1)}{n_1} + \dfrac{p_2(1-p_2)}{n_2}}} = \frac{\dfrac{104}{11000} - \dfrac{189}{11000}}{\sqrt{\dfrac{\dfrac{104}{11000}\left(1 - \dfrac{104}{11000}\right)}{11000} + \dfrac{\dfrac{189}{11000}\left(1 - \dfrac{189}{11000}\right)}{11000}}}$$

$$= \frac{-0.00773}{\sqrt{0.026252}} = -0.05$$

查正态分布表得 $z_{0.05} = 1.645$。由于 $z > -z_\alpha$，所以接受原假设，拒绝 H_1，即在 $\alpha = 0.05$ 显著性水平下，该种理论是不正确的。

四、两个总体方差比的检验

当容量为 n_1 和 n_2 的两个样本分别独立地取自两个正态总体时，统计量 $F = \dfrac{s_1^2/\sigma_1^2}{s_2^2/\sigma_2^2}$ 服从 $F(n_1 - 1, n_2 - 1)$ 分布，所以可以选择 $F = \dfrac{s_1^2/\sigma_1^2}{s_2^2/\sigma_2^2}$ 作为两个总体方差比检验的统计量。在原假设成立的条件下，检验统计量为 $F = s_1^2/s_2^2$ 或 $F = s_2^2/s_1^2$。

两个总体方差比的检验方法可概括在表 8－6 中。

表 8－6　　两个总体方差比的检验方法

	双侧检验	左侧检验	右侧检验
假设形式	$H_0: \frac{\sigma_2^2}{\sigma_1^2}=1$；$H_1: \frac{\sigma_2^2}{\sigma_1^2}\neq 1$	$H_0: \frac{\sigma_2^2}{\sigma_1^2}\geqslant 1$；$H_1: \frac{\sigma_2^2}{\sigma_1^2}<1$	$H_0: \frac{\sigma_2^2}{\sigma_1^2}\leqslant 1$；$H_1: \frac{\sigma_2^2}{\sigma_1^2}>1$
检验统计量	$F=\frac{\text{较大的样本方差}}{\text{较小的样本方差}}$	$F=\frac{s_1^2}{s_2^2}$ 或 $(F=\frac{s_2^2}{s_1^2})$	
α 与拒绝域	$F>F_{\frac{\alpha}{2}}(n_1-1,n_2-1)$	$F>F_{\alpha}(n_1-1,n_2-1)$	

【例 8－11】　为了确定两所省级重点中学学生的成绩水平，现从第一个学校中抽取 25 名学生，从第二个学校中抽取 16 名学生，测试的结果表明，第一个学校学生的平均成绩是 82 分，方差是 56 分，第二个学校学生的平均成绩是 78 分，方差是 49 分。试求在显著性水平为 $\alpha=0.02$ 下两个学校学生的学习成绩变化有没有明显差异？

解：该题应该采用双侧检验，作出如下假设：

$$H_0: \frac{\sigma_2^2}{\sigma_1^2}=1;\ H_1: \frac{\sigma_2^2}{\sigma_1^2}\neq 1$$

已知 $s_1^2=56$，$s_2^2=49$，$n_1=25$，$n_2=16$，由于是两个总体方差比的检验，应选用 F 作为统计量检验，即

$$F=\frac{s_1^2}{s_2^2}=\frac{56}{49}=1.143$$

查正态分布表得 $F_{0.02/2}(25-1,16-1)=3.29$。由于 $F>F_{\alpha/2}(n_1-1,n_2-1)$，所以接受原假设，拒绝 H_1，即两个学校的学生学习成绩变化没有明显差异。

第四节　SPSS 在假设检验中的应用

一、单样本的 T 检验

单样本 T 检验（One－Sample T Test）是对一组样本检验相应总体均值是否为某个值。

【例 8－12】　有一工厂生产出来的零件直径服从正态分布，已知方差为 0.09（毫米^2）。假设 H_0 总体均值 $\mu=10$（毫米）。现在有一组样本观察值：10.01、10.02、10.02、9.99，请判断假设 H_0 是否正确。

在启动 SPSS，定义变量、输入数据后：

（1）点击“分析（A）→比较均值（M）→单样本 T 检验（S）”。屏幕上弹出一个对话窗口如图 8－1 所示。点击“重置（R）”键（清除以前用本模块时的设置。建议作任何分析之前，都要点击一下“重置（R）”键，以确保本次计算的单纯性）。

（2）从左框中选取要分析的变量，通过箭头，放入右框“检验变量（T）”框中。

（3）在右框下方的“检验值（V）[0]”格中，填入总体均值假设 μ_0（本例为 10）。

（4）点击“确定”，机器给出检验结果（见表 8－7）。结果说明：在 One－Sample Test 表格中，在 Sig.（双侧）名称下的值 0.252，是 t 的显著性概率 p 值（t 统计值的显著性概率：$2[1-P(T \leqslant t)]$ 之值）。$P>0.05$，表明统计值 t 落在 $t_{0.025}$ 内侧，应当接受假设 H_0，即总体均值 $\mu=10$（毫米）。表明统计值 t 落在 $t_{0.025}$ 的左边，应当接受假设 H_0（总体均值为 10 毫米）。同时，在 One－Sample Test 表格的右端，给出的是“差值的 95% 置信区间”。

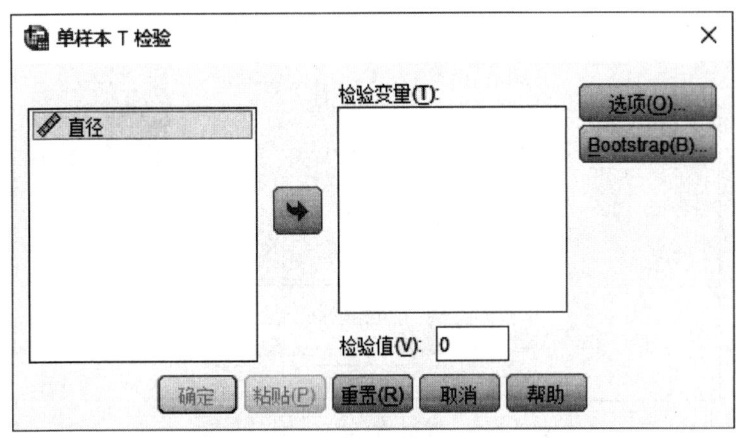

图 8－1　单样本 T 检验主窗口

表 8－7　　单样本 T 检验结果

变量	检验值 = 10					
	t	df	Sig.（双侧）	均值差值	差分的 95% 置信区间	
					下限	上限
直径	1.414	3	0.252	0.01000	－0.0125	0.0325

二、相互独立的两组样本的 T 检验

目的：对两组样本的 T 检验（Independent Samples Test）：（1）两组样本的总体方差齐性问题（检验假设 H_0：总体方差 $\sigma_1^2=\sigma_2^2$ 是否成立；（2）在两个正态总体 $\sigma_1^2=\sigma_2^2$ 的前提下，检验两组样本总体的均值是否相等的问题（检验假设 $H_0: \mu_1=\mu_2$ 是否成立）；（3）在两个正态总体 $\sigma_1^2 \neq \sigma_2^2$ 的前提下，检验两组样本的总体均值是否相等的问题（校验假设 $H_0: \mu_1=\mu_2$ 是否成立）。SPSS 检验 $\sigma_1^2=\sigma_2^2$ 是否成立，所使用的 F 统计量是 $F=\frac{S_1^2}{S_2^2}$，称为 Levene 检验。

【例 8－13】　某汽车销售商设计了一种促进方案，在 10 个城市做了降价测试试验，表 8－8 记录了促销方案实施前一个月的销售量，以及销售方案实施后一个月的销售量，根据这些数据，判断销售量是否有明显的改善（使用 $\alpha=0.05$）？

表 8-8　　促销前后的销量　　单位：辆

促销前	28	23	25	30	27	24	31	46	38	29
促销后	30	27	26	35	33	35	32	54	51	43

（1）在读入数据之后，点击“分析（A）→比较均值（M）→独立样本 T 检验（T）”，机器弹出“独立样本 T 检验”对话窗口如图 8-2 所示。

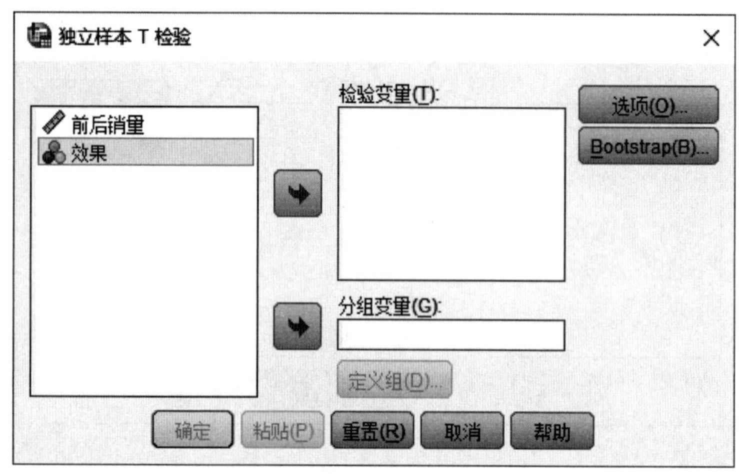

图 8-2　独立样本 T 检验的主窗口

（2）从左框变量名中选出“效果”变量，用箭头放入右边“检验变量（T）”框中。

（3）从左框变量名中选出“销量前后”变量，用箭头放入右边“分组变量（G）”框中。此时，该框下面的“定义组（D）”按钮被激活。

（4）点击“定义组（D）”按钮，机器弹出一个小对话框如图 8-3 所示。要求输入两个组的变量值。本例可把“0”输入“组 1”，把“1”输入“组 2”。如果分组变量是个连续变量，则需要在组 1 与组 2 之下的选项“割点”中，输入一个分界值。

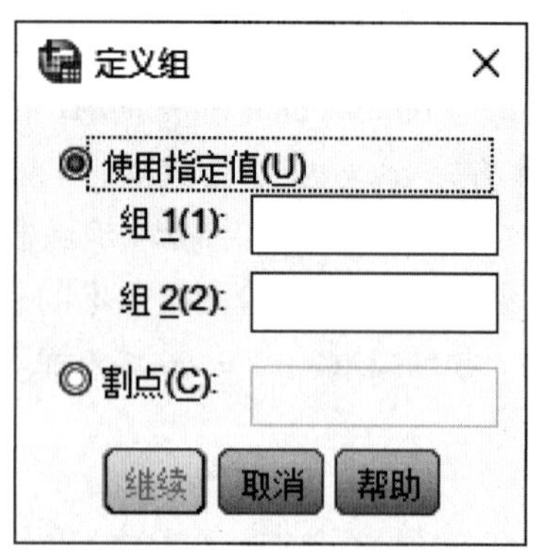

图 8-3　输入分组标识主窗口

(5) 点击“继续”，回到主窗口。

(6) 点击“确定”，机器输出检验结果和默认的95%的置信区间（见表8-9）。观察T检验的值，应当用假设方差相等一行的结果。此时，t统计量的显著性（双侧）概率$p=0.102>0.05$，即接受零假设（$\bar{x}-\bar{y}=0$），促销前后的平均效果没有明显差异。

表8-9　　　　Levene检验结果

	方差方程的Levene检验		均值方程的t检验						
	F	Sig.	t	df	Sig.（双侧）	均值差值	标准误差值	差分的95%置信区间	
								下限	上限
假设方差相等	1.440	0.246	1.721	18	0.102	6.500	3.776	-1.433	14.433

三、配对样本的T检验

目的：检验两组配对样本的T检验（Paired-Samples Test）总体均值是否相等。

【例8-14】　采用【例8-9】的数据来说明SPSS如何配对样本均值是否相等的T检验。

(1) 在读入数据后，点击“分析（A）→比较均值（M）→配对样本T检验（P）”。机器弹出“配对样本T检验”对话窗口如图8-4所示。

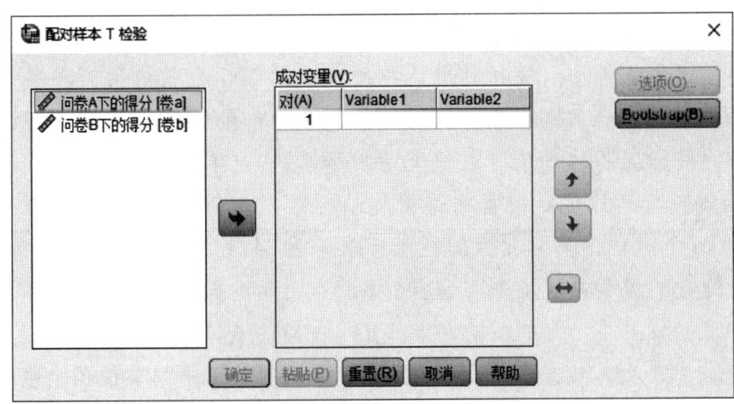

图8-4　配对样本T检验主窗口

(2) 从左框变量名中选出“卷A”“卷B”变量，用箭头放入右边“成对变量（V）”框中。此时，可以发现“成对变量（V）”框中，两个变量已经以差的形式出现了。

(3) 点击“选项（O）”按钮，弹出一个对话框。在此框中，可选择1-α值，如95%、99%等。

(4) 点击“继续”，返回主窗口。

（5）点击"确定"，则机器输出结果如表 8－10 所示。T 检验的最后结果（$p = 0.049 < 0.05$）显示：两套问卷的得分结果的平均值，具有显著差异。

表 8－10　　配对样本 T 检验结果

		成对差分					t	df	Sig.（双侧）
		均值	标准差	均值的标准误	差分的 95% 置信区间				
					下限	上限			
对 1	问卷 A 下的得分－问卷 B 下的得分	1.600	3.409	0.762	0.005	3.195	2.099	19	0.049

思考与练习题

1. 某元件的寿命 X 服从正态分布 $N(\mu,\sigma^2)$，μ，σ^2 均未知，现测得 16 只元件的寿命如表 8－11 所示。试问在 $\alpha = 0.05$ 的前提下认为元件的平均寿命大于 225 小时是否有足够的依据？（元件的寿命不大于 225 小时）

表 8－11　　16 只元件的寿命　　单位：小时

159	280	101	212	224	379	179	264
222	362	168	250	149	260	485	170

2. 某汽车配件厂加工一批轿车配件，由历史数据可知，该厂加工的该种零件的椭圆度服从正态分布，其总体均值为 0.081 毫米，由于新技术的应用，我们来检验新技术的应用是否改变了产品的性质。随机抽取新技术加工的 200 个零件进行检验，得到的椭圆度均值为 0.076 毫米，样本标准差为 0.025 毫米，试问在 95% 的置信度下运用新技术加工的轿车零件的椭圆度总体均值与以前有无明显差别？（有明显差别）

3. 某电脑键盘生产厂规定键盘的重量服从标准差为 20 克的正态分布，现在从生产线中随机抽取 16 个键盘，实际测得的样本标准差为 24 克，试求在显著性水平为 0.02 的条件下，检验键盘的重量是否有明显差异？（没有明显差异）

4. 某化学实验仪器生产厂的研发部设计了一种新的液体容积测量仪器，用它来测量某一溶液 11 次，得到的样本方差为 1.263，而运用从日本进口的同类仪器也重复测量相同的溶液 11 次，得到的样本方差为 3.789。假设两种仪器的测量误差均服从正态分布，试问在显著性水平为 10% 的条件下该厂商设计的仪器和进口仪器的性能是否相同？（不相同）

5. 已知生产某种小零件可以采用两种不同的工艺，已知两种不同工艺生产每件零件的实际重量如表 8－12 所示。假设两个总体均为正态总体，且方差相同。问在置信水平为 5% 的前提下，两种工艺生产的产品的重量有无明显差异？（有明显差异）

表 8－12　　两种不同工艺生产零件的重量　　单位：克

工艺 1	31	34	29	32	35	38	34	30	29	32	31	26
工艺 2	26	24	28	29	30	29	32	26	31	29	32	28

6. 某厂生产某种型号的二极管，其寿命（以小时来计算）长期服从方差 $\sigma^2 = 5000$ 的正态分布，现有一批该种类型的二极管，从生产情况来看，寿命的波动性有所改变。现随机抽取26只，测出其寿命的样本方差为 $s^2 = 9200$。试问通过这一数据能否推断这批二极管的寿命的波动性较以往有无显著的变化？（$\alpha = 0.02$）（有显著变化）

7. 某网络游戏公司想调查某种游戏的市场主体对本游戏的偏好程度，进而对本地区分别随机抽取了100名高中生和100名大学生，问题主要涉及他们对这种游戏的了解和喜爱程度。调查的结果是样本1中有76人了解并喜欢这种游戏；样本2中有69人了解并喜欢这种游戏，试以0.05的显著性水平分析，这次调查的结果是否有明显差异？（有显著差异）

8. 某统计局统计一个地区对该地区某项政策的支持度，按照规定只有支持率超过80%才能实施，统计小组通过随机抽取400个个体进行统计调查，测得平均满意度是84%，试以5%的显著性水平分析，这种满意度和规定的满意度是否有明显差异？（有明显差异）

9. 财政局调查统计表明，某地区高收入水平的比例为51.7%，另一个地区抽取400户的样本表明，他们的高收入水平为53.4%，试以0.05的显著性水平分析，这两个地区高收入水平是否有明显差异？（没有明显差异）

第九章

相关分析与回归分析

第一节 相关分析与回归分析的基本概念

一、相关关系的概念与种类

自然界和人类社会中的各种事物或现象，是在相互联系、相互依赖、相互制约中存在和发展的，一种现象的变动往往受到它周围各种有关现象变动的影响，如销售利润的高低要受到资金的运转速度、销售量、销售价格及流通费用等因素变动的影响。相关分析与回归分析是统计学研究各变量间相互关系最常用的定量分析方法。

（一）现象之间的关系总体上有两种类型

1. 确定的函数关系

确定性现象之间的关系常常表现为函数关系，即一种现象的数量确定以后，另一种现象的数量也随之完全确定，表现为一种严格的函数关系。如圆面积与其半径的依存关系是确定的函数关系。一个圆的半径（R）确定后，其面积（S）也就随之确定，两者的关系：$S=\pi R^2$。

2. 不确定的相关关系

非确定性现象之间的关系常常表现为相关关系，即变量之间存在一定的相互依存关系，但又不是确定的和严格的函数关系。一种现象的数量确定后，另一种现象的数量会随之变动，但其变动的量不能完全确定，只能是在一定范围内有所变化。如土地施肥量与单位面积粮食产量之间、工业劳动生产率与产品成本之间、商品销售额与商品流通费用率之间都存在不确定的数量依存关系。非确定性现象之间的关系之所以存在不确定性，是由于这些现象受多种复杂因素的影响，而人们对其中的很多影响因素及其影响的方式和方向还不了解，有些影响因素虽已被认识但还无法控制。但是，不管有多少因素影响，现象之间这种不确定的相关关系并不是无规律可循的，只是由于受随机因素的影响，这种关系的规律性往往不能通过个别现象或一次观察就能体现出来，而是必须在大量现象中或通过大量观察才能得到体现。这正是科学需要研究的不确定现象之间的相关关系。

（二）按照不同的分类标准，相关关系的种类主要有以下四种划分

1. 按相关的程度，分为完全相关、不相关和不完全相关

当一个变量的数值变化完全由另一个变量的数值决定，这两种现象之间的依存关系称为完全相关。这种情况下的相关关系即为函数关系，可用一定的方程来准确地表示。如果两种现象的数量各自独立，互不影响，称为不相关，如棉花纤维强度与工人出勤率、中国的经济总量与印度的人口总数之间一般认为是不相关的。当两种现象的数量关系介于完全相关与不相关之间时，称为不完全相关。

2. 按相关的方向，分为正相关和负相关

正相关是指相关变量的数量变化有着一致的变动方向，即一个变量的数值增加，另一个变量的数值也相应增加，二者是同时增加或同时减少的关系，如利润率随着商品销售额的增加而增长。负相关是指相关变量的数量变化有着相反的变动方向，即一个变量的数值增加，另一个变量的数值相应减少；或者一个变量数值减少，另一个变量的数值相应增加。如劳动生产率越高，单位产品成本越低；商品流转的规模越大，流通费用水平则越低等。应当注意，许多现象正负相关的关系仅在一定范围内存在。如施肥量在一定的限度内会使粮食的单位面积产量提高，这时是正相关；当施放的肥料超过生物学上所允许的限量，粮食的单位面积产量反而下降，这时是负相关。

3. 按相关的表现形式，分为线性相关和非线性相关

如果一个现象的数值发生变动，另一现象的数值随之发生大致均等的变动，从平面图上观察，反映两个变量依存关系的散点分布近似表现为一条直线，这种相关关系称为线性相关或直线相关。如果从平面图上观察，反映两个变量依存关系的散点分布并不表现为直线，而是近似地表现为一条曲线，如抛物线、双曲线、指数曲线等形式，则称为曲线相关，即非线性相关。直线相关或曲线相关，仅是根据实际观察的资料情况来确定，如果要表达准确，还要作深刻的理论分析。

4. 按相关关系涉及因素的多少，分为单相关和复相关

单相关是指两个变量之间的相关关系。如果只研究工业总产值的变动对利税额的影响，是单相关。复相关是指多个变量之间的相关关系。如果涉及三个及以上变量之间的关系，则称为复相关或多元相关。如果研究产品产量、产品成本、劳动生产率等诸因素对利税总额的影响，则是复相关。

二、相关系数的种类

相关系数最早是由统计学家卡尔·皮尔逊设计的统计指标，是研究变量之间线性相关程度的量，一般用 r 表示。依据相关现象之间的不同特征。由于研究对象的不同，相关系数有多种定义方式，较为常用的是皮尔逊相关系数和斯皮尔曼等级相关系数。

（一）皮尔逊相关系数（Pearson 相关系数）

1. Pearson 相关系数的基本公式为

$$r = \frac{\sigma_{xy}^{2}}{\sigma_x \sigma_y} \quad (9-1)$$

其中，$\sigma_{xy}^{2}=\dfrac{\sum(x-\bar{x})(y-\bar{y})}{n}$ 为 x 与 y 的协方差；$\sigma_x=\sqrt{\dfrac{\sum(x-\bar{x})^2}{n}}$ 是 x 的标准差，$\sigma_y=\sqrt{\dfrac{\sum(y-\bar{y})^2}{n}}$ 是 y 的标准差。

在实际应用中，为了方便计算，相关系数存在以下计算公式：

$$r=\frac{\sum(x-\bar{x})(y-\bar{y})}{\sqrt{\sum(x-\bar{x})^2(y-\bar{y})^2}} \tag{9-2}$$

或

$$r=\frac{n\sum xy-\sum x\sum y}{\sqrt{n\sum x^2-(\sum x)^2}\sqrt{n\sum y^2-(\sum y)^2}} \tag{9-3}$$

2. Pearson 相关系数的检验统计量为 t 统计量，其数学定义为

$$t=\frac{r\sqrt{n-2}}{\sqrt{1-r^2}} \tag{9-4}$$

其中，t 统计量服从 $n-2$ 个自由度的 t 分布。

（二）斯皮尔曼等级相关系数（Spearman 等级相关系数）

被定义成等级变量之间的皮尔逊相关系数，用来度量定序变量的线性相关关系。该系数的设计思路与 Pearson 相关系数完全相同，可以用式（9－2）计算。在计算 Spearman 等级相关系数时，由于数值为非数值型，因此并不直接使用原始数据（x_i，y_i），而是利用两个变量的秩（U_i,V_i）代替（x_i,y_i）代入式（9－2），其中，x_i 和 y_i 的取值是秩，取值范围在 $1\sim n$，式（9－2）可以简化为

$$r=\frac{6\sum_{i=1}^{n}D^2}{n(n^2-1)} \tag{9-5}$$

其中，$\sum_{i=1}^{n}D^2=\sum_{i=1}^{n}(U_i-V_i)^2$。

在小样本情况下，在原假设成立时，Spearman 等级相关系数服从 Spearman 分布，在大样本情况下，Spearman 等级相关系数的统计检验量为 Z 统计量，其计算公式为

$$Z=r\sqrt{n-1} \tag{9-6}$$

其中，Z 统计量近似服从标准正态分布。

（三）相关系数的性质

相关系数 r 的取值范围是 $|r|\leqslant 1$，即 r 的取值介于 $-1\sim 1$。$|r|$ 越接近于 0，变量间相关的程度越低；$|r|$ 越接近于 1，变量间相关的程度越高。

（1）当 $|r|=1$ 时，x 与 y 为完全线性相关，即 x 与 y 之间存在确定的函数关系。

（2）当 $|r|=0$ 时，x 与 y 之间完全没有关系。

（3）当 $0 < |r| < 1$ 时，x 与 y 之间存在一定的线性相关关系。通常可分为四个等级：

①若 $0 < |r| < 0.3$，则称 x 与 y 之间为弱相关；

②若 $0.3 < |r| < 0.5$，则称 x 与 y 之间为低度相关；

③若 $0.5 < |r| < 0.8$，则称 x 与 y 之间为显著相关；

④若 $0.8 < |r| < 1$，则称 x 与 y 之间为高度相关。

（4）当 $r > 0$ 时，表示 x 与 y 为正相关；当 $r < 0$ 时，表示 x 与 y 为负相关。

根据相关系数的性质，可以对变量之间的相关程度和方向作出明确的判断。值得注意的是，相关系数有一个明显的缺点，即它接近于1的程度与数据组 n 相关，很容易给人一种假象。因为当 n 较小时，相关系数的波动较大，对有些样本相关系数的绝对值易接近于1。当 n 较大时，相关系数的绝对值容易偏小。特别是当 $n=2$ 时，相关系数的绝对值为1。因此，在样本容量 n 较小时，仅凭相关系数较大就判定变量 x 与 y 之间有密切的线性关系是不妥当的。

（四）可决系数

相关系数的平方称为可决系数，通常用 r^2 来表示。r^2 是一个回归直线与样本观测值拟合优度的指标。r^2 的值总是在0和1之间。一个线性回归模型如果充分利用 x 的信息，则 r^2 越接近1，拟合优度就越好；反之，如果 r^2 不大，说明模型中给出的 x 对 y 的信息还不充分，应进行修改，使 x 与 y 的信息得到充分利用。

令 $L_{xx} = \sum(x-\bar{x})^2$，$L_{yy} = \sum(y-\bar{y})^2$，则有

$$r^2 = \frac{\sum_{i=1}^{n}(\hat{y}_i-\bar{y})^2}{\sum_{i=1}^{n}(y_i-\bar{y})^2} = \frac{\hat{\beta}_1 L_{xy}}{L_{yy}} = \frac{\frac{L_{xy}}{L_{xx}}L_{xy}}{L_{yy}} = \frac{L_{xy}{}^2}{L_{xx}L_{yy}} \tag{9-7}$$

进一步可以发现

$$r = \frac{L_{xy}}{\sqrt{L_{xx}L_{yy}}} = \frac{L_{xy}}{L_{xx}}\sqrt{\frac{L_{xx}}{L_{yy}}} = \hat{\beta}_1\sqrt{\frac{L_{xx}}{L_{yy}}} \tag{9-8}$$

式（9-8）说明相关系数 r 与回归系数 $\hat{\beta}_1$ 的正负号相同。

【例9-1】　为了调查家庭月收入与月支出之间的关系，随机抽取10个家庭做调查。调查的结果如表9-1所示。试绘制散点图，分析家庭月收入与月支出是否相关，计算线性相关系数，是正相关还是负相关？说明两个变量之间的关系强度。

表9-1　　**家庭月收入与月支出的调查数据**　　单位：元

收入 x	900	750	1000	1150	1550	1800	1300	1200	1050	660
支出 y	840	750	850	920	1150	1190	1100	900	960	720

解：

（1）先作出散点图如图9-1所示，可以发现这些点大体在一条直线附近。

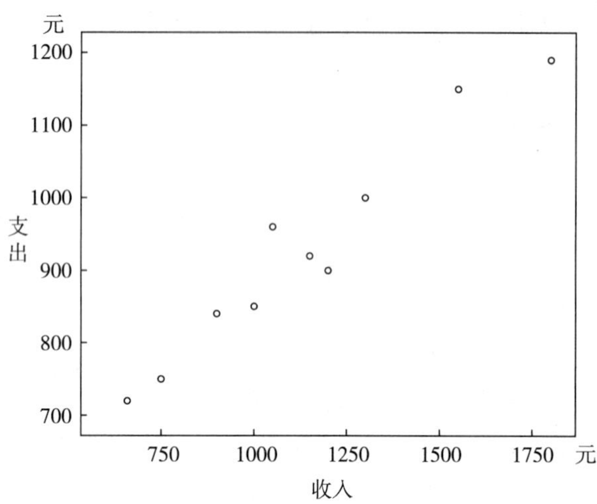

图 9－1　家庭月收入与月支出的散点图

（2）计算相关系数（具体计算过程见表 9－2）得

$$r=\frac{n\sum xy-\sum x\sum y}{\sqrt{n\sum x^2-(\sum x)^2}\sqrt{n\sum y^2-(\sum y)^2}}$$

$$=\frac{10\times1114420-11360\times9380}{\sqrt{10\times14005600-11360^2}\sqrt{10\times9035600-9380^2}}=0.956$$

相关系数 $r=0.956$，这说明收入 x 与支出 y 呈正相关，而且是高度相关。

表 9－2　　相关系数计算

	y	x	xy	x^2	y^2
	840	900	756000	810000	705600
	750	750	562500	562500	562500
	850	1000	850000	1000000	722500
	920	1150	1058000	1322500	846400
	1150	1550	1782500	2402500	1322500
	1190	1800	2142000	3240000	1416100
	1100	1300	1430000	1690000	1210000
	900	1200	1080000	1440000	810000
	960	1050	1008000	1102500	921600
	720	660	475200	435600	518400
合计	9380	11360	11144200	14005600	9035600

三、回归分析的概念与种类

（一）回归分析的概念

分析现象之间的相关关系，可以用相关系数来反映。然而，相关系数只能说明相关关系的方向和紧密程度，还不能说明变量之间相互关系的具体形式，无法从一个变量的变化来推测另一个变量的变化情况。回归分析可以克服相关分析的这一不足，即借助回归分析可以对具有相关关系的变量之间的数量依存关系进行测定，确立一个相应的数学表达式，以便从一个已知量推测另一个未知量。回归分析的这一数学表达式通常称为回归函数或回归方程，它既可以是直线方程，也可以是曲线方程，依相关变量之间的关系而定。如果从散点图观察，相关变量之间的关系近似为一条直线，那么可以用一条直线来代表二者之间的一般数量关系，这条直线称为回归直线，表示这条直线的数学表达式是直线回归方程。如果从散点图观察，相关变量之间的关系近似为一条曲线，那么可以用一条曲线来代表二者之间的一般数量关系，这条曲线称为回归曲线，表示这条曲线的数学表达式就是曲线回归方程。建立回归方程的前提条件是变量之间确实存在相关关系，并且相关的程度是明显的。总之，回归分析是研究相关关系的一种分析工具，它帮助人们利用函数形式来研究和分析相关变量之间数量上的依存关系。其中，一个变量的变化通过另一个或另一些变量的变化来解释和说明。后者是被解释的变量（因变量），前者是解释的变量（自变量）。

（二）回归分析的种类

1. 按自变量的多少，可分为一元回归和多元回归。一元回归是指仅包括一个自变量和一个因变量的回归分析；多元回归是指一个因变量关于两个或两个以上自变量的回归分析。

2. 按变量之间相关关系的表现形式可分为线性回归和非线性回归。线性回归是变量之间的关系表现为线性关系的回归分析；非线性回归则是变量之间的关系表现为非线性关系的回归分析。其中，线性回归是最基本的，因为现实中很多非线性回归的问题都可以通过适当的数学变换转化为线性回归来研究。

如果变量间存在明显的单向因果关系，则自变量是确定性变量，可以事先给定和控制，因变量是随机变量。如果变量间互为因果关系，则可根据研究目的确定自变量和因变量，即可以建立两个回归方程：设两个变量分别是 x、y，以 x 为自变量，y 为因变量，可得出 y 依 x 的回归方程；以 y 为自变量，x 为因变量，还可以得出 x 依 y 的回归方程。

回归方程中的回归系数（自变量前面的系数）有正、负号之分，正号表示该自变量与因变量之间是同方向变动关系，负号表示该自变量与因变量之间是反方向变动关系。

利用回归方程进行预测估计时，只能给出自变量的数值来估计因变量的可能值，而不能由因变量逆推自变量。尽管在数学形式上逆运算是可行的，但利用回归方程，通常只能进行由自变量推测因变量的单向推算。

四、相关分析和回归分析的区别与联系

相关分析与回归分析是既有区别又有联系的两种统计分析方法。它们分别从不同侧面反映了现象之间数量联系上的特征。

（一）二者的区别

在相关分析中，不必确定自变量和因变量；而在回归分析中，必须依据事先的定性分析区分自变量和因变量，且只能由自变量推断因变量，而不能由因变量来推断自变量。

相关分析所涉及的变量一般都是随机变量；而在回归分析中，自变量是在研究时给定的、可控非随机变量，因变量才是随机的。

相关分析的目的主要在于反映现象之间相关的方向和相关的程度，既不能表明变量相互关系的具体形式，也无法根据一个变量的变化来推测另一个变量的变化情况；而回归分析能确切地指出变量之间相互关系的具体形式，能够对具有相关关系的现象之间的数量关系进行测定，确定一个相关的数学表达式，由已知量推测未知量，使估计和预测成为可能。

（二）二者的联系

相关分析是回归分析的基础和前提。如果没有从定性角度表明现象之间是否具有相关关系，没有对相关关系的密切程度作出判断，就不能进行回归分析，即使进行了回归分析，也没有实际意义。

回归分析是相关分析的深入和继续。相关分析只能说明现象间相关关系的密切程度，这对于现象分析的现实作用是远远不够的。只有在此基础上进行回归分析，表明现象数量相关的具体形式，才有可能进行回归预测，使相关分析发挥更大的作用。

相关分析和回归分析是对现象间相关关系进行分析的有效的科学方法，近年来，在社会经济现象的研究和预测中被广泛采用。但必须指出，它们也有一定的局限性。在确定对某现象是否适于应用相关和回归分析之前，必须对所研究的具体现象进行充分的认识和分析，需要有足够的理论知识、专业知识和必要的经验作为定性分析的基础，来判断现象之间是否具有真正的相关关系，是具有实质性的内在联系还是表面上的联系，或只不过是一种偶然的巧合。对没有内在联系的事物进行相关分析和回归分析，不但没有意义，反而会得出荒谬的虚假结论。因此在应用相关分析和回归分析对客观现象进行研究时，一定要注意把定性分析和定量分析结合起来，在定性分析基础上开展相关分析和回归分析的定量分析。

（三）相关分析与回归分析的基本方法

相关分析是指通过大量观察的统计资料，判断现象之间是否存在相关关系，并计算分析现象之间相关关系的密切程度。其主要内容包括：（1）判断现象之间是否存在相关关系。要从两个方面加以判断：一方面要依据经济理论、专业知识和实践经验，对现象之间的联系进行理论分析并作出定性判断；另一方面要运用大量观察得到的实际资料，通过编制相关表、绘制相关图等一系列统计分析方法，对被研究现象之间是否真正存在相关关系作出统计判断。（2）测定现象之间相关关系的密切程度和方向。相关关系是不严格的数量关系，从这种不严格的数量关系中判断其关系的密切程度（特别是线性相关的程度），统计上是通过计算相关系数来实现的。相关系数可以从数量上反映变量之间线性相关的方向和程度。

回归分析是用来研究变量之间关系的可能形式的统计方法，它把两个或两个以上变量之间的变动关系加以模型化，用数学方程式表达变量之间的相关关系。其主要内容包括：（1）确定相关变量之间的一般关系式。在确定了现象之间确实存在相关关系后，就要选择适合的数学模型，对变量之间的联系给予定量的描述。依据现象之间相关关系的表现形式，可选择配合直线或合适的曲线模型，建立回归方程，进行回归分析。（2）确定因变量估计误差的程度。利用配合的回归方程可以分析现象间一般的变化关系，即自变量变化时，因变量一般会发生多大的变化。根据建立的回归方程，在给出自变量的若干个数值时，可得出因变量相应的若干个估计值。估计值与实际值是有差异的，确定因变量估计值误差程度大小的指标称为估计标准误差。估计标准误差大，说明估计不太精确，也表明回归方程的代表性小；估计标准误差小，说明估计比较精确，同时表明回归方程的代表性大。

因此，相关分析与回归分析的基本方法：进行相关关系的定性分析；计算相关系数，并对回归方程变量之间的相关性进行显著性检验；确定回归方程；利用回归方程式进行推算和预测；对推算和预测作出置信区间估计。

第二节　一元线性回归分析

一元线性回归是描述两个变量之间相关关系的最简单的回归模型。一元线性回归虽然简单，但通过一元线性回归模型的建立过程，可以了解回归分析方法的基本统计思想以及它在经济问题研究中的应用原理。

一、一元线性回归模型

在经济管理问题的研究中，经常需要研究某一经济管理现象与影响它的某一最主要因素的影响。例如，影响粮食产量的因素非常多，但在众多因素中，施肥量是一个最主要的因素，往往需要研究施肥量这一因素与粮食产量之间的关系；在消费问题的研究中，影响消费的因素很多，但可以只研究国民收入与消费额之间的关系，因为国民收入是影响消费的最主要因素；保险公司在研究火灾损失的规律时，把火灾发生地与最近的消防站的距离作为一个最主要的因素，研究火灾损失和火灾发生地与最近的消防站的距离之间的关系。

上述几个例子都是研究两个变量之间的关系，而且它们的一个共同点是两个变量之间有着密切的关系，但密切的程度并不能由一个变量唯一确定另一个变量，即它们之间的关系是一种非确定性的关系。那么它们之间到底有什么样的关系呢？

通常对所研究的问题首先要收集与它有关的 n 组样本数据 (x_i, y_i)，$i = 1,2,\cdots,n$。为了更直观地发现样本数据的分布规律，可以把 (x_i, y_i) 看成是平面直角坐标系中的点，画出这 n 个样本点的散点图。

【例 9－1】中的散点图表明，月收入和月支出之间存在密切的线性相关关系。为进一步探讨变量之间的统计规律性，可用下面的数学模型来描述它。

$$y = \beta_0 + \beta_1 x + \varepsilon \tag{9-9}$$

式（9－9）将变量 y 与 x 之间的关系用两个部分描述。一部分是由于 x 的变化引起 y 线性变化的部分，即 $\beta_0 + \beta_1 x$；另一部分是由其他一切随机因素引起的，记为 ε。式（9－9）确切地表达了变量 x 与 y 之间的密切相关关系，但密切程度又没有到由 x 唯一确定 y 的地步这种特殊关系。

式（9－9）称为变量 y 对 x 的一元线性回归理论模型，称 y 为被解释变量，x 为解释变量，β_0、β_1 是未知参数，称为回归系数。ε 表示其他随机因素的影响。在式（9－9）中一般假定 ε 是不可观测的随机误差，它是一个随机变量，通常假定 ε 满足：

$$\begin{cases} E(\varepsilon) = 0 \\ var(\varepsilon) = \sigma^2 \end{cases} \quad 且\ \varepsilon \sim N(0,\sigma^2) \tag{9-10}$$

进而式（9－9）线性表示部分从平均意义上表示了变量 y 与 x 的统计规律性。这一点在应用上非常重要，因为人们通常关心的正是这个平均值。如在消费 y 与收入 x 的研究中，也许所关心的正是当国民收入达到某个水平时，人均消费能达到多少；在小麦单产 y 与施肥量 x 的关系中，所关心的正是当施肥量确定后，小麦的平均产量是多少。

在一般情况下，对于 n 组独立样本观测值 $(x_1,y_1),(x_2,y_2),\cdots,(x_n,y_n)$，如果符合模型式（9－9），则

$$y_i = \beta_0 + \beta_1 x_i + \varepsilon \quad i = 1,2,\cdots,n \tag{9-11}$$

式（9－9）两边求数学期望得

$$E(y) = \beta_0 + \beta_1 x \tag{9-12}$$

式（9－12）表示当 x 已知时，可以精确算出 $E(y)$。由于 ε 是随机因素，通常就用 $E(y)$ 作为 y 的估计，可得

$$\hat{y} = \beta_0 + \beta_1 x \tag{9-12}$$

其中，$\hat{y}$ 表示 y 的估计。式（9－12）称为一元线性回归方程。

若对式（9－11）两边求数学期望可得

$$\bar{y}_i = E(y_i) = \beta_0 + \beta_1 x_i \quad i = 1,2,\cdots,n \tag{9-13}$$

回归分析的主要任务是通过 n 组样本观测值 $(x_i,y_i)(i = 1,2,\cdots,n)$，对 β_0、β_1 进行估计。通常用 $\hat{\beta}_0$、$\hat{\beta}_1$ 分别表示 β_0、β_1 的估计值，则称

$$\hat{y} = \hat{\beta}_0 + \hat{\beta}_1 x \tag{9-14}$$

式（9－14）为 y 关于 x 的一元线性回归方程。

通常 $\hat{\beta}_0$ 表示回归直线在纵轴上的截距。如果模型范围里包括 $x = 0$，则 $\hat{\beta}_0$ 是 $x = 0$ 时 y 概率分布的均值；如果不包括 $x = 0$，$\hat{\beta}_0$ 只是作为回归方程中的分开项，没有别的具体意义。$\hat{\beta}_1$ 表示直线回归方程的斜率。$\hat{\beta}_1$ 在实际应用中表示 y 每增加一个单位 y 概率分布的均值变化，即当 x 每增加一个单位时，y 平均变化 $\hat{\beta}_1$ 个单位。

二、参数 β_0、β_1 的最小二乘估计

为了从样本数据中得到回归参数 $\hat{\beta}_0$ 和 $\hat{\beta}_1$ 的理想估计值，通常使用最小二乘估计。对每一个样本观测值（x_i, y_i），最小二乘法考虑观测值 y_i 与其期望值 $E(y_i)$ 的差 $y_i - E(y_i) = y_i - (\beta_0 + \beta_1 x_i)$ 越小越好，特别要求考虑 n 个差的平方和：

$$Q(\beta_0, \beta_1) = \sum_{i=1}^{n}(y_i - \beta_0 - \beta_1 x_i)^2 = \sum_{i=1}^{n} e_i^{\ 2} \tag{9-15}$$

式（9－15）达到最小。因为 $E(y_i)$ 作为 y_i 的估计，有 $E(y_i) = \hat{y}_i$。其中，e_i 表示实际观测值 y_i 与回归值 $\hat{y}_i$ 的偏差，即 e_i 为残差。要想确定回归直线就要使它与所有样本数据点都比较靠近，为了刻画这种靠近程度，通常用残差平方和来描述所有观测值与回归直线的偏离程度。

最小二乘法为 $\hat{\beta}_0$、$\hat{\beta}_1$ 满足：

$$Q = \sum_{i=1}^{n}(y_i - \hat{\beta}_0 - \hat{\beta}_1 x_i)^2 = \min \sum_{i=1}^{n}(y_i - \beta_0 - \beta_1 x_i)^2 \tag{9-16}$$

求出 $\hat{\beta}_0$、$\hat{\beta}_1$，称为 β_0、β_1 的最小二乘估计。

由于 Q 是 $\hat{\beta}_0$、$\hat{\beta}_1$ 的非负二次函数，因而它的最小值总是存在的。根据微积分求极值的原理，$\hat{\beta}_0$、$\hat{\beta}_1$ 应满足

$$\begin{cases} \dfrac{\partial Q}{\partial \hat{\beta}_0} = -2\sum_{i=1}^{n}(y_i - \hat{\beta}_0 - \hat{\beta}_1 x_i) = 0 \\ \dfrac{\partial Q}{\partial \hat{\beta}_1} = -2\sum_{i=1}^{n}(y_i - \hat{\beta}_0 - \hat{\beta}_1 x_i)x_i = 0 \end{cases}$$

整理可得

$$\begin{cases} n\hat{\beta}_0 + (\sum_{i=1}^{n} x_i) = \sum_{i=1}^{n} y_i \\ (\sum_{i=1}^{n} x_i)\hat{\beta}_0 + (\sum_{i=1}^{n} x_i^{\ 2})\hat{\beta}_1 = \sum_{i=1}^{n} x_i y_i \end{cases} \tag{9-17}$$

求解可得

$$\begin{cases} \hat{\beta}_1 = \dfrac{n\sum xy - \sum x \sum y}{n\sum x^2 - (\sum x)^2} \\ \hat{\beta}_0 = \bar{y} - \hat{\beta}_1 \bar{x} \end{cases} \tag{9-18}$$

式（9－18）是 β_0、β_1 的最小二乘估计。可以证明，β_0、β_1 的最小二乘估计 $\hat{\beta}_0$、$\hat{\beta}_1$ 满足无偏性。

【例 9－2】　试用【例 9－1】中的数据，建立家庭月支出 y 对月收入 x 的回归

方程。

解：根据式（9－15），利用表9－2中的数据进行参数估计

$$\begin{cases}\hat{\beta}_1 = \dfrac{n\sum xy - \sum x\sum y}{n\sum x^2 - (\sum x)^2} = \dfrac{10 \times 11144200 - 11360 \times 9380}{10 \times 14005600 - 11360^2} = 0.444 \\ \hat{\beta}_0 = \bar{y} - \hat{\beta}_1\bar{x} = 9380/10 - 0.444 \times 11360/10 = 433.785\end{cases}$$

即所求回归直线方程为：$\hat{y} = 0.444x + 433.785$。

三、回归方程的显著性检验

当得到一个实际问题的经验回归方程 $\hat{y} = \hat{\beta}_0 + \hat{\beta}_1 x$ 后，还不能马上用它去作预测，因为 $\hat{y} = \hat{\beta}_0 + \hat{\beta}_1 x$ 是否真正描述了变量 y 和 x 之间的统计规律性，还需要用统计方法对回归方程进行检验。

（一）相关系数检验法

相关系数是一元线性模型中用来衡量两个变量之间线性相关关系强弱程度的指标。一般来说，相关系数越大说明两个变量之间的线性相关关系越强。但相关系数的绝对值大到什么程度时，才能认为两个变量之间的变量相关关系是显著的，回归模型用来预测才是有意义的？对于不同组数的观测值，不同数值的显著性水平，衡量的标准是不同的。这一数量界限的确定只有根据具体的条件和要求，通过相关系数检验法的检验才能加以判别。

相关系数检验法的步骤：

第一步，计算相关系数。

第二步，根据回归模型的自由度（$n-2$）和给定的显著性水平 α 值，从相关系数临界值表中查出临界值 $R_\alpha(n-2)$。

第三步，判别。若 $|r| \geq R_\alpha(n-2)$，表明两变量之间线性相关关系显著，检验通过。这时回归模型可以用来预测；若 $|r| < R_\alpha(n-2)$，表明两变量之间线性相关关系不显著，检验不通过。在这种情况下，回归模型不能用于进行预测。这时应分析其原因，对回归模型重新调整。

（二）F 检验法

F 检验法的具体方法是将回归离差平方和（SSR）同剩余离差平方和（SSE）加以比较，应用 F 检验来分析二者之间的差别是否显著。如果是显著的，两个变量之间存在线性关系；否则，两个变量之间不存在线性关系。

构造 F 统计量

$$F = \frac{\sum_{i=1}^{n}(\hat{y}_i - \bar{y})^2/1}{\sum_{i=1}^{n}(y_i - \hat{y})^2/n-2} \tag{9-19}$$

可以证明，F 服从第一自由度为 1、第二自由度为（$n-2$）的 F 分布。对给定的显著性水平 α，查 F 分布表可得临界值 $F_{\alpha}(1, n-2)$。

若 $F \geqslant F_{\alpha}(1, n-2)$，则认为两变量之间线性相关关系显著；反之，则认为两变量之间线性相关关系不显著。

（三）t 检验法

当得到回归参数的估计值后，所关心的就是解释变量与被解释变量之间是否真的存在回归关系，即主要是检验 β_1 是否为零。通常用样本计算的 β_1 的值不等于零，但应检验这是否与 $\beta_1=0$ 存在统计显著性差异。

原假设和备择假设分别为

$$H_0: \beta_1=0;\ H_1: \beta_1 \neq 0$$

构造 t 统计量

$$t=\frac{\hat{\beta}_1}{S_{\hat{\beta}_1}} \tag{9-20}$$

其中，$S_{\hat{\beta}_1}$ 是 $\hat{\beta}_1$ 的样本标准差，即

$$S_{\hat{\beta}_1}=\frac{\sqrt{\sum(y_i-\hat{y}_i)^2}}{\sqrt{(n-m)\sum(x_i-\bar{x})^2}} \tag{9-21}$$

可以证明，t 服从自由度为（$n-2$）的 t 分布。查 t 分布表得临界值 $t_{\alpha/2}(n-2)$。若 $|t|>t_{\alpha/2}(n-2)$，则认为 $\hat{\beta}_1$ 显著异于 0；反之，则认为 $\hat{\beta}_1$ 不显著异于 0。

【例 9-3】　试对【例 9-2】所建立家庭月支出 y 对月收入 x 的回归方程进行显著性检验（$\alpha=0.05$）。

解：

1. r 检验

【例 9-1】已计算出相关系数 $r=0.956$，当显著性水平 $\alpha=0.05$，自由度 $=n-2=8$ 时，查相关系数临界值表得 $r_{0.05}(8)=0.632$。由于 $r=0.956>0.632=R_{0.05}(8)$，所以，在 $\alpha=0.05$ 的显著性水平上检验通过，即两变量之间的线性相关关系显著。

2. F 检验

由【例 9-1】中的数据可得

$$F=\frac{\sum_{i=1}^{n}(\hat{y}_i-\bar{y})^2/1}{\sum_{i=1}^{n}(y_i-\hat{y})^2/n-2}=\frac{216830.0714/1}{20329.98256/8}=85.324$$

查 F 分布表得 $F_{0.05}(1,8)=5.32$，由于 $F=85.324>5.32=F_{0.05}(1,8)$，所以，可认为两变量之间线性相关关系显著。

3. t 检验

【例 9－2】已计算出 $\beta_1 = 0.444$，当显著性水平 $\alpha = 0.05$，自由度 $= n - 2 = 8$ 时对回归方程进行显著性检验。

第一步，提出假设：

$$H_0: \beta_1 = 0; H_1: \beta_1 \neq 0$$

第二步，计算检验的统计量：

$$S_{\hat{\beta}_1} = \frac{\sqrt{\sum (y_i - \hat{y}_i)^2}}{\sqrt{(n - m)\sum (x_i - \bar{x})^2}} = \frac{\sqrt{20329.98256}}{\sqrt{8 \times 1100640}} = 0.048$$

$$t = \frac{\hat{\beta}_1}{S_{\hat{\beta}_1}} = \frac{0.444}{0.048} = 9.237$$

第三步，进行决策。根据给定的显著性水平 $\alpha = 0.05$，自由度 $= n - 2 = 8$ 查 t 分布表，得 $t_{\alpha/2}(n-2) = 2.306$。因为 $t = 9.237 > t_{\alpha/2}(n-2) = 2.306$，所以，拒绝原假设 H_0，表明支出 y 和收入 x 之间存在显著的线性相关关系。

四、预测及应用

回归模型通过显著性检验后，就可以用来预测了。在一元线性回归模型中，对于自变量 x 的一个给定值 x_0，代入回归模型，就可以求得一个对应的回归预测值 $\hat{y}_0$，$\hat{y}_0$ 又称点估计值。但在实际工作中，预测目标的实际值不一定刚好等于预测值，随着现实情况的变化和各种环境因素的影响，二者总是会产生或大或小的偏差，如果仅根据某一点的预测计算就得出结论，则几乎总是谬误。所以，不仅要预测出 y 的点估计值，而且要给出 y 的预测区间。预测区间是指在一定的显著性水平上，依据数理统计方法计算出的包含预测目标未来真实值的某一区间范围。

因为总体方差 σ^2 往往是未知的，所以，常用总体方差 σ^2 的无偏估计量来代替。

$$S_y = \frac{\sqrt{\sum_{i=1}^{n} (y_i - \hat{y}_i)^2}}{\sqrt{n - 2}} \tag{9-22}$$

式（9－22）中，S_y 称为 y 的估计标准误差。

实际中可用简洁计算公式

$$S_y = \frac{\sqrt{\sum_{i=1}^{n} y_i^2 - \beta_0 \sum_{i=1}^{n} y_i - \beta_1 \sum_{i=1}^{n} x_i y_i}}{\sqrt{n - 2}} \tag{9-23}$$

设预测点为 (x_0, y_0)，则点预测值为

$$\hat{y}_0 = \hat{\beta}_0 + \hat{\beta}_1 x_0$$

设其预测误差为

$$e_0 = y_0 - \hat{y}_0$$

因为 y_0 和 $\hat{y}_0$ 都服从正态分布，所以，e_0 也服从正态分布，其期望值与方差分别为

$$E(e_0) = E(y_0 - \hat{y}_0) = E(y_0) - E(\hat{y}_0) = 0$$

$$\begin{aligned} D(e_0) &= D(y_0 - \hat{y}_0) = D(y_0) - D(\hat{y}_0) \\ &= \sigma^2 + \left[\frac{1}{n} + \frac{(x_0 - \bar{x})^2}{\sum (x_i - \bar{x})^2}\right]\sigma^2 \\ &= \left[1 + \frac{1}{n} + \frac{(x_0 - \bar{x})^2}{\sum (x_i - \bar{x})^2}\right]\sigma^2 \end{aligned}$$

所以，$e_0 \sim N\left(0, \left[1 + \frac{1}{n} + \frac{(x_0 - \bar{x})^2}{\sum (x_i - \bar{x})^2}\right]\sigma^2\right)$

令 $S_0{}^2 = \left[1 + \frac{1}{n} + \frac{(x_0 - \bar{x})^2}{\sum (x_i - \bar{x})^2}\right]S_y{}^2$

因为 $S_y{}^2$ 是 σ^2 的无偏估计量，所以，$S_0{}^2$ 也是 $D(e_0)$ 的无偏估计量。可以证明，$S_0{}^2$ 服从χ^2 分布，故有

$$\frac{y_0 - \hat{y}_0}{S_0} \sim t(n-2)$$

通过上述分析，可以得到，在显著性为 α 时，预测值 $\hat{y}_0$ 的预测区间为

$$\hat{y}_0 \pm t_{\alpha/2}(n-2)S_0$$

注：当实际观测值较多时，一般 $n \geqslant 30$，$y_0 \pm t_{\alpha/2}(n-2)S_0$ 中的根式近似地等于 1，而 t 分布的 $t_{\alpha/2}(n-2)$ 也近似趋于正态分布 Z_α，因此，$\hat{y}_0 \pm t_{\alpha/2}(n-2)S_0$ 可简化为

$$\hat{y}_0 \pm Z_{\alpha/2}S_0$$

【例 9-4】　若家庭月收入为 2000 元，显著性水平 $\alpha = 0.05$，根据【例 9-1】中的数据，对家庭月支出进行点预测和区间预测。试根据【例 9-2】中建立的回归方程预测，当家庭月收入为 2000 元时，求月支出的点预测值和区间预测值。

解：

（1）根据【例 9-2】中建立的回归方程，可知当家庭月收入为 2000 元时，月支出的点预测值为

$$\hat{y}_0 = 433.785 + 0.444 \times 2000 = 1321.487(\text{元})$$

（2）根据表 9-2 中的数据，估计标准误差为

$$\begin{aligned} S_y &= \sqrt{\frac{\sum_{i=1}^{n} y_i^2 - \beta_0 \sum_{i=1}^{n} y_i - \beta_1 \sum_{i=1}^{n} x_i y_i}{n-2}} \\ &= \sqrt{\frac{9035600 - 433.785 \times 9380 - 0.444 \times 11144200}{10-2}} = 50.411 \end{aligned}$$

$$S_0 = \sqrt{1 + \frac{1}{n} + \frac{(x_0 - \bar{x})^2}{\sum (x_i - \bar{x})^2}}S_y = \sqrt{1 + \frac{1}{10} + \frac{(2000 - 1136)^2}{1100640}} \times 50.41 = 67.223$$

在 $\alpha = 0.05$ 的显著性水平下，查表得 $t_{\alpha/2}(n-2) = t_{0.025}(8) = 2.306$，故家庭月支出置信区间为

$$\hat{y}_0 \pm t_{\alpha/2}(n-2)S_0 = 1321.487 \pm 2.306 \times 67.223$$

即当家庭月收入为 2000 元时，在 $\alpha = 0.05$ 的显著性水平下，月支出的置信区间为 1166.471 ~ 1476.504 元。

第三节　多元线性回归分析

第二节介绍了被解释变量 y 只与一个解释变量 x 有关的线性回归问题，但在许多经济问题中，一元线性回归只不过是回归分析中的一种特例，它通常是对影响某种经济现象的许多因素进行了简化考虑的结果。在复杂的经济问题中，对某种经济现象有着重要影响的因素一般有许多种。如某公司管理人员要预测来年该公司的销售额 y 时，研究认为影响销售额的因素不只是广告宣传费 x_1，还有个人可支配收入 x_2，价格 x_3，研究与发展费用 x_4，各种投资 x_5，销售费用 x_6 等。这样因变量 y 就与多个自变量 x_1，x_2，x_3，x_4，x_5，x_6 有关。因此，就需要进一步讨论多元线性回归问题。

一、多元线性回归模型

（一）多元线性回归模型的一般形式

设随机变量 y 与一般变量 $x_1, x_2, \cdots, x_m$ 的线性回归模型为

$$y = \beta_0 + \beta_1 x_1 + \beta_2 x_2 + \cdots + \beta_m x_m + \varepsilon \qquad (9-24)$$

其中，$\beta_0, \beta_1, \beta_2, \cdots, \beta_m$ 是 $m+1$ 个未知参数，称为回归参数。y 称为解释变量（因变量），而 $x_1, x_2, \cdots, x_m$ 是 m 个可以精确测量并可控制的一般变量，称为解释变量（自变量）。当 $m = 1$ 时，式（9－24）为一元线性回归模型。ε 是随机误差。与一元线性回归一样，对随机误差项常假定：

$$\begin{cases} E(\varepsilon) = 0 \\ var(\varepsilon) = \sigma^2 \end{cases} \quad 且\ \varepsilon \sim N(0, \sigma^2) \qquad (9-25)$$

对一个实际问题，若获得 n 组观测数据 $(x_{i1}, x_{i2}, \cdots, x_{im}; y_i)$，$i = 1, 2, \cdots, n$，则式（9－24）可表示为

$$\begin{cases} y_1 = \beta_0 + \beta_1 x_{11} + \beta_2 x_{12} + \cdots + \beta_m x_{1m} + \varepsilon_1 \\ y_2 = \beta_0 + \beta_1 x_{21} + \beta_2 x_{22} + \cdots + \beta_m x_{2m} + \varepsilon_2 \\ \cdots \\ y_n = \beta_0 + \beta_1 x_{n1} + \beta_2 x_{n2} + \cdots + \beta_m x_{nm} + \varepsilon_n \end{cases} \qquad (9-26)$$

或

$$y = X\beta + \varepsilon \tag{9-27}$$

其中，$y = \begin{bmatrix} y_1 \\ y_2 \\ \vdots \\ y_n \end{bmatrix}$，$X = \begin{bmatrix} 1 & x_{11} & x_{12} & \cdots & x_{1m} \\ 1 & x_{21} & x_{22} & \cdots & x_{2m} \\ 1 & \vdots & \vdots & \vdots & \vdots \\ 1 & x_{n1} & x_{n2} & \cdots & x_{nm} \end{bmatrix}$，$\beta = \begin{bmatrix} \beta_0 \\ \beta_1 \\ \vdots \\ \beta_m \end{bmatrix}$，$\varepsilon = \begin{bmatrix} \varepsilon_1 \\ \varepsilon_2 \\ \vdots \\ \varepsilon_n \end{bmatrix}$，矩阵 X 是一个 $n \times (m+1)$ 矩阵，称 X 为回归设计矩阵。

（二）多元线性回归模型的基本假定

为了方便进行模型的参数估计，对式（9－24）有以下一些基本假定。

1. 解释变量 $x_1, x_2, \cdots, x_m$ 是确定性变量，不是随机变量，且要求 $rk(X) = m+1 < n$。这表明设计矩阵 X 中的自变量列之间不相关，样本容量的个数应大于解释变量的个数，X 是一满秩矩阵。

2. 随机误差项具有 0 均值和同方差，即

$$\begin{cases} E(\varepsilon_i) = 0 \\ cov(\varepsilon_i, \varepsilon_j) = \begin{cases} 0, i \neq j \\ \sigma^2, i = j \end{cases}, \quad i,j = 1,2,\cdots,n \end{cases}$$

这个假定常称为 Gauss－Markov 条件。$E(\varepsilon_i) = 0$，即假设观测值没有系统误差，随机误差 ε_i 的平均值为零。随机误差项 ε 的协方差假定表明随机误差项在不同的样本点之间是独立的，不存在序列相关，并且有相同的精度。

3. 正态分布的假定条件

$$\begin{cases} \varepsilon_i \sim N(0, \sigma^2) \\ \varepsilon_1, \varepsilon_2, \cdots, \varepsilon_n \text{ 相互独立} \end{cases}$$

对于多元线性回归的矩阵形式（9－27），即 $\varepsilon \sim N(0, \sigma^2 I_n)$。

由上述假定和多元正态分布的性质可知：随机向量 y 仍遵从 n 维正态分布，回归方程式（9－27）的期望向量为 $E(y) = X\beta, var(y) = \sigma^2 I$。因此，$y \sim N(X\beta, \sigma^2 I)$。

二、回归参数的估计

多元线性回归方程未知参数 $\beta_0, \beta_1, \beta_2, \cdots, \beta_m$ 的估计与一元线性回归方程的参数估计原理一样。对于式（9－27）矩阵形式表示的回归模型：$y = X\beta + \varepsilon$。若参数估计量 $\hat{\beta}$ 已得到，则 $\hat{y} = X\hat{\beta}$。那么，所选择的估计方法应该使估计值 $\hat{y}$ 与观测值 y 之间的残差在所有样本点上达到最小，即使 $Q = \sum_{i=1}^{n} e_i^2 = e^T e = (y - X\hat{\beta})^T (y - X\hat{\beta})$ 达到最小，其中 $e_i = y_i - \hat{y}_i, e = (e_1, e_2, \cdots, e_n)^T$。

根据微分学中的求极值原理，Q 对 $\hat{\beta}$ 微分且等于 0 时，可求得使 Q 达到最小的 $\hat{\beta}$。

$$\begin{aligned}\frac{\partial Q}{\partial\hat{\beta}} &= \frac{\partial}{\partial\hat{\beta}}(y - X\hat{\beta})T(y - X\hat{\beta}) \\ &= \frac{\partial}{\partial\hat{\beta}}(y^T - \hat{\beta}^T X^T)(y - X\hat{\beta}) \\ &= \frac{\partial}{\partial\hat{\beta}}(y^T y - 2\hat{\beta}^T X^T y + \hat{\beta}^T X^T X\hat{\beta}) \\ &- 2X^T y + 2X^T X\hat{\beta} \\ &= 0\end{aligned} \tag{9-28}$$

其中，$2\hat{\beta}^T X^T y = \hat{\beta}^T X^T y + y^T X\hat{\beta}$，因为 $\hat{\beta}^T X^T y$ 和 $y^T X\hat{\beta}$ 都是一阶方阵，即为一个数。

由式（9-28）可得 $X^T X\hat{\beta} = X^T y$。当 $(X^T X)^{-1}$ 存在时，有

$$\hat{\beta} = (X^T X)^{-1} X^T y \tag{9-29}$$

式（9-29）实际是一个含有 $m+1$ 个未知参数 $\beta_0, \beta_1, \beta_2, \cdots, \beta_m$ 的正规方程组。

可以证明，要想用最小二乘法估计多元线性回归模型的未知参数，样本容量必须不少于模型中解释变量的个数。

三、回归系数的显著性检验

（一）复相关系数检验法

复相关系数检验法是通过复相关系数检验一组自变量 $x_1, x_2, \cdots, x_m$ 与因变量 y 之间的线性相关程度的方法，又称复相关系数检验法。与一元线性回归模型类似，可以通过对总变量的分解

$$\sum (y_i - \hat{y})^2 = \sum (y_i - \hat{y}_i)^2 + \sum (\hat{y}_i - \bar{y})^2$$

得到多元线性回归模型 r^2 的计算公式

$$r^2 = \frac{\sum (\hat{y} - \bar{y})^2}{\sum (y_i - \bar{y})^2} = 1 - \frac{\sum (y_i - \hat{y})^2}{\sum (y_i - \bar{y})^2}$$

r^2 称为复可决系数。它的平方根 r 为

$$r = \sqrt{1 - \frac{\sum (y_i - \hat{y})^2}{\sum (y_i - \bar{y})^2}} \tag{9-30}$$

称为复相关系数。r^2 说明在 y 的总变差中，由一组自变量 $x_1, x_2, \cdots, x_m$ 变动所引起的变差所占的百分比；r 则描述一组自变量 $x_1, x_2, \cdots, x_m$ 与因变量 y 之间的线性相关程度。

与相关系数检验法一样，复相关系数检验法的步骤：（1）计算复相关系数。（2）根据回归模型的自由度 $n-m$ 和给定的显著性水平 α 值，查相关系数临界值表。（3）判别，若 $|r| \geqslant R_\alpha(n-m-1)$，表明两变量之间线性相关关系显著，检验通过，这时回归模型可以用来预测；若 $|r| < R_\alpha(n-m-1)$，表明两变量之间线性相关关系不显著，检验不

通过。在这种情况下，回归模型不能用于预测。这时应分析其原因，对回归模型重新调整。

在实际工作中，复相关系数的计算常用其简洁形式：

二元回归：$$r = \sqrt{1 - \frac{\sum y_i^2 - \hat{\beta}_0 \sum y_i - \hat{\beta}_1 \sum x_{i1} y_i - \hat{\beta}_2 \sum x_{i2} y_i}{\sum y_i^2 - n\bar{y}^2}} \tag{9-31}$$

三元回归：$$r = \sqrt{1 - \frac{\sum y_i^2 - \hat{\beta}_0 \sum y_i - \hat{\beta}_1 \sum x_{i1} y_i - \hat{\beta}_2 \sum x_{i2} y_i - \hat{\beta}_3 \sum x_{i3} y_i}{\sum y_i^2 - n\bar{y}^2}} \tag{9-32}$$

（二）t 检验

t 检验是通过 t 统计量对所求回归模型的每一个系数逐一检验假设 $H_0: \beta_j = 0, j = 1, 2, \cdots, m$ 是否成立的方法。

t 检验的步骤：

第一步，计算估计标准误差

$$S = \sqrt{\frac{\sum (y_i - \hat{y}_i)^2}{n - m - 1}}$$

特别地，

二元回归：$$S = \sqrt{\frac{\sum y_i^2 - \hat{\beta}_0 \sum y_i - \hat{\beta}_1 \sum x_{i1} y_i - \hat{\beta}_2 \sum x_{i2} y_i}{n - 3}}$$

三元回归：$$S = \sqrt{\frac{\sum y_i^2 - \hat{\beta}_0 \sum y_i - \hat{\beta}_1 \sum x_{i1} y_i - \hat{\beta}_2 \sum x_{i2} y_i - \hat{\beta}_3 \sum x_{i3} y_i}{n - 4}}$$

第二步，计算样本标准差。由 $cov(\hat{\beta}, \hat{\beta}^T) = E[(\hat{\beta} - \beta)(\hat{\beta} - \beta)^T] = (X^T X)^{-1} \sigma^2$ 可知

$$S_{\hat{\beta}_J} = \sqrt{C_{j+1,j+1}} \cdot S$$

其中，$C_{j+1,j+1}$ 为矩阵 $(X^T X)^{-1}$ 主对角线上的第 $j+1$ 个元素。

第三步，构造并计算 t 统计量

$$t_j = \frac{\hat{\beta}_j}{S_{\hat{\beta}_j}}$$

其中，$j = 1, 2, \cdots, m$，$\hat{\beta}_j$ 是第 j 个自变量 x_j 的回归系数，$S_{\hat{\beta}_j}$ 是 $\hat{\beta}_j$ 的样本标准差。

第四步，建立假设：$H_0: \beta_j = 0, j = 1, 2, \cdots, m$。若 $|t_j| > t_{\alpha/2}(n - m - 1)$ 成立，则否定假设 H_0，说明 x_j 对 y 有显著影响；反之假设成立，$\beta_j = 0$ 被接受，说明 x_j 对 y 无显著影响，则应删除该因素。

在多元线性回归中，回归方程显著并不意味着每个自变量对 y 的影响都显著，因此，

总想从回归方程中剔除那些次要的、可有可无的变量，重新建立更为简单的回归方程，就需要对每个自变量进行显著性检验。

显然，如果某个自变量 x_j 对 y 的作用不显著，那么在回归模型中，它的系数 β_j 就可以取值为零。因此，检验变量 x_j 是否显著，等价于检验假设 $H_0: \beta_j = 0, j = 1,2,\cdots,m$。如果接受假定 H_0，则 x_j 不显著；如果拒绝假设，则 x_j 是显著的。此时，可采用 $t_j = \frac{\hat{\beta}_j}{S_{\hat{\beta}_j}} \sim t(n-m-1)$ 来检验 β_j 是否为零，即 x_j 对 y 的影响是否显著。

四、多元线性回归的预测

对一个实际经济问题建立起多元线性回归方程后，一个重要的应用就是利用方程去进行预测。

设建立的多元线性回归方程为

$$\hat{y}_i = \hat{\beta}_0 + \hat{\beta}_1 x_{i1} + \hat{\beta}_2 x_{i2} + \cdots + \hat{\beta}_m x_{im} \quad i = 1,2,\cdots,n$$

当给定一组自变量的值 $x_0 = (x_{01}, x_{02}, \cdots, x_{0m})$，要估计所对应的 y_0，很自然的想法就是将 $x_{01}, x_{02}, \cdots, x_{0m}$ 的值代入回归方程中，直接算出 $\hat{y}_0$，即

$$\hat{y}_0 = \hat{\beta}_0 + \hat{\beta}_1 x_{01} + \hat{\beta}_2 x_{02} + \cdots + \hat{\beta}_m x_{0m} = X_0 \hat{\beta}$$

$\hat{y}_0$ 是 y_0 的估计点，无法进一步了解它的误差和犯错误的概率。对于许多实际问题来说，给出 y_0 区间估计比给出点的估计更重要。所以，当给定 x_0 时，需要以一定的概率判断因变量的真实值 y_0 出现在某个区间中，即寻找一个区间，使 y_0 值落在这个区间的概率达到指定的 $1-\alpha$。

类似一元线性回归预测区间的构造，对给定显著性水平 α 要求 T_1、T_2，使 $P(T_1 < y_0 < T_2) = 1-\alpha$。预测误差 $e_0 = y_0 - \hat{y}_0$ 的样本方差为 $S_0{}^2 = S^2[1 + x_0(x^T x)^{-1} x_0{}^T]$，$S = \sqrt{\frac{\sum (y_i - \hat{y}_i)^2}{n-m-1}}$。当预测值 $\hat{y}_0$ 的显著性水平为 α 时，多元线性回归模型的预测区间为（1）$n < 30$，$\hat{y}_0 \pm t_{\alpha/2}(n-m-1)S_0$；（2）$n \geqslant 30$，$\hat{y}_0 \pm z_{\alpha/2} S_0$。由于 $\hat{y}_0$ 是一个影响因素数据向量，而 S_0 的计算较为复杂，故在实际预测中，可以运用 S 代替 S_0 近似地估计预测区间。

【例 9-5】 某县城 2007—2018 年消费基金、国民收入使用额和平均人口资料如表 9-3 所示。试配合适当的回归模型并进行各种检验。若 2019 年该县城国民收入使用额为 60 亿元，平均人口为 58 万人，当显著性水平 $\alpha = 0.05$ 时，试估计 2019 年消费基金的预测区间。

解：

1. 设消费基金为 y 亿元，国民收入使用额为 x_1 亿元，平均人口为 x_2 万人，并假设 y 与 x_1、x_2 之间存在线性关系。

2. 建立二元线性回归模型 $\hat{y}=\beta_0+\beta_1x_1+\beta_2x_2$

表 9－3　　多元线性回归预测模型计算

年份	y	x_1	x_2	x_1x_2	x_1^2	x_2^2	x_1y	x_2y	y^2
2007 年	9	12.1	48.2	583.22	146.41	2323.24	108.9	433.8	81
2008 年	9.5	12.9	48.9	630.81	166.41	2391.21	122.55	464.55	90.25
2009 年	10	16.8	49.54	832.272	282.24	2454.2116	168	495.4	100
2010 年	10.6	14.8	50.25	743.7	219.04	2525.0625	156.88	532.65	112.36
2011 年	12.4	16.4	51.02	836.728	268.96	2603.04	203.36	632.648	153.76
2012 年	16.2	20.9	51.84	1083.456	436.81	2687.3856	338.58	839.808	262.44
2013 年	17.7	24.2	52.76	1276.792	585.64	2783.6176	428.34	933.852	313.29
2014 年	20.1	28.1	56.39	1584.559	789.61	3179.8321	564.81	1133.439	404.01
2015 年	21.8	30.1	54.55	1641.955	906.01	2975.7025	656.18	1189.19	475.24
2016 年	25.3	35.8	55.35	1981.53	1281.64	3063.6225	905.74	1400.355	640.09
2017 年	31.3	48.5	56.16	2723.76	2352.25	3153.9456	1518.05	1757.808	979.69
2018 年	36	54.8	56.98	3122.504	3003.04	3246.7204	1972.8	2051.28	1296
合计	219.9	315.4	631.94	17041.286	10438.06	33387.5908	7144.19	11864.78	4908.13

3. 计算回归系数

列表计算有关数据，如表 9－3 所示。由计算结果得

$$X^TX=\begin{bmatrix}1 & 1 & \cdots & 1\\ x_{11} & x_{21} & \cdots & x_{12,1}\\ x_{12} & x_{22} & \cdots & x_{12,2}\end{bmatrix}\begin{bmatrix}1 & x_{11} & x_{12}\\ 1 & x_{21} & x_{22}\\ \vdots & \vdots & \vdots\\ 1 & x_{12,1} & x_{12,2}\end{bmatrix}=\begin{bmatrix}n & \sum x_{i1} & \sum x_{i2}\\ \sum x_{i1} & \sum x_{i1}^2 & \sum x_{i1}x_{i2}\\ \sum x_{i2} & \sum x_{i1}x_{i2} & \sum x_{i2}^2\end{bmatrix}$$

$$=\begin{bmatrix}12 & 315.4 & 631.94\\ 315.4 & 10438.06 & 17041.286\\ 631.94 & 17041.286 & 33387.5908\end{bmatrix},$$

$$\text{则}(X^TX)^{-1}=\begin{bmatrix}103.4303 & 0.4248 & -2.1745\\ 0.4248 & 0.0023 & -0.0092\\ -2.1745 & -0.0092 & 0.0459\end{bmatrix}$$

$$X^TY=\begin{bmatrix}1 & 1 & \cdots & 1\\ x_{11} & x_{21} & \cdots & x_{12,1}\\ x_{12} & x_{22} & \cdots & x_{12,2}\end{bmatrix}\begin{bmatrix}y_1\\ y_2\\ \vdots\\ y_{12}\end{bmatrix}=\begin{bmatrix}\sum y_i\\ \sum x_{i1}y_i\\ \sum x_{i2}y_i\end{bmatrix}=\begin{bmatrix}219.9\\ 7144.19\\ 11864.78\end{bmatrix}$$

$$\hat{\beta}=(X^TX)^{-1}X^TY=\begin{bmatrix}103.4303 & 0.4248 & -2.1745\\ 0.4248 & 0.0023 & -0.0092\\ -2.1745 & -0.0092 & 0.0459\end{bmatrix}\times\begin{bmatrix}219.9\\ 7144.19\\ 11864.78\end{bmatrix}=\begin{bmatrix}-20.6035\\ 0.5408\\ 0.4693\end{bmatrix}$$

4. 复相关系数检验

$$r=\sqrt{1-\frac{\sum y_i^2-\hat{\beta}_0\sum y_i-\hat{\beta}_1\sum x_{i1}y_i-\hat{\beta}_2\sum x_{i2}y_i}{\sum y_i^2-n\bar{y}^2}}$$

$$=\sqrt{1-\frac{4098.13+20.6035\times 219.9-0.5408\times 7144.19-0.4693\times 11864.78}{498.13-219.9^2/12}}$$

$$=\sqrt{1-\frac{7.1204}{878.4625}}=\sqrt{0.9919}=0.9959$$

当 $\alpha=0.05$，$n-m-1=12-2-1=9$ 时，$R_{0.05}(9)=0.6029$，因为 $r\geqslant R_{0.05}(n-m-1)$，所以在 $\alpha=0.05$ 的显著性水平上检验通过，即三变量之间的线性相关关系显著。

5. t 检验

$$S=\sqrt{\frac{\sum y_i^2-\hat{\beta}_0\sum y_i-\hat{\beta}_1\sum x_{i1}y_i-\hat{\beta}_2\sum x_{i2}y_i}{n-m-1}}=\sqrt{\frac{7.1204}{12-3}}=0.8895$$

根据 $(X^TX)^{-1}$ 的计算有

$$S_{\hat{\beta}_1}=\sqrt{C_{11}}\cdot S=\sqrt{0.0023}\times 0.8895=0.04266$$

$$S_{\hat{\beta}_2}=\sqrt{C_{22}}\cdot S=\sqrt{0.0459}\times 0.8895=0.1906$$

$$t_1=\frac{\hat{\beta}_1}{S_{\hat{\beta}_1}}=\frac{0.5408}{0.04266}=12.68$$

$$t_2=\frac{\hat{\beta}_2}{S_{\hat{\beta}_2}}=\frac{0.4693}{0.1906}=2.46$$

当 $\alpha=0.05$，$n-m-1=12-2-1=9$ 时，$t_{\alpha/2}(n-m-1)=t_{0.05/2}(9)=2.262$。因为 t_1、t_2 均大于 $t_{0.05/2}(9)=2.262$，故拒绝假设 $\beta_1=0$ 和 $\beta_2=0$。据此可以断言：国民收入使用额和年平均人口对该县消费基金有显著的线性影响。

6. 预测区间

设预测点为 $X_0=[1,60,58]$，则其预测值为

$$\hat{y}_0=X_0\hat{\beta}=[1,60,58]\begin{bmatrix}-20.6035\\0.5408\\0.4693\end{bmatrix}=39.0639$$

预测区间为

$$\hat{y}_0\pm t_{\alpha/2}(n-m-1)S=39.0639\pm 2.262\times 0.8895$$

$$=39.0639\pm 2.012=[37.0519,41.0759]$$

即 2019 年该县国民收入使用额为 60 亿元，年平均人口为 58 万人时，在 $\alpha=0.05$ 显著性水平上，该县城消费基金的预测区间为 37.0519 亿～41.0759 亿元。

第四节　非线性回归分析

一、非线性回归分析概述

（一）非线性回归分析的含义

现实中变量之间的关系并不都是线性的。对于曲线形式的回归问题，显然不能照搬前面关于线性回归的处理方法。如果仍然直接用线性回归方程进行分析，势必有些牵强附会。因此，需要应用适当形式的曲线回归来描述它们之间的关系。这种为观察数据拟合曲线回归方程所进行的分析，称为非线性回归分析。

非线性回归分析必须着重解决两个问题：（1）确定非线性函数的具体形式。与线性回归分析的情况不同，非线性回归函数有多种多样的具体形式；需要根据所要研究的问题的性质并结合实际的观测值作出恰当的选择。（2）估计函数中的参数。非线性回归分析最常用的方法仍然是最小二乘法，但需要根据函数的不同类型，做适当的处理。

（二）非线性函数的确定

1. 选择回归方程形式应遵循的原则

在对实际客观现象进行定量分析时，选择回归方程的具体形式应遵循以下原则：①方程形式应与经济学的基本理论相一致。如采用多项式方程能够较好地反映总成本与总产量之间的关系等。②方程有较高的拟合程度。只有这样，才能说明回归方程可以较好地反映现实经济的运行情况。③方程的数学形式要尽可能简单。如果几种形式都基本符合上述两项要求，则应选择其中数学形式较简单的一种。

2. 确定变量之间的曲线关系类型的途径

非线性回归分析首要的和最困难的工作就是确定变量 x 与 y 之间的曲线关系的类型。通常通过两个途径来确定：①相关专业知识，根据已知的理论规律和实践经验来确定。②若没有已知的理论规律和经验可利用，则可用描点法将实测点在坐标上描出，观察实测点的分布趋势与哪一类已知的函数曲线最接近，然后再选取该函数来拟合实测点。

二、非线性回归方程的测定

在一些情况下，非线性回归问题可以通过变量变换，将其转化成线性回归问题，然后用线性回归分析方法来解决非线性回归问题。

（一）对于可线性化的曲线函数类型进行回归分析的基本步骤

1. 将 x、y 进行变量转换。

2. 对新变量进行线性回归分析——建立线性回归方程并进行显著性检验和区间估计。

3. 将新变量还原为原变量，由新变量的线性回归方程和置信区间得出原变量的曲线回归方程和置信区间。

4. 计算非线性回归方程配合的拟合度。相关指数 r 的大小表示了回归曲线拟合度的高低，或者说表示了曲线回归方程估测的可靠程度的高低。

5. 根据所拟合的回归方程进行预测。

（二）几种常见的非线性模型及其线性转化方法

1. 二次曲线

$$y = a + b_1x + b_2x^2$$

令 $x^2 = x_1$，原式变为 $y = a + b_1x + b_2x_1$

2. 三次曲线

$$y = a + b_1x + b_2x^2 + b_3x^3$$

令 $x^2 = x_1$，$x^3 = x_2$，原式变为 $y = a + b_1x + b_2x_1 + b_3x_2$

3. 指数函数

$$y = ae^{bx}$$

对其两边取自然对数，得

$$\ln y = \ln a + bx$$

令 $y' = \ln y$，则 $y' = \ln a + bx$。

4. 双曲线函数

$$\frac{1}{y} = a + \frac{b}{x}$$

令 $y' = \frac{1}{y}$，$x' = \frac{1}{x}$，则 $y' = a + bx'$。

5. 对数函数

$$y = a + b\lg x$$

令 $x' = \lg x$，则 $y = a + bx'$。

6. S 形曲线

$$y = \frac{1}{a + be^{-x}}$$

令 $y' = \frac{1}{y}$，$x' = e^{-x}$，则 $y' = a + bx'$。

7. 逻辑函数

$$y = \frac{1}{1/\mu + \beta_0\beta_1^{\ x}}$$

两边取对数，经整理得：$\ln\left(\frac{1}{y} - \frac{1}{\mu}\right) = \ln(\beta_0) + \ln(\beta_1)x$

令 $y' = \ln(\frac{1}{y} - \frac{1}{\mu})$，则 $y' = \ln(\beta_0) + \ln(\beta_1)x$。

对上述可线性化曲线回归方程的换元过程进行汇总如表 9－4 所示。

表 9-4　　可线性化曲线方程的换元过程

原方程	方程代换	代换后方程
$y = a + b_1x + b_2x^2$	$x^2 = x_1$	$y = a + b_1x + b_2x_1$
$y = a + b_1x + b_2x^2 + b_3x^3$	$x^2 = x_1, x^3 = x_2$	$y = a + b_1x + b_2x_1 + b_3x_2$
$\ln y = \ln a + bx$	$y' = \ln y$	$y' = \ln a + bx$
$\frac{1}{y} = a + \frac{b}{x}$	$y' = \frac{1}{y}, x' = \frac{1}{x}$	$y' = a + bx'$
$y = a + b\lg x$	$x' = \lg x$	$y = a + bx'$
$y = \frac{1}{a + be^{-x}}$	$y' = \frac{1}{y}, x' = e^{-x}$	$y' = a + bx'$
$y = \frac{1}{1/\mu + \beta_0\beta_1{}^x}$	$y' = \ln\left(\frac{1}{y} - \frac{1}{\mu}\right)$	$y' = \ln(\beta_0) + \ln(\beta_1)x$

【例 9-6】 发展程度不同的 10 个国家的人均 GDP 和农业 GDP 占总 GDP 的比重数据如表 9-5 所示，选择适当的非线性曲线。

表 9-5　　人均 GDP 和农业 GDP 占总 GDP 的比重　　单位：千美元，%

人均 GDP	0.56	0.92	1.50	2.16	2.67	4.25	5.49	6.96	7.32	8.15
农业 GDP 占总 GDP 的比重	16	15	14	12	12.3	11	10.5	10.4	10.3	10.1

解：设 y 表示农业 GDP 占总 GDP 的比重，x 表示人均 GDP。

表 9-5 中数据的散点图如图 9-2 所示。不难发现在所观测的范围内，数据大致呈双曲函数指数减少的趋势。

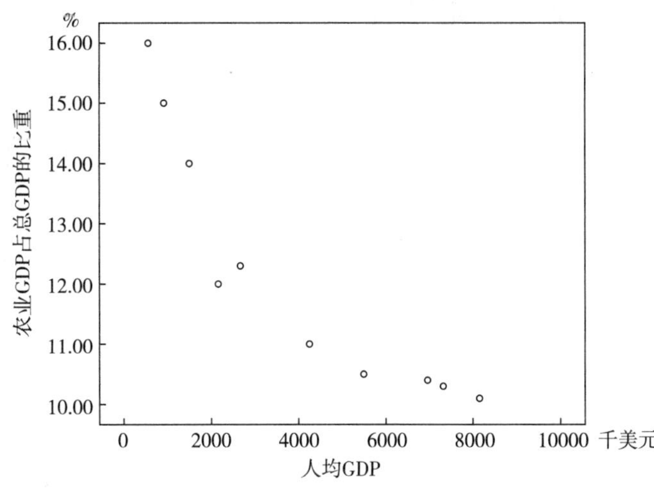

图 9-2　人均 GDP 和农业 GDP 占总 GDP 的比重的散点图

用双曲线模型 $\frac{1}{y} = a + \frac{b}{x}$，令 $y' = \frac{1}{y}, x' = \frac{1}{x}$，则 $y' = a + bx'$。通过换为线性回

归方程求得 a 和 b 的最小二乘估计分别为 $a = 0.096$，$b = -0.023$，相关系数为 $r = 0.912$，说明变量之间有显著的线性关系。故双曲线回归方程为 $\frac{1}{y} = 0.096 - \frac{0.023}{x}$。

表 9－6 直线换元法计算

	y	x	$y' = \frac{1}{y}$	$x' = \frac{1}{x}$	$x'y'$	x'^2	y'^2
	16.00	0.56	0.06	1.79	0.11	3.19	0.00
	15.00	0.92	0.07	1.09	0.07	1.18	0.00
	14.00	1.50	0.07	0.67	0.05	0.44	0.01
	12.00	2.16	0.08	0.46	0.04	0.21	0.01
	12.30	2.67	0.08	0.37	0.03	0.14	0.01
	11.00	4.25	0.09	0.24	0.02	0.06	0.01
	10.50	5.49	0.10	0.18	0.02	0.03	0.01
	10.40	6.96	0.10	0.14	0.01	0.02	0.01
	10.30	7.32	0.10	0.14	0.01	0.02	0.01
	10.10	8.15	0.10	0.12	0.01	0.02	0.01
合计	121.60	39.98	0.01	0.03	0.38	5.31	0.07

第五节　多元回归分析中的其他问题

一、解释变量的筛选问题

在多元线性回归分析中，模型中应引入多少解释变量是需要重点研究的。如果引入的解释变量较少，回归方程可能无法很好地解释说明被解释变量的变化。但是也并非引入的解释变量越多越好，因为这些变量之间可能存在多重共线性。因此，有必要采取一些策略对引入回归方程的解释变量加以控制和筛选。

在多元回归分析中，解释变量的筛选一般有向前筛选、向后筛选、逐步筛选三种基本策略。

（一）向前筛选策略

向前筛选（Forward）策略是使解释变量不断进入回归方程的过程。先使选择与被解释变量线性相关系数最高的解释变量进入方程，并进行回归方程的各种检验。然后，在剩余的变量中寻找与被解释变量偏相关系数（以已进入回归方程的解释变量作为控制变量计算偏相关系数）最高并通过检验的解释变量进入回归方程，并对新建立的回归方程进行各种检验。这个过程一直重复，直到再也没有可进入方程的解释变量为止。

（二）向后筛选策略

向后筛选（Backard）策略是使解释变量不断被剔除出回归方程的过程。先将所有解释变量全部引入回归方程，并对回归方程进行各种检验。然后，在回归系数显著性检验不显著的一个或多个解释变量中剔除 t 检验值最小即对被解释变量线性影响最不显著的解释变量，并重新建立回归方程和进行各种检验。如果新建回归方程中所有解释变量的回归系数检验都显著，则建立回归方程的过程结束；否则，按照上述方法再依次剔除一个当前最不显著的解释变量，直到再也没有可剔除的解释变量为止。

（三）逐步筛选策略

逐步筛选是向前筛选策略和向后筛选策略的综合。筛选策略是变量不断进入回归方程的过程，变量一旦进入回归方程就不会被剔除出去。随着解释变量的不断引入，由于解释变量之间存在一定程度上的多重共线性，使某些已经进入回归方程的解释变量的回归系数不再显著，这样造成最终的回归方程可能包含一些不显著的解释变量，逐步筛选法在向前筛选策略的基础上，结合向后筛选策略，在每个解释变量进入方程后再次判断是否存在可以剔除的解释变量。因此，逐步筛选策略在引入解释变量的每一个阶段都提供了剔除不显著解释变量的机会。

二、变量多重共线性的问题

多重共线性问题是指线性回归模型中的解释变量之间由于存在线性相关关系的问题，解释变量之间高度的多重共线性会给回归方程带来许多的影响。当完全线性相关时，偏回归系数不能估计；偏回归系数的估计方差会随着解释变量的相关性增加而变大，从而使系数的显著性检验发生变化，偏回归系数的置信区间增大，偏回归系数估计值的不稳定性增强等。

（一）多重共线性的存在检验及范围判断

除可以通过变量的相关系数大小判别模型的多重共线性外，还可以通过以下指标测度解释变量的多重共线性水平。

1. 容忍度

容忍度是测度解释变量间多重共线性的重要统计量。解释变量 x_i 的容忍度定义为

$$Tol_i = 1 - R_i^2$$

其中，R_i^2 是解释变量 x_i 与方程中其他解释变量间的复相关系数的平方，表明了解释变量之间的线性相关程度。容忍度的取值范围为 0 ~ 1，越接近 0，表示多重共线性越强；越接近 1，表示多重共线性越弱。

2. 方差膨胀因子（Variance Inflation Factor，VIF）

方差膨胀因子是衡量多元线性回归模型中多重共线性严重程度的一种度量，它等于容忍度的倒数。

$$VIF_i = \frac{1}{1 - R_i^2} \tag{9-33}$$

方差膨胀因子 VIF 值越大，说明变量间多重共线性越严重。经验表明，当 $VIF > 10$ 时，解释变量与其余解释变量之间有严重的多重共线性。

对两个解释变量的模型，可以采用简单相关系数法检验两个变量是否存在多重共线

性，求出 x_1 和 x_2 的简单关系数 r 或者 VIF 值，若 $|r|$ 接近 1，或者 VIF 值比较大时，说明两变量存在较强的多重共线性。

对多个解释变量的模型，可以采用综合统计法。在普通最小二乘法下，模型的 R^2 与 F 值较大，但参数估计的 t 检验值较小，说明各解释变量对 Y 的联合线性作用显著，但各个解释变量间存在多重共线性使它们对 Y 的独立作用不能分辨，故 t 检验不显著。

如果存在多重共线性，需进一步确定多重共线性究竟由哪些变量引起。这时可以采用以下方法进行判别：（1）判定系数检验法。使模型中每个解释变量分别以其余解释变量为解释变量进行回归，并计算相应的拟合优度，也称为判定系数。如果在某一种形式中判定系数（R^2）较大，说明在该形式中作为被解释变量的 x_j 可以用其他解释变量的线性组合代替，即 x_j 与其他解释变量间存在共线性。也可以用式（9－33）计算该形式下的 VIF 值，即 x_j 变量对应的 VIF 值，通过该值的大小判别 x_j 可以用其他解释变量的线性组合代替的程度。（2）逐步回归法。以 Y 为被解释变量，逐个引入解释变量，构成回归模型，进行模型估计。根据拟合优度的变化决定新引入的变量是否可以用其他变量的线性组合代替，而不是作为独立的解释变量。如果拟合优度变化显著，则说明新引入的变量是一个独立解释变量；如果拟合优度变化很不显著，则说明新引入的变量不是一个独立的解释变量，它可以用其他变量的线性组合代替，也就是说，它与其他变量之间存在共线性的关系。

（二）克服多重共线性的方法

如果模型被证明存在多重共线性，则需要发展新的方法估计模型，最常用的方法有以下两类。

1. 排除引起共线性的变量

找出引起多重共线性的解释变量，将它排除出去，是最有效克服多重共线性问题的方法，所以逐步回归法得到了最为广泛的应用。但是，需要特别注意的是，当排除了某个或某些变量后，保留在模型中的变量的系数的经济意义将发生变化，其估计值也将发生变化。

2. 减小参数估计量的方差

多重共线性的主要后果是参数估计量具有较大的方差。若采取适当方法减小参数估计量的方差，虽然没有消除模型中的多重共线性，却能消除多重共线性造成的后果。例如，增加样本容量，可使参数估计量的方差减小。

20 世纪 70 年代发展的岭回归法（Ridge Regression），以引入偏误为代价减小参数估计量的方差。具体方法：引入矩阵 D，使参数估计量为

$$\hat{\beta} = (X'X + D)X'Y \tag{9-34}$$

矩阵 D 一般选择主对角矩阵，即 $D = lI$，其中 l 为大于 0 的常数。与普通最小二乘估计量相比，式（9－34）的估计量有较小的方差。

如何选择 l 是一个复杂的问题，Hoerl 和 Kennard 于 1975 年提出一种估计方法。首先对原模型的解释变量与被解释变量的离差形式进行标准化处理，可得

$$x_{ik}^{*}=\frac{x_{ik}}{\sqrt{\sum x_{ik}}},y_{ik}^{*}=\frac{y_{ik}}{\sqrt{\sum y_{ik}}}$$

得到以下模型 $y_i^{*}=\beta_1^{*}x_{i1}^{*}+\beta_2^{*}x_{i2}^{*}+\cdots+\beta_k^{*}x_{ik}^{*}+\mu_i^{*}$，$i=1,2,\cdots,n$

用普通最小二乘法估计该模型，得到参数与随机干扰项方差的估计值 $\beta_1^{*},\beta_2^{*},\cdots,\beta_k^{*}$ 和 $\hat{\delta}^2$，这时 l 的估计可以用以下公式估计

$$\hat{l}=\frac{(k-1)\hat{\delta}^2}{\sum_{j=1}^{k}(\hat{\beta}_j)^2} \tag{9-35}$$

需要指出的是，多重共线性是一种样本现象。同一个模型在一个样本下可能表现出多重共线性，而在另一个样本下可能就不存在多重共线性，因此，增加样本容量就有可能消除多重共线性。另外，多重共线性的主要问题在于使参数估计量的方差变大，随机干扰项的方差、变量的变异程度与方差膨胀因子一起决定着参数估计量的方差。如果存在多重共线性，但随机干扰项的方差很小，或变量的变异程度很大，都可能得到较小的参数估计量的方差。这时，即使有较严重的多重共线性，也不会带来不良后果。因此，只要回归方程估计的参数标准差较小，t 统计值较大，就没有必要过于关心是否存在多重共线性的问题。

三、带虚拟变量的线性回归

（一）虚拟变量的含义

许多经济变量是可以定量度量的，但一些影响经济变量的因素无法定量度量，为了能够在模型中反映这些因素的影响，并提高模型的精度，需要将它们“量化”。这种“量化”通常是通过引入“虚拟变量”来完成的。根据这些因素的属性类型，构造只取“0”或“1”的人工变量，通常称为虚拟变量，记为 D。虚拟变量只作为解释变量。一般地，在虚拟变量的设置中：基础类型、肯定类型取值为 1；比较类型，否定类型取值为 0。例如，反映文化程度的虚拟变量可取为：D=1，本科学历；D=0，非本科学历。

同时含有一般解释变量与虚拟变量的模型称为虚拟变量模型。例如，一个以性别为虚拟变量考察企业职工薪金的模型，即

$$Y_i=\beta_0+\beta_1X_i+\beta_2D_i+\mu_i \tag{9-36}$$

其中，Y_i 为企业职工的薪金；X_i 为工龄；D_i 为虚拟变量，若是男性，$D_i=1$；若是女性，$D_i=0$。

（二）虚拟变量作为解释变量引入方式

虚拟变量作为解释变量引入模型有两种基本方式：加法方式和乘法方式。

1. 加法引入

上述企业职工薪金模型中性别虚拟变量的引入采取了加法方式。在该模型中，如果仍假定 $E(\mu_i)=0$，则企业男职工的平均薪金为：$E(Y_i\mid X,D=0)=\beta_0+\beta_1X_i$，女职工的平均薪金为 $E(Y_i\mid X,D=1)=(\beta_0+\beta_2)+\beta_1X_i$。从几何意义来看，假定 $\beta_2>0$，则

两个函数具有相同的斜率，但截距项存在差异，两者的平均薪金相差β_2（见图9－3）。

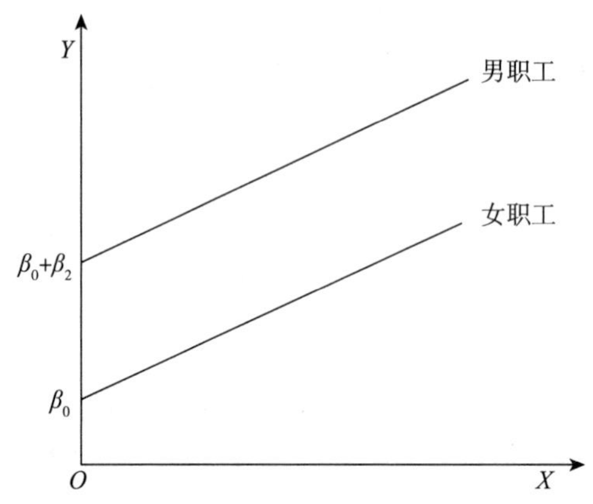

图9－3　男女职工平均薪金示意

如果将上例中的性别换成教育水平，教育水平考虑三个层次：高中以下、高中、大学及以上。这时可以设置两个虚拟变量来考察学历对薪金的影响。

$$D_1=\begin{cases}1,\text{高中}\\0,\text{其他}\end{cases},\quad D_2=\begin{cases}1,\text{大学及以上}\\0,\text{其他}\end{cases}$$

模型可以设定：$Y_i=\beta_0+\beta_1X_i+\beta_2D_1+\beta_2D_2+\mu_i$。在假定$E(\mu_i\mid X,D_1,D_2)=0$时，可知高中以下、高中、大学及以上的期望薪金为：

高中以下：$E(Y_i\mid X,D_1=0,D_2=0)=\beta_0+\beta_1X_1$

高中：$E(Y_i\mid X,D_1=1,D_2=0)=(\beta_0+\beta_2)+\beta_1X_1$

大学及以上：$E(Y_i\mid X,D_1=0,D_2=1)=(\beta_0+\beta_3)+\beta_1X_1$

2. 乘法引入

以乘法方式引入虚拟变量时，是在所设立的模型中，将虚拟变量与其他解释变量的乘积，作为新的解释变量出现在模型中，以达到其调整设定模型斜率系数的目的。前例中默认的是男性和女性职工具有相同的斜率，当无法确认这种假定是合理时，可以建立回归方程$Y_i=\beta_0+\beta_1X_i+\beta_2(D_i\times X_i)+\mu_i$，这时女性职工的平均期望为$E(Y_i\mid X,D=0)=\beta_0+\beta_1X_i$，男性职工的薪金期望为$E(Y_i\mid X,D=1)=\beta_0+(\beta_1+\beta_2)X_i$。在几何意义上，两者为具有相同的截距但斜率不同的两个斜线（见图9－4）。

当截距与斜率发生变化时，则需要同时引入加法与乘法形式的虚拟变量，这时依据回归系数的显著性检验判别各自回归线性的斜率和截距是否存在显著性的差异。

对于一个具有m个属性（类别）的变量，应该设置几个虚拟变量呢？这时设置虚拟变量的原则是虚拟变量每一定性变量所需的虚拟变量个数要比该定性变量的状态类别数少1，即如果有m种状态，应该只在模型中引入$m-1$个虚拟变量。例如，季节定性变量有春、夏、秋、冬四种状态，只需要设置三个虚拟变量：

$$D_1=\begin{cases}1&\text{春季}\\0&\text{其他}\end{cases},\quad D_2=\begin{cases}1&\text{夏季}\\0&\text{其他}\end{cases},\quad D_3=\begin{cases}1&\text{秋季}\\0&\text{其他}\end{cases}$$

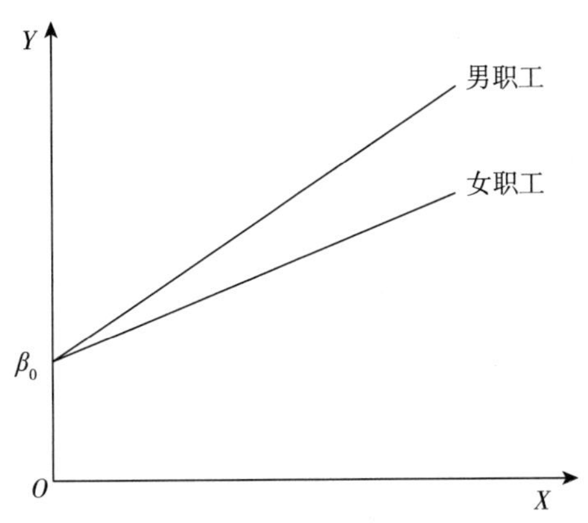

图 9－4 男女职工平均薪金示意

如果设置第4个虚拟变量，则出现“虚拟变量陷阱”，即解释变量中存在完全共线性，这个模型的偏回归系数是无法唯一估计出来的。

第六节 SPSS在相关分析与回归分析中的应用

一、简单相关分析（Pearson）

【例9－7】 表9－7是8个省区人均GDP（元）和建筑合同的价值（亿元）。试：①计算两个变量之间的相关系数；②在0.05显著水平下检验相关显著性并得出结论。

表9－7　　8个省区人均GDP和建筑合同价值

省区	A	B	C	D	E	F	G
人均GDP（元）	10070	5509	10568	9588	3254	6019	6678
建筑合同（亿元）	27.40	20.24	25.93	23.39	16.20	12.51	8.88

启动SPSS，读入数据后：

（1）点击［分析（A）］→［相关（C）］→［双变量（B）］，系统弹出一个对话窗口如图9－5所示。

（2）在该对话窗口中，在左框中选择所要作相关分析的变量，用箭头送入右框［变量（V）］中。本例选中变量“人均GDP”和“建筑合同”，送入右框［变量（V）］。

（3）在对话窗口的第一个下框［相关系数］中，列出了三种相关系数，供选择：

a. Pearson相关系数（简单相关系数）是系统的默认值。

b. Kandell的tau－b相关系数，是一种依据配对样本之差的正负号的个数，计算出来的相关系数。

c. Spearman等级相关系数。

由于本题只作简单相关分析，所以接受系统的默认值。

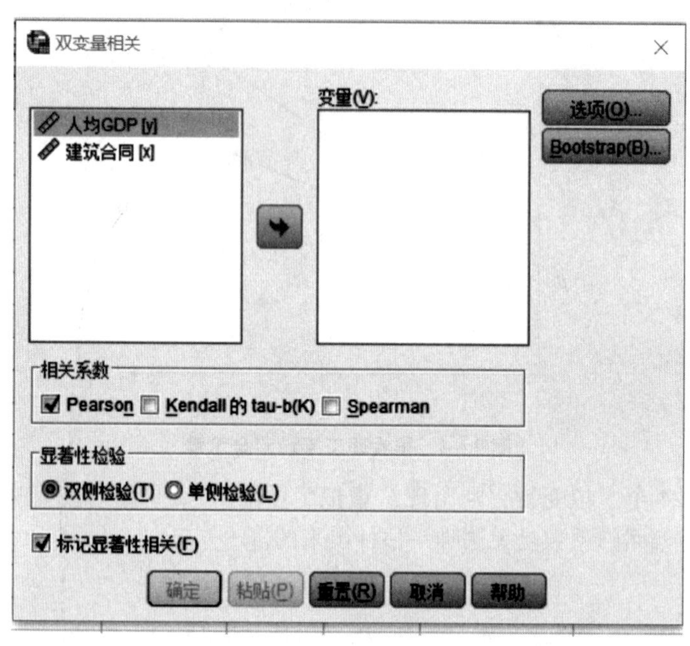

图 9－5　相关分析对话窗口

（4）在对话窗口的第二个下框［显著性检验］中，要求选择单侧检验还是双侧检验。系统的默认值是双侧检验。本题既可以接受系统的默认值，也可以选择单侧检验。

（5）对话窗口的第三个下框［标记显著性相关］，问要不要用星号标明输出结果的显著性。系统的默认是“要”，一般为接受它。

（6）点击［确定］，系统输出结果如表 9－8 所示。

表 9－8　　相关系数的计算及显著性检验

相关性			
控制变量		人均 GDP	建筑合同
人均 GDP	Pearson 相关性	1	0.694
	显著性（双侧）		0.084
	N	7	7
建筑合同	Pearson 相关性	0.694	1
	显著性（双侧）	0.084	
	N	7	7

（7）结果说明：t 统计量值的显著性概率（外侧概率）$p = 0.084 > 0.05$，相关系数是 0.694。说明“人均 GDP”和“建筑合同”两变量相关性较弱。

（8）在主对话框中，还有一个［选项（O）］按钮，是要求选择输出额外的统计值及选择缺失值的处理方式的，对于后者，一般接受系统的默认值。

二、简单相关分析：修改运行语句的例子

【例 9 -8】　已知我国 2000—2021 年第一产业、第二产业、第三产业的增加值如表 9 -9 所示。假设第一产业和第二产业与第三产业不相关。试分析我国第一产业和第二产业分别与第三产业的相关关系。

表 9 -9　　**2000—2021 年第一、第二、第三产业的增加值**　　单位：亿元

年份	第一产业	第二产业	第三产业
2000 年	14717. 36	45663. 67	39899. 12
2001 年	15502. 50	49659. 38	45701. 25
2002 年	16190. 23	54104. 09	51423. 11
2003 年	16970. 25	62695. 76	57756. 03
2004 年	20904. 32	74284. 98	66650. 86
2005 年	21806. 72	88082. 18	77430. 00
2006 年	23317. 01	104359. 23	91762. 24
2007 年	27674. 11	126630. 54	115787. 67
2008 年	32464. 14	149952. 94	136827. 54
2009 年	33583. 82	160168. 81	154765. 11
2010 年	38430. 85	191626. 52	182061. 89
2011 年	44781. 46	227035. 10	216123. 62
2012 年	49084. 64	244639. 07	244856. 25
2013 年	53028. 07	261951. 61	277983. 54
2014 年	55626. 32	277282. 82	310653. 96
2015 年	57774. 64	281338. 93	349744. 65
2016 年	60139. 20	295427. 80	390828. 06
2017 年	62099. 54	331580. 46	438355. 95
2018 年	64745. 16	364835. 21	489700. 76
2019 年	70473. 59	380670. 62	535370. 99
2020 年	78030. 90	383562. 40	551973. 70
2021 年	83085. 50	450904. 50	609679. 70

启动 SPSS，读入数据后：

（1）点击［分析（A）］→［相关（C）］→［双变量（B）］，系统弹出一个对话窗口。

（2）在该对话窗口中，在左框中选择所要作相关分析的变量（第一产业、第二产业、第三产业），用箭头送入右框［变量（V）］中。

（3）在对话窗口的第一个下框［相关系数］中，接受系统的默认值（简单相关系数）。

（4）在对话窗口的第二个下框［显著性检验］中，接受系统的默认值（双侧检验）。

（5）对话窗口的第三个下框［标记显著性相关］，接受系统的默认值是☑。

（6）点击［粘贴］，系统弹出语句窗口［语法1］如图9－6所示。

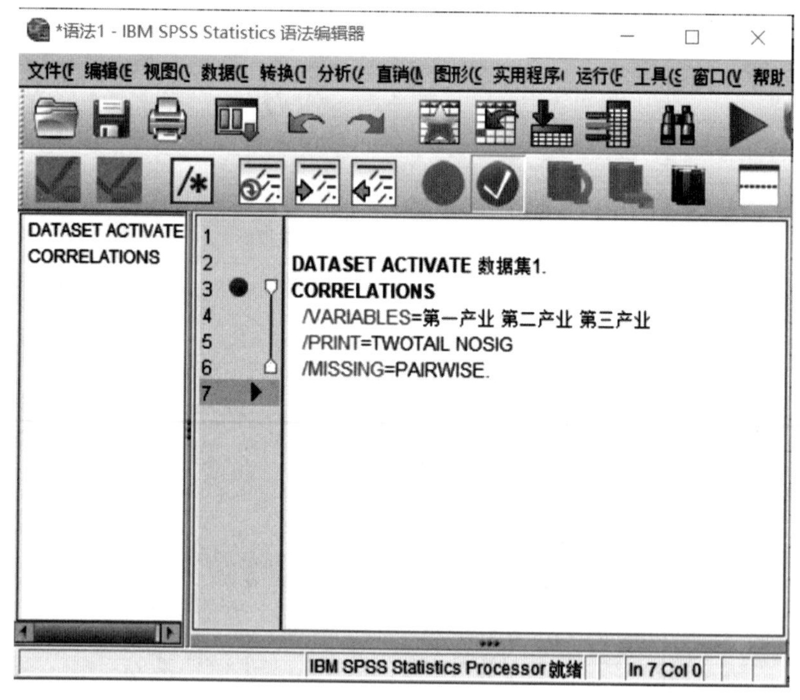

图9－6　语句窗口

由于要分析的仅仅是第一产业和第二产业分别与第三产业的相关关系，所以要对语句作一个修改：对“/”后的语句，改为模式“VARIABLES = A B with C D E”。意思是分别计算A与C、D、E的简单相关系数，以及计算B与C、D、E的简单相关系数。否则系统会计算所选择的所有变量之间的两两的相关系数（输出一个矩阵）。要达到本例的分析目的，只需在变量第二产业之后，添进“WITH”一词即可，如图9－7所示。

（7）点击［运行（R）］→［全部］，系统输出计算结果如表9－10所示。由表9－10可知，有关变量第一产业和第二产业与第三产业的相关系数检验的t统计量的显著性概率，都为0.000，均小于0.05，故拒绝零假设，认为第一产业和第二产业分别与第三产业都有显著的相关关系。如果在第（6）步，不进入语句的修改，直接点击［OK］即可。同学们可自行比较两者结果的差异性。

图 9－7　修改后的命令语句

表 9－10　　按照要求输出的相关系数与显著性检验

相关性		
控制变量		第三产业
第一产业	Pearson 相关性	0.984 **
	显著性（双侧）	0
	N	22
第二产业	Pearson 相关性	0.986 **
	显著性（双侧）	0
	N	22

注：** 表示在 0.01 的水平（双侧）上显著相关。

三、偏相关分析（Partial）

【例 9－9】　某研究者怀疑售车员的业绩与售车人的年龄和销售经验有关。随机抽取的 12 个推销商的数据如表 9－11 所示。

表 9－11　　销售业绩、销售经验年数和年龄的数据

轿车销量（辆）	15	23	20	27	19	28	21	28	27	31	24	25
销售经验年数（年）	2	6	5	11	4	7	7	12	11	13	8	7
售车商年龄（岁）	23	33	28	35	24	49	26	40	46	51	32	31

研究销售业绩和销售经验年数之间相关关系，在读入数据后，按照上述求相关系数的方法得出结果，得到结果如表 9－12 所示。不难发现，销量业绩与销售经验年数之间

相关系数为0.906，t 检验的显著性概率为0.000 < 0.01，拒绝零假设，表明两个变量之间显著相关。那么，是否可以据此得出结论，销量业绩与销售经验年数之间有密切关系呢?

表9－12　　销量业绩与销售经验年数的相关系数及显著性检验

相关性			
控制变量		销量	经验年数
销量	Pearson 相关性	1	0.906 **
	显著性（双侧）		0
	平方与叉积的和	232.000	155.000
	协方差	21.091	14.091
	N	12	12
经验年数	Pearson 相关性	0.906 **	1
	显著性（双侧）	0	
	平方与叉积的和	155.000	126.250
	协方差	14.091	11.477
	N	12	12

注：** 表示在0.01的水平（双侧）上显著相关。

进一步研究销量业绩与销售经验年数之间的偏相关关系。读入数据后：

（1）［分析（A）］→［相关（C）］→［偏相关 B］，系统弹出一个对话窗口如图9－8所示。

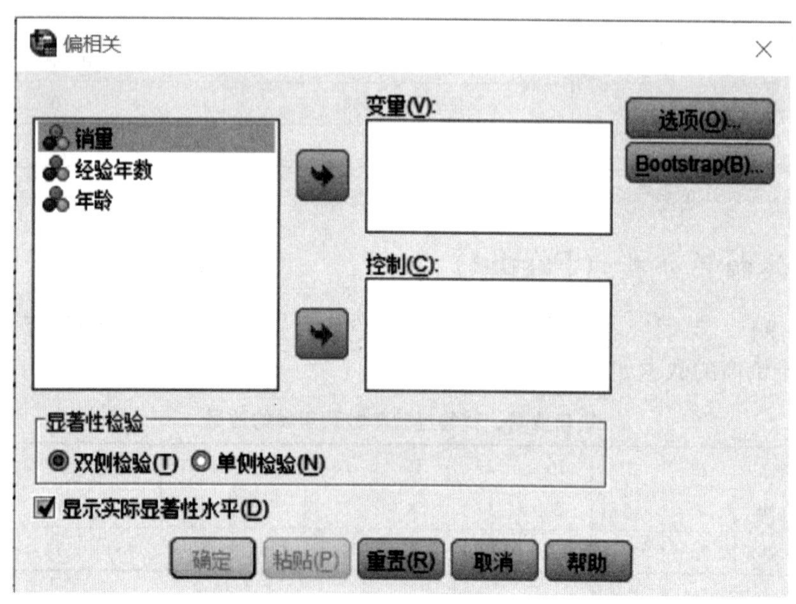

图9－8　偏相关对话窗口

（2）在该对话窗口中，在左框中选择要作相关分析的变量（销量和经验年数），用箭头送入右框［变量（V）］中。

（3）选择年龄作为控制变量，用箭头送入右边的［控制（C）］框中。

（4）在对话窗口的第一个下框［显著性检验］中，选择双侧检验（不能确定是否是正相关）。

（5）对话窗口的第二个下框［显示实际显著性水平］，接受系统的默认值☑。

（6）点击［确定］，系统输出结果如表 9－13 所示。括号中的数字，是相应偏相关系数的 t 统计量的自由度 $n-m-1=12-1-2=9$。表 9－13 中，偏相关系数为 0.782，显著性概率 $p=0.004<0.05$，说明剔除年龄的影响后，销量业绩与销售经验年数还是出现了显著性关系。

表 9－13　　偏相关系数与显著性检验

相关性				
控制变量			经验年数	销量
年龄	经验年数	相关性	1.000	0.782
		显著性（双侧）	0	0.004
		df	0	9
	销量	相关性	0.782	1.000
		显著性（双侧）	0.004	0
		df	9	0

（7）在第（6）步点击［OK］前，可先点击［选项（O）］按钮，弹出一个对话窗如图 9－9 所示。在此对话窗口的第一框中，选择［叉积偏差和协方差］（零阶相关），即要求输出两两简单相关（Pearson）系数。此时，可用于与偏相关系数比较。点击［继续］，返回主窗口。点击［OK］，输出结果如表 9－14 所示。

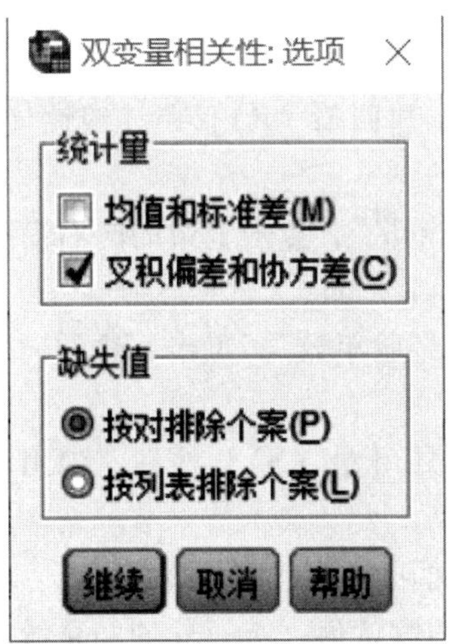

图 9－9　偏相关分析的选择窗口

表 9－14　　　　零阶相关、偏相关与显著性检验

相关性					
控制变量			经验年数	销量	年龄
－无－[a]	经验年数	相关性	1.000	0.906	0.759
		显著性（双侧）	0	0.000	0.004
		df	0	10	10
	销量	相关性	0.906	1.000	0.898
		显著性（双侧）	0.000	0	0.000
		df	10	0	10
	年龄	相关性	0.759	0.898	1.000
		显著性（双侧）	0.004	0.000	0
		df	10	10	0
年龄	经验年数	相关性	1.000	0.782	
		显著性（双侧）	0	0.004	
		df	0	9	
	销量	相关性	0.782	1.000	
		显著性（双侧）	0.004	0	
		df	9	0	

注：单元格包含零阶（Pearson）相关。

四、自变量强行进入的回归

（一）一元回归举例

【例 9－10】　以【例 9－9】中的数据为例，研究售车员的销售经验年数对销售业绩的依赖关系。

启动 SPSS，读入数据后：

（1）点击［分析（A）］→［回归（R）］→［线性（L）］，系统弹出一个对话窗口如图 9－10 所示。

（2）在左栏中选择变量“销量”，点击上边的向右箭头，将其移至因变量［因变量（D）］栏中。

（3）在左栏中选择变量“经验年数”，点击下边的向右箭头，使之出现于解释变量［自变量（I）］栏中。

（4）点击该窗口下面的［统计量（S）］按钮，弹出一个新的对话窗口如图 9－11 所示。

在该窗口的［回归系数］框中，有三项选择：

［估计（E）］：这是系统的默认值。选择此项，系统输出：回归系数 B，B 的标准差，标准回归系数 Beta，B 的 t 值及其双侧检验的 p 值。

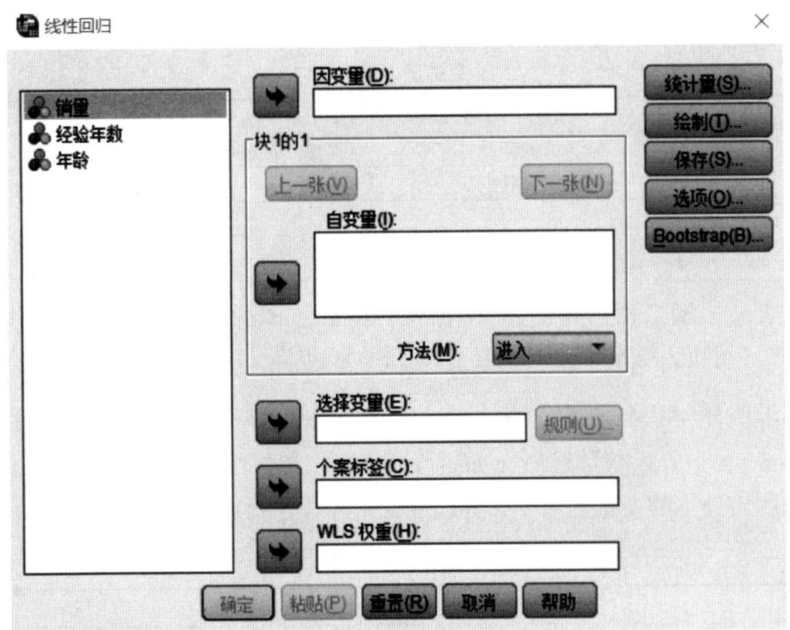

图 9－10　线性回归主对话窗口

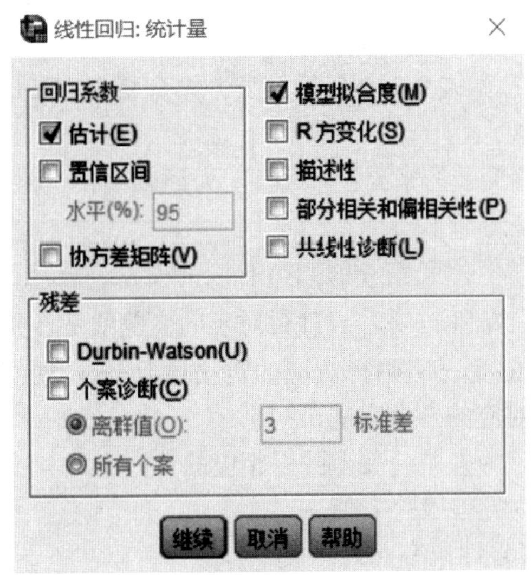

图 9－11　选择线性回归统计量的窗口

［置信区间］：复选项。选择此项，系统输出每一个 B（非标准化回归系数）的 95% 的置信区间。选择此项。

不理睬最后一项选择［协方差矩阵］（要求输出协方差矩阵）。

点击［继续］，回到主对话框。

（5）点击［确定］按钮，输出结果如表 9－15 至表 9－18 所示。

（6）结果分析：

第一张表（输入/移去的变量），在多元线性回归中再解释。

表 9－15 变量进入/移出

输入/移去的变量[①]			
模型	输入的变量	移去的变量	方法
1	经验年数[②]	.	输入

注：①因变量：销量；

②已输入所有请求的变量。

第二张表（模型汇总）如表 9－16 所示，给出了 R（复相关系数，此处即简单相关系数），R 方（可决系数 R^2），调整 R 方（调整可决系数），标准估计的误差（回归的标准误差，即未解释标准差 $S_e = \sqrt{\sum e_i^2/n - m - 1}$，$e_i = y - \hat{y}$，$m$ 是解释变量数。预测变量（Predictors），是外生变量（Exogenous Variable），在对因变量（被解释变量）做预测时，先要预测出外生的变量的值，又称预测变量。

表 9－16 模型总体参数

模型汇总				
模型	R	R 方	调整 R 方	标准估计的误差
1	0.906[①]	0.820	0.802	2.042

注：①预测变量：常量；经验年数。

第三张表（ANOVA）如表 9－17 所示，是方差分析表（F 检验表），给出了方差分析的结果。

该表第一列给出了总变差的来源："回归"为回归项，"残差"为残差项，"总计"所对的变差是上两项变差之和。

该表第二列"平方和"为变差（回归行对应的变差，就是已解释变差 $\|\hat{y}^2\|$，回归行对应的变差就是残差平方和 $\|e^2\|$，总计行对应的变差就是总变差 $\|y^2\|$）。

该表第三列 df 为自由度（回归行对应的自由度是 m，残差行对应的自由度是 $n - m - 1$。总变差即总计行对应的自由度是 $n - 1$）。

该表第四列"均方"为方差（变差除以相应的自由度）。

该表第五列第 F 列为方差检验 F 值。

第六列 Sig 为 F 值显著性概率（外测概率）。

表 9－17 回归的方差分析

Anova[①]						
模型		平方和	df	均方	F	Sig.
1	回归	190.297	1	190.297	45.632	0.000[②]
	残差	41.703	10	4.170		
	总计	232.000	11			

注：①因变量：销量。

②预测变量：常量；经验年数。

第四张表［系数］如表9－18所示是回归系数表。

表9－18　　　　回归系数及显著性检验

系数①								
模型		非标准化系数		标准系数	t	Sig.	B的95.0%置信区间	
		B	标准误差	试用版			下限	上限
1	（常量）	14.485	1.527		9.486	0.000	11.083	17.887
	经验年数	1.228	0.182	0.906	6.755	0.000	0.823	1.633

注：①因变量：销量。

该表第一列是对模型的解释变量的说明。

第二列B为回归系数非标准化的回归系数$\hat{\beta}_j$，“标准误差”为$\hat{\beta}_j$的标准误差S_j。

第三列“标准系数”为标准回归系数。

第四列为t值，Sig.为t值的p值（t的显著性概率）。表中，常数项的T检验通过（$p=0.000<0.05$），即相应系数与0有显著差异。自变量“经验年数”的T检验通过（$p=0.000<0.05$），即相应系数显著异于0。

最后一列是95%的置信区间。

T检验表明，常数项与0没有显著差异，所以此例的最后结果，最好采用标准回归方程及其系数。

SPSS可将回归结果列于输出窗口［输出］，并可以在输出窗口点击［文件（F）］菜单，选择［保存］或［另存为］命令将回归结果存成SPSS的输出文件（＊.spo）。

（二）多元回归举例

【例9－11】　仍以【例9－9】中的数据为例，研究售车员的销售业绩能否用销售经验年数和年龄来说明。

（1）点击［分析（A）］→［回归（R）］→［线性（L）］，系统弹出一个对话窗口如图9－8所示。

（2）在左栏中选择变量“销量”，点击上边的向右箭头，将其移到［因变量（D）］栏中。

（3）在左栏中选择变量“经验年数”“年龄”，点击下边的向右箭头，使之出现于［自变量（I）］栏中。

（4）点击该窗口下面的［统计量（S）］按钮，弹出一个新的对话窗口如图9－9所示。

在回归系数框中，有三个选择：

［估计（E）］：这是系统的默认值。选择此项，系统输出：回归系数B，B的标准差，标准回归系数Beta，B的t值及其双侧检验的p值。

［置信区间］：复选项。选择此项，系统输出每一个B（非标准化回归系数）的95%的置信区间。

不理睬最后一个选择［协方差矩阵］（要求输出写字方差矩阵）。

点击［继续］，回到主对话框。

（5）点击［方法（M）］对应的箭头，出现一个下拉菜单，提供一些可供选择的其他方法，先采用系统默认的［进入］方法。

（6）点击［确定］，系统输出计算结果如表9－19至表9－22所示。表9－22是关于回归系数及显著性检验的计算结果。表中常数项 t 的显著性概率为0.000 <0.05，表示常数项与0有显著性差异。经验年数 t 的显著性概率为0.004 <0.05，表示人均收入的系数与0有显著差异，经验年数应当作为解释变量出现在方程中。年龄 t 的显著性概率为0.06 <0.05，表示年龄的系数与0有显著差异，年龄应当作为解释变量出现在方程中。

表9－19　　进入模型的变量说明

输入/移去的变量[①]			
模型	输入的变量	移去的变量	方法
1	年龄，经验年数[②]	.	输入

注：①因变量：销量。

②已输入所有请求的变量。

表9－20　　模型总体参数

模型汇总				
模型	R	R方	调整R方	标准估计的误差
1	0.962[①]	0.925	0.908	1.394

注：①预测变量：常量；年龄，经验年数。

各列含义同前，不再解释。

表9－21　　回归方差分析

Anova[①]						
模型		平方和	df	均方	F	Sig.
1	回归	214.507	2	107.254	55.182	0[②]
	残差	17.493	9	1.944		
	总计	232.000	11			

注：①因变量：销量。

②预测变量：常量；年龄，经验年数。

表9－22　　回归系数及显著性检验

系数[①]								
模型		非标准化系数		标准系数	t	Sig.	B的95.0%置信区间	
		B	标准误差	试用版			下限	上限
1	（常量）	10.206	1.599		6.383	0.000	6.589	13.823
	经验年数	0.718	0.190	0.529	3.768	0.004	0.287	1.149
	年龄	0.236	0.067	0.496	3.529	0.006	0.085	0.388

注：①因变量：销量。

五、非线性相关分析

【例9-12】　10个商店去年的销售额和流通费用率资料如表9-23所示，选用适当的曲线，计算销售额与流通费用率的非线性相关系数。

表9-23　　　　销售额与流通费用率的数据　　　　单位：亿元，%

销售额	7.9	6.8	6.4	5.5	4.3	3.4	2.9	2.1	0.8	1.5
流通费用率	1.2	1.3	1.3	1.4	1.5	1.8	2.1	2.7	6.4	4.5

读入数据后，先做散点图：

（1）点击［图形（G）］→［旧对话框（L）］→［散点/点状（S）］，系统弹出散点图类型的选择窗口。

（2）在这个窗口中，有五种类型的散点图的选择。默认值是简单散点图［简单分布］接受这个默认值。

（3）点击［定义］按钮，系统弹出简单散点图［简单散点图］的坐标定义窗口如图9-12所示。

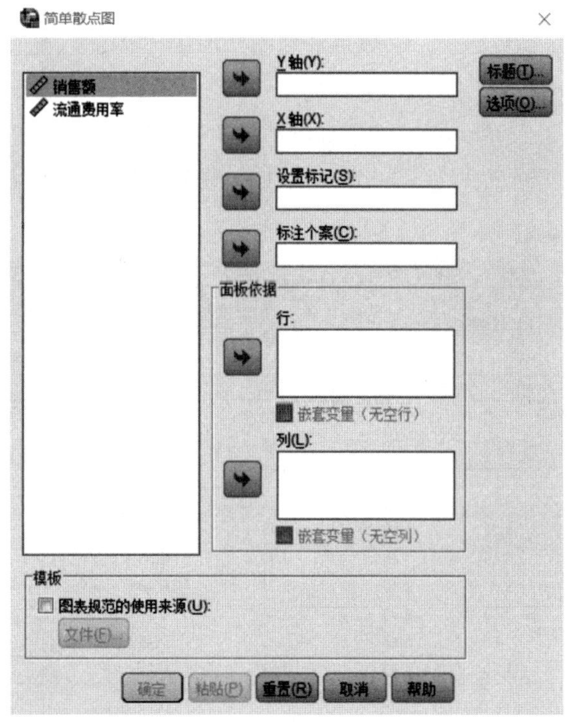

图9-12　绘制简单散点图的窗口

（4）分别把左框中的变量销售额和流通费用率用箭头“ ”送入右边的X轴（X）框和Y轴（Y）框中。

（5）点击［确定］按钮，系统输出散点图如图9-13所示。

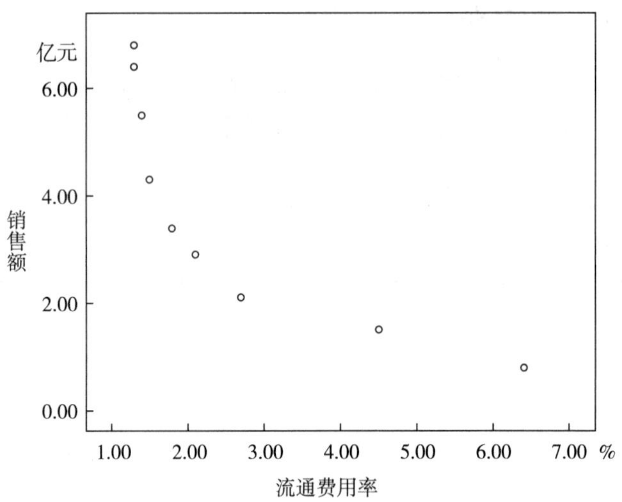

图 9－13　销售额和流通费用率的简单散点图

可以发现，变量 y 与 x 之间的非线性关系，且总体上呈双曲线形状。用双曲线模型 $\frac{1}{y}=a+\frac{b}{x}$，令 $Y=\frac{1}{y}, X=\frac{1}{x}$，则 $Y=a+bX$，因此，下一阶段做非线性变换。

（6）在数据窗口中，点击［转换（T）］→［计算变量（C）］，在弹出的窗口中，完成“$Y=1/y$，$X=1/x$”的计算，结果如图 9－14 所示。预计 Y 与 X 之间会有很高的线性相关系数。接下来，完成 X 与 Y 间的（线性）相关系数及回归系数的计算。

*9-12.sav [数据集0] - IBM SPSS Statistics 数据编辑器

文件(F) 编辑(E) 视图(V) 数据(D) 转换(T) 分析(A) 直销(M) 图形(G) 实用程序(U) 窗口(W) 帮助

9:　　可见：4 变量的 4

	销售额	流通费用率	Y	X	变量	变量
1	7.90	1.20	0.13	0.83		
2	6.80	1.30	0.15	0.77		
3	6.40	1.30	0.16	0.77		
4	5.50	1.40	0.18	0.71		
5	4.30	1.50	0.23	0.67		
6	3.40	1.80	0.29	0.56		
7	2.90	2.10	0.34	0.48		
8	2.10	2.70	0.48	0.37		
9	.80	6.40	0.25	0.16		
10	1.50	4.50	0.67	0.22		
11						
12						
13						

数据视图　变量视图

IBM SPSS Statistics Processor 就绪

图 9－14　线性变换后的窗口

（7）在数据窗口中，点击［分析（A）］→［相关（C）］→［双变量（B）］。

（8）在弹出的窗口中，用箭头→把左框中的变量 X、Y 送入右框中。

表 9－24　　回归系数及显著性检验

系数①						
模型		非标准化系数		标准系数	t	Sig.
		B	标准误差	试用版		
1	（常量）	1.108	0.134		8.254	0.000
	X	－1.303	0.224	－0.899	－5.803	0.000

注：①因变量：Y。

由表 9－24 可知，线性回归系数 $a = 1.108$，$b = -1.303$。

表 9－25　　Y 和 X 的相关系数和显著性检验

相关性			
变量		Y	X
Y	Pearson 相关性	1	－0.899**
	显著性（双侧）		0.000
	N	10	10
X	Pearson 相关性	－0.899**	1
	显著性（双侧）	0.000	
	N	10	10

注：** 表示在 0.01 的水平（双侧）上显著相关。

由表 9－25 可以看出，变量 X 与 Y 之间的线性相关系数为－0.899，Y 和 X 之间存在显著的线性相关关系。t 检验的显著概率 0.000＜0.05，说明销售额越大，流通费用率就越低。因此，非线性回归的方程为 $y = \dfrac{x}{1.108x - 1.303}$。双曲函数模型的拟合效果如图 9－15 所示。

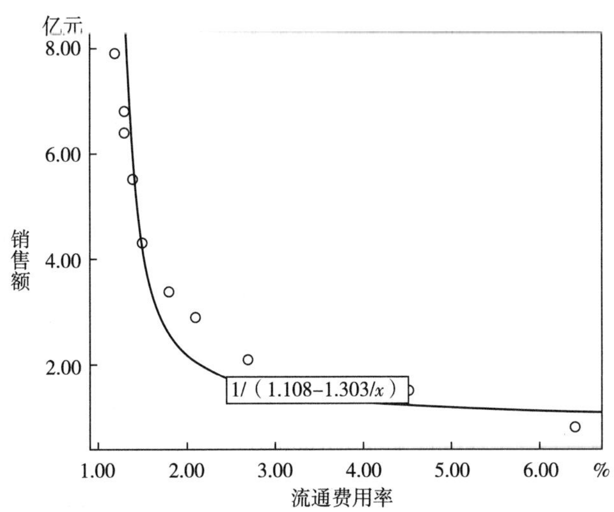

图 9－15　双曲函数模型的拟合效果

思考与练习题

1. 解释相关关系的含义，说明相关关系的特点。

2. 简述相关系数 r 的性质。

3. 解释回归模型、回归方程、估计的回归方程的含义。

4. 学生在期末考试之前用于复习的时间和考试分数之间是否有关系？为研究这一问题，抽取了由8名学生构成的一个随机样本，得到的数据如表9－26所示。要求：绘制复习时间和考试分数的散点图，判断二者之间的关系形态；计算相关系数，说明两个变量之间的关系强度。

表9－26　8名学生复习时间和考试分数

复习时间（小时）	20	16	34	23	27	32	18	22
考试分数（分）	64	61	84	70	88	92	72	77

5. 根据一组数据建立的线性回归方程为 $\hat{y} = 10 - 0.5x$。要求：(1) 解释截距 $\hat{\beta}_0$ 的意义。(2) 解释斜率 $\hat{\beta}_1$ 的意义。(3) 计算当 $x = 6$ 时的 $E(y)$。

6. 一家货物运输公司想研究运输与货物类型的关系，并建立运输费与货物类型的回归模型，以此对运输费用作出预测，该运输公司所运输的货物分为两种类型：易碎品和非易碎品。表9－27给出了15个路程大致相同而货物类型不同的运输费用数据。要求：(1) 写出运输费用与货物类型之间的线性方程。(2) 对模型中的回归系数进行解释。(3) 检验模型的线性关系是否显著（$\alpha = 0.05$）。

表9－27　运输与货物类型数据　　单位：元

每件产品的运输费用 y	货物类型	x
17.2	易碎品	1
11.1	易碎品	1
12.0	易碎品	1
10.9	易碎品	1
13.8	易碎品	1
6.5	易碎品	1
10.0	易碎品	1
11.5	易碎品	1
7.0	非易碎品	0
8.5	非易碎品	0
2.1	非易碎品	0
1.3	非易碎品	0
3.4	非易碎品	0
7.5	非易碎品	0
2.0	非易碎品	0

7. 某市为了研究家庭的可支配收入 x 与生活必须消费支出 y 之间的关系，随机抽取了 10 个家庭为样本，测得数据如表 9－28 所示。要求：（1）根据这组数据建立可支配收入和消费支出之间的回归方程；（2）计算相关系数，并对回归方程进行显著性检验（$\alpha=0.05$）；（3）当某家庭年可支配收入达到 42000 元时，以 95% 的置信水平预测生活必须消费支出额是多少？

表 9－28　　10 个家庭年可支配收入与消费支出额　　单位：千元

家庭	1	2	3	4	5	6	7	8	9	10
可支配收入	20	43	30	35	33	38	40	26	15	13
消费支出	7	10	9	9	8	10	11	8	5	4

8. 某市某种商品的销售额（y，万元）、人口数（x_1，千人）、人均收入（x_2，元）如表 9－29 所示。要求：（1）建立线性回归方程；（2）计算复相关系数，并对回归方程进行显著性检验（$\alpha=0.05$）；（3）当人口数为 375 千人、人均收入为 2610 元时，以 95% 的置信水平预测该市该种商品的销售额是多少？

表 9－29　　某市某种商品的销售额、人口数与人均收入

年次	y	x_1	x_2
1	162	274	2450
2	120	180	3254
3	223	375	3802
4	131	205	2838
5	67	86	2347
6	169	265	3782
7	81	98	3008
8	192	330	2450
9	116	195	2137
10	55	53	2560
11	252	430	4020
12	232	372	4427
13	144	236	2660
14	103	157	2088
15	212	370	2605

9. 为分析某行业中的薪水有无性别歧视，从该行业中随机抽取 15 名员工的有关数据如表 9－30 所示。要求：进行回归，并对结果进行分析。

表 9－30　　15 名员工的工资、工龄与性别　　单位：元，年

月薪 y	工龄 x_1	性别（1＝男，0＝女）x_2
4548	3.2	1
5029	3.8	1
4011	2.7	0
4429	3.4	0
4846	3.6	1
5728	4.1	1
4718	3.8	0
4590	3.4	0
4851	3.3	1
4385	3.2	0
4710	3.5	1
4432	2.9	1
4215	3.3	0
3990	2.8	0
4985	3.5	1

10. 为了研究生产率与废品率之间的关系，记录数据如表 9－31 所示。试拟合适当的回归方程模型来描述生产率与废品率之间的关系。

表 9－31　　生产率与废品率

生产率 x（单位/周）	1000	2000	3000	3500	4000	4500	5000
废品率 y（%）	5.2	6.5	6.8	8.1	10.2	10.3	13

第十章

时间序列分析

第一节　时间序列的基本问题

一、时间序列的概念

时间序列又称为动态数列，是同一现象在不同时间上的相继观察值排列而成的数列。形式上由现象所属的时间和现象在不同时间上的观察值两个基本要素组成。排列的时间可以是年份、季度、月份或其他任何时间形式。如全国年末人口数、某地每季度农资销售额、某银行月末存款余额。

时间序列分析法就是应用统计方法研究经济现象数量方面的变化、发展过程与发展趋势，探索现象发展变化规律，并据此进行统计预测。

二、时间序列的种类

（一）绝对数时间序列

绝对数时间序列，时间序列中最基本的表现形式，是指一系列同类的总量指标数据按时间先后顺序排列而成的序列，反映现象在各个时间上达到的绝对水平。按照时间状况不同分为时期序列和时点序列。

1. 时期序列

表示现象在各段时期内的活动总量，数据为时期指标，是对每段时间内发生的数量连续登记的结果。时期序列中各期数据具有可加性，数值大小和所属时期长短成正比。

2. 时点序列

反映现象在某一瞬间时点上所处的状态或达到的水平。时点序列中数据间断登记的结果，不同时点上的数据没有可加性，即它们相加的结果没有意义，因而数值大小与时点间隔长短没有直接的联系。

（二）相对数时间序列

相对数时间序列是指由一系列同类的相对数按时间先后顺序排列而成的序列，它反映现象相对水平或现象之间数量对比关系的动态，不同时间上的指标数值数据没有可加性。

（三）平均数时间序列

平均数时间序列是指由一系列同类的平均数按时间先后顺序排列而成的序列，它反映现象一般水平的发展变化过程和趋势，不同时间上的数据没有可加性。

三、时间序列的编制原则

编制时间序列是动态分析的基础，保证时间序列中各项数据的可比性，是编制时间序列的基本原则。

（一）时间的一致性

由于时期数值的大小与时期长短成正比，因此时期序列中一般要求各项数据的时间长短应当统一。时点数值的大小虽然与时点间隔无直接关系，但时点间隔更方便分析现象发展变化过程的规律性。对于受季节变动影响的数据，需要保证数据在季节周期上的可比性。

（二）总体范围的一致性

指标数值都与现象的总体范围有关，各项数据所属的总体范围在不同时间上必须一致，注意行政区划变动对统计范围的影响，如重庆市与四川省的范围划分。

（三）经济内容的一致性

编制时间序列前应明确各项指标的经济内容和含义的统一标准。

（四）计算口径一致性

计算口径主要指计算方法和计量单位。如劳动生产率有实物量与价值量两种尺度，编制时间序列前应明确统一选择哪种。

第二节　时间序列的水平分析指标

对不同时间的发展水平进行比较分析时，作为比较基础的时间称为基期，基期的数据称为基期水平。所要分析考察的那个时间称为报告期，报告期的数据称为报告期水平。对于既定的时间序列，首项数据和最末项数据分别是期初水平和期末水平，其余的中间各项数据统称为中间水平。

一、平均发展水平

发展水平是现象在不同时间上的观察值，说明现象在某一时间上所达到的水平。现象在各个时间上的发展水平总是有差异的，通过计算平均发展水平反映现象在一段时期内所达到的一般水平即平均发展水平。平均发展水平是现象在不同时间上取值的平均数，又称序时平均数，不同类型的时间序列有不同的计算方法。

（一）绝对数时间序列的平均发展水平

1. 时期序列的平均发展水平

由于时期序列中各期数值具有可加性，因而可以直接采用简单算数平均法求平均发展水平。

$$\bar{y} = \frac{\sum y}{n} \tag{10 - 1}$$

其中，$\bar{y}$ 代表平均发展水平；y_i 表示 i 期的发展水平（$i = 1,2,\cdots,n$）。

【例 10－1】 根据表 10－1 的数据，计算某钢厂 2017—2021 年钢产量的年平均发展水平。

表 10－1　　某钢厂 2017—2021 年的钢产量时间序列　　单位：千吨

年份	2017 年	2018 年	2019 年	2020 年	2021 年
钢产量	200	240	360	540	756

解：

$$\bar{y} = \frac{1}{n}\sum_{i=1}^{n} y_i = \frac{1}{5}(200 + 240 + \cdots + 756) = \frac{2096}{5} = 419.2(\text{千吨})$$

计算表明某钢厂 2017—2021 年的年平均钢产量为 419. 2 吨。

2. 时点序列的平均发展水平

A 连续时点：每次计数间隔时间不超过一个月的情况，每日计数一次可以用简单算术平均法计算序时平均数，与式（10－1）相同。如果是间隔几天计数一次，用加权算术平均法来计算序时平均数。

$$\bar{y} = \frac{\sum_{i=1}^{n} yf}{\sum f} \tag{10 - 2}$$

【例 10－2】 某工厂职工人数 6 月增减变动如下：

6 月 1 日职工总数为 500 人，15 日 10 名职工离厂，22 日新来厂报到工人为 5 人，根据以上资料计算本月该厂职工的平均人数。

$$\text{全部职工平均人数} = \frac{500 \times 14 + 490 \times 7 + 495 \times 9}{30} = 14885 \div 30 = 496(\text{人})$$

B 间断时点：数据在一个月及一个月以上记录一次，则需要先计算出相邻两个时点之间现象水平的代表值，再以时点间隔长度为权数，将这些代表值进行加权算术平均。需要假定现象的数量在相邻两时点间是均匀变动的，则可以用相邻两个时点数值的简单算术平均数当作代表值。现实中该条件并不总是成立的，所以计算结果通常只是近似值。

若以 $f_1, f_2, \cdots, f_{n-1}$ 代表各个时点间隔长度，则整个考察期内平均发展水平为

$$\bar{y} = \frac{\frac{y_1 + y_2}{2}f_1 + \frac{y_2 + y_3}{2}f_2 + \cdots + \frac{y_{n-1} + y_n}{2}f_{n\ 1}}{\sum_{i=1}^{n-1} f_i} \tag{10 - 3}$$

【例 10－3】　某市 2021 年对鸡禽饲养情况进行了调查，得到鸡禽数量的几个时点数据如表 10－2 所示，试计算该市 2021 年的平均每月鸡禽养殖数量。

表 10－2　　某地区 2021 年鸡禽饲养情况　　单位：万只

时间	1 月 1 日	1 月 31 日	4 月 30 日	7 月 31 日	10 月 31 日	12 月 31 日
鸡禽数	47	24	41	34	56	45

解：

$$\bar{y}=\frac{\frac{47+24}{2}\times 1+\frac{24+41}{2}\times 3+\frac{41+34}{2}\times 3+\frac{34+56}{2}\times 3+\frac{56+45}{2}\times 2}{1+3+3+3+2}=40.13(\text{万只})$$

计算结果表明，该市 2021 年平均每月鸡禽养殖数量为 40.13 万只。

当各时点间隔相等，即 $f_1=f_2=\cdots=f_{n-1}$ 时，式（10－2）可简化为

$$\bar{y}=\frac{\frac{y_1}{2}+y_2+\cdots+y_{n-1}+\frac{y_n}{2}}{n-1} \tag{10-4}$$

【例 10－4】　某企业 2021 年第一季度职工人数资料如下，计算该企业第一季度月平均职工人数。

表 10－3　　某企业 2021 年第一季度职工人数　　单位：人

月份	1 月	2 月	3 月	4 月
月初人数	100	86	104	114

$$\bar{y}=\frac{\frac{y_1}{2}+y_2+\cdots+y_{n-1}+\frac{y_n}{2}}{n-1}=99(\text{人})$$

（二）相对数（或平均数）时间序列的平均发展水平

相对数与平均数有一个共同点，即它们归根结底都是由两个有关的总量指标数值对比而得到的。因此，相对数或平均数时间序列计算平均发展水平的方法实质上也是一致的。

设各期的相对数（或平均数）为 z_i，z_i 是两个总量指标 y_i 和 x_i 派生的，即 $z_i=y_i/x_i$。由于各个 z_i 的对比基数 x_i 不尽相同，所以计算平均发展水平 $\bar{z}$ 时，不能将各期 z_i 简单算术平均。正确的计算方法是：先对此形成该相对数（或平均数）序列的绝对数序列 $\{y_i\}$ 和 $\{x_i\}$，分别计算其平均发展水平 $\bar{y}$ 和 $\bar{x}$，再由 $\bar{y}$ 和 $\bar{x}$ 对比来得到所求的平均发展水平 $\bar{z}$，即

$$\bar{z}=\frac{\bar{y}}{\bar{x}} \tag{10-5}$$

【例 10－5】　某手机销售公司 2021 年第一季度各月有关销售资料如表 10－4 所示，求该季度每月手机平均流转次数。

表 10－4　　　　2021 年第一季度手机销售资料

月份	1 月	2 月	3 月
商品销售额（a）	220	268	580
平均库存额（b）	100	120	180
手机流转次数（c）	2.2	2.23	3.22

解：平均流转次数 $=\dfrac{\text{商品销售额}}{\text{平均库存额}}$

$$\bar{c}=\frac{\bar{a}}{\bar{b}}=\frac{(220+268+580)/3}{(100+120+180)/3}=2.67(\text{次})$$

计算结果表明，该手机销售公司 2021 年第一季度每月手机平均流转次数为 2.67 次。①

二、增长量与平均增长量

（一）增长量

增长量是指报告期水平与基期水平之差，用于说明现象在一定时期内增长变化的绝对数量。由于基期的选择不同，增长量可分为逐期增长量、累计增长量、年距增长量。

1. 逐期增长量是指报告期水平与前一期水平之差，说明现象逐期增长变化的绝对数量，即

$$y_i-y_{i-1} \tag{10-6}$$

2. 累计增长量是指报告期水平与某一固定基期水平（通常为期初水平）之差，表明现象从固定基期到报告期这段时期内的总增长量，即

$$y_i-y_0 \tag{10-7}$$

累计增长量与逐期增长量之间存在一定的数量关系：累计增长量等于相应时间内各逐期增长量的总和，两个相邻时期累计增长量之差等于相应时期的逐期增长量。

$$y_t-y_0=\sum_{i=1}^{t}(y_i-y_{i-1}) \tag{10-8}$$

$$(y_t-y_0)-(y_{t-1}-y_0)=y_t-y_{t-1} \tag{10-9}$$

3. 年距增长量：报告期水平与上年同期水平之差，即同比增长量，可以消除季节变动的影响，时期指标与时点指标均可以计算年距增长量。如某百货商场 2020 年第一季度的员工人数为 100 人、零售额为 200 万元，2021 年第一季度的员工人数为 110 人、零售额为 280 万元，则年距增长量分别为 10 人、80 万元。

$$\text{年距增长量}=\text{报告期水平}-\text{上年同期水平} \tag{10-10}$$

（二）平均增长量

平均增长量是指观察期内各个逐期增长量的平均数，用于说明现象在一段时期内平均逐期增长变化的数量。

① 注意不能直接用各月手机流转次数来计算，因为每月库存数都不同，没有可比性。

$$平均增长量 = \frac{逐期增长量之和}{逐期增长量个数} = \frac{累计增长量}{时间序列项数 - 1} \quad (10-11)$$

【例 10－6】 已知某企业 2016—2021 年总产值如表 10－5 所示，计算逐期增长量、累计增长量和年平均增长量。

表 10－5　　某企业 2016—2021 年总产值　　单位：万元

年份	2016 年	2017 年	2018 年	2019 年	2020 年	2021 年
总产值	300	400	520	650	750	800
逐期增长量	—	100	120	130	100	50
累计增长量	—	100	220	350	450	500

某企业 2016—2021 年总产值的年平均增长量为

$$\frac{100 + 120 + 130 + 100 + 50}{5} = \frac{500}{5} = 100(万元)$$

第三节　时间序列的速度分析指标

一、发展速度

发展速度是指报告期水平与基期水平对比的相对数，一般用百分数或倍数表示，说明报告期水平发展相当于基期水平的百分之多少或多少倍。

$$发展速度 = \frac{报告期水平}{基期水平}$$

由于基期的选择不同，发展速度分为环比发展速度、定基发展速度、同比发展速度。

（一）环比发展速度

环比发展速度是报告期水平与前一期水平之比，反映现象逐期发展变动的程度，又称为逐期发展速度。

$$环比发展速度 = \frac{报告期水平}{前一期水平} \quad (10-12)$$

（二）定基发展速度

定基发展速度是报告期水平与固定基期水平（通常为期初水平）之比，反映现象在较长一段时间内总的发展变动程度，又称为发展总速度。

$$定基发展速度 = \frac{报告期水平}{固定基期水平} \quad (10-13)$$

（三）环比发展速度与定基发展速度的关系

1. 观察期内各环比发展速度的连乘积等于最末期的定基发展速度

$$\frac{y_t}{y_0} = \frac{y_1}{y_0} \times \frac{y_2}{y_1} \times \cdots \times \frac{y_t}{y_{t-1}} \quad (10-14)$$

2. 两个相邻的定基发展速度，用后者除以前者，等于相应的环比发展速度

$$\frac{y_t}{y_0} \div \frac{y_{t-1}}{y_0} = \frac{y_t}{y_{t-1}} \qquad (10-15)$$

（四）同比发展速度

同比发展速度又称为年距发展速度，报告期水平与上年同期水平之比，可以消除季节变动的影响，准确反映现象的变化趋势。

$$同比发展速度 = \frac{报告期水平}{上年同期水平} \qquad (10-16)$$

二、增长速度

增长速度又称增长率，是增长量与基期水平之比，说明现象的相对增长程度。根据基期的选择不同分为环比增长、定基增长、同比增长速度。

$$增长速度 = \frac{报告期增长量}{基期水平} = 发展速度 - 1 \qquad (10-17)$$

$$环比增长速度 = \frac{逐期增长量}{前一期水平} = 环比发展速度 - 1 \qquad (10-18)$$

$$定基增长速度 = \frac{累计增长量}{固定基期水平} = 定基发展速度 - 1 \qquad (10-19)$$

$$同比增长速度 = \frac{同比增长量}{上年期水平} = 同比发展速度 - 1 \qquad (10-20)$$

注：环比增长速度连乘积不等于对应的定基增长速度，两者之间不能相互推算，这点与发展速度不同。

【例 10－7】　2017—2021 年某地第二产业生产总值的速度计算表。

表 10－6　　2017—2021 年某地第二产业生产总值的发展速度和增长速度

年份	2017 年	2018 年	2019 年	2020 年	2021 年
生产总值（万元）	14930.0	17947.2	20427.5	24033.3	26104.3
环比发展速度（%）	—	120.2	113.8	117.7	108.6
定基发展速度（%）	100	120.2	136.8	161.0	174.8
环比增长速度（%）	—	20.2	13.8	17.7	8.6
定基增长速度（%）	—	20.2	36.8	61.0	74.8

三、平均发展速度和平均增长速度

平均发展速度是观察期内各环比发展速度的平均数，说明现象在整个观察期内平均发展变化的程度。平均增长速度说明现象在某个发展阶段上的平均增长程度，由于各个环比增长速度计算的基期不同，不能用算术平均法计算平均增长速度，只能根据它与平均发展速度之间的内在联系来计算。

$$平均增长速度 = 平均发展速度 - 1 \qquad (10-21)$$

（一）几何平均法计算平均发展速度

基于现象各期环比发展速度的连乘积等于发展的总速度的数学性质，通常采用几何平均法计算平均发展速度。

若 x_i 代表各期环比发展速度，n 代表各期环比发展速度的项数，$\bar{x}_G$ 代表几何平均法计算的平均发展速度，则

$$\bar{x}_G = \sqrt[n]{x_1 \times x_2 \times \cdots \times x_n} = \sqrt[n]{\prod_{i=1}^{n} x_i} \tag{10-22}$$

由于环比发展速度的连乘积等于定基发展速度即总速度（用 R 表示），而总速度又等于期末水平（y_n）与期初水平（y_0）之比，所以，式（10－22）可变换为

$$\bar{x}_G = \sqrt[n]{R} \tag{10-23}$$

$$\bar{x}_G = \sqrt[n]{\frac{y_n}{y_0}} \tag{10-24}$$

【例 10－8】 根据表 10－6 中的有关数据，计算某地第二产业生产总值的年平均发展速度和年平均增长率。

年平均发展速度为

$$\bar{R} = \sqrt[n]{\prod \frac{Y_i}{Y_{i-1}}} = \sqrt[4]{120.2\% \times 113.8\% \times 117.7\% \times 108.6\%}$$

$$= \sqrt[4]{\frac{26104.3}{14930.0}} = 114.99\%$$

年平均增长率为

$$\bar{G} = \bar{R} - 1 = 114.99\% - 1 = 14.99\%$$

即 2017—2021 年某地第二产业生产总值平均每年递增 14.99%。

几何法计算平均发展速度的特点有以下三点：

一是从最初水平出发，按平均发展速度推算的最后一期的数值与最后一期的实际观察值一致。

二是只与序列的最初观察值和最末观察值有关，所以几何平均法又称为“水平法”。

三是几何平均法着眼于考察期末水平，如果关注现象在最后一期应达到的水平时，采用水平法计算平均发展速度比较合适。

几何平均法较为简单、直观，既便于各种速度之间的推算，也便于预测未来某期的水平，因此，在实际中计算平均发展速度普遍采用几何平均法。

（二）方程法计算平均发展速度

任意一个时间序列，各期实际水平之总和（不包括固定基期水平）为

$$y_1 + y_2 + y_3 + \cdots + y_n = \sum_{i=1}^{n} y_i$$

将各期水平 y_i 用期初水平与各期环比发展速度 x_i 的乘积来表示，则

$$y_0x_1 + y_0x_1x_2 + y_0x_1x_2x_3 + \cdots + y_0x_1x_2x_3\cdots x_n = \sum_{i=1}^{n} y_i$$

若以平均发展速度 $\bar{x}_F$ 作为各期环比发展速度的代表值，用它来推算各期水平，并希望它能使所推算的各期水平总和与实际水平总和相等，则

$$y_0(\bar{x}_F)+y_0(\bar{x}_F)^2+y_0(\bar{x}_F)^3+\cdots+y_0(\bar{x}_F)^n=\sum_{i=1}^{n}y_i$$

即

$$(\bar{x}_F)+(\bar{x}_F)^2+(\bar{x}_F)^3+\cdots+(\bar{x}_F)^n=\frac{\sum_{i=1}^{n}y_i}{y_0} \quad (10-25)$$

式（10－25）是只含有一个未知数 $\bar{x}_F$ 的高次方程。根据已知的时间序列各项数据解此方程，其正根就是所求的平均发展速度。方程法计算的平均发展速度取决于考察期内各期实际水平的累计总和，又称为“累计法”。用所求的平均发展速度代替各期环比发展速度，推算的考察期内各期水平的累计总和与各期实际水平的累计数相等。方程法关注期末水平及全期的累计水平，有其特殊的意义。但是要解这个高次方程是比较复杂的，所以实际工作中不常用方程法。

四、速度的分析与应用需要注意的问题

第一，当时间序列中的观察值出现 0 或负数时，不宜计算速度。例如，假定某企业连续五年的利润额分别为 30 万元、20 万元、0 万元、－10 万元、2 万元，对这一序列计算速度，要么不符合数学公理，要么无法解释其实际意义，适合用增长量进行分析。

第二，将总平均速度与分段平均速度及环比速度结合分析。总平均速度概括反映现象在较长一段时间内的平均变化程度，现象在各个较短的发展阶段上的变化又各有特殊性。因此，在分析总平均速度时，既可以结合各个特定历史时期的分段平均速度来深入分析，也可以利用典型时期的环比速度来补充说明。

第三，不能单纯就速度论速度，要注意速度与绝对水平的结合分析。由于速度是通过对比得到的，计算速度使用的基期水平不同，速度没有可比性。通常用增长 1% 的绝对量来补充说明增长速度，即速度每增长一个百分点而增加的绝对量。增长 1% 的绝对量等于增长的绝对量除以增长的百分点，即等于基期水平的 1/100。相对速度与绝对水平结合起来，用于弥补速度分析中的局限性。

$$\text{增长 1\% 的绝对量}=\frac{y_i-y_{i-1}}{\left(\frac{y_i-y_{i-1}}{y_{i-1}}\right)\times 100}=\frac{y_{i-1}}{100} \quad (10-26)$$

【例 10－9】

表 10－7　　2020—2021 年甲乙两企业对比分析　　单位：万元，%

年份	甲企业		乙企业	
	利润额	增长率	利润额	增长率
2020 年	500		60	
2021 年	600	20	84	40

甲企业增长 1% 绝对值＝500/100＝5 万元；

乙企业增长 1% 绝对值＝60/100＝0. 6 万元。

第四节　时间序列的分解预测

一、时间序列的构成与分解

（一）时间序列的影响因素

现象的发展变化是由多种复杂因素共同作用的结果。因素有主有次，有强有弱，既有长期性的、周期性的，也有短暂性的，既有决定性的，也有偶然性的。无法对每一种具体的影响因素都分别进行精准测定，但是可以按照影响的性质和作用形式，将诸多因素大体归结为长期趋势、季节变动、循环变动和不规则变动四种。

1. 长期趋势

长期趋势是指现象在较长时期内持续发展变化的一种趋向、态势或规律性，它是时间序列中的主要构成要素，是受某些长期性、起决定性作用的基本因素影响的结果。按变化方向不同分类，长期趋势有上升趋势、下降趋势和水平趋势三类，如我国居民的经济生活水平呈现出明显的上升趋势。按变化的形态来分，长期趋势可分为线性趋势和非线性趋势两类。

2. 季节变动

季节变动是指在一年内随着季节更换和社会习俗等因素引起的有规律变动，周期长度一般是一年，各年变化强度大体相同且每年重现，也可以指任何一种周期性的变化。引起季节变动的原因既可能是自然条件（如二十四节气），也可能是节假日的设置与风俗习惯等。例如，不同季节服装销售的差异，中秋节是月饼的销售旺季，暑假是学生旅游的旺季。

3. 循环变动

循环变动是指在较长时间内（通常为若干年）呈现出近乎规律性的盛衰交替的周期性波动。如出生人数以 20～50 年为一个周期，太阳黑子数目大约 11 年为一个周期。循环变动与长期趋势都是需要长期观察才能显现的规律性，但不同的是，长期趋势是沿单一方向的持续变动，而循环变动是具有循环特征的波动，通常围绕长期趋势上下起伏。循环变动与季节变动都属于周期性波动，但两者也有区别。循环变动的周期是至少在一年以上，而且周期长短不像季节变动的周期那样固定，波动形态和波幅等规律性也都不是很规则，因而其循环变动的原因通常也不像季节变动的原因那么直观明显。因此，对循环波动的识别和分析往往比较困难。

4. 不规则变动

不规则变动又称为剩余变动或随机变动，是除了长期趋势、季节变动和循环变动外，短暂的、偶然的和不可重复出现的众多因素作用的结果。不规则变动可细分为随机扰动和异常变动两种类型。随机扰动表现为随机方式使现象呈现出方向不定、时大时小的起落变动，但从较长观察时间内的平均来看，在一定程度上可以互相抵消。后面所讲的不规则变动一般仅指随机扰动。异常变动则是指一些具有偶然性、突发性的重大事件如自然灾害、社会动乱和突发战争等引起的变动，其单个因素的影响较大、不可能相互抵消，在时间序列分析中往往需要对这种变动进行特殊处理。

通常在任何一个时间序列中，长期趋势和不规则变动总是存在的，而季节变动和循环变动则不一定存在。如年度数据形成的时间序列就不包括季节变动，因为在年度数据中这种季节性的起伏波动相互抵消了；有些现象在长期发展过程中本身不存在周期在一年以上的周期性起伏，因而也就没有循环变动。

（二）时间序列因素分解的模型

时间序列因素分解的目的是要分别测定和分析每种构成因素对时间序列变动的影响作用，揭示现象发展变化的各种规律性，并在此基础上进行预测。按照四种构成因素相互作用的方式不同，时间序列和各种构成因素之间最常用的有乘法模型和加法模型。

若以 Y 表示时间序列中的指标数值，T 表示长期趋势值，S 表示季节变动值，C 表示循环变动值，I 表示不规则变动值，t 表示时间，则加法模型为：$Y_t = T_t + S_t + C_t + I_t$；乘法模型为：$Y_t = T_t \cdot S_t \cdot C_t \cdot I_t$。

加法模型假定四种因素的影响是相互独立的，每种因素的数值均与时间序列指标数值 Y 具有相同的计量单位和表现形式（如绝对数序列中各种因素的数值都表现为绝对量）。加法模型中季节变动和循环变动在各个时间上的数值有正有负，正负数值相互抵消，因而平均数趋于零。加法模型对各因素的分离采用减法，若要从时间序列中剔除季节变动的影响，则用 $Y_t - S_t$。

乘法模型假定四种因素互相影响（但它们变动的原因仍然是相互独立的），只有长期趋势值与时间序列 Y 的计量单位和表现形式相同（如绝对数序列中趋势值为绝对量）；其余各种因素的数值均表现为长期趋势值为基准的一种相对变化幅度，通常以百分数表示。乘法模型中各个时间上的季节变动和循环变动数值在 100% 上下波动，并在一个周期内其平均值为 100%；不规则变动值也在 100% 上下波动，但只有在长时间上波动其平均值才趋于 100%。乘法模型对各因素的分离则采用除法，如要从时间序列中剔除季节变动的影响，则用 Y/S_t。

在实际应用中，加法模型和乘法模型都可以采用，还可以将加法和乘法混合使用。但相对而言，乘法模型的假定与许多现象变动的性质更加吻合，在数学处理和预测中也更为简便，因而实际中乘法模型的运用较多。

二、长期趋势的测定

长期趋势是时间序列中的主要构成要素，测定长期趋势，不仅可以认识现象发展变化的基本趋势和规律性，而且可以为准确测定其他构成因素提供基础。测定长期趋势的主要方法有间隔扩大法、移动平均法和趋势模型法。

（一）间隔扩大法

间隔扩大法是通过扩大原时间序列时间间隔，在一定程度上抵消原时间序列各项数据所包含的不规则变动和可能存在的季节变动，更清晰地显示出现象发展的长期趋势。

【例 10－10】 某公司 2010—2021 年产品销量数据如表 10－8 所示，试用间隔扩大法反映其长期趋势。

表 10－8　　某公司产品销量　　单位：万辆

年份	2010 年	2011 年	2012 年	2013 年	2014 年	2015 年	2016 年	2017 年	2018 年	2019 年	2020 年	2021 年
销售量	30	40	50	60	40	60	70	70	80	90	80	100

解：总体上，该公司销售量在 2010—2021 年呈上升趋势，但在上升过程中存在一定波动。现采用每四年的销售量进行合并，结果如表 10－9 所示。由此可更加清楚地看出该公司产品销售量不断增长的长期趋势。

表 10－9　　间隔扩大法结果　　单位：万辆

年份	2010—2013 年	2014—2017 年	2018—2021 年
销售量	180	240	350

间隔扩大法直观且计算简单，但其最大的缺点是新序列的项数大大减少，丢失了原时间序列所包含的大量信息，不能详细反映现象的变化过程，其应用具有一定的局限性。

（二）移动平均法

移动平均法是指采用逐项递进的办法，通过扩大原时间序列的时间间隔，并按一定的间隔长度逐期移动，分别计算出一系列移动平均数。由这些平均数形成的新时间序列对原时间序列的波动起到一定的修匀作用，削弱了原序列中短期偶然因素的影响，从而呈现出现象发展的变动趋势。若平均的数据项数为 k，就称为 k 期（项）移动平均。移动平均法分为简单移动平均法和加权移动平均法两种。简单移动平均法将各项数据等同看待，计算每个移动平均值时采用简单算术平均。加权移动平均法给各期观测值赋予不同的权数，采用加权算术平均来计算每个移动平均值。

【例 10－11】 根据表 10－8 的数据，运用简单移动平均法计算三项移动平均值。

表 10－10　　三项移动平均结果　　单位：万辆

年份	2010 年	2011 年	2012 年	2013 年	2014 年	2015 年	2016 年	2017 年	2018 年	2019 年	2020 年	2021 年
销售量	30	40	50	60	40	60	70	70	80	90	80	100
3 项移动平均	—	40	50	50	53	57	67	73	80	83	90	—

移动平均法测定长期趋势简单、灵活，有较为广泛的应用。应用移动平均法，须注意以下几点：

（1）移动平均后的趋势值应放在各移动项的中间位置。平均项数 k 为奇数时，只需一次移动平均即可得到各期的趋势值；当 k 为偶数时，需作两次移动平均，才能使各期趋势值与实际值相对应。

（2）移动间隔的长度应长短适中，移动平均会使原序列首尾的数据缺少对应的趋势值，k 越大，缺少的信息就越多，所以移动平均的项数不宜过大。

（3）如果现象的发展具有一定的周期性，应以周期长度作为移动间隔的长度。这样才便于同时消除不规则变动及周期性波动，使移动平均值序列只反映长期趋势。若时间序列是季度资料，应采用四项移动平均；若为月份资料，应采用十二项移动平均。

（4）当现象呈非线性趋势时，可采用加权移动平均法弥补简单移动平均法趋势值误差大的不足。确定权数的方法通常遵循“近大远小”的原则，给近期数据赋予较大权数，而给远期数据赋予较小权数。在测定各期的趋势值时，采用中心化移动平均法，其权数一般呈“中间大、两端小”的对称结构。如五期移动平均中五个观测值的权数可分别为 1、2、3、2、1；或者可以是 1、3、5、3、1 等。

（三）趋势模型法

趋势模型法是应用最小二乘法原理，通过拟合以时间 t 为解释变量、所考察指标为被解释变量的数学模型来测定现象的长期趋势。通过趋势模型可以测定出时间序列中各期对应的趋势值，还具有延伸外推的功能预测未来的趋势值，可以分为线性和非线性趋势。

1. 直线方程

当时间序列的逐期增长量大致相同、长期趋势可近似地用一条直线来描述时，称时间序列具有线性趋势，可用线性趋势方程来描述

$$\hat{y}_t = a + bt \qquad (10-27)$$

其中，$\hat{y}_t$ 为时间序列 y_t 的趋势值；t 为时间（通常取 $t = 1,2,\cdots,n$）；a 为趋势线的截距，表示 $t=0$ 时的趋势值（既定时间序列长期趋势的初始值），b 为趋势线的斜率，表示当时时间 t 每变动一个单位，趋势值的平均变动量。

与直线回归方程中参数估计相同，估计线性趋势方程中参数 a、b 的方法通常采用最小二乘法，即

$$\begin{cases} b = \dfrac{n\sum ty_t - \sum t\sum y_t}{n\sum t^2 - \left(\sum t\right)^2} \\ a = \bar{y} - b\bar{t} \end{cases} \qquad (10-28)$$

【例 10－12】 利用表 10－11 中的数据，根据最小二乘法确定某机械厂设备产量的直线趋势方程，计算出 2004—2021 年各年设备产量的趋势值，并预测 2023 年的设备产量。

表 10－11　　设备产量直线趋势计算

年份	时间编号 t	产量（万台）Y_i	$t\times Y_t$	t^2	趋势值	残差
2004 年	1	17.56	17.56	1	0.0009	17.5591
2005 年	2	19.63	39.26	4	9.5	10.13
2006 年	3	23.98	71.94	9	19	4.98
2007 年	4	31.64	126.56	16	28.5	3.14
2008 年	5	43.72	218.6	25	38	5.72
2009 年	6	36.98	221.88	36	47.5	－10.52

续表

年份	时间编号 t	产量（万台）Y_i	$t \times Y_t$	t^2	趋势值	残差
2010 年	7	47.18	330.26	49	57	-9.82
2011 年	8	64.47	515.76	64	66.5	-2.03
2012 年	9	58.35	525.15	81	76	-17.65
2013 年	10	51.4	514	100	85.5	-34.1
2014 年	11	71.42	785.62	121	95	-23.58
2015 年	12	106.67	1280.04	144	104.51	2.16
2016 年	13	129.85	1688.05	169	114.01	15.84
2017 年	14	136.69	1913.66	196	123.51	13.18
2018 年	15	145.27	2179.05	225	133.01	12.26
2019 年	16	147.52	2360.32	256	142.51	5.01
2020 年	17	158.25	2690.25	289	152.01	6.24
2021 年	18	163	2934	324	161.51	1.49

根据表 10-11 数据应用式（10-28）得设备产量的直线趋势方程为

$$Y_t = -9.4995 + 9.5004t$$

2023 年设备产量的预测值为

$$Y_{2023} = -9.4995 + 9.5004 \times 20 = 180.51(\text{万台})$$

2. 二次曲线

现象的发展趋势为抛物线形态，一般形式为：$Yt = a + bt + ct^2$

根据最小二乘法：

$$\begin{cases} \sum Y = na + b\sum t + c\sum t^2 \\ \sum tY = a\sum t + b\sum t^2 + c\sum t^3 \\ \sum t^2Y = a\sum t^2 + b\sum t^3 + c\sum t^4 \end{cases} \tag{10-29}$$

【例 10-13】 某企业各年基本建设投资资料如表 10-12 所示，用最小平方法配合二次曲线趋势方程，并预测该企业 2022 年的基本建设投资额。

表 10-12　　某企业各年基本建设投资数据　　单位：万元

年份	投资额
2013 年	1240
2014 年	1291
2015 年	1362
2016 年	1450
2017 年	1562
2018 年	1695
2019 年	1845
2020 年	2018
2021 年	2210

根据表 10－12 数据应用式（10－29）得趋势方程为

$$y_t = 1562.5 + 121.2t + 10.2t^2$$

$$y_{2022} = 2423.5(\text{万元})$$

3. 指数曲线

用于描述以几何级数递增或递减的现象，一般形式为 $y_t = ab^t$，采取“线性化”手段将其化为对数直线形式，根据最小二乘法，得到求解 $\log a$、$\log b$ 的标准方程为

$$\begin{cases} \sum \log Y = n\log a + \log b \sum t \\ \sum t\log Y = \log a \sum t + \log b \sum t^2 \end{cases} \quad (10-30)$$

【例 10－14】　根据表 10－11 中的资料，应用式（10－30）确定 2004—2021 年各年设备产量的指数曲线趋势方程为：$Y_t = 17.2805(1.14698)^t$

并预测 2022 年的汽车产量

$$Y_{2022} = 17.2805(1.14698)^{20} = 268.33(\text{万台})$$

指数曲线可以反映出现象的相对发展变化程度，$b = 1.14698$ 表示 2004—2021 年各年设备产量趋势值的平均发展速度。

4. 趋势线的选择方法

（1）观察散点图。

（2）根据观察数据本身，按以下标准选择趋势线：

①一次差大体相同，配合直线；

②二次差大体相同，配合二次曲线；

③环比增长速度大体相同，配合指数曲线。

（3）比较不同趋势线的估计标准误差，误差小的为首选。

三、季节变动的测定

测定季节变动的目的在于确定现象过去的季节变化规律，消除时间序列中的季节因素影响，为决策和预测提供重要依据。

测定季节变动的方法按是否消除长期趋势的影响分为同期平均法与移动平均趋势剔除法两大类。无论哪种测定方法，都至少要有三个以上季节周期的数据。如月份数据就要有不少于三年即 36 个月的数据。如果季节变动的规律性不是很稳定，则需要更多季节周期的数据。

（一）同期平均法

同期平均法不考虑长期趋势的影响，直接根据原时间序列去测定季节变动，通常用季节指数表明季节变动的规律。季节指数的平均数等于 100%，月（或季）的指数之和等于 1200%（或 400%）。根据季节指数与其平均数（100%）的偏差程度测定季节变动的程度。如果现象没有季节变动，各期的季节指数等于 100%，如果某一月份或季度有明显的季节变化，那么各期的季节指数应大于或小于 100%。指数越远离其平均数（100%），季节变动程度越大。

$$季节指数(S) = \frac{同月(季)平均数}{总月(季)平均数} \times 100\% \qquad (10-31)$$

【例 10－15】 某市旅游收入的数据如表 10－13 所示，试用同期平均法计算各月的季节指数。

表 10－13　　旅游收入数据　　单位：万元

年份＼月份	1月	2月	3月	4月	5月	6月	7月	8月	9月	10月	11月	12月
2018	50	52	46	26	125	18	87	180	20	156	28	28
2019	45	49	42	25	123	21	82	174	21	150	25	26
2020	42	62	48	23	121	23	80	186	39	151	33	26
2021	52	53	51	22	131	20	85	190	22	160	31	27

解：计算过程和计算结果列入表 10－14。从计算结果可见，5 月、7 月、8 月和 10 月是旅游季节的旺季，8 月是旅游需求最旺的季节，该月的旅游收入相当于全年月平均收入的 259.6%；旅游淡季为 6 月，该月的收入只相当于全年月平均收入的 29.2%。

表 10－14　　采用同期平均法的季节指数计算

计算类型＼月份	1月	2月	3月	4月	5月	6月	7月	8月	9月	10月	11月	12月	平均
同月合计	189	216	187	96	596	82	334	730	105	617	117	107	—
同月平均	47.25	54	46.75	24	149	20.5	83.5	182.5	26.25	154.25	29.25	26.75	70.3
季节指数（%）	67.2	76.8	80.7	34.1	211.9	29.2	118.8	259.6	37.3	219.4	41.6	38.1	101.2

同期平均法是最简单季节变动测定方法，但它是在假定时间序列近似呈水平趋势的情况下。若时间序列呈现出明显的上升和下降趋势，则这种方法计算的季节指数就不够准确了。当存在上升趋势时，即使完全没有季节变动，按同期平均法计算，年末季节指数也会大于年初季节指数，从而高估年末季节指数，低估年初季节指数；反之则相反。如能测定季节变动之前先剔除长期趋势就可以避免这种局限性。

（二）移动平均趋势剔除法

移动平均趋势剔除法就是采用移动平均法测定长期趋势，然后设法从原序列中剔除长期趋势成分，最后再通过平均的方法消除不规则变动，从而测定出季节变动程度。

长期趋势的测定既可用移动平均法，也可用趋势方程拟合法，通常采用移动平均法。因为在长期趋势、季节变动和不规则变动三种因素共存时若用趋势方程拟合法直接对原序列计算趋势值，会因为季节变动的影响而使趋势值不准确；如果将原序列转化为年度数据再拟合各期趋势值，则计算复杂且由于数据项数不多也会使拟合效果不佳。而移动平均法可较为方便地同时消除不规则变动和季节变动的影响，也适用于包含循环变动的场合，只反映出长期趋势。

移动平均趋势剔除法计算季节指数的具体步骤：

（1）计算移动平均值（M）。对原序列计算平均项数等于季节周期 L 的中心化移动平均值。通过这样的移动平均可消除原序列中的季节变动 S 不规则变动 I。若序列不包含循环变动，即 $Y=T\cdot S\cdot I$，则所求移动平均值就作为长期趋势值，即 $M=T$。假定时间序列也包含循环变动，即 $Y=T\cdot S\cdot C\cdot I$，则所求移动平均值包含趋势和循环变动，即 $M=T\cdot C$，可称为趋势—循环值。

（2）剔除原序列中的趋势成分（或趋势—循环成分）。用原数列各项数据 Y 除以对应的移动平均值（M），得到消除了长期趋势（或消除了长期趋势和循环变动）的序列，即得到只含季节变动和不规则变动的比率 $\frac{Y}{M}=\frac{T\cdot S\cdot I}{T}=S\cdot I$ 或 $\frac{Y}{M}=\frac{T\cdot S\cdot C\cdot I}{T\cdot C}=S\cdot I$。

（3）消除不规则变动 I。将各年同期（同月或同季）的比率（$S\cdot I$）进行简单算术平均，可消除不规则变动 I，从而可得到季节指数 S。

（4）调整季节指数。经由上述过程所得的季节指数通常不满足平衡关系，因此需要计算出调整系数对所求季节指数进行归一化处理。

【例 10－16】　某家电销售公司 2017—2021 年各季度的洗衣机销售量数据如表 10－15 所示。试用移动平均趋势剔除法计算各季度的季节指数。

表 10－15　　**洗衣机销售量**　　单位：台

年份＼季度	一	二	三	四
2017 年	29	90	108	14
2018 年	35	112	130	24
2019 年	40	108	126	28
2020 年	48	139	179	33
2021 年	56	152	192	35

解：根据表 10－15 的数据，计算四项中心化移动平均值（M），并计算趋势（或趋势—循环）剔除值（Y/M），计算结果列入表 10－16。

表 10－16　　**趋势值和趋势剔除值计算**　　单位：台

年份	季度	销售量（Y）	中心化四季移动平均值（M）	趋势剔除值（Y/M）
2017 年	第一季度	29	—	—
	第二季度	90	—	—
	第三季度	108	61.00	1.7705
	第四季度	14	64.50	0.2171
2018 年	第一季度	35	70.00	0.5000
	第二季度	112	74.00	1.5135
	第三季度	130	75.88	1.7133
	第四季度	24	76.00	0.3158

续表

年份	季度	销售量（Y）	中心化四季移动平均值（M）	趋势剔除值（Y/M）
2019 年	第一季度	40	75.00	0.5333
	第二季度	108	75.00	1.4400
	第三季度	126	76.50	1.6471
	第四季度	28	81.38	0.3441
2020 年	第一季度	48	91.88	0.5224
	第二季度	139	99.13	1.4023
	第三季度	179	100.75	1.7767
	第四季度	33	103.38	0.3192
2021 年	第一季度	56	106.63	0.5252
	第二季度	152	108.5	1.4009
	第三季度	192	—	—
	第四季度	35	—	—

为便于计算，先将表 10 - 16 中的趋势剔除值按季对齐排列，如表 10 - 17 所示。计算同季平均数得到季节指数。由于四个季度的季节指数总和不等于 4，应进行调整，调整系数为 1.0037（ = 4/3.9854），调整后的季节指数在表中最末行。可见，该公司洗衣机的销售量在第二、第三季度是旺季，分别比其趋势值高出 44.45% 和 73.32%。而第一、第四季度是销售淡季，其销售量分别只相当于当期趋势值的 52.22% 和 30.01%。计算出季节指数后，可用于预测，也可以用于从原时间序列中分离出季节变动，以便更清晰地显示其他成分的变化趋势。

表 10 - 17　　季节指数计算

年份 \ 季度	第一季度	第二季度	第三季度	第四季度	总计
2017 年	—	—	1.7705	0.2171	
2018 年	0.5000	1.5135	1.7133	0.3158	
2019 年	0.5333	1.4400	1.6471	0.3441	
2020 年	0.5224	1.4023	1.7767	0.3192	
2021 年	0.5252	1.4009	—	—	
合计	2.0809	5.7567	6.9076	1.1962	
平均	0.5202	1.4392	1.7269	0.29905	3.9854
季节指数（%）	52.22	144.45	173.32	30.01	400.00

四、循环变动的测定

循环变动是近乎规律性的从低至高再从高至低的周而复始的变动。不同于趋势变动，它不是朝着单一方向的持续运动，而是涨落相间的交替波动，不同于季节变动，其变化无固定规律，变动周期多在一年以上，且周期长短不一，需要相当长时间的观察数据才能发掘出一定的规律性。测定循环变动的统计方法主要有直接法和剩余法。

（一）直接法

直接法是指将时间序列中的各项数据与其上年同期（同月或同季）的数据进行比较，即计算同比发展速度或年距发展速度，以消除或减弱长期趋势和季节变动的影响，由同比发展速度的波动来粗略地描述循环变动的特征。直接法也可以用于年度数据，即计算各年的环比发展速度。

直接法简便直观，在实际工作中，如果研究目的只是大体观察时间序列的循环波动特征，适用直接法。但是这种方法只考虑两期数值的差异程度，没有消除不规则波动的影响，往往也不能真正消除长期趋势和季节变动的影响。当某期数值偏高时，一方面会使本期的速度偏高，另一方面又会使下一年同期的速度偏低，从而导致循环波动的震荡幅度被拉大。因此，直接法很难准确地描述时间序列循环波动的波峰、波谷和震荡幅度等特征。

（二）剩余法

剩余法又称分解法，基本思想是以时间序列的构成模型为基础，分别从时间序列中分离出长期趋势和季节变动趋势，再消除不规则变动，则剩余的成分是时间序列的循环变动。

剩余法的具体步骤：

1. 假定各因素的构成模型为乘法模型 $Y = T \cdot S \cdot C \cdot I$。

2. 消除季节变动，得到无季节影响的序列 $\frac{Y}{S} = \frac{T \cdot S \cdot C \cdot I}{S} = T \cdot C \cdot I$。

3. 由无季节影响的序列计算出各期的趋势 T，再剔除趋势，求得循环和不规则变动序列 $\frac{T \cdot C \cdot I}{T} = C \cdot I$。

4. 对 $C \cdot I$ 进行移动平均，以消除不规则变动 I，求得循环变动值 C。

剩余法的思路从理论上讲是非常合理的，但计算复杂，最后计算结果的准确性也要受其他各因素分离效果的影响，尤其是长期趋势值是否准确、不规则变动的抵消是否合适等。尤其是对 $C \cdot I$ 的移动平均以多长时距为宜，理论上也无法统一标准。通常是移动平均的项数越多，C 的变化更趋平滑而相应的不规则变动值就会更大。所以在实际应用中就难免出现一定的不确定性。

五、不规则变动的测定

不规则变动又称为剩余变动或残余变动，通常是没有规律可寻的，一般无法预测其未来确切的波动方向和具体数值，只能在事后进行测定和分析，为以后的决策和行动提供一定的防范与应对措施。不规则变动不能进行直接测定，只能从时间序列中逐一将长期趋势、季节变动和循环变动分离出去，之后剩余的因素统统归结为不规则变动。

【例 10－17】 根据表 10－15 的数据，用剩余法测定某家电销售公司洗衣机销售量的循环波动和不规则变动。

解：根据表 10－17 的季节指数，计算分离季节变动后的销售量序列（$T \cdot C \cdot I$），对该序列（$T \cdot C \cdot I$）拟合趋势直线方程，方程 $T = 47.5847 \times 3.3759t$。将时间序号代入趋势方程，估计出各期趋势值 T。然后由（$T \cdot C \cdot I$）除以对应的趋势值 T，即得循环和不规则变动序列（$C \cdot I$）。对（$C \cdot I$）序列采用三项移动平均进行平滑，得到循环变动序列 C，最后由各期的（$C \cdot I$）除以对应的 C 即可得到各期的不规则变动数值 I。计算结果列入表 10－18。

表 10－18　　循环变动和不规则变动的计算

时间序号	销售量（Y）	季节指数（S）	无季节影响的序列（$Y/S = TCL$）	趋势值（T）	循环及不规则变动（CI）	循环变动（C）	不规则变动（I）
(1)	(2)	(3)	(4) = (2)/(3)	(5)	(6) = (4)/(5)	(7)	(8) = (6)/(7)
1	29	0.5222	55.539	52.9891	1.048		
2	90	1.4445	62.307	56.2794	1.047	1.067	1.038
3	108	1.7332	62.311	59.5697	1.046	0.965	1.084
4	14	0.3001	46.645	62.8600	0.742	0.934	0.795
5	35	0.5222	67.029	66.1503	1.013	0.957	1.058
6	112	1.4445	77.537	69.4406	1.117	1.054	1.060
7	130	1.7332	75.004	72.7310	1.031	1.067	0.967
8	24	0.3001	79.963	76.0213	1.052	1.016	1.035
9	40	0.5222	76.605	79.3116	0.966	0.974	0.991
10	108	1.4445	74.768	82.6019	0.905	0.906	0.999
11	126	1.7332	72.696	85.8922	0.846	0.933	0.908
12	28	0.3001	93.290	89.1825	1.046	0.962	1.087
13	48	0.5222	91.926	92.4728	0.944	1.015	0.979
14	139	1.4445	96.229	95.7631	1.005	1.014	0.991
15	179	1.7332	103.275	99.0534	1.043	1.041	1.002
16	33	0.3001	109.949	102.3437	1.074	1.044	1.029
17	56	0.5222	107.247	105.6340	1.015	1.019	0.997
18	152	1.4445	105.229	108.9243	0.966	0.990	0.976
19	192	1.7332	110.775	112.2146	0.987	0.988	1.000
20	35	0.3001	116.613	115.5049	1.010		

思考与练习题

1. 某建筑工地水泥库存量资料如表 10 – 19 所示，计算该工地全年的平均水泥库存量。(9.21 吨)

表 10 – 19　　水泥库存量资料　　单位：吨

日期	1 月 1 日	2 月 1 日	3 月 1 日	4 月 1 日	6 月 1 日	7 月 1 日	10 月 1 日	11 月 1 日	12 月底
库存量	8.14	7.83	7.25	8.28	10.12	9.76	9.82	10.04	9.56

2. 某工厂 2021 年各季度生产任务完成情况如表 10 – 20 所示，计算该厂全年总产值计划完成程度。(131.97%)

表 10 – 20　　2021 年生产任务完成情况

季度	第一季度	第二季度	第三季度	第四季度
工业总产值计划完成（%）	130	135	138	125
计划工业总产值（万元）	860	887	875	898

3. 某企业某年各季度初的资料如表 10 – 21 所示，计算该年该企业青年工人占全部工人的平均比重。(38.5%)

表 10 – 21　　企业职工资料　　单位：人，%

季度	第一季度	第二季度	第三季度	第四季度	年末
青年工人	100	150	220	270	280
全部工人	400	500	550	600	610
青年工人所占比重	25	40	40	45	46

4. 某企业 2021 年下半年劳动生产率如表 10 – 22 所示，计算平均月劳动生产率和下半年平均职工劳动生产率。(2003.5 元/人；12021 元/人)

表 10 – 22　　2021 年下半年劳动生产率

月份	6 月	7 月	8 月	9 月	10 月	11 月	12 月
总产值（万元）	87	91	94	96	102	98	91
月末职工人数（人）	460	470	480	480	490	480	450
劳动生产率（元/人）	1948	1957	1979	2000	2103	2021	1957

5. 某企业产品产量几年来不断增长。已知 2017 年比 2016 年增长 20%，2018 年比 2017 年增长 50%，2019 年比 2018 年增长 25%，2020 年比 2019 年增长 15%，2021 年比 2020 年增长 132.5。试计算表 10 – 23 空缺数字。(20；25；87.5；115.6；7.8)

表 10－23　　2017—2021 年产量增长速度已知数据　　单位：%

年份	2017 年	2018 年	2019 年	2020 年	2021 年
环比增长速度	20	②?	25	15	⑤?
定基增长速度	①?	50	③?	④?	132.5

6. 根据表 10－24 中的资料，拟合趋势方程，并预测 2022 年的年末人口数。（$\hat{y}_t = 60.90 \times 1.025^t$；65.58 万人）

表 10－24　　某市年末人口数量变化　　单位：万人

年份	2017 年	2018 年	2019 年	2020 年	2021 年
年末人口数	58	59.45	60.92	62.4	63.93

7. 某地区 2017—2021 年粮食产量资料如表 10－25 所示，用最小平方法配合粮食产量直线趋势方程，并预测 2022 年的粮食产量。（$\hat{y} = 345.6 + 14.4t$；$\hat{y}_{2022} = 345.6 + 14.4 \times 3 = 388.8$）

表 10－25　　某市年末人口数量变化　　单位：万吨

年份	2017 年	2018 年	2019 年	2020 年	2021 年
产量	320	332	340	356	380

8. 某产品 2019—2021 年各季实际销售量资料如表 10－26 所示，要求根据历史数据预测 2022 年各季销售量。（$\hat{y}_t = 37.69 + 0.86t$；$s_1 = 0.75$；$s_2 = 1.15$；$s_3 = 1.51$；$s_4 = 0.58$；36.78；58.43；78.96；31.09 百台）

表 10－26　　2019—2021 年各季销售量　　单位：百台

时间	2019 年				2020 年				2021 年			
	第一季度	第二季度	第三季度	第四季度	第一季度	第二季度	第三季度	第四季度	第一季度	第二季度	第三季度	第四季度
销售量	18.3	29.7	48	18	32	47	60.7	25	29.3	52.3	65.3	26.7

9. 某部门 2013—2021 年基本建设投资资料如表 10－27 所示，请判断投资额发展趋势接近哪一种类型？并用最小平方法配合适当的趋势方程，预测该部门 2022 年的基本建设投资额。（二级增长量大体相同，接近二次抛物线；$y_c = 1562.5 + 121.2t + 10.2t^2$，$y_{2022} = 2423.5$ 万元）

表 10－27　　2013—2021 年基本建设投资资料　　单位：万元

年份	投资额
2013 年	1240
2014 年	1291
2015 年	1362

续表

年份	投资额
2016 年	1450
2017 年	1562
2018 年	1695
2019 年	1845
2020 年	2018
2021 年	2210

10. 某矿务局煤产量连续五年的环比增长速度如表 10－28 所示，计算该矿务局煤产量平均每年增长速度。(7.8%)

表 10－28　　煤产量各年环比增长速度　　单位：%

年份	第一年	第二年	第三年	第四年	第五年
环比增长速度	6.5	7.8	9.5	7.4	8.0

第十一章

统计指数

第一节　统计指数的基本问题

一、统计指数的概念

统计指数产生于18世纪后半期，主要用来度量物价变动及评价货币购买力。统计指数不同于数学指数，是从经济角度定义的指数。在现实生活中，大家普遍关注物价问题，一定时期内不同商品价格变动方向及大小均有不同，而统计指数主要是解决综合反映该时期多种商品价格的总变动趋势的问题。

广义的指数是任何两个社会经济现象数值对比形成的相对数，用来表明同类现象在不同时间、不同空间对比的相对数，如动态相对数、比较相对数等。狭义的指数是用于测定总体各变量在不同场合下综合变动的一种特殊相对数，反映不能直接相加的复杂社会经济现象在数量上的综合变动情况。如不同工业产品的规格、型号、计量单位、用途等不同，不能直接将各种产品的产量直接相加，需要通过编制指数来反映它们的综合变动情况。本章所述的指数，主要指狭义的指数。

二、统计指数的性质

（一）相对性

指数是不同场合的社会经济现象综合数量的比较，具有比较的性质。不同时间上对比形成的指数称为时间性指数，不同空间上对比形成的指数称为区域性指数，通常用百分数表示。如2021年某地消费价格指数为104%，说明这一年城乡居民所购买的生活消费品价格和服务项目价格综合提高4%。

（二）综合性

指数是反映一组变量在不同场合下的综合变动，不同场合的存在是构成指数的必要条件。不同场合可以从时间、地区、事物或种类角度区分，所以指数具有综合性质。

（三）平均性

由于个体的变动是参差不齐的，指数只能是总体水平的一个代表性数值，含平均数的性质如股票价格指数上涨了2.4%，是从平均角度来说所有股票平均价格上涨2.4%，而实际情况是完全不同的。

（四）代表性

编制统计指数在现实工作中无法把所有的总体单位都计算在内，通常只能选择一部分有代表性的总体单位进行计算。

三、统计指数的种类

（一）按指标的性质不同，统计指数可分为数量指数与质量指数

数量指数是指用来反映现象的数量或规模变动方向和程度的指数，如产品产量指数、销售量指数、工厂工人数指数等。质量指数是指用来反映社会经济现象内涵变动情况的指数，如单位成本指数、工资水平指数、价格指数。

（二）按研究范围不同，统计指数可分为个体指数和总指数

个体指数反映单个事物变动情况的相对数，用动态相对数的方法计算，如国际原油的价格或销售量的变动。总指数是指反映复杂经济现象中多个项目或变量的综合变动综合变动程度，用狭义的指数方法来编制，如消费价格指数。

（三）按照表现形式不同，统计指数可分为综合指数和平均指标对比指数

综合指数是指通过两个有联系的综合总量指标的对比计算的总指数；平均指标对比指数是指两个不同时期的平均指标对比计算的总指数，用于分析影响平均指标变动的因素大小。

（四）按反映的时间状况不同，统计指数可分为动态指数和静态指数

动态指数是指用来反映现象在不同时期变动程度的指数，如产品成本指数、粮食产量指数。静态指数是指用来反映现象在同一时期不同空间对比情况或实际与计划对比情况相对数，如计划完成指数、地区综合评价指数。

四、统计指数的作用

（一）综合反映复杂经济现象总体的变动方向和变动程度

社会经济现象纷繁复杂，性质不同的事物不用直接汇总，指数法利用适当的同度量因素是把不能直接加总的现象过渡到可以相加的总量进行对比分析，从而反映复杂现象的总变动方向及程度，还可以进行综合评价及对比。

（二）分解现象总变动中各影响因素的作用

如在分析产品销售额的总变动中利用指数因素分析法分离出销售量及价格分别对销售额的贡献程度，分析复杂现象总体之间的数量变动关系。

（三）运用指数形式反映同类现象变动情况形成动态数列，分析同类现象变动趋势

如根据2001—2021年共20年的房地产价格资料，编制环比价格指数序列，揭示房

地产价格的变动趋势。

（四）运用某种综合指数可以衡量相关现象的变化水平

如物价指数是衡量某时间一国或地区物价水平的变动及其货币购买力水平的重要尺度。

第二节　综合指数

一、综合指数的概念和特点

（一）综合指数的概念

综合指数是总指数的基本形式，是指由包含两个或两个以上的因素形成的总量指标不同时期对比而形成的指数。

（二）综合指数的特点

1. 借助同度量因素，先综合后对比

同度量因素是指使不能直接相加的现象过渡到可以相加的总量的媒介因素。如不同商品的价格不能直接相加，可借助销售量变为价值指标的销售额，就可以进行综合对比，销售量就是同度量因素。

2. 测定所要研究的因素时先固定同度量因素

如要研究的是两个时期产品销售总额中各类产品价格的变动，先将产品销售量固定在同一个时期，测定出两个时期各类产品价格的综合变动情况。

二、拉氏指数和帕氏指数

（一）拉氏指数

拉氏指数是德国经济统计学家拉斯佩雷斯于1864年提出的，以他的名字来命名该指数。拉氏指数公式的特点是将同度量因素固定在基期水平上，因此，又称基期综合指数。

$$L_q = \frac{\sum q_1 p_0}{\sum q_0 p_0} \qquad (11-1)$$

$$L_p = \frac{\sum p_1 q_0}{\sum p_0 q_0} \qquad (11-2)$$

（二）帕氏指数

帕氏指数是德国的另一位经济统计学家帕舍于1874年提出的，以他的名字来命名该指数。与拉氏指数不同的是，帕氏指数将同度量因素固定在报告期水平上，因此，又称报告期综合指数。

$$P_q=\frac{\sum q_1p_1}{\sum q_0p_1} \tag{11-3}$$

$$P_p=\frac{\sum p_1q_1}{\sum p_0q_1} \tag{11-4}$$

三、同度量因素时期固定的原则

同度量因素固定时期不同，计算结果完全不同。在实践中同度量因素时期的选择取决于计算指数的目的。

计算销售量指数的目的是排除销售价格的影响，单纯测定各种商品销售量报告期与基期相比较的总变动情况。采用拉氏指数公式，将同度量因素固定在基期，意味着按不变的价格来测定销售量的综合变动对销售总额的影响，符合计算销售量指数的目的。如果按帕氏度量指数公式，将同度量因素固定在报告期，按报告期价格计算出来的销售总额既包括销售量的影响，也包含价格变动通过影响量来影响销售总额，因此，帕氏公式计算的销售量总指数与计算该指数的目的是不吻合的。

而计算价格指数的目的是既要排除销售量的影响，单纯测定各种产品销售价格报告期与基期相比较的总变动情况，又要反映价格变动对社会经济生活所带来的实际影响。如果用拉氏价格指数公式计算，即将同度量因素固定在基期，意味着按过去的销售量水平来测定销售价格的综合变动，是没有什么现实意义的。而按帕氏价格指数公式，将同度量因素固定在报告期，其结果说明按目前的商品销售量来计算商品价格的变动程度，才符合计算价格指数的目的并具有现实意义。

综上所述，在编制数量指标指数时，以基期的质量指标作为同度量因素；在编制质量指标指数时，以报告期的数量指标作为同度量因素。

【例 11 -1】　某水果商店三种商品的销售资料如表 11 -1 所示，计算销售量指数及价格指数。

表 11 -1　　水果销售资料

商品	销售量（万斤）		单价（元/斤）	
	q_0	q_1	p_0	p_1
芦柑	30	36	1. 80	2. 00
香蕉	140	160	1. 90	2. 20
苹果	100	100	1. 50	1. 60

$$销售量指数=\frac{\sum p_0q_1}{\sum p_0q_0}=518.8/470=110.38\%$$

$$\sum q_1p_0-\sum q_0p_0=518.8-470=48.8(万元)$$

$$价格指数=\frac{\sum p_1q_1}{\sum p_0q_1}=584/518.8=112.57\%$$

$$\sum q_1p_1 - \sum q_0p_1 = 584 - 518.8 = 65.2(\text{万元})$$

计算结果表明，该水果商店产品销售量指数为110.38%，三种水果销售量报告期比基期平均增长10.38%，使销售额增加了48.8万元。产品销售价格指数为112.57%，三种水果价格报告期比基期平均增长12.57%，使销售额增加了65.2万元。

第三节　平均指数

一、平均指数的概念

平均指数是计算总指数的另一种形式，以某一时期的总量为权数对个体指数加权平均，用于测定现象总体的平均变动程度。权数通常是两个变量的乘积，也可以是价值总量，如商品销售额（销售价格与销售量的乘积）、工业总产值（出厂价格与生产量的乘积），也可以是其他总量，如农产品总产量（单位面积产量与收获面积的乘积）。

平均指数与综合指数都是计算总指数的方法，两种指数之间既有密切联系又有区别。

一是两者的出发点不同。前者是从个体指数出发，确定权数，观察个体指数的平均变化；后者是从总量的因素分解出发，确定同度量因素，观察现象总量的变动。

二是两者对资料的要求及经济内容不同，本质平均指数是综合指数的变形。前者既适用于全面材料，也适用于非全面材料，对资料要求不高，使用方便、灵活；后者要求使用全面调查资料编制。

三是两种指数的计算公式可以互变，计算结果及经济内容完全相同。但平均指数权数的选择有较大的灵活性。既可以用实际总量指标（绝对数）计算，也可以使用比重指标（相对数）计算，还可以根据对现象具体情况的分析，编制经验权数，而综合指数则不能使用比重和经验权数编制。

二、平均指数的编制原理

平均指数与综合指数的编制方法不同，编制综合指数的基本方法是“先综合，后对比”，而编制平均指数的基本方法是“先对比，后平均”。“先对比”是指先通过对比计算个体现象的个体指数。“后平均”则是指将个体指数赋予适当的权数，加以平均得到总指数。

值得注意的是，平均指数之所以称其为平均指数，是因为它利用了平均数的计算形式。编制平均指数主要的计算形式分为加权算术平均和加权调和平均两种。

$$\bar{k} = \frac{\sum kpq}{\sum pq} \tag{11-5}$$

$$\bar{k} = \frac{\sum pq}{\sum \frac{1}{k}pq} \tag{11-6}$$

其中，k 代表个体指数，pq 代表权数。k 的地位，相当于平均数计算公式中的“被平均的标志” x 的地位。pq 是与所要编制的指数密切关联的价值总值，但 p 和 q 的所属时期可以考虑不同的组合，如 p_1q_1、p_1q_0、p_0q_1、p_0q_0 四种。由于 p_1q_0 和 p_0q_1 的资料不易取得，通常采用 p_1q_1 和 p_0q_0 为权数。

三、平均指数的编制方法

从计算方法的角度，平均指数有两种基本形式：加权算术平均指数和加权调和平均指数。如果掌握的是个体数量指数及基期实际总值资料，一般采用加权算术平均指数计算数量指标综合指数；如果掌握的是个体质量指数及报告期实际总值资料，则采用加权调和平均指数计算质量指标综合指数。

（一）加权算术平均指数

加权算术平均指数是以一定时期的总值资料为权数，对个体指数进行加权算术平均求得的总指数，通常适用于拉氏数量综合指数的变形。如果已知个体数量指数 k_q 和基期实际总值资料 $\sum p_0q_0$，可以用加权算术平均指数计算其总指数。

$$\bar{k}_q = \frac{\sum k_q q_0 p_0}{\sum q_0 p_0} \tag{11-7}$$

将数量综合指数变形为加权算术平均指数的形式，是因为编制拉氏数量综合指数时，所掌握的资料是基期实际总值 $\sum p_0q_0$ 和个体数量指数资料 k_q，没有掌握报告期数量因素 q_1 以基期质量因素 p_0 计算的假定总值资料 $\sum q_1p_0$，而且这个资料在实际工作中往往难以取得。因此，必须使用调和平均数的形式计算其综合指数。

由于个体数量指数 $k = \frac{q_1}{q_0}$，所以 $q_1 = k_q q_0$，代入拉氏数量指标综合指数中，则得到数量指标综合指数变形的加权算术平均指数，即

$$\bar{k}_q = \frac{\sum k_q q_0 p_0}{\sum q_0 p_0} = \frac{\sum q_1 p_0}{\sum q_0 p_0} \tag{11-8}$$

【例 11－2】 某企业三种产品产值和产量的动态资料如表 11－2 所示。

表 11－2　　产品产值和产量　　单位：万元，%

产品	实际产值		2021 年比 2020 年产量增长
	2020 年	2021 年	
甲	400	4260	74
乙	848	1135	10
丙	700	1432	40

请根据以上资料计算三种产品产量总指数，以及由于产量增加使企业所增加的产值。

$$产量总指数 = \frac{\sum kp_0q_0}{\sum p_0q_0} = \frac{2608.8}{1948} = 133.92\%$$

三种产品产量增加使企业增加的产值 $\sum kp_0q_0 - \sum p_0q_0 = 660.8$ 万元

计算可得，三种产品的销售量总指数为 133.92%，由于三种产品销售量的增加使销售额增加 660.8 万元。

（二）加权调和平均指数

加权调和平均指数是以一定时期的总值资料为权数，对个体指数进行加权调和平均求得的总指数，通常适用于帕氏质量综合指数的变形。如果已知个体质量指数 k_p 和现象报告期实际总值资料 $\sum p_1q_1$，可以用加权调和平均指数计算其总指数，即

$$\bar{k}_p = \frac{\sum p_1q_1}{\sum \frac{1}{k_p}p_1q_1} \tag{11-9}$$

将质量综合指数变形为加权调和平均指数的形式，是因为编制帕氏质量综合指数时，所掌握的资料是报告期实际总值 $\sum p_1q_1$ 和个体质量指数资料 k_p，同样没有掌握报告期数量因素 q_1 以基期质量因素 p_0 计算的假定总值资料 $\sum p_0q_1$，而且这个资料在实际工作中往往难以取得。因此，必须使用调和平均数的形式计算其综合指数。

由于个体数质量指数 $k_p = \frac{p_1}{p_0}$，所以 $p_1 = k_pp_0$，代入帕氏质量指标综合指数中，得到质量指标综合指数变形的加权调和平均指数，即

$$\bar{k}_p = \frac{\sum p_1q_1}{\sum \frac{1}{k_p}p_1q_1} = \frac{\sum p_1q_1}{\sum p_0q_1} \tag{11-10}$$

【例 11-3】 某地区 2020—2021 年三种产品收购资料如表 11-3 所示，计算三种产品收购价格指数。说明该地区 2021 年较之 2020 年产品收购价格的提高程度，以及由于收购价格提高增加的销售收入。

表 11-3　　三种产品销售资料　　单位：元/件，万元

产品	2020 年		2021 年	
	价格 p_0	收购额	价格 p_1	收购额
A	110	250	118	300
B	120	300	128	330
C	98	80	106	120

个体数质量指数 $k_p = \frac{p_1}{p_0}$

$$\bar{k}_p = \frac{\sum p_1q_1}{\sum \frac{1}{k_p}p_1q_1} = \frac{\sum p_1q_1}{\sum p_0q_1} = 7500/699.98 = 107.15\%$$

$$7500 - 699.98 = 50.02(\text{万元})$$

计算可得，该地区三种产品收购价格平均提高7.15%，由于收购价格提高增加的销售收入为50.02万元。

四、固定权数的平均指数

平均指数对资料条件要求较高，从各国编制指数的实践看，很多情况下使用的是非全面资料，运用固定权数的方法计算平均指数。固定权数是指用某一个固定时期的、经过调整的权数，在一个相当长的时期内（如1年、5年、10年），一直使用它不变，权数常采用比重的形式表示。这种指数与综合指数不仅在形式上不同，而且就同一现象而言其计算结果往往也不相同，因此它有别于前面所介绍的作为综合指数变形的平均指数，是独立于综合指数之外一种平均指数，也称为独立形式的平均指数。固定权数形式的平均指数可分为加权算术平均指数与固定权数的加权调和平均指数。

（一）加权算术平均指数

加权算术平均指数是以一定权数对个体指数进行加权算术平均的总指数。其权数通常采用比重的形式 w，既可以采用实际权数，也可以采用经验权数，称为固定权数的加权算术平均法。用固定权数形式计算的加权算术平均指数是将综合指数变形形式的加权算术平均指数中的权数 $\frac{p_0q_0}{\sum p_0q_0}$，替换成固定权数 w 后演变而来。$\frac{p_0q_0}{\sum p_0q_0}$ 当然与 w 两者在计算口径、统计范围、计算时期等方面一般都不相同。

$$\bar{k} = \frac{\sum kw}{\sum w} \tag{11-11}$$

或

$$\bar{k} = \sum k \frac{w}{\sum w} \tag{11-12}$$

固定权数的加权算术平均指数，既适用于数量指标指数的计算，也适用于质量指标指数的计算。

$$\begin{aligned} \bar{k}_q &= \frac{\sum k_q w}{\sum w} \\ \bar{k}_p &= \frac{\sum k_p w}{\sum w} \end{aligned} \tag{11-13}$$

在统计实践中，广泛使用的是固定权数的质量指标算术平均指数，如我国的商品零售价格指数、农副产品收购价格指数、工业产品出厂价格指数、主要工业原材料购进价格指数、职工生活费指数，西方国家的工业生产指数等，都是采用此法编制的。

（二）加权调和平均指数

$$\bar{k}=\frac{\sum w}{\sum \frac{w}{k}} \tag{11-14}$$

因其在实际工作中极少使用，本书不作介绍。

第四节　指数体系和因素分析法

一、指数体系的概念与作用

（一）指数体系的概念

社会经济现象是多种因素互相作用、相互影响的结果。各因素从动态与静态的角度在数量上都存在客观的必然联系，可以用指数体系分析。指数体系是由三个或三个以上的指数所组成的整体。如职工工资总额 = 职工人数 × 职工平均工资；商品销售额 = 商品销售量 × 商品销售价格；产品总成本 = 产品产量 × 单位产品成本。

指数体系三个基本特征：

一是总指数等于各因素指数的乘积；

二是总量的变动差额等于各因素指数变动差额之和；

三是各因素指数的同度量因素必须是不同时期的，除了要保证指数之间数量对等关系外，还应考虑现实意义。一般数量指数采用拉式指数，质量指数采用帕式指数。

（二）指数体系的作用

1. 利用指数体系进行因素分析

利用指数体系可以分析复杂现象总体中各个因素变动影响的方向和程度。

2. 可以用来进行指数之间的相互推算

根据指数体系中各个指数之间的数量联系，从已知的若干个指数去推算某个未知的指数。

二、指数因素分析法的基本原理

（一）指数因素分析法的概念

指数因素分析法是指在统计分析中基于指数体系的特征及作用，分析社会经济现象总变动中各个因素变动影响的方向和程度的一种统计分析方法。它在经济研究和管理过程中对于分析现象发展变化的规律性，揭露现象发展变化过程中出现的问题，挖掘现象的发展潜力等具有十分重要的意义。

（二）指数因素分析法的种类

第一，按分析对象影响因素的多少，可分为两因素分析法与多因素分析法。多因素分析法与两因素分析法的基本原理相同，所不同的是多因素分析法的影响因素多，确定因素指标的性质及排列顺序时比较复杂。

第二，按被研究指标的性质不同，可分为总量指标的因素分析法、相对指标的因素分析法及平均指标的因素分析法。本书主要介绍总量指标与平均指标的因素分析法。

第三，按分析对象的特点不同，可分为简单现象的因素分析法与复杂现象的因素分析法。前者是指对现象个体的因素分析，如对某种产品总成本变动的因素分析；后者是指对现象总体的因素分析，如对多种产品总成本变动的因素分析。

三、总量指标的因素分析

（一）简单现象的两因素分析

简单现象是指现象个体或单项事物的变动，如一种产品的产值、某一种商品的销售额的变动情况。由于是个体现象，因而不需要同度量因素，直接将现象总量指数分解为两个因素个体指数的乘积，分别计算两个因素指标对现象总量指标影响的相对数和绝对差额。

相对数体系分析

$$\frac{E_1}{E_0}=\frac{a_1}{a_0}\times\frac{b_1}{b_0} \tag{11-15}$$

绝对数体系分析

$$E_1-E_0=(a_1-a_0)b_0+(b_1-b_0)a_1 \tag{11-16}$$

其中，E 为某个总量指标；a 为数量因素指标；b 为质量因素指标；0、1 分别为基期、报告期。

【例 11-4】　某种商品有关资料如表 11-4 所示，试分析该种商品销售额的变动情况。

表 11-4　　某种商品销售额因素分析

指标	基期	报告期	影响绝对差额（元）
销售额（万元）ab	4.68	9.24	48300
销售价格（元）b	130.0	132.0	1400
销售量（件）a	360.0	700.0	46900

解：销售额指数为

$$k_{ab}=\frac{E_1}{E_0}=\frac{a_1b_1}{a_0b_0}=\frac{9.24}{4.68}=197.4\%$$

$$E_1-E_0=9.24\text{ 万元}-4.68\text{ 万元}=45600(\text{元})$$

销售量指数为

$$K_a=\frac{a_1}{a_0}=\frac{700}{360}=194.4\%$$

$$(a_1-a_0)b_0=(800-360)\times130=57200(\text{元})$$

销售价格指数为

$$K_b=\frac{b_1}{b_0}=\frac{132}{130}=101.5\%$$

$$(b_1 - b_0)a_1 = (132 - 130) \times 700 = 1400(\text{元})$$

三个指数及差额之间的关系为

$$197.4\% = 194.4\% \times 101.5\%$$

$$48300(\text{元}) = 46900(\text{元}) + 1400(\text{元})$$

计算表明：该种商品销售额报告期比基期增长了97.4%，增加了48300元，是由于销售量增加而增长了94.4%，使销售额增加46900元；销售价格上升了1.5%，使销售额增加了1400元，是两个因素共同影响的结果。由此可见，销售额增长较多的原因主要是销售量大幅增长。

（二）复杂现象的两因素分析

复杂现象的两因素分析是指由多个个体或多项事物组成的总体现象的因素分析。如多种产品总成本的因素分析、多种商品销售额的因素分析。

复杂现象的两因素分析与简单现象的因素分析方法大体相似，所不同的是简单现象是将总量指标指数分解为两个个体指数并进行分析，而复杂现象的两因素分析由于多种不同个体现象的数量不能直接相加，需要借助同度量因素采用综合指数原理计算各个因素指数并进行分析。

相对数体系为

$$\frac{\sum q_1 p_0}{\sum q_0 p_0} \times \frac{\sum p_1 q_1}{\sum p_0 q_1} = \frac{\sum p_1 q_1}{\sum p_0 q_0} \tag{11-17}$$

$$\overline{K}_q \times \overline{K}_p = \overline{K}_{pq} \tag{11-18}$$

绝对数体系为

$$\sum p_1 q_1 - \sum p_0 q_0 = \left(\sum p_0 q_1 - \sum p_0 q_0\right) + \left(\sum p_1 q_1 - \sum p_0 q_1\right) \tag{11-19}$$

其中，q 为数量指标因素；p 为质量指标因素；0、1分别为基期、报告期。

【例11-5】 某企业成本资料如表11-5所示，试运用指数因素分析法分析总成本变动的原因。

表11-5　企业成本变动因素

商品名称	计量单位	产品产量		单位成本（元）	
		2020年	2021年	2020年	2021年
A	万吨	1200	1500	3.6	4
B	万台	1500	2000	2.3	2.4
C	万件	500	600	9.8	10.6

总成本指数为

$$\frac{\sum p_1 q_1}{\sum p_0 q_0} = \frac{17160}{12670} = 135.44\%$$

单位成本总指数为

$$\frac{\sum p_1q_1}{\sum p_0q_1}=\frac{17160}{15880}=108.06\%$$

产量总指数为

$$\frac{\sum p_0q_1}{\sum p_0q_0}=\frac{15880}{12670}=125.34\%$$

$$\sum p_1q_1-\sum p_0q_0=17160-12670=4490$$

$$\sum p_0q_1-\sum p_0q_0=15880-12670=3210$$

$$\sum p_1q_1-\sum p_0q_1=17160-15880=1280$$

三者之间的相对关系为

$$135.44\%=108.06\%\times125.34\%$$

三者之间的绝对数量关系为

4490（万元）=1280（万元）+3210（万元）

结论：与2020年相比，2021年三种产品的总成本增长35.44%，增加总成本4490万元。其中由于单位成本变动使总成本增长8.06%，增加总成本1280万元；由于产量变动使总成本增长25.34%，增加总成本3210万元。

四、平均指标对比指数分析

通过两个不同时期的加权算术平均数之比反映现象平均水平的变动，运用指数因素分析法通过对加权算术平均数的分解，分析影响平均数变动的各因素作用程度及方向。

$$\text{平均数变动指数}=\frac{\bar{x}_1}{\bar{x}_0}=\frac{\sum x_1f_1}{\sum f_1}\div\frac{\sum x_0f_0}{\sum f_0} \tag{11-20}$$

$$\text{变量影响指数}=\frac{\sum x_1f_1}{\sum f_1}\div\frac{\sum x_0f_1}{\sum f_1} \tag{11-21}$$

$$\text{结构影响指数}=\frac{\sum x_0f_1}{\sum f_1}\div\frac{\sum x_0f_0}{\sum f_0} \tag{11-22}$$

三个指数之间的相对数量关系为

$$\frac{\sum x_1f_1}{\sum f_1}\div\frac{\sum x_0f_0}{\sum f_0}=\left\{\frac{\sum x_1f_1}{\sum f_1}\div\frac{\sum x_0f_1}{\sum f_1}\right\}\times\left\{\frac{\sum x_0f_1}{\sum f_1}\div\frac{\sum x_0f_0}{\sum f_0}\right\} \tag{11-23}$$

三个指数之间的绝对数量关系为

$$\frac{\sum x_1f_1}{\sum f_1}-\frac{\sum x_0f_0}{\sum f_0}=\left\{\frac{\sum x_1f_1}{\sum f_1}-\frac{\sum x_0f_1}{\sum f_1}\right\}+\left\{\frac{\sum x_0f_1}{\sum f_1}-\frac{\sum x_0f_0}{\sum f_0}\right\} \tag{11-24}$$

【例11-6】　某企业基期和报告期工人基本工资如表11-6所示，从相对数和绝对数两方面分析该企业平均工资的变动及其原因。

表 11 -6　　企业工人基本工资　　单位：人，元

按技术级别分组	基期		报告期	
	工人数	平均工资	工人数	平均工资
5 级以上	45	6000	50	6800
3 ~4 级	120	5000	180	5400
1 ~2 级	40	3000	135	3700

解：

$$\text{平均数变动指数} = \frac{\bar{x}_1}{\bar{x}_0} = \frac{\sum x_1 f_1}{\sum f_1} \div \frac{\sum x_0 f_0}{\sum f_0} = 102.77\%$$

$$\text{变量影响指数} = \frac{\sum x_1 f_1}{\sum f_1} \div \frac{\sum x_0 f_1}{\sum f_1} = 112.86\%$$

$$\text{结构影响指数} = \frac{\sum x_0 f_1}{\sum f_1} \div \frac{\sum x_0 f_0}{\sum f_0} = 91.05\%$$

三个指数之间的相对数量关系为

$$102.77\% = 112.86\% \times 91.05\%$$

三个指数之间的绝对数量关系为

$$133.7(\text{元}) = 565.7(\text{元}) - 432(\text{元})$$

结论：报告期同基期相比，该企业三个级别的平均工资均有所提高，企业总平均工资上涨了 2.77%，人均上涨了 133.7 元。

各级别的平均工资的提高使企业总平均工资提高了 12.86%，人均提高了 565.7 元；各级别工人数结构的变化，使企业总平均工资下降了 9.95%，人均下降了 432 元。

五、多因素分析法

多因素分析法是把一个总变动指数分解成三个或三个以上因素的分析，分别测定每个因素对总量指标总变动的影响程度。分析的基本原理同二因素分析法完全一样，首先把指数体系定下来，就可以进行计算分析。

【例 11 -7】　某企业生产甲、乙两种产品的有关资料如表 11 -7 所示，分析该企业两种产品生产费用支出额的计划完成情况及其原因。

表 11 -7　　企业生产资料

产品名称	计划数			实际数		
	产量（万件）	原材料单耗（斤/件）	原材料价格（元/斤）	产量（万件）	原材料单耗（斤/件）	原材料价格（元/斤）
	q_0	m_0	p_0	q_1	m_1	p_1
甲	10	10	4	12	9	5
乙	8	9	7	6	10	8

（1）生产费用支出额的计划完成情况

$$\frac{\sum p_1 m_1 q_1}{\sum p_0 m_0 q_0} = \frac{1020}{904} = 112.83\%$$ ，实际比计划多支出116万元。

（2）因产量使生产费用支出额的计划完成情况

$$\frac{\sum p_0 m_0 q_1}{\sum p_0 m_0 q_0} = \frac{858}{904} = 94.91\%$$ ，实际比计划少支出46万元。

（3）因单耗使生产费用支出额的计划完成情况

$$\frac{\sum p_0 m_1 q_1}{\sum p_0 m_0 q_1} = \frac{852}{858} = 99.3\%$$ ，实际比计划少支出6万元。

（4）因单位原材料价格使生产费支出额的计划完成情况

$$\frac{\sum p_1 m_1 q_1}{\sum p_0 m_1 q_1} = \frac{1020}{852} = 119.72\%$$ ，实际比计划多支出168万元。

可见，单位原材料价格上涨是企业生产费用总额增长的主要原因。

思考与练习题

1. 某市几种主要副食品调整价格前后资料如表11－8所示，计算四种商品价格和销售量的总指数；由于商品价格变动使该市居民增加支出的金额。（112.28%，115.6%，302.28万元）

表11－8　　副食品价格

商品	调整前		调整后	
	零售价（元/斤）	销售量（万斤）	零售价（元/斤）	销售量（万斤）
蔬菜	0.3	5	0.4	5.2
猪肉	2.2	4.46	2.44	5.52
鲜蛋	1.8	1.2	1.92	1.15
水产品	6.8	1.15	7.6	1.3

2. 某商店三种商品的销售量与销售额资料如表11－9所示，计算三种商品销售量总指数和由于销售量变动对销售额的影响。（103.02%；16.6万元）

表11－9　　某商店三种商品的销售量与销售额

商品名称	计量单位	销售量		基期销售额（万元）
		基期	报告期	
甲	打	250	290	180
乙	只	180	160	220
丙	盒	500	540	150

3. 手机、空调、电脑和彩电的销售价格下调。某家电公司这四种商品价格下调幅度及调价后一个月的销售额资料如表 11－10 所示。与本次调价前一个月的价格水平相比，上述四种商品价格平均下调了百分之几？由于价格下调使该商品在这四种商品的销售中少收入多少万元？（9.02%；52.54 万元）

表 11－10　　某家电公司四种商品价格下调幅度和销售额　　单位：%，万元

商品名称	调价幅度	销售额
手机	－11.5	52
空调	－10.0	103
电脑	－8.0	350
彩电	－13.5	25

4. 某地区第二季度的销售额为 11016 万元，比第一季度增长 10.16%，第二季度的销售量比第一季度增长 8%。请计算销售价格指数及由于价格变动使居民多支出的金额。（102%，216 万元）

5. 某企业成本资料如表 11－11 所示，试运用因素分析法分析总成本变动的原因。
［105.1% =110.4% ×95.14%；3.95 =8.15 +（－4.2）］

表 11－11　　企业成本变动因素

产品名称	计量单位	产品产量		单位成本（元）	
		q_0	q_1	p_0	p_1
A	吨	600	800	600	560
B	台	5500	5000	77	75

6. 假设某商店三种商品销售有关资料如表 11－12 所示，请用加权调和平均指数公式计算其销售价格总指数。（116.3%；1700）

表 11－12　　某商店三种商品销售有关资料　　单位：元，%

商品	基期销售额	销售量个体指数
A	1080	66.7
B	6240	120.0
C	4800	133.3
合计	12120	—

7. 已知某公司三种商品的销售资料如表 11－13 所示，对该公司三种商品的销售利润总额的变动进行因素分析。［130.14% =113.59% ×101.64% ×112.72%；679950 =306600 +41960 +331390（元）］

表 11－13　　某公司三种商品的销售资料

商品名称	销售量		价格（元）		销售利润（%）	
	基期 q_0	报告期 q_1	基期 p_0	报告期 p_1	基期 r_0	报告期 r_1
甲（千克）	2000	2150	30	33	10	11
乙（件）	420	530	80	70	15	13
丙（套）	800	890	180	188	8	10

8. 设某企业生产三种产品的有关资料如表 11－14 所示，计算三种产品的价格指数、单位成本总指数和产量总指数。（114. 88%；114. 73%；104. 59%）

表 11－14　　某企业三种产品的数据

产品名称	计量单位	销售额（万元）		个体价格指数	个体销售量指数
		基期（p_0q_0）	报告期（p_1q_1）	（p_1/p_0）	（q_1/q_0）
甲	件	200	220	1. 14	1. 03
乙	台	50	50	1. 05	0. 98
丙	箱	120	150	1. 2	1. 1

9. 某集市贸易三种商品的资料如表 11－15 所示，计算三种商品的成交额指数；三种商品的价格总指数和销售量总指数，并分析对成交额的影响程度。（114. 29%，105. 69%，108. 14%，114. 29% ＝105. 69% ×108. 14%）

表 11－15　　某集市商品数据

商品	成交额（万元）		第二季度比第一季度价格提高（＋）或下降（－）%
	第一季度	第二季度	
甲	3. 6	4. 0	＋15
乙	1. 4	2. 0	－12
丙	2. 0	2. 0	＋10

10. 某企业有三个生产车间，基期与报告期各车间的工人数和劳动生产率资料如表 11－16 所示，分析该企业劳动生产率的变动及其原因。（97. 78% ＝102. 66% ×95. 25%，－0. 14 ＝0. 16 －0. 3）

表 11－16　　企业职工人数和劳动生产率资料　　单位：人，万元/人

车间	职工人数		劳动生产率	
	基期	报告期	基期	报告期
一车间	200	240	4. 4	4. 5
二车间	160	180	6. 2	6. 4
三车间	150	120	9	9. 2

附　录

附表 1　　**相关系数显著性检验**

n-2	α	0.10	0.05	0.02	0.01	0.001
1		0.98769	0.99625	0.99507	0.999877	0.9999988
2		0.90000	0.95000	0.98000	0.99000	0.999900
3		0.8054	0.8783	0.93433	0.95873	0.99116
4		0.7293	0.8114	0.8822	0.91720	0.97405
5		0.6694	0.7545	0.8329	0.8745	0.95074
6		0.6215	0.7067	0.7887	0.8343	0.92493
7		0.5822	0.6664	0.7498	0.7977	0.8982
8		0.5494	0.6319	0.7155	0.7646	0.8721
9		0.5214	0.6021	0.6851	0.7348	0.8471
10		0.4973	0.5760	0.6581	0.7079	0.8233
11		0.4762	0.5529	0.6339	0.6835	0.8010
12		0.4575	0.5324	0.6120	0.6614	0.7800
13		0.4409	0.5139	0.5923	0.6411	0.7603
14		04259	0.4973	0.5742	0.6226	0.7429
15		0.4123	0.4821	0.5577	0.6055	0.725
16		0.4000	0.4683	0.5425	0.5897	0.7084
17		0.3887	0.4555	0.5285	0.5751	0.6932
18		0.3783	0.4438	0.5155	0.5614	0.6787
19		0.3687	0.4329	0.5134	0.5487	0.6652
20		0.3593	0.4227	0.4921	0.5368	0.6524
25		0.3233	0.3809	0.4451	0.4869	0.5974
30		0.2960	0.3494	0.4093	0.4487	0.5541
35		0.2746	0.3426	0.3810	0.4182	0.5189
40		0.2573	0.3044	0.3578	0.3932	0.4896
45		0.2428	0.2875	0.3384	0.3721	0.4648
50		0.2306	0.2732	0.3213	0.3541	0.4433
60		0.2108	0.2500	0.2044	0.3243	0.4078
70		0.1954	0.2319	0.2737	0.3017	0.2799
80		0.1829	0.2172	0.2565	0.2880	0.3558
90		0.1726	0.2050	0.2422	0.2673	0.3375
100		0.1368	0.1946	0.2301	0.2540	0.3211

注：表中数字为临界值 $r(\alpha, n-2)$。

附表 2 **标准正态分布**

$$\Phi(x) = \int_{-\infty}^{x} \frac{1}{\sqrt{2\pi}} e^{-\frac{t^2}{2}} dt = P(X \leqslant x)$$

x	0	1	2	3	4	5	6	7	8	9
0.0	0.5000	0.5040	0.5080	0.5120	0.5160	0.5199	0.5239	0.5279	0.5319	0.5359
0.1	0.5398	0.5438	0.5478	0.5517	0.5557	0.5596	0.5636	0.5675	0.5714	0.5753
0.2	0.5793	0.5832	0.5871	0.5910	0.5848	0.5987	0.6026	0.6064	0.6103	0.6141
0.3	0.6179	0.6217	0.6255	0.6293	0.6331	0.6368	0.6406	0.6443	0.6480	0.6517
0.4	0.6554	0.6591	0.6628	0.6664	0.6700	0.6736	0.6772	0.6808	0.6844	0.6879
0.5	0.6915	0.6950	0.6985	0.7019	0.7054	0.7088	0.7123	0.7157	0.7190	0.7224
0.6	0.7257	0.7219	0.7324	0.7357	0.7389	0.7422	0.7454	0.7486	0.7571	0.7549
0.7	0.7580	0.7611	0.7642	0.7673	0.7703	0.7734	0.7764	0.7794	0.7823	0.7852
0.8	0.7881	0.7910	0.7939	0.7967	0.7995	0.8023	0.8051	0.8087	0.8106	0.8133
0.9	0.8159	0.8186	0.8212	0.8283	0.8264	0.8289	0.8315	0.8340	0.8365	0.8389
1.0	0.8413	0.8438	0.8461	0.8485	0.8508	0.8531	0.8554	0.8577	0.8599	0.8621
1.1	0.8643	0.8665	0.8686	0.8708	0.8729	0.8749	0.8770	0.8790	0.8810	0.8830
1.2	0.8849	0.8869	0.8888	0.8907	0.8925	0.8944	0.8962	0.8980	0.8997	0.9015
1.3	0.9023	0.9049	0.9066	0.9082	0.9099	0.9115	0.9131	0.9147	0.9162	0.9177
1.4	0.9192	0.9207	0.9222	0.9236	0.9251	0.9265	0.9278	0.9292	0.9306	0.9319
1.5	0.9332	0.9345	0.9357	0.9370	0.9382	0.9394	0.9406	0.9418	0.9430	0.9441
1.6	0.9452	0.9463	0.9474	0.9484	0.9495	0.9505	0.9515	0.9525	0.9535	0.9545
1.7	0.9554	0.9564	0.9573	0.9582	0.9591	0.9599	0.9608	0.9616	0.9625	0.9633
1.8	0.9641	0.9648	0.9656	0.9664	0.9671	0.9678	0.9686	0.9693	0.9700	0.9706
1.9	0.9713	0.9719	0.9726	0.9732	0.9738	0.9744	0.9750	0.9756	0.9762	0.9767
2.0	0.9772	0.9778	0.9783	0.9788	0.9793	0.9798	0.9803	0.9808	0.9812	0.9817
2.1	0.9821	0.9826	0.9830	0.9834	0.9838	0.9842	0.9846	0.9850	0.9854	0.9857
2.2	0.9861	0.9864	0.9868	0.9871	0.9874	0.9878	0.9881	0.9884	0.9887	0.9890
2.3	0.9893	0.9896	0.9898	0.9901	0.9904	0.9906	0.9909	0.9911	0.9913	0.9916
2.4	0.9918	0.9920	0.9922	0.9925	0.9927	0.9929	0.9931	0.9932	0.9934	0.9936
2.5	0.9938	0.9940	0.9941	0.9943	0.9945	0.9946	0.9948	0.9949	0.9951	0.9952
2.6	0.9953	0.9955	0.9956	0.9957	0.9959	0.9960	0.9961	0.9962	0.9963	0.9964
2.7	0.9965	0.9966	0.9967	0.9968	0.9969	0.9970	0.9971	0.9972	0.9973	0.9974
2.8	0.9974	0.9975	0.9976	0.9977	0.9977	0.9978	0.9979	0.9979	0.9980	0.9981
2.9	0.9981	0.9982	0.9982	0.9983	0.9984	0.9984	0.9985	0.9985	0.9986	0.9986
3.0	0.9987	0.9990	0.9993	0.9995	0.9997	0.9998	0.9998	0.9999	0.9999	1.0000

附表 3 **t 分布**

$$P\{t(n) > t_{\alpha}(n)\} = \alpha$$

n	α = 0. 25	0. 10	0. 05	0. 025	0. 01	0. 005
1	1. 0000	3. 0777	6. 3138	12. 7062	31. 8207	63. 6574
2	0. 8165	1. 8856	2. 9200	4. 3037	6. 9646	9. 9248
3	0. 7649	1. 6377	2. 3534	3. 1824	2. 5407	5. 8409
4	0. 7407	1. 5332	2. 1318	2. 7764	3. 7469	4. 6014
5	0. 7267	1. 4759	2. 0150	2. 5706	3. 3649	4. 0322
6	0. 7176	1. 4398	1. 9432	2. 4469	3. 1427	3. 7074
7	0. 7111	1. 4149	1. 8946	2. 3634	2. 9980	3. 4995
8	0. 7064	1. 3968	1. 8595	2. 3060	2. 8965	3. 3554
9	0. 7027	1. 3830	1. 8331	2. 2622	2. 8214	3. 2498
10	0. 6998	1. 3722	1. 8125	2. 2281	2. 7638	3. 1693
11	0. 6974	1. 3634	1. 7959	2. 2010	2. 7181	3. 1058
12	0. 6955	1. 3562	1. 7823	2. 1788	2. 6810	3. 0545
13	0. 6938	1. 3502	1. 7709	2. 1604	2. 6503	3. 0123
14	0. 6924	1. 3450	1. 7613	2. 1448	2. 6245	2. 9768
15	0. 6912	1. 3406	1. 7531	2. 1315	2. 6205	2. 9467
16	0. 6901	1. 3368	1. 7459	2. 1199	2. 5835	2. 9208
17	0. 6892	1. 3334	1. 7396	2. 1098	2. 5669	2. 8982
18	0. 6884	1. 3304	1. 7341	2. 1009	2. 5524	2. 8784
19	0. 6876	1. 3277	1. 7291	2. 0930	2. 5395	2. 8609
20	0. 9870	1. 3253	1. 7247	2. 0860	2. 5280	2. 8453
21	0. 6864	1. 3232	1. 7207	2. 0796	2. 5177	2. 8314
22	0. 6858	1. 3212	1. 7171	2. 0739	2. 5083	2. 8188
23	0. 6853	1. 3195	1. 7139	2. 0687	2. 4999	2. 8073
24	0. 6848	1. 3178	1. 7109	2. 0639	2. 4922	2. 7969
25	0. 6844	1. 3163	1. 7108	2. 0595	2. 4851	2. 7874
26	0. 6840	1. 3150	1. 7056	2. 0555	2. 4786	2. 7787
27	0. 6837	1. 3137	1. 7033	2. 0518	2. 4727	2. 7707
28	0. 6834	1. 3125	1. 7011	2. 0484	2. 4671	2. 7664
29	0. 6830	1. 3114	1. 6991	2. 0452	2. 4620	2. 7564
30	0. 6828	1. 304	1. 6973	2. 0423	2. 4573	2. 7500
31	0. 6825	1. 3095	1. 6599	2. 0395	2. 4528	2. 7440
32	0. 6822	1. 3086	1. 6939	2. 0369	2. 4487	2. 7385
33	0. 6820	1. 3077	1. 6924	2. 0345	2. 4448	2. 7333
34	0. 6818	1. 3070	1. 6909	2. 0322	2. 4411	2. 7384
35	0. 6816	1. 3062	1. 6896	2. 0301	2. 4377	2. 7238
36	0. 6814	1. 3055	1. 6883	2. 0281	2. 4345	2. 7195
37	0. 6812	1. 3049	1. 6871	2. 0262	2. 4314	2. 7154
38	0. 6810	1. 3042	1. 6860	2. 0244	2. 4286	2. 7116
39	0. 6808	1. 3036	1. 6849	2. 0227	2. 4258	2. 7079
40	0. 6807	1. 3031	1. 6839	2. 0211	2. 4223	2. 7045
41	0. 6805	1. 3025	1. 6829	2. 0195	2. 4208	2. 7012
42	1. 6804	1. 3020	1. 6820	2. 0181	2. 4185	2. 6981
43	1. 6802	1. 3016	1. 6811	2. 0167	2. 4163	2. 6951
44	1. 6801	1. 3011	1. 6802	2. 0154	2. 4141	2. 6923
45	0. 6800	1. 3006	1. 6794	2. 0141	2. 4121	2. 6896

附表 4

F 分布

$$P\{F(n_1,n_2) > F_\alpha(n_1,n_2)\} = \alpha$$

$$\alpha = 0.10$$

n_2 \ n_1	1	2	3	4	5	6	7	8	9
1	39. 86	49. 50	53. 59	55. 33	57. 24	58. 20	58. 91	59. 44	59. 86
2	8. 53	9. 00	9. 16	9. 24	6. 29	9. 33	9. 35	9. 37	9. 38
3	5. 54	5. 46	5. 39	5. 34	5. 31	5. 28	5. 27	5. 25	5. 24
4	4. 54	4. 32	4. 19	4. 11	4. 05	4. 01	3. 98	3. 95	3. 94
5	4. 06	3. 78	3. 62	3. 52	3. 45	3. 40	3. 37	3. 34	3. 32
6	3. 78	3. 46	3. 29	3. 18	3. 11	3. 05	3. 01	2. 98	2. 96
7	3. 59	3. 26	3. 07	2. 96	2. 88	2. 83	2. 78	2. 75	2. 72
8	3. 46	3. 11	2. 92	2. 81	2. 73	2. 67	2. 62	2. 59	2. 56
9	3. 36	3. 01	2. 81	2. 69	2. 61	2. 55	2. 51	2. 47	2. 44
10	3. 20	2. 92	2. 73	2. 61	2. 52	2. 46	2. 41	2. 38	2. 35
11	3. 22	2. 86	2. 66	2. 54	2. 45	2. 39	2. 34	2. 30	2. 27
12	3. 18	2. 81	2. 61	2. 48	2. 39	2. 33	2. 28	2. 24	2. 21
13	3. 14	2. 76	2. 56	2. 43	2. 35	2. 28	2. 23	2. 20	2. 16
14	3. 10	2. 73	2. 52	2. 39	2. 31	2. 24	2. 19	2. 15	2. 12
15	3. 07	2. 70	2. 49	2. 36	2. 27	2. 21	2. 16	2. 12	2. 09
16	3. 05	2. 67	2. 46	2. 33	2. 24	2. 18	2. 13	2. 09	2. 06
17	3. 03	2. 64	2. 44	2. 31	2. 22	2. 15	2. 10	2. 06	2. 03
18	3. 01	2. 62	2. 42	2. 29	2. 20	2. 13	2. 08	2. 04	2. 00
19	2. 99	2. 61	2. 40	2. 27	2. 18	2. 11	2. 06	2. 02	1. 98
20	2. 97	2. 50	2. 38	2. 25	2. 16	2. 09	2. 04	2. 00	1. 96
21	2. 96	2. 57	2. 36	2. 23	2. 14	2. 08	2. 02	1. 98	1. 95
22	2. 95	2. 56	2. 35	2. 22	2. 13	2. 06	2. 01	1. 97	1. 93
23	2. 94	2. 55	2. 34	2. 21	2. 11	2. 05	1. 99	1. 95	1. 92
24	2. 93	2. 54	2. 33	2. 19	2. 10	2. 04	1. 98	1. 94	1. 91
25	2. 92	2. 53	2. 32	2. 18	2. 09	2. 02	1. 97	1. 93	1. 89
26	2. 91	2. 52	2. 31	2. 17	2. 08	2. 01	1. 96	1. 92	1. 88
27	2. 90	2. 51	2. 30	2. 17	2. 07	2. 00	1. 95	1. 91	1. 87
28	2. 89	2. 50	2. 98	2. 16	2. 06	2. 00	1. 93	1. 90	1. 87
29	2. 89	2. 50	2. 88	2. 15	2. 06	1. 99	1. 93	1. 89	1. 86
30	2. 88	2. 49	2. 22	2. 14	2. 05	1. 98	1. 93	1. 88	1. 85
40	2. 84	2. 41	2. 23	2. 00	2. 00	1. 93	1. 87	1. 83	1. 79
60	2. 79	2. 39	2. 18	2. 04	1. 95	1. 87	1. 82	1. 77	1. 74
120	2. 75	2. 35	2. 13	1. 99	1. 90	1. 82	1. 77	1. 72	1. 68
∞	2. 71	2. 30	2. 08	1. 94	1. 85	1. 77	1. 72	1. 67	1. 63

续表

n_2 \ n_1	10	12	15	20	24	30	40	60	120	∞
1	60. 19	60. 71	61. 22	61. 74	62. 06	62. 26	62. 53	62. 79	63. 06	63. 33
2	9. 39	9. 41	9. 42	9. 44	9. 45	9. 46	9. 47	9. 47	9. 48	9. 49
3	5. 23	5. 22	5. 20	5. 18	5. 18	5. 17	5. 16	5. 15	5. 14	5. 13
4	3. 92	3. 90	3. 87	3. 84	3. 83	3. 82	3. 80	3. 79	3. 78	3. 76
5	3. 30	3. 27	3. 24	3. 21	3. 19	3. 17	3. 16	3. 14	3. 12	3. 10
6	2. 94	2. 90	2. 87	2. 84	2. 82	2. 80	2. 78	2. 76	2. 74	2. 72
7	2. 70	2. 67	2. 63	2. 59	2. 58	2. 56	2. 54	2. 51	2. 49	2. 47
8	2. 54	2. 50	2. 46	2. 42	2. 40	2. 38	2. 36	2. 34	2. 32	2. 29
9	2. 42	2. 38	2. 34	2. 30	2. 28	2. 25	2. 23	2. 21	2. 18	2. 16
10	2. 32	2. 28	2. 24	2. 20	2. 18	2. 16	2. 13	2. 11	2. 08	2. 06
11	2. 25	2. 21	2. 17	2. 12	2. 10	2. 08	2. 05	2. 03	2. 00	1. 97
12	2. 19	2. 15	2. 10	2. 06	2. 04	2. 01	1. 99	1. 96	1. 93	1. 90
13	2. 14	2. 10	2. 05	2. 01	1. 98	1. 96	1. 93	1. 90	1. 88	1. 85
14	2. 10	2. 05	2. 01	1. 96	1. 94	1. 91	1. 89	1. 82	1. 83	1. 80
15	2. 06	2. 02	1. 97	1. 92	1. 90	1. 87	1. 85	1. 82	1. 79	1. 76
16	2. 03	1. 99	1. 94	1. 89	1. 87	1. 84	1. 81	1. 78	1. 75	1. 72
17	2. 00	1. 96	1. 91	1. 86	1. 84	1. 81	1. 78	1. 75	1. 72	1. 69
18	1. 98	1. 93	1. 89	1. 84	1. 81	1. 78	1. 75	1. 72	1. 69	1. 66
19	1. 96	1. 91	1. 86	1. 81	1. 79	1. 76	1. 73	1. 70	1. 67	1. 63
20	1. 94	1. 89	1. 84	1. 79	1. 77	1. 74	1. 71	1. 68	1. 64	1. 61
21	1. 92	1. 87	1. 83	1. 78	1. 75	1. 72	1. 69	1. 66	1. 62	1. 59
22	1. 90	1. 86	1. 81	1. 76	1. 73	1. 70	1. 69	1. 64	1. 60	1. 57
23	1. 89	1. 84	1. 80	1. 74	1. 72	1. 69	1. 66	1. 62	1. 59	1. 55
24	1. 88	1. 83	1. 78	1. 73	1. 70	1. 67	1. 64	1. 60	1. 57	1. 53
25	1. 87	1. 82	1. 77	1. 72	1. 69	1. 66	1. 63	1. 59	1. 56	1. 52
26	1. 86	1. 81	1. 76	1. 71	1. 68	1. 65	1. 61	1. 58	1. 54	1. 50
27	1. 85	1. 80	1. 75	1. 70	1. 67	1. 64	1. 60	1. 57	1. 53	1. 49
28	1. 84	1. 79	1. 74	1. 69	1. 66	1. 63	1. 59	1. 56	1. 52	1. 48
29	1. 83	1. 78	1. 73	1. 68	1. 65	1. 62	1. 58	1. 55	1. 51	1. 47
30	1. 82	1. 77	1. 72	1. 67	1. 64	1. 61	1. 57	1. 54	1. 50	1. 46
40	1. 76	1. 71	1. 71	1. 61	1. 57	1. 54	1. 51	1. 47	1. 42	1. 38
60	1. 71	1. 66	1. 66	1. 54	1. 51	1. 48	1. 44	1. 40	1. 35	1. 29
120	1. 65	1. 60	1. 60	1. 48	1. 45	1. 41	1. 37	1. 32	1. 36	1. 19
∞	1. 60	1. 55	1. 55	1. 42	1. 38	1. 34	1. 30	1. 24	1. 17	1. 00

$\alpha = 0.05$

续表

n_2 \ n_1	1	2	3	4	5	6	7	8	9
1	161. 4	199. 5	215. 7	224. 6	230. 2	234. 0	236. 8	238. 9	240. 5
2	18. 51	19. 00	19. 25	19. 25	19. 30	19. 33	19. 35	19. 37	19. 38
3	10. 13	9. 55	9. 12	9. 12	9. 90	8. 94	8. 89	8. 85	8. 81
4	7. 71	6. 94	6. 39	6. 39	6. 26	6. 16	6. 09	6. 04	6. 00
5	6. 61	5. 79	5. 41	5. 19	5. 05	4. 95	4. 88	4. 82	4. 77
6	5. 99	5. 14	4. 76	4. 53	4. 39	4. 28	4. 21	1. 15	4. 10
7	5. 59	4. 74	4. 35	4. 12	3. 97	3. 87	3. 79	3. 73	3. 68
8	5. 32	4. 46	4. 07	3. 84	3. 69	3. 58	3. 50	3. 44	3. 69
9	5. 12	4. 26	3. 86	3. 63	3. 48	3. 37	3. 29	3. 23	3. 18
10	4. 96	4. 10	3. 71	3. 48	3. 33	3. 22	3. 14	3. 07	3. 02
11	4. 84	3. 98	3. 59	3. 36	3. 20	3. 09	3. 01	2. 95	2. 90
12	4. 75	3. 89	3. 49	3. 26	3. 11	3. 00	2. 91	2. 85	2. 80
13	4. 67	3. 81	3. 41	3. 18	3. 03	2. 92	2. 83	2. 77	2. 71
14	4. 60	3. 74	3. 34	3. 11	2. 96	2. 85	2. 76	2. 70	2. 65
15	4. 54	3. 68	3. 29	3. 06	2. 90	2. 79	2. 71	2. 64	2. 59
16	4. 49	3. 63	3. 24	3. 01	2. 85	2. 74	2. 66	2. 59	2. 54
17	4. 45	3. 59	3. 20	2. 96	2. 81	2. 70	2. 61	2. 55	2. 49
18	4. 41	3. 55	3. 16	2. 93	2. 77	2. 66	2. 58	2. 51	2. 46
19	4. 38	3. 52	3. 13	2. 90	2. 74	2. 63	2. 54	2. 48	2. 42
20	4. 35	3. 49	3. 10	2. 87	2. 71	2. 60	2. 51	2. 45	2. 39
21	4. 32	3. 47	3. 07	2. 84	2. 68	2. 57	2. 49	2. 42	2. 37
22	4. 30	3. 44	3. 05	2. 82	2. 66	2. 55	2. 46	2. 40	2. 34
23	4. 28	3. 42	3. 03	2. 80	2. 64	2. 53	2. 44	2. 37	2. 32
24	4. 26	3. 40	3. 01	2. 78	2. 62	2. 51	2. 42	2. 36	2. 30
25	4. 24	3. 39	2. 99	2. 76	2. 60	2. 49	2. 40	2. 34	2. 28
26	4. 23	3. 37	2. 98	2. 74	2. 59	2. 47	2. 39	2. 32	2. 27
27	4. 21	3. 35	2. 96	2. 73	2. 57	2. 46	2. 37	2. 31	2. 25
28	4. 20	3. 34	2. 95	2. 71	2. 56	2. 45	2. 36	2. 29	2. 24
29	4. 18	3. 33	2. 93	2. 70	2. 55	2. 43	2. 35	2. 28	2. 22
30	4. 17	3. 32	2. 92	2. 69	2. 53	2. 42	2. 33	2. 27	2. 21
40	4. 08	3. 23	2. 84	2. 61	2. 45	2. 34	2. 25	2. 18	2. 12
60	4. 00	3. 15	2. 76	2. 53	2. 37	2. 25	2. 17	2. 10	2. 04
120	3. 92	3. 07	2. 68	2. 45	2. 29	2. 17	2. 09	2. 02	2. 96
∞	3. 84	3. 00	2. 60	2. 37	2. 21	2. 10	2. 01	1. 94	1. 88

续表

n_2 \ n_1	10	12	15	20	24	30	40	60	120	∞
1	241.9	243.9	245.9	248.0	249.1	250.1	251.1	252.2	253.3	254.3
2	19.40	19.41	19.43	19.45	19.45	19.46	19.47	19.48	19.49	19.50
3	8.79	8.74	8.70	8.66	8.64	8.62	8.59	8.57	8.55	8.53
4	5.96	5.91	5.86	5.80	5.77	5.75	5.72	5.69	5.66	5.63
5	4.74	4.68	4.62	4.56	4.53	4.50	4.46	4.43	4.40	4.36
6	4.06	4.00	3.94	3.87	3.84	3.81	3.77	3.74	3.70	3.67
7	3.64	3.57	3.51	3.44	3.41	3.38	3.34	3.30	3.27	3.23
8	3.35	3.28	3.22	3.15	3.12	3.08	3.04	3.01	2.97	2.93
9	3.14	3.07	3.01	2.94	2.90	2.86	2.83	2.79	2.95	2.71
10	2.98	2.91	2.85	2.77	2.74	2.70	2.66	2.62	2.58	2.54
11	2.85	2.79	2.72	2.65	2.61	2.57	2.53	2.49	2.45	2.40
12	2.75	2.69	2.62	2.54	2.51	2.47	2.43	2.38	2.34	2.30
13	2.67	2.60	2.53	2.46	2.42	2.38	2.34	2.30	2.25	2.21
14	2.60	2.53	2.46	2.39	2.35	2.31	2.27	2.22	2.18	2.13
15	2.54	2.48	2.40	2.33	2.29	2.25	2.20	2.16	2.11	2.07
16	2.49	2.42	2.35	2.28	2.24	2.19	2.15	2.11	2.06	2.01
17	2.45	2.38	2.31	2.23	2.19	2.15	2.10	2.06	2.01	1.96
18	2.41	2.34	2.27	2.19	2.15	2.11	2.06	2.02	1.97	1.92
19	2.38	2.31	2.23	2.16	2.11	2.07	2.03	1.98	1.93	1.88
20	2.35	2.28	2.20	2.12	2.08	2.04	1.99	1.95	1.90	1.84
21	2.32	2.25	2.18	2.10	2.05	2.01	1.96	1.92	1.87	1.81
22	2.30	2.23	2.15	2.07	2.03	1.98	1.94	1.89	1.84	1.78
23	2.27	2.20	2.13	2.05	2.01	1.96	1.91	1.86	1.81	1.76
24	2.25	2.18	2.11	2.03	1.98	1.94	1.89	1.84	1.79	1.73
25	2.24	2.16	2.09	2.01	1.96	1.92	1.87	1.82	1.77	1.71
26	2.22	2.15	1.07	1.99	1.95	1.90	1.85	1.80	1.75	1.69
27	2.20	2.13	1.06	1.97	1.93	1.88	1.84	1.79	1.73	1.67
28	2.19	2.12	1.04	1.96	1.91	1.87	1.82	1.77	1.71	1.65
29	2.18	2.10	1.03	1.94	1.90	1.85	1.81	1.75	1.70	1.64
30	2.16	2.09	2.01	1.93	1.89	1.84	1.79	1.74	1.68	1.62
40	2.08	2.00	1.92	1.84	1.79	1.74	1.69	1.64	1.58	1.51
60	1.99	1.92	1.84	1.75	1.70	1.65	1.59	1.53	1.47	1.39
120	1.91	1.83	1.75	1.66	1.61	1.55	1.50	1.43	1.35	1.25
∞	1.83	1.75	1.67	1.57	1.52	1.46	1.39	1.32	1.22	1.00

$\alpha = 0.01$

续表

n_2 \ n_1	1	2	3	4	5	6	7	8	9
1	4052	4999.5	5403	5626	5764	5859	5928	5982	6062
2	98.50	99.00	99.17	99.25	99.30	99.33	99.36	99.37	99.39
3	34.12	30.82	29.46	28.71	28.24	27.91	27.67	27.49	27.35
4	21.20	18.00	16.69	15.98	15.52	15.21	14.98	14.80	14.66
5	16.26	13.27	12.06	11.39	10.97	10.67	10.46	10.29	10.16
6	13.75	10.92	9.78	9.15	8.75	8.47	8.46	8.10	7.98
7	12.25	9.55	8.45	7.85	7.46	7.19	6.99	6.84	6.72
8	11.26	8.65	7.59	7.01	6.63	6.37	6.18	6.03	5.91
9	10.56	8.02	6.99	6.42	6.06	5.80	5.61	5.47	5.35
10	10.04	7.56	6.55	5.99	5.64	5.39	5.20	5.06	4.94
11	9.65	7.21	6.22	5.67	5.32	5.07	4.49	4.74	4.63
12	9.33	6.93	5.95	5.41	5.06	4.82	4.64	4.50	4.39
13	9.07	6.70	5.74	5.21	4.86	4.62	4.44	4.30	4.19
14	8.86	6.51	5.56	5.04	4.69	4.46	4.28	4.14	4.03
15	8.68	6.36	5.42	4.89	4.56	4.32	4.14	4.00	3.89
16	8.53	6.23	5.29	4.77	4.44	4.20	4.03	3.39	3.78
17	8.40	6.11	5.18	4.67	4.34	4.10	3.93	3.79	3.68
18	8.29	6.01	5.09	4.58	4.25	4.01	3.84	3.71	3.60
19	8.18	5.93	5.01	4.50	4.17	3.94	3.77	3.63	3.52
20	8.10	5.85	4.94	4.43	4.10	3.87	3.70	3.56	3.46
21	8.02	5.78	4.87	4.37	4.04	3.81	3.64	3.51	3.40
22	7.95	5.72	4.82	4.31	3.99	3.76	3.59	3.45	3.35
23	7.88	5.66	4.76	4.26	3.94	3.71	3.54	3.41	3.30
24	7.82	5.61	4.72	4.22	3.90	3.67	3.50	3.36	3.26
25	7.77	5.57	4.68	4.18	3.85	3.63	3.46	3.32	3.22
26	7.72	5.53	4.64	4.14	3.82	3.59	3.42	3.29	3.18
27	7.68	5.49	4.60	4.11	3.78	3.56	3.39	3.26	3.15
28	7.64	5.45	4.57	4.07	3.75	3.53	3.36	3.23	3.12
29	7.60	5.42	4.54	4.04	3.73	3.50	3.33	3.20	3.09
30	7.56	5.39	4.51	4.02	3.70	3.47	3.31	3.17	3.07
40	7.31	5.18	4.31	3.83	3.51	3.29	3.12	2.99	2.89
60	7.08	4.98	4.13	3.65	3.34	3.12	3.95	2.82	2.72
120	6.85	4.79	3.95	3.48	3.17	2.96	2.79	2.96	2.56
∞	6.63	4.61	3.78	3.32	3.02	2.80	2.64	2.51	2.41

续表

n_2 \ n_1	10	12	15	20	24	30	40	60	120	∞
1	6056	6106	6157	6209	6235	6261	6287	6313	6339	6366
2	99. 40	99. 42	99. 43	99. 45	99. 46	99. 47	99. 47	99. 48	99. 49	99. 50
3	27. 33	27. 05	26. 87	26. 69	26. 60	26. 50	26. 41	26. 32	26. 22	26. 13
4	14. 55	14. 37	14. 20	14. 02	13. 93	13. 84	13. 75	13. 65	13. 56	13. 46
5	10. 05	9. 29	9. 72	9. 55	9. 47	9. 38	9. 29	9. 20	9. 11	9. 02
6	7. 87	7. 72	7. 56	7. 40	7. 31	7. 23	7. 14. 0	7. 06	6. 97	6. 88
7	6. 62	6. 47	6. 31	6. 16	6. 07	5. 99	15. 91	5. 82	5. 74	5. 65
8	5. 81	5. 67	5. 52	5. 36	5. 28	5. 20	5. 12	5. 03	4. 95	4. 86
9	5. 26	5. 11	4. 96	4. 81	4. 73	4. 65	4. 57	4. 48	4. 40	4. 31
10	4. 85	4. 71	4. 56	4. 41	4. 33	4. 25	4. 17	4. 08	4. 00	3. 91
11	4. 54	4. 40	4. 25	4. 10	4. 02	3. 95	3. 86	3. 78	3. 69	3. 60
12	4. 30	4. 16	4. 01	3. 86	3. 78	3. 70	3. 62	3. 54	3. 45	3. 36
13	4. 10	3. 96	3. 82	3. 66	3. 59	3. 51	3. 43	3. 34	3. 25	3. 17
14	3. 94	3. 80	3. 66	3. 51	3. 43	3. 35	4. 27	3. 18	3. 09	3. 00
15	3. 80	3. 67	3. 52	3. 37	3. 29	3. 21	3. 13	3. 05	2. 96	2. 87
16	3. 69	3. 55	3. 41	3. 26	3. 18	3. 10	3. 02	2. 93	2. 84	2. 74
17	3. 59	3. 46	3. 31	3. 16	308	3. 00	2. 92	2. 83	2. 75	2. 65
18	3. 51	3. 37	3. 23	3. 08	3. 00	2. 92	2. 84	2. 75	2. 66	2. 57
19	3. 34	3. 30	3. 15	3. 00	2. 92	2. 84	2. 76	2. 67	2. 58	2. 49
20	3. 37	3. 23	3. 09	2. 94	2. 86	2. 78	2. 69	2. 61	2. 52	2. 42
21	3. 31	3. 17	3. 03	2. 88	2. 80	2. 72	2. 64	2. 55	2. 46	2. 36
22	3. 26	3. 12	2. 98	2. 83	2. 75	2. 67	2. 58	2. 50	2. 40	2. 31
23	3. 21	3. 07	2. 93	2. 78	2. 70	2. 62	2. 54	2. 45	2. 35	2. 26
24	3. 17	3. 03	2. 89	2. 74	2. 66	2. 58	2. 49	2. 40	2. 31	2. 21
25	3. 13	2. 99	2. 85	2. 70	2. 62	2. 54	2. 45	2. 36	2. 27	2. 17
26	3. 09	2. 96	2. 81	2. 66	2. 58	2. 50	2. 42	2. 33	2. 23	2. 13
27	3. 06	2. 93	2. 78	2. 63	2. 55	2. 47	2. 38	2. 29	2. 20	2. 10
28	3. 03	2. 90	2. 75	2. 60	2. 52	2. 44	2. 35	2. 26	2. 17	2. 06
29	3. 00	2. 87	2. 73	2. 57	2. 49	2. 41	2. 33	2. 23	2. 14	2. 03
30	2. 98	2. 84	2. 70	2. 55	2. 47	2. 39	2. 30	2. 21	2. 11	2. 01
40	2. 80	2. 66	2. 52	2. 37	2. 29	2. 20	2. 11	2. 02	1. 92	1. 80
60	2. 63	2. 50	2. 35	2. 20	2. 12	2. 03	1. 94	1. 84	1. 78	1. 60
120	2. 47	2. 34	2. 19	2. 03	1. 95	1. 86	1. 76	1. 66	1. 53	1. 38
∞	2. 32	2. 18	2. 04	1. 88	1. 79	1. 70	1. 59	1. 47	1. 32	1. 00

附表 5 **χ^2 分布**

$$P\{\chi^2(n) > \chi_\alpha^2(n)\} = \alpha$$

n	0.995	0.99	0.975	0.95	0.9	0.75	0.5	0.25	0.1	0.05	0.025	0.01	0.005
1	…	…	…	…	0.02	0.10	0.45	1.32	2.71	3.84	5.02	6.63	7.88
2	0.01	0.02	0.02	0.10	0.21	0.58	1.39	2.77	4.61	5.99	7.38	9.21	10.60
3	0.07	0.11	0.22	0.35	0.58	1.21	2.37	4.11	6.25	7.81	9.35	11.34	12.84
4	0.21	0.30	0.48	0.71	1.06	1.92	3.36	5.39	7.78	9.49	11.14	13.28	14.86
5	0.41	0.55	0.83	1.15	1.61	2.67	4.35	6.63	9.24	11.07	12.83	15.09	16.75
6	0.68	0.87	1.24	1.64	2.20	3.45	5.35	7.84	10.64	12.59	14.45	16.81	18.55
7	0.99	1.24	1.69	2.17	2.83	4.25	6.35	9.04	12.02	14.07	16.01	18.48	20.28
8	1.34	1.65	2.18	2.73	3.40	5.07	7.34	10.22	13.36	15.51	17.53	20.09	21.96
9	1.73	2.09	2.70	3.33	4.17	5.90	8.34	11.39	14.68	16.92	19.02	21.67	23.59
10	2.16	2.56	3.25	3.94	4.87	6.74	9.34	12.55	15.99	18.31	20.48	23.21	25.19
11	2.60	3.05	3.82	4.57	5.58	7.58	10.34	13.70	17.28	19.68	21.92	24.72	26.76
12	3.07	3.57	4.40	5.23	6.30	8.44	11.34	14.85	18.55	21.03	23.34	26.22	28.30
13	3.57	4.11	5.01	5.89	7.04	9.30	12.34	15.98	19.81	22.36	24.74	27.69	29.82
14	4.07	4.66	5.63	6.57	7.79	10.17	13.34	17.12	21.06	23.68	26.12	29.14	31.32
15	4.60	5.23	6.27	7.26	8.55	11.04	14.34	18.25	22.31	25.00	27.49	30.58	32.80
16	5.14	5.81	6.91	7.96	9.31	11.91	15.34	19.37	23.54	26.30	28.85	32.00	34.27
17	5.70	6.41	7.56	8.67	10.09	12.79	16.34	20.49	24.77	27.59	30.19	33.41	35.72
18	6.26	7.01	8.23	9.39	10.86	13.68	17.34	21.60	25.99	28.87	31.53	34.81	37.16
19	6.84	7.63	8.91	10.12	11.65	14.56	18.34	22.72	27.20	30.14	32.85	36.19	38.58
20	7.43	8.26	9.59	10.85	12.44	15.45	19.34	23.83	28.41	31.41	34.17	37.57	40.00
21	8.03	8.90	10.28	11.59	13.24	16.34	20.34	24.93	29.62	32.67	35.48	38.93	41.40
22	8.64	9.54	10.98	12.34	14.04	17.24	21.34	26.04	30.81	33.92	36.78	40.29	42.80
23	9.26	10.20	11.69	13.09	14.85	18.14	22.34	27.14	32.01	35.17	38.08	41.64	44.18
24	9.89	10.86	12.40	13.85	15.66	19.04	23.34	28.24	33.20	36.42	39.36	42.98	45.56
25	10.52	11.52	13.12	14.61	16.47	19.94	24.34	29.34	34.38	37.65	40.65	44.31	46.93
26	11.16	12.20	13.84	15.38	17.29	20.84	25.34	30.43	35.56	38.89	41.92	45.64	48.29
27	11.81	12.88	14.57	16.15	18.11	21.75	26.34	31.53	36.74	40.11	43.19	46.96	49.64
28	12.46	13.56	15.31	16.93	18.94	22.66	27.34	32.62	37.92	41.34	44.46	48.28	50.99
29	13.12	14.26	16.05	17.71	19.77	23.57	28.34	33.71	39.09	42.56	45.72	49.59	52.34
30	13.79	14.95	16.79	18.49	20.60	24.48	29.34	34.80	40.26	43.77	46.98	50.89	53.67
40	20.71	22.16	24.43	26.51	29.05	33.66	39.34	45.62	51.80	55.76	59.34	63.69	66.77
50	27.99	29.71	32.36	34.76	37.69	42.94	49.33	56.33	63.17	67.50	71.42	76.15	79.49
60	35.53	37.48	40.48	43.19	46.46	52.29	59.33	66.98	74.40	79.08	83.30	88.38	91.95
70	43.28	45.44	48.76	51.74	55.33	61.7	69.33	77.58	85.53	90.53	95.02	100.42	104.22
80	51.17	53.54	57.15	60.39	64.28	71.14	79.33	88.13	96.58	101.88	106.63	112.33	116.32
90	59.20	61.75	65.65	69.13	73.29	80.62	89.33	98.64	107.56	113.14	118.14	124.12	128.30
100	67.33	70.06	74.22	77.93	82.36	90.13	99.33	109.14	118.50	124.34	129.56	135.81	140.17

参考文献

[1] 李洁明，祁新娥．统计学原理（第8版）[M]．上海：复旦大学出版社，2021.

[2] 王宝海，王坚．统计学原理 [M]．北京：中国人民大学出版社，2016.

[3] 冯冰，何瑞祥．统计学原理（第2版）[M]．北京：北京大学出版社，2017.

[4] 李丽．统计学原理（第1版）[M]．上海：立信会计出版社，2016.

[5] 薛薇．统计分析与 SPSS 的应用（第5版）[M]．北京：中国人民大学出版社，2017.

[6] 贾俊平．统计学——基于 SPSS（第4版）[M]．北京：中国人民大学出版社，2022.

[7] 贾俊平，何晓群，金勇进．统计学 [M]．北京：中国人民大学出版社，2021.

[8] 贾俊平．统计学学习指导书（第7版）[M]．北京：中国人民大学出版社，2021.

[9] 贾俊平．统计学（第4版）[M]．北京：中国人民大学出版社，2021.

[10] 谢启南，韩兆洲．统计学原理（第6版）[M]．广州：暨南大学出版社，2006.

[11] 马庆国．应用统计学：数理统计方法、数据获取与 SPSS 应用 [M]．北京：科学出版社，2005.

[12] 马庆国．管理统计数据获取、统计原理与 SPSS 工具与应用 [M]．北京：科学出版社，2002.

[13] 盛骤，谢式千，潘承毅．概率论与数理统计（第4版） [M]．北京：高等教育出版社，2009.

[14] 刘思峰．应用统计学（第4版）[M]．北京：高等教育出版社，2020.

[15] 胡培，王建琼．管理统计学 [M]．北京：高等教育出版社，2007.

[16] 袁卫，庞皓，曾五一．统计学（第2版）[M]．北京：高等教育出版社，2005.

[17] 袁卫，庞皓，贾俊平，等．统计学（第5版）[M]．北京：高等教育出版社，2019.

[18] 吴喜之．统计学：从概念到数据分析 [M]．北京：高等教育出版社，2008.

[19] 吴喜之．统计学：从数据到结论（第2版）[M]．北京：中国统计出版社，2006.

[20] 李金昌．统计学 [M]．北京：机械工业出版社，2007.

[21] 徐国祥．统计学 [M]．上海：上海财经大学出版社，2001.

[22] 曾五一．统计学导论 [M]．北京：科学出版社，2007.

[23] 金勇进．统计学 [M]．北京：中国人民大学出版社，2010.

[24] 林亮，等．统计实验 [M]．北京：国防工业出版社，2006.

[25] 葛新权．统计学（第2版）[M]．北京：机械工业出版社，2006.

[26] 张兴福．统计学原理 [M]．北京：北京大学出版社，2010.

[27] 游士兵．统计学 [M]．武汉：武汉大学出版社，2010.

[28] 王建丽，张渭育．统计学 [M]．北京：清华大学出版社，2010.

[29] 张兆丰．统计学 [M]．北京：机械工业出版社，2010.